边坡可靠度非侵入式随机分析方法

李典庆　蒋水华　著

科学出版社

北京

内 容 简 介

本书以边坡可靠度非侵入式随机分析方法为主题,重点阐述非侵入式随机分析方法基本理论及其在边坡可靠度分析中的应用。研究了考虑土体参数空间变异性的边坡可靠度、考虑时效特性的边坡时变可靠度以及复杂三维高边坡可靠度等问题。发展了可靠度非侵入式随机分析基本理论、提出了考虑空间变异性的边坡可靠度非侵入式随机有限元法、建立了考虑空间变异性的边坡系统可靠度分析多重随机响应面、揭示了腐蚀条件下锚固边坡稳定系统可靠度和变形可靠度的演化规律、提出了复杂三维高边坡可靠度非侵入式随机有限差分法。

本书适用于水利工程、水电工程、岩土工程、结构工程和交通工程等相关专业的教师、研究人员和工程技术人员使用,也可作为高等院校和科研院所相关专业研究生的教学参考书。

图书在版编目(CIP)数据

边坡可靠度非侵入式随机分析方法/李典庆,蒋水华著. —北京:科学出版社,2016.3

ISBN 978-7-03-047511-4

Ⅰ.①边… Ⅱ.①李…②蒋… Ⅲ.①边坡-系统可靠性-随机分析 Ⅳ.①TV698.2

中国版本图书馆 CIP 数据核字(2016)第 044466 号

责任编辑:刘宝莉 / 责任校对:桂伟利
责任印制:张 倩 / 封面设计:左 讯

科 学 出 版 社 出版
北京东黄城根北街 16 号
邮政编码:100717
http://www.sciencep.com

中国科学院印刷厂印刷
科学出版社发行 各地新华书店经销

*

2016 年 3 月第 一 版 开本:720×1000 1/16
2016 年 3 月第一次印刷 印张:16
字数:320 000
定价:108.00 元
(如有印装质量问题,我社负责调换)

前　言

我国西南地区已建、在建和即将开工建设一大批水电工程,这些水电工程的边坡高达百米甚至上千米,边坡失稳不仅会给人民生命财产造成巨大损失,而且会危及工程安全,因此,高陡边坡的稳定对于库坝系统安全至关重要。尽管诱发边坡失稳的因素十分复杂,但无不与岩土工程地质条件不确定性、边坡工程边界条件、荷载作用、锚固体系和渗控系统性能退化等因素密切相关。边坡工程不确定性主要来源之一的岩土体参数空间变异性和边坡服役过程中锚固体系性能退化都可能是导致边坡失稳的重要原因。然而,目前国内外对表征岩土体参数空间变异性的相关非高斯随机场模拟研究不够深入,考虑多参数空间变异性的非均质多层土坡可靠度问题没有得到有效解决;传统边坡可靠度计算过程复杂且不能充分利用现有商业有限元软件;考虑预应力锚杆(索)腐蚀的锚固边坡时变可靠度问题研究较少;此外,复杂三维高边坡可靠度研究几乎是空白。本书针对上述 5 个关键科学问题进行了系统研究,紧扣"边坡可靠度非侵入式随机分析方法"这一主线开展了深入的研究,取得了一系列研究成果。本书的主要研究进展如下:

(1)提出了解决含相关非正态变量边坡可靠度分析的随机响应面法,发展了各向异性相关非高斯随机场模拟方法,建立了 4～6 阶高维 Hermite 随机多项式展开解析表达式,发展了基于线性无关原则概率配点法和拉丁超立方抽样配点法的 Hermite 随机多项式展开方法,推导了输出响应量统计矩、输入参数随机变量和随机场的 Sobol 指标计算表达式,为边坡可靠度非侵入式随机分析奠定了一定的基础。

(2)提出了考虑参数空间变异性边坡可靠度分析的非侵入式随机有限元法,建立了边坡可靠度分析与常用有限元软件如 ABAQUS 和 GEOSTUDIO 等的接口框架,实现了复杂边坡常规有限元分析与可靠度分析一体化。有效地解决了低失效概率水平(10^{-6}～10^{-3}量级)边坡可靠度问题,在可靠度理论应用于实际工程边坡稳定性分析与设计方面迈出了重要一步。

(3)系统地统计了土体抗剪强度参数波动范围、自相关距离、变异系数和互相关系数的取值范围,为定量地表征土体参数空间变异性提供了一定的参考依据。提出了考虑自相关函数影响高效参数敏感性分析的多重二阶响应面法,阐明了常用的 5 种表征土体参数空间自相关性的自相关函数对边坡可靠度的影响规律,为边坡可靠度分析土体参数自相关函数的选择提供了理论支撑。

(4)提出了考虑土体参数空间变异性边坡系统可靠度分析的多重随机响应面法,建立了一种新的考虑土体参数空间变异性的边坡代表性滑动面识别方法,揭示了土体参数空间变异性对边坡系统可靠度的影响规律,较好地解决了考虑参数空间变异性的边坡系统可靠度分析难题。

（5）建立了锚杆腐蚀条件下锚杆自由段屈服抗力和锚固段锚杆与注浆体界面黏结抗力的时变模型，揭示了锚固边坡稳定系统可靠度的演化规律；建议了一种边坡最大允许变形量取值方法，揭示了锚固边坡变形可靠度的演化规律。为研究考虑时效特性的锚固边坡可靠度演化规律奠定了一定的基础。

（6）提出了复杂三维高边坡稳定可靠度分析的非侵入式随机有限差分法，揭示了锦屏一级水电站左岸坝肩边坡施工开挖、预应力锚索和深层混凝土抗剪洞加固措施对边坡变形、稳定及可靠度的影响规律。从而丰富了边坡可靠度分析方法，使得大型水电工程边坡可靠度分析成为可能。

本书共 8 章。第 1 章为绪论，阐述边坡可靠度非侵入式随机分析的研究背景及意义，重点概括考虑岩土体参数空间变异性和锚固体系性能退化的边坡可靠度分析与边坡可靠度分析方法的研究现状，指出目前研究存在的问题与不足，凝练本书需要解决的几个关键科学问题。第 2 章介绍解决含相关非正态变量和非高斯随机场的边坡可靠度非侵入式随机分析基本理论，重点阐述各向异性相关非高斯随机场模拟的 Karhunen-Loève 级数展开方法和改进乔列斯基分解技术。第 3 章提出考虑参数空间变异性边坡可靠度分析的非侵入式随机有限元法，分别从前处理、概率分析、有限元分析和后处理 4 个分析模块和 8 个计算步骤详细介绍了非侵入式随机有限元法的计算流程。第 4 章系统地统计土体抗剪强度参数波动范围、自相关距离、变异系数和互相关系数的取值范围，基于多重二阶响应面法研究考虑参数空间变异性含软弱夹层的非均质边坡可靠度问题。第 5 章发展考虑参数空间变异性边坡系统可靠度分析的多重随机响应面法和一种新的考虑参数空间变异性的边坡代表性滑动面识别方法，探讨基于边坡有限元分析的单重响应面法分析考虑参数空间变异性边坡系统可靠度问题的有效性。第 6 章建立可考虑均匀腐蚀作用的锚杆腐蚀率模型和锚杆腐蚀条件下锚杆自由段屈服抗力和锚固段锚杆与注浆体界面黏结抗力时变模型，揭示锚杆腐蚀条件下锚固边坡系统可靠度的变化规律和边坡变形可靠度的演化规律。第 7 章研究非侵入式随机有限差分法在锦屏一级水电站左岸坝肩高边坡可靠度分析中的应用，揭示边坡施工开挖、预应力锚索和深层混凝土抗剪洞加固措施对边坡变形、稳定及可靠度的影响机理。第 8 章总结全书的主要研究内容和研究成果，展望需要进一步研究的问题和方向。

本书的完成得到了国家杰出青年科学基金（51225903）、国家重点基础研究发展计划 973 项目（2011CB013506）、国家自然科学基金海外及港澳学者合作研究基金（51329901）等项目的资助，在此对上述项目的资助表示感谢。此外，衷心感谢香港科技大学 Zhang L M 教授、新加坡国立大学 Phoon K K 院士、克莱姆森大学 Juang C H 教授、南昌大学周创兵教授、武汉大学程勇刚和曹子君副教授等为本书研究所提供的指导和帮助。

由于作者水平所限，书中难免有不妥之处，恳请读者批评指正。

目　　录

第1章 绪 论

1.1 研究背景及意义

边坡失稳产生的滑坡现象已成为同地震和火山相并列的全球性三大地质灾害之一。由大型边坡失稳和滑坡引起的工程事故历史上屡见不鲜(见表 1.1[1])。如意大利瓦依昂(Vajont)拱坝于 1963 年 10 月 9 日突发灾难性大滑坡,滑坡速度达到 20～30m/s;1989 年,正在建设中的云南漫湾水电站左岸坝肩边坡突发大型滑坡。此外,1972 年香港港岛宝山道滑坡;二滩水库的金龙山滑坡和李家峡水电站的坝前滑坡等,这些边坡失稳事故对工程安全、人民生命财产造成了巨大损失,对工程设计施工管理人员以重要的警示。近年来,滑坡灾害已给世界各国造成的经济损失估计每年可达数十亿美元[2],如美国在 20 世纪 70 年代,因滑坡引起的经济损失高达 10 亿～20 亿美元,死亡人数 20～50 人/a[3]。因此,滑坡已经成为我国乃至世界各国共同面临的最严峻地质灾害问题之一,严重制约着滑坡灾害地区的经济社会发展,直接威胁着人民的生命财产安全。

表 1.1 国内外部分水电工程边坡失稳破坏实例[1]

序号	工程名称	事故时间	事故情况与后果	事故诱因
1	柘溪水电站	1961.3.6	坝前高速滑坡,高度近 200m,产生 21m 浪高,涌浪越过坝顶导致在坝面上施工的 70 余名工人丧生	水库蓄水
2	意大利瓦依昂水电站	1963.10.9	坝前 2km 左岸发生巨型滑坡,总体积达 2.4 亿 m^3,产生 250m 浪高,涌浪越过坝顶 100 余米,导致大坝废弃、下游 2000 余名居民丧生	水库蓄水
3	天生桥二级水电站	1985.12.24	电站首部滑坡,高度仅 30m,但导致正在基坑内施工的 48 人丧生	开挖扰动
4	漫湾水电站	1989.1.7	左岸坝肩边坡突发大型滑坡,滑坡体高 100m、总体积达 10.8 万 m^3,导致工期延误 1 年多,直接经济损失达 1.2 亿元	开挖扰动
5	龙羊峡水电站	1989.7.12	下游虎山坡发生滑坡,总体积 87 万 m^3	泄洪雾化
6	三峡库区千将坪滑坡	2003.7.13	造成 14 人死亡,直接经济损失达 5735 万元	集中降雨

我国 70％地域为山区,滑坡频率更高,每年因各种滑坡造成的经济损失高达 200 亿元[4]。随着我国西南部水利水电工程建设的蓬勃发展,与工程建设有关的地质环境复杂、工程规模巨大的高边坡越来越多,相应的边坡失稳和滑坡工程事故也时有发生,已给人民生命财产造成了巨大的损失,我国每年花巨资进行滑坡治理。以三峡工程库区为例,国家已经拨款几十亿元用于库区滑坡的勘察、设计与治理工作。《国家中长期科学和技术发展规划纲要(2006－2020 年)》明确指出"重点研究开发地震、台风、暴雨、洪水、地质灾害等监测、预警和应急处置关键技术,森林火灾、溃坝、决堤险情等重大灾害的监测预警技术以及重大自然灾害综合风险分析评估技术"。可见工程边坡的稳定性与安全实施直接关系到工程建设方案、进度乃至工程成败,我国十分重视对边坡失稳滑坡的研究与防治工作。

防治边坡失稳和滑坡的首要任务就是要研究大型滑坡工程事故的诱因进而尽可能降低诱因发生的概率。尽管诱发滑坡工程事故的因素十分复杂,但是无不与岩土体物理力学参数不确定性、开挖扰动、边坡工程边界条件、荷载作用、水库蓄水、泄洪雾化、锚固体系与渗控系统性能退化等因素密切相关。首先,由于边坡工程具有隐蔽性、时空变异性和不确定性等特点,边坡又是库坝系统中材料结构最为复杂、认知程度最低,也是最为薄弱的环节[5~7]。边坡工程中存在着大量的不确定性因素,按其来源一般可以分为岩土体物理力学参数本身固有的认知不确定性、测量过程中测量误差所带来的统计不确定性、计算方法假定引起的模型不确定性和不确定性推理过程中的传播不确定性[3,8],如图 1.1 所示。岩土体天然材料与人工钢筋混凝土材料不同,由于受沉积、后沉积、化学风化和搬运等作用以及不同荷载历史的影响,岩土体材料特性呈现一定的空间变异性,这种空间变异性是边坡工程中不确定性的主要来源之一[9],而且具有较强的统计相关性。为了科学合理地分析和评估不确定性因素对边坡稳定性的影响,亟须解决的关键科学问题是发展能够有效表征岩土体参数空间变异性的新理论、方法和技术,研究岩土体物理力学参数空间变异性及其对边坡变形与稳定性的影响规律。

另一方面,岩土工程中通常对边坡进行开挖支护来提高其稳定性,这也是最有效的途径之一。其中预应力锚杆(索)因其锚固力大,可充分地发挥岩土体自身的稳定能力,是一种对原岩扰动小、施工速度快、安全可靠且经济实用的加固技术,已成为大型水电工程高边坡加固的首选[10]。如锦屏一级水电站左岸高边坡实施了由 4152 根吨位为 1000～3000kN 级,长度为 40～80m 的预应力锚索、混凝土抗剪洞和框格梁等支护方式组成的多层次立体综合加固体系。大岗山水电站高边坡的浅层岩体加固采用了 2650 根预应力锚索,另外深层滑动面加固实施了由 5 层抗剪洞、10 个锚固洞和 6 个置换斜井组成的立体加固体系。漫湾水电站左岸边坡加固采用了 2227 根锚索。天生桥一级水电站厂房边坡加固采用了 121 根 1000kN 级预应力锚索。天生桥二级水电站厂房西坡加固采用了 392 根预应力锚

图 1.1 的框图内容：

- 边坡工程不确定性的主要来源
  - 物理不确定性
    - 物理量本身所固有的，不能完全消除，但是可以通过某种质量控制手段予以减小
  - 认知不确定性
    - 统计不确定性
      - 样本量有限，分布参数本身是随机变量，不是本身固有的，完全是数据量不足引起
    - 模型不确定性
      - 如边坡稳定性分析模型中的各种条分法、算法、公式和摩尔-库仑失效准则等
    - 传播不确定性
      - 系统行为的确定性在不确定性推理过程中的合理传播

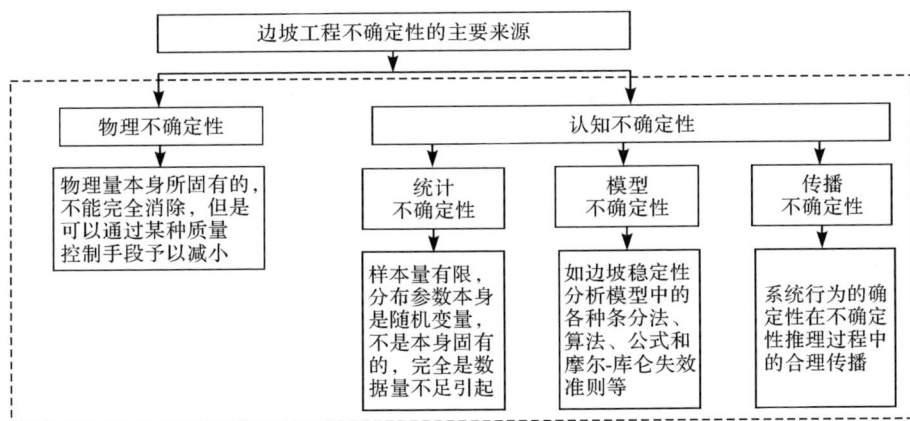

图 1.1　边坡工程不确定性主要来源

索。黄河小浪底水电站高边坡加固累计采用了近 1500 根预应力锚索,其中高为172m 的进水口边坡加固就采用了 747 根锚索。黄河上游李家峡水电站边坡加固采用了 105 根预应力锚索。三峡永久船闸高边坡加固采用了 4376 根 1000kN 与3000kN 级的预应力锚索和 10 万多根高强预应力锚杆。小湾水电站高边坡加固采用了 8200 根最大深度长为 75m 的预应力锚索、系统锚杆和挂网喷护等。然而,通常高边坡在服役过程中长期处于不利的运行环境中如地下水、双金属作用和氯离子、硫酸根离子等,致使锚杆(索)材料发生腐蚀、锚固体系松弛、边坡岩体产生时效变形与损伤累积、材料性能退化和结构老化,最终可能造成边坡变形加剧,稳定性条件恶化,甚至发生灾难性事故。工程实际中因锚固体系性能退化如锚杆(索)腐蚀和岩体力学强度降低而造成工程事故时有发生:如 1986 年,国际后张预应力协会(Fédération Internationale de la Précontrainte,FIP)地锚工作小组对 35例锚杆(索)腐蚀破坏实例进行了统计分析,发现其中永久锚杆(索)占 69%,临时锚杆占 31%,服役期在 2 年以内和 2 年以上发生腐蚀破坏的锚杆各占一半[11];法国米克斯坝有几根承载力为 13 000kN 的锚杆仅仅服役了几个月就发生断裂;云南漫湾水电站预应力锚索,河南焦作市冯营矿锚杆、焦东矿锚杆、鹤壁矿务局四矿楔缝式锚杆以及安徽梅山水电站无黏结监测锚索等,服役几年后均出现了不同程度的腐蚀破坏,致使其耐久性与使用寿命大大降低;2010 年 4 月 25 日因锚固体系失效等因素造成了台湾基隆滑坡。这些工程事故为迫切需要研究大型水电工程高边坡锚固体系性能退化和边坡安全控制问题敲响了警钟[12,13]。可见岩土体参数空间变异性和锚固体系性能退化均是诱发大型工程滑坡的重要原因,同时也是目前边坡工程领域稳定性研究的热点和国际学术前沿问题。如何合理地分析与评价它们对水电工程边坡稳定性的影响是我国防灾减灾体系建设中的一个重要

部分,尽管已逐渐引起了岩土工程师的注意,但是还未得到足够的重视。

此外,由于现场和室内试验数据非常有限,目前岩土工程界主要还是推崇采用计算较为简便的传统单一安全系数法评估边坡稳定性。事实证明该方法不能有效地考虑实际荷载和材料参数的不确定性[14,15]。亟须发展更为有效的边坡稳定性分析方法,可靠度分析方法因能够系统地考虑各种不确定性因素的影响,近年来在边坡工程中日益得到重视并开始广泛应用[16~19]。在国内,以祝玉学[16]和陈祖煜等[7,20]为代表的学者们认为,岩土工程中应该采用考虑不确定性因素的可靠度分析方法。国外以 Ang 和 Tang[21,22] 以及 Phoon 和 Kulhawy[4,5]等为代表的学者们也在积极推进岩土工程可靠度分析方法的研究。又如 1995 年美国科学院下属的美国国家科学研究委员会(National Research Council)组成了"岩土工程减灾可靠度方法研究委员会"[23],在所撰写的"岩土工程中的可靠度方法"研究报告中明确指出:"对于可靠度方法在岩土工程中作用的问题,委员会的主要发现是:可靠度方法,如果不是把它作为现有传统方法替代物的话,确实可以为分析岩土工程中包含的不确定性提供系统的、定量的途径。在工程设计和决策中,采用这一方法来定量地分析不确定因素尤为有效。"美国国家科学研究委员会发布的《新千年地质和岩土工程研究与技术创新》研究报告[24]中明确指出:"岩土工程设计应该采用可靠度方法来定量地考虑各种不确定性因素对岩土工程决策的影响。"2010 年 1 月 15~16 日在宜昌三峡工地召开的全国性水利水电工程风险分析及可靠度设计方法研讨会上涌现出一大批有关水利水电工程结构可靠度分析的论文[25]。此外,《岩土工程勘察规范》(GB 50021—2001)[26]、《水利水电工程边坡设计规范》(SL 386—2007)[27]和《水利水电工程结构可靠度设计统一标准》(GB 50199—94)[28]也明确建议对于Ⅰ级边坡有条件时应进行可靠度分析,可见基于可靠度分析方法进行边坡稳定性分析与设计是一个重要的发展趋势。本书主要采用可靠度分析方法深入研究岩土体参数空间变异性和锚固体系性能退化对边坡稳定性的影响,这既紧密围绕我国滑坡灾害防治的实际需求与重大工程建设的迫切需要,又紧扣水利水电工程、岩土力学与岩土工程研究的学科前沿,具有重要的理论意义和显著的实用价值。

本书以边坡为主要研究对象,以探讨岩土体参数空间变异性和锚固体系性能退化对边坡稳定性的影响为研究目标,以边坡变形与稳定可靠度分析为主线,紧密围绕考虑土体参数空间变异性的边坡可靠度、考虑时效特性的边坡时变可靠度以及复杂三维高边坡可靠度等科学问题开展研究;提出了边坡可靠度分析的非侵入式随机有限元法,发展了各向异性相关非高斯随机场的模拟方法,提出了高效参数敏感性分析的多重二阶响应面法和边坡系统可靠度分析的多重随机响应面法,探讨了表征岩土体参数空间变异性的自相关函数对边坡可靠度的影响规律,建立了锚杆(索)时变加固力模型,揭示了锚固体系性能退化条件下边坡系统可靠度和变形可靠度的演化规律,在此基础上研究了锦屏一级水电站左岸坝肩边坡施工期开挖可靠度问题。研究成果将极大地丰富水电工程边坡可靠度分析基本理论。

1.2 考虑岩土体参数空间变异性边坡可靠度分析

目前大多边坡可靠度问题以离散试验点的变异性来模拟土体参数变异性,属于随机变量模型范畴。然而,天然土体由于受到沉积、后沉积、化学风化和搬运作用与荷载历史等的影响,即便是均质岩土体,其特性参数也呈现一定的空间变异性和层状分布特征[29~36]。传统的随机变量模型假定研究尺度内任意点处的参数相互之间完全相关,不能考虑空间不同点处局部与整体岩土体物理力学性质之间的差异性,显然不符合岩土工程实际,无法满足对岩土体参数空间变异特征做出客观分析与评价的需要。相比之下,随机场理论和地质统计学中的区域化变量理论能够较好地描述这种空间变异性。目前国内外许多学者已采用随机场理论对岩土体参数空间变异性问题进行了大量有益的探索。其中考虑岩土体参数空间变异性对边坡稳定性的影响大体可分为两部分:其一是基于二维边坡稳定性分析模型,研究岩土体参数空间变异性对土坡和软弱岩质边坡稳定可靠度的影响;其二是基于三维边坡稳定性分析模型,考虑土体参数空间变异性对土坡稳定可靠度的影响。

1.2.1 二维边坡稳定性问题

近十年国内外学者在考虑岩土体参数空间变异性对二维边坡稳定性影响研究方面已取得了大量可喜的进展。如对于土质边坡稳定性问题,傅旭东和茜平一[37]考虑土性参数变异性和空间自相关性,利用二阶摄动随机有限元法研究了边坡稳定可靠度问题。陈晓平等[38]根据静力触探试验(cone penetration test,CPT)结果估计土体抗剪强度指标自相关距离并评价了自相关距离对土坡稳定性的影响。杨继红等[39]考虑土体参数空间变异性采用蒙特卡罗模拟(Monte-Carlo simulation,MCS)和摩根斯坦普莱斯方法分析黄河大堤开封段边坡稳定性。闫澍旺等[40]首先利用天津港现场勘察资料建立地基土层剖面随机场模型,再采用随机场方差折减技术分析港口边坡稳定性。许英等[41]考虑土体参数自相关性进行了边坡稳定可靠度分析。吴振君等[42]采用局部平均法模拟土体参数约束随机场和随机有限元法评价边坡稳定可靠度。吴振君等[43]在考虑地质成因的基础上估计土体参数波动范围,并采用验算点法研究了沿深度方向土体参数空间变异性对边坡稳定性的影响。在国外,Li 和 Lumb[44]采用一次二阶矩方法(first order second moment,FOSM)和摩根斯坦普莱斯方法研究了土体特性自相关结构对边坡可靠度的影响。Gui 等[45]采用转向带法模拟饱和渗透系数空间变异性,结合 MCS 方法研究了土石坝坝坡稳定可靠度。El-Ramly 等[46]发展了电子表格 Excel 方法研究土体参数空间变异性和统计不确定性对边坡可靠度的影响。Hicks 和 Samy[47]研究了平稳与非平稳参数随机场自相关距离对不排水饱和黏土边坡可靠度的影响。Hicks 和 Samy[48]结合随机场理论、有限元分析和 MCS 方法研究了各向异性不排水抗剪强度对非均质边坡稳定可靠度的影响。Sivakumar Babu 和 Mukesh[49]研究了黏聚力二维各向异性自相关距离对边坡失效概率的影响。Griffiths 和 Fenton[50]与 Griffiths 等[51,52]基于随机场理论和弹塑性有限元强度折减法提出了边坡可靠度分析的随机有限元方法(random finite element method,RFEM),其中以局部平均法模拟土体参数空间变异性和 MCS 方法计算边坡失效概率。Cho[53]采用局部平均法模拟土体参数空间变异性和一阶可靠度方法(first order reliability method,FORM)搜索临界概率滑动面,结合拉丁超立方抽样(latin hypercube sampling,LHS)方法计算边坡可靠度。Low[54]采用 FORM 方法研究了抗剪强度参数的二维各向异性空间变异性对挪威南部黏土边坡失效概率的影响。Hong 和 Roh[55]也采用 FORM 方法研究了土体参数空间变异性和分布类型对边坡失效概率的影响。Santoso 等[56]也采用局部平均法离散土体渗透系数随机场,结合子集模拟方法研究了土体饱和渗透系数空间变异性对降雨诱发滑坡的影响。Srivastava 和 Sivakumar Babu[57]通过现场静力触探试验研究了土体参数空间变异性对边坡变形与稳定性的影响。此外,Suchomel 和 Mašín[58]采用局部平均法模拟滑动面附近土体参数空间变异性和改进 FOSM 方法调查了土体参数空间变异性对边坡失效概率的影响。Srivastava 等[59]采用 RFEM 方法研究了土体渗透系数空间变异性对边坡渗流量和稳定性的影响。Cho[60]利用 Karhunen-Loève(简称 K-L)级数展开方法模拟土体参数空间变异性和 MCS 方法计算边坡失效概率。Wang 等[61]提出了考虑土体参数空间变异性边坡可靠度分析的子集模拟方法,并探讨了临界滑动面的空间变异性问题。Kasama 和 Zen[62]通过乔列斯基分解技术研究了不排水抗剪强度与单位容重的空间变异性对边坡稳定性的影响。Ji 等[63]系统地比较了土体参数空间变异性模拟的自相关条分法和自相关插值法,同时采用 FORM 方法计算边坡可靠度。Cho[64]采用 K-L 级数展开方法离散土体渗透系数随机场,结合 MCS 方法研究了渗透系数空间变异性对土石坝渗流量和渗透坡降统计特征(如均值和方差等)的影响。Jha 和 Ching[65]采用 RFEM 方法研究了土体抗剪强度参数空间变异性对 34 个实际工程边坡稳定性的影响。Tabarroki 等[66]研究了极限平衡方法与有限元方法分析考虑土体参数空间变异性边坡稳定性问题的适用性和有效性。Kim 和 Sitar[67]系统地研究了土体参数空间变异性和模型误差对边坡稳定性的影响。Zhu 等[68]采用快速傅里叶变换方法模拟渗透函数空间变异性,结合 MCS 方法研究了边坡孔隙水压力、地下水位以及安全系数的变化规律。Low[69]研究了基于三个变量空间 FORM 和二阶可靠度方法(second order reliability method,SORM)方法分析考虑参数空间变异性边坡可靠度问题的有效性。Salgado 和 Kim[70]采用傅里叶变换方法模拟土体参数空间变异性,在此基础上研究了基于分项系数设计方法的边坡可靠度问题。Cho[71]基于无限长边坡模型研究了土体渗透参数空间变异性对降雨诱发滑坡的影响。Jha[72]研究了 FOSM、改进 FOSM 和 RFEM 方法分析考虑参数空间变异性边坡可靠度问题的有效性。Dou 等[73]采用局部平均方法产生土体渗透系数非平稳随机场,并研究了渗透系数空间变异性对降雨诱发滑坡的影响。综上所述,目前大多研究基于临界滑动面的边坡可靠度分析方法已经不能有效地解决考虑参数空间变异性的边坡系统可靠度问题,考虑参数空间变异性的边坡系统可靠度分析目前仍然是一个具有挑战性的问题。此外,常用的边坡代表性滑动面识别方法一般需要计算潜在滑动面之间的相关性,当安全系数为输入参数的非线性隐式函数时该方法的计算量较大。此外,不同理论自相关函数对考虑参数空间变异性边坡可靠度的影响研究不够深入。为了研究不同自相关函数对边坡可靠度影响,参数敏感性分析通常是最为有效的途径之一,但是目前基于直接模拟的参数敏感性分析方法计算效率较低。

与土体参数空间变异性对土质边坡稳定性的影响相比,目前关于岩质边坡大部分研究主要集中在对裂隙或风化等软弱岩体物理力学参数空间变异性的模拟及其对边坡稳定性的影响。在国内,王家臣和骆中洲[74]采用随机场理论系统地研究了岩体参数经局部平均后的统计特征,并指出忽略岩体参数空间变异性计算结果将偏于保守。谭文辉等[75]应用地质统计学理论对现场实测岩体强度参数进行分析,研究了岩体强度参数自相关函数选取和自相关距离取值问题,证实岩体强度参数呈现一定的空间变异性。程勇刚等[76]采用谱分解方法模拟了地下围岩参数空间变异性。在国外,Hsu 和 Nelson[77]结合随机场理论、离散元分析和 MCS 方法研究了裂隙岩体参数空间变异性对边坡失效模式和临界破坏路径的影响。Ching 等[78]对作用在强度参数空间变异的高度裂隙岩体上条形地基允许承载力进行了概率分析与设计。Song 等[79]研究了风化围岩参数空间变异性对隧道变形特征、弹塑性分界面、表面反作用力以及隧道破坏机理的影响,并建议将准确估计与表征岩体特性参数空间变异性作为隧道工程例行设计的内容之一。Srivastava[80]基于随机场理论和有限差分方法研究了高度风化岩体特性参数空间变异性对边坡稳定性的影响。Zhu 和 Zhang[81]提出了各向异性非均质岩体参数空间变异性的表征方法,并系统地描述了宏观岩体的 6 种典型空间分布结构。然而,关于岩体特性参数空间变异性及其对岩质边坡稳定性的影响研究的研究仍然非常有限,缺乏理论依据,亟须深入研究。

1.2.2　三维边坡稳定性问题

尽管二维确定性边坡稳定性分析大多数情况下可满足计算要求,这是因为二维平面应变假定下的边坡稳定性结果通常偏于保守,低于实际三维边坡稳定分析结果,但是当考虑土体参数空间变异性和边界条件等影响时,二维边坡稳定可靠度分析可能会低估边坡失效概率[82,83],从而导致边坡稳定性评估偏于危险。为了更好地反映边坡工程实际情况,迫切需要考虑土体参数空间变异性对三维边坡稳定性的影响。在国内,梧松和吴玉山[84]基于随机场理论和局部平均法研究了考虑参数各向异性空间变异性的三维土坡可靠度问题,并建议以边坡最大破坏概率预测滑坡空间分布。在国外,Vanmarcke[85,86]首次基于极限平衡方法在概率框架下研究了不排水抗剪强度空间变异性对三维土坡稳定性的影响。Yücemen 和 Al-Homoud[87]基于三维边坡稳定性分析模型初步研究了土体参数空间变异性、室内试验与现场试验所获得抗剪强度参数的差异、模型误差、边坡渐进破坏机理及宽度对边坡失效概率的影响。Auvinet 和 González[88]采用各向异性随机场模型表征土体参数空间变异性,并研究了土体抗剪强度参数均值、方差和自相关距离对三维黏性土坡破坏机理及临界滑动面的影响,得出结论:"对边坡可靠度影响最大的破坏机理不同于对边坡稳定性影响最大的破坏机理"。Al-Homoud 和 Ta-nash[89]基于三维边坡稳定性分析模型研究了抗剪强度参数空间变异性和孔隙水压力不确定性对逐级施工条件下的土石坝和基础稳定性的影响。Spencer[90]研究了考虑参数空间变异性二维和三维边坡稳定可靠度的差别,并与 Vanmarcke[85]所提方法计算结果进行了比较。Griffiths 等[83]采用 RFEM 方法研究了考虑参数空间变异性二维和三维边坡可靠度,指出如假定沿边坡轴向土体参数完全相关的二维平面应变模型会低估边坡失效概率。Hicks 和 Spencer[91]采用局部平均法进一步研究了不排水抗剪强度空间变异性和边坡宽度对三维黏性土坡稳定性的影响,并指出土体参数水平波动范围与边坡轴向尺寸的比值决定边坡的失效模式。Vanmarcke[82]与 Vanmarcke 和 Otsubo[92]采用极限平衡方法从多尺度和自相关结构的角度研究了无限长边坡,土石坝、土堤和公路边坡的失稳风险,并阐述了二维和三维边坡失效概率计算的差别。Simões 等[93]基于少量现场实测数据建立了三维样本平均化的二维拟合模型,研究了土体参数三维空间变异性对条形地基承载力统计特征的影响。Ji[94]进一步采用空间局部平均法和空间自相关方法研究了轴向不排水抗剪强度空间变异性对三维边坡局部失稳模式及其临界概率宽度的影响。Ji 和 Chan[95]采用有限差分强度折减法和 FORM 方法研究了沿边坡轴向土体参数空间自相关性对三维土坡稳定性的影响。Hicks 等[96]研究了不排水抗剪强度空间变异性对考虑不同基础深度的三维边坡可靠度和失稳后果(滑体体积和宽度)的影响。Li 等[97]比较了基于随机有限元法和 Vanmarcke[85]简化方法的三维边坡可靠度分析在波动范围较小和较大处的差别。然而,在极限平衡框架下对三维边坡进行分析时,对边坡的失效模式做了较多的预先假定,假定的滑动面可能并非一定是安全系数最小的滑动面。当利用随机有限元对三维边坡进行分析时,对边坡失效模式的研究过于简化和理论化,未和岩土体参数实测数据及实际工程失效边坡进行有效对比,致使研究成果可信度不高和应用性不强。尽管关于三维边坡可靠度问题的研究难度较大,但是具有重要的理论意义和工程价值。

1.3　锚固体系性能退化条件下边坡可靠度分析

预应力锚杆(索)等边坡锚固体系通常是为提高边坡稳定性采取的主要加固措施,但是由于在边坡服役过程中锚固体系长期处于恶劣的运行环境中,导致其性能逐渐退化,严重时会引起高边坡失稳。预应力锚杆(索)腐蚀破坏是锚固体系性能退化的一个重要体现,目前国内外关于锚固体系性能退化对边坡变形与稳定性的影响开展了一些有益的研究。在国内,曾宪明等[98]进行了握裹层存在裂缝的锚杆腐蚀实验和 5 种不同环境条件下的裸露锚杆腐蚀实验,得到了服役 180 天的锚杆腐蚀速率。李英勇等[99]考虑了 pH 值、时间、应力水平和材质等因素的影响,进行了预应力杆件加速腐蚀室内试验,研究了腐蚀介质作用下预应力锚固结构的耐久性问题,并且拟合了单位长度腐蚀量与诱发因子之间的函数关系。洪海春和徐卫亚[100]研究了全长黏结式预应力锚索的锈胀开裂服务年限。成晓炜[101]与陈昌富和成晓炜[102]采用 MCS 方法研究了岩体与结构面抗剪强度参数时效性,锚杆腐蚀、降雨与地震等因素对锚固岩质边坡时变可靠度的影响。在国外,Chakravorty 等[103]于 1995 年建立了地下环境中锚杆腐蚀率模型,在此基础上采用 FORM 方法研究了锚固重力结构的时变可靠度问题。Liu[104]与 Liu 和 Weyers[105]进行了为期 5 年预应力钢筋混凝土结构的钢筋动态腐蚀过程室外实验,并推导了可考虑氯离子等侵蚀物质、温度和湿度等环境条件影响的钢筋腐蚀率模型,该模型及其所获得的实验数据对研究锚杆(索)腐蚀作用具有重要的参考价值。Vu 和 Stewart[106]提出的预应力钢筋腐蚀率模型不仅能够考虑钢筋握裹层厚度和注浆体水灰比的影响,而且计算简便直观,考虑了地下与大气服役环境条件之间腐蚀作用的相似性与差异性。Chau 等[107]利用有限元方法研究了锚杆钢筋腐蚀作用对加固挡土墙长期变形特征的影响。Xia 等[108]考虑了复杂岩土体环境、几何与材料特性等参数的时空变异性,在概率框架下研究了腐蚀条件下锚杆与注浆体界面的黏结强度。Yang 等[109]提出了一个可考虑黏结层黏弹性效应的锚固体系性能退化模型,并研究了锚杆与环氧界面的拉应力和剪应力的时效特性。Li 等[110]采用 MCS 方法结合极限平衡方法研究了锚杆腐蚀过程的随机性对锚固边坡系统可靠度的影响。综上所述,目前对锚杆(索)腐蚀率模型和腐蚀机理研究的仍然远远不够。另外相比于岩土体参数空间变异性对边坡稳定性的影响研究,关于预应力锚杆(索)腐蚀作用对锚固边坡时变可靠度的影响更是少见报道,关于不同边坡锚固体系失效对边坡变形和稳定性的影响研究较少,水电工程高边坡变形、安全系数和失效概率随开挖过程的变化关系也研究得不够深入。

　　另一方面,边坡稳定性分析的传统单一安全系数法不能定量地考虑边坡工程各种不确定性因素对边坡稳定性的影响,如边坡岩体及其结构面力学参数不确定性、荷载不确定性以及计算模型不确定性等。目前在工程边坡稳定可靠度分析也取得了一定的研究进展。如高谦和王思敬[111]基于平面非线性有限元法分析了龙滩水电站船闸高边坡可靠度。武清玺和王德信[112]采用全概率法研究了拱坝坝肩稳定可靠度问题。李典庆等[113]采用随机响应面法分析了香港秀茂坪边坡可靠度。Park 等[114]基于现场试验数据和统计推断方法获得断层裂隙的几何参数与强度参数的统计特征,再采用 MCS 方法对美国北加州某高速公路进行了概率边坡稳定性分析。Abbaszadeh 等[115]研究了伊朗 Sungun 地区 700m 高铜矿边坡不确定性因素及其对边坡可靠度的影响。Tang 等[116]采用改进的认知聚类分区方法研究了锦屏一级左岸坝肩边坡二维稳定可靠度问题。Rathod 和 Rao[117]基于极限平衡方法和有限元方法探讨了印度 Subansiri Lower 水电站的岩质边坡可靠度问题。Park 等[118]采用点估计方法计算了韩国 Gunwi-gun 大坝岩质边坡稳定可靠度。Shen 和 Abbas[119]采用随机集离散元方法研究了四川杂谷脑镇某岩质边坡稳定可靠度问题。Vatanpour 等[120]对伊朗东北部某一城市地区的岩质边坡稳定进行了概率分析和参数敏感性分析。Zheng 等[121]发展了概率块体理论分析方法,对我国西南地区一水电站岩质边坡进行了稳定性分析。尽管采用可靠度分析方法进行边坡稳定性分析已是一个重要的发展趋势,但遗憾的是目前复杂三维高边坡可靠度研究几乎是空白。

1.4　边坡可靠度分析方法

　　为准确评估岩土体参数空间变异性和锚固体系性能退化对边坡稳定性的影响,进而建立有效的滑坡风险监测、预警与调控体系和制定合理的滑坡灾害防治工程对策,只计算边坡安全系数是远远不够的[15],与此同时还需要计算边坡可靠度。要想准确获得边坡可靠度,必须采用有效的可靠度分析方法。传统的统计矩法存在计算不收敛和计算量大的缺陷。FORM 和 SORM 难以分析含大量随机变量的非线性隐式边坡可靠度问题。尽管 MCS 方法是目前工程结构可靠度领域内最为直接、稳健和概念简便可行的可靠度分析方法,但是对于小概率和涉及大型复杂有限元分析的边坡可靠度问题,该方法的计算量非常庞大,可操作性大大受到限制。为克服这一局限性,近些年发展的拉丁超立方抽样技术和子集模拟方法在边坡可靠度分析中得到了应用,虽然与传统的 MCS 方法相比计算效率得到了极大地提高,但是这些方法仍需要进行千余次边坡稳定性分析,这对于吴振君等[122]和马建全等[123]研究的简单边坡可靠度问题来说是可行的,但对于复杂边坡可靠度问题,其计算量仍然较大。为此,许多学者借助代理模型如多项式展开、人工神经网络、克里金(Kriging)和支持向量机等近似边坡输出响应量与输入参数之间的隐式函数关系,在此基础上采用常规可靠度分析方法如 MCS 方法和 FORM 等计算边坡可靠度。其中响应面法(response surface method,RSM)是目前岩土和结构工程可靠度领域应用最为广泛的一种基于代理模型的高效分析方法,采用多项式展开近似输出响应量与输入参数之间的隐式函数关系。这种计算模式的最大优势是简便可行,容易被工程师们所接受。正如刘晓等[124]所指出:"在解决动力可靠性分析的计算效率问题上,以蒙特卡罗方法内嵌响应面法的计算模式具有良好的发展前景,通过吸收非线性学科的相关优秀算法作为高效率的响应面代理手段,将会极大地推动边坡动力可靠性研究的发展。"可见响应面代理模型能够为解决低失效概率水平的复杂边坡可靠度问题提供一条有效的途径,对促进边坡稳定可靠度理论的发展具有重要的理论意义。

1.4.1　响应面法和随机响应面法

响应面法基本理论最早是于 1951 年由 Box 和 Wilson[125]首次提出,随后在结构工程可靠度领域得到了快速的发展[126~128]。Wong[129]于 1985 年首次将响应面法拓展到边坡工程领域,接着在横向承载桩[130,131]、地基基础[132,133]和地下隧道[134,135]等岩土工程中得到了广泛的应用。近年来,苏永华等[136]、王宇等[137]、Xu 和 Low[138]、Cho[139]、Tan 等[140]、Zhang 等[141,142]、Ji 和 Low[143]与 Li 和 Chu[144]进一步改进和发展了响应面法在边坡可靠度分析中的应用。目前响应面法主要涌现出了两种计算模式:①通过边坡稳定有限元分析获得边坡临界安全系数作为输出响应量,采用代理模型如多项式展开建立边坡临界安全系数与输入参数间的单重响应面,在此基础上计算边坡可靠度,本书称之为单重响应面法[125~129];②通过边坡稳定极限平衡分析获得多个潜在失效模式的安全系数,对每个失效模式的安全系数分别构建一个响应面,从而得到多重响应面,在此基础上计算边坡可靠度,本书称之为多重响应面法[142~144]。目前大部分基于响应面法的边坡可靠度分析是基于第一种计算模式即传统单重响应面法,尽管该方法编程计算简便,但是需要不断进行响应面迭代调整,对于考虑土体参数空间变异性和层状分布特性的边坡可靠度问题,该方法计算精度和效率值得商榷。尽管第二种计算模式在多层土坡可靠度分析中得到了应用[142,144],并且研究表明该计算模式具有较好的计算精度。遗憾的是,目前还没有采用该计算模式研究过考虑土体参数空间变异性对多层边坡稳定性的影响。

上述响应面法采用 2 阶多项式展开建立边坡输出响应量与输入参数间的近似显式函数关系,称之为传统响应面法。该方法主要存在以下不足:首先,对于高阶非线性可靠度问题,该方法迭代计算存在两个分支,导致其收敛性难以得到保证,并且不能够实现真正意义上的非侵入式分析;其次,传统单重响应面法不能分析土体参数空间变异性对边坡稳定性的影响,由于当考虑参数空间变异性时,参数随机场需离散为成千上万个随机变量,该方法进行边坡可靠度分析的计算量会急剧增大[145]。目前只有 Ji 等[63]初步采用传统响应面法研究了考虑参数空间变异性的边坡可靠度问题,但是所研究的边坡可靠度问题随机变量数目较少,随机场只离散了 30 个随机变量,这还不足以揭示传统响应面法所存在的局限性。近年来发展的随机响应面法(stochastic response surface method,SRSM)有效地克服以上不足,该方法以严谨的数学推导和科学的抽样得到了研究者们的青睐,为求解高阶非线性隐式可靠度问题提供一条有效的途径。美国 Isukapalli[146]和 Isukapalli 等[147,148]首次提出了随机响应面法,将其率先应用于环境和生物系统不确定性分析,并且开发了 Web 版本的随机响应面法计算程序 WebSRSM。王卿和黄淑萍[149]采用概率配点的随机响应面法分析了单桩沉降可靠度问题。胡冉等[150]采用随机响应面法研究了心墙堆石坝渗透稳定可靠度问题。Huang 等[151]研究了基于概率配点的随机响应面法在结构可靠度分析中的应用。Huang 等[152]编写了基于电子表格 Excel 的随机响应面法计算程序(collocation-based stochastic response surface method,CSRSM),并进一步研究了该方法在无限长边坡可靠度分析中的应用。Li 等[153]解决了随机响应面法中非正态随机变量之间的互相关性问题,并将其应用于岩质边坡可靠度分析中。Mollon 等[154]采用随机响应面法结合 FLAC³D软件分析了受压隧道面稳定可靠度问题。Mao 等[155]采用随机响应面法对岩基上条形地基承载力进行了概率分析与设计。Li 等[156]将随机响应面法与 GEOSTUDIO 软件结合研究了地下洞室变形可靠度问题。Jiang 等[157]从计算能力和适用性方面系统地比较了结构可靠度分析随机响应面法与传统响应面法。Bong 等[158]采用随机响应面法研究了固结系数空间变异性对垂直排水土体固结的影响。Dilip 和 Sivakumar Babu[159]采用基于稀疏多项式展开的随机响应面法研究了土体各向异性对路面输出响应量的影响。蒋水华等[160]基于随机响应面法研究了多层土坡系统可靠度问题。综上所述,尽管响应面法在岩土工程领域得到了广泛的应用,但是基于响应面法的考虑参数空间变异性的多层土坡稳定可靠度问题仍有待解决。常用的单重响应面法是基于有限元分析的边坡稳定可靠度计算模式,其解决考虑参数空间变异性边坡系统可靠度问题的有效性有待进一步研究。

1.4.2　非侵入式随机分析方法

非侵入式随机分析方法是一种与响应面法同样高效，近些年在传统随机分析方法基础上发展起来的边坡可靠度分析方法，已逐渐成为求解复杂边坡可靠度问题的主流方法。传统的随机有限元法如摄动随机有限元法（pertur bation sto-chastic finite element method，Perturbation SFEM）、Neumann 展开随机有限元法（Neumann stochastic finite element method，Neumann SFEM）和谱随机有限元（spectral stochastic finite element method，Spectral SFEM）等[161~165]需要修改有限元源代码，确定性有限元分析与概率分析常常耦合在一起，编程非常复杂。为了充分利用通用商业有限元软件和源代码，克服传统侵入式随机分析方法的不足，近年来许多学者致力于发展能够有效与商业有限元软件结合的非侵入式随机分析方法，该方法已逐步在岩土工程领域得到了广泛应用。如 Ghiocel 和 Gha-nem[166]利用非侵入式随机分析方法研究了地震条件下土基与建筑物的相互作用问题。Berveiller 等[167]提出了基于最小二乘回归分析的非侵入式随机有限元法（non-intrusive stochastic finite element method，NISFEM），并研究了地基沉降可靠度问题。Acharjee 和 Zabaras[168]采用非侵入式随机伽辽金法研究了考虑输入参数和边界条件不确定性的超弹性-黏塑性大变形问题。Papaioannou[169]采用非侵入式有限元可靠度分析方法研究了土体参数空间变异性对边坡可靠度的影响。Papaioannou 和 Straub[170]基于子集模拟方法和 SOFiSTiK 软件非侵入式随机分析了考虑参数空间变异性的板桩墙可靠度贝叶斯更新问题。程勇刚等[76]采用非侵入式随机分析方法研究岩体特性空间变异性对隧洞变形的影响。李典庆等[171]基于非侵入式随机有限元法研究了地下洞室变形可靠度问题。Al-Bittar 和 Soubra[172]发展了基于稀疏多项式展开的非侵入式随机分析方法，并分析了空间变异土基上条形地基的承载力可靠度。Al-Bittar 和 Soubra[173]采用非侵入式随机分析方法研究了空间变异土基上受载条形地基的变形问题。Al-Bittar 和 Soubra[174]进一步提出了基于稀疏多项式展开和参数全局敏感性分析的非侵入式随机有限元法，有效地解决了复杂确定性岩土结构的可靠度问题。然而，目前考虑岩土体参数空间变异性的边坡可靠度非侵入式随机分析方法发展还不够成熟，主要存在以下不足：首先，边坡可靠度分析与通用商业有限元软件的接口框架不够完善；其次，现有代理模型的计算精度不高，建立过程较为复杂；最后，没有较好地解决相关非正态变量和相关非高斯随机场模拟问题。为了进一步提高边坡可靠度非侵入式随机分析的有效性和普适性，上述问题均有待进一步研究。

1.5　本书的主要研究内容

边坡变形与稳定性评价是岩土工程学科的一个经典问题，其中天然岩土体参数固有的空间变异性和锚固体系性能退化对边坡变形与稳定性有着重要的影响。本书以边坡工程为主要研究对象,以探讨岩土体参数空间变异性和锚固体系性能退化对边坡稳定性的影响为研究目标,以边坡变形与稳定可靠度分析为主线;提出了边坡可靠度分析的非侵入式随机有限元法,发展了各向异性相关非高斯随机场模拟方法,提出了高效参数敏感性分析的多重二阶响应面法和边坡系统可靠度分析的多重随机响应面法,探讨了常用5种表征岩土体参数空间变异性的自相关函数对边坡可靠度的影响,统计了土体抗剪强度参数波动范围、自相关距离、变异系数和互相关系数的取值范围。揭示了腐蚀条件下锚固边坡系统可靠度和变形可靠度的演化规律。最后以锦屏一级水电站左岸坝肩边坡为例研究了复杂三维工程边坡可靠度问题。图1.2给出了本书总体框架与研究思路。

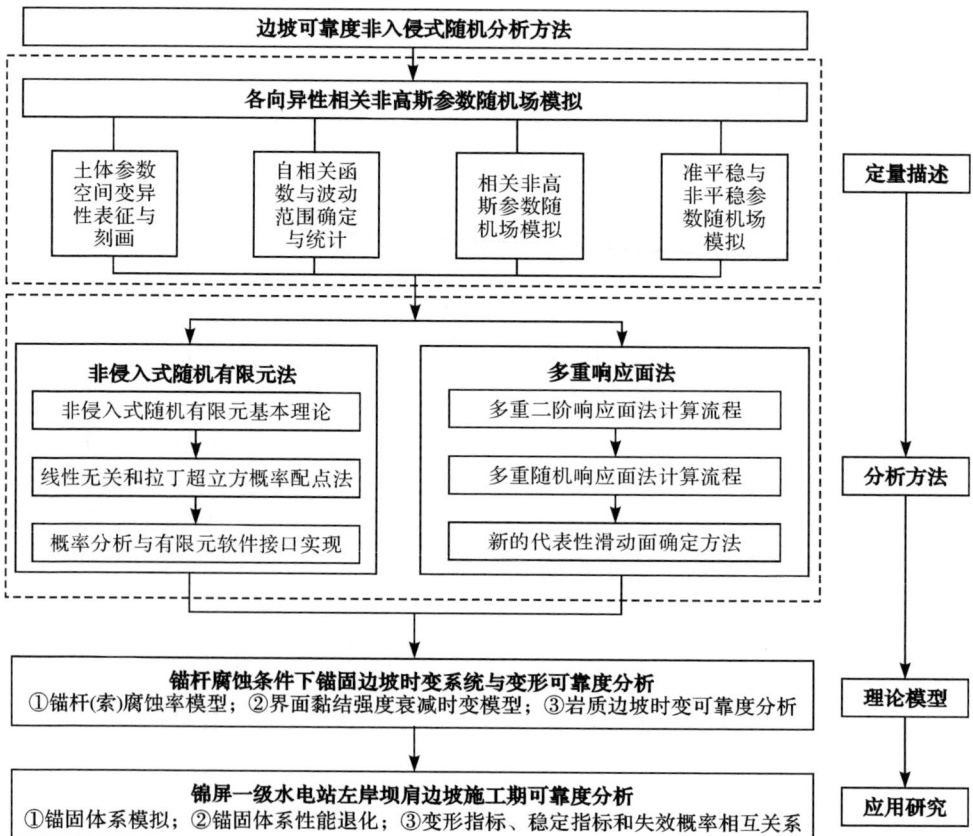

图 1.2　总体框架

本书共分8章,各章内容如下:

第1章——绪论:阐述了本书的研究背景和意义,全面回顾了考虑岩土体参数空间变异性和锚固体系性能退化的边坡可靠度分析、边坡可靠度分析的响应面法、随机响应面法以及非侵入式随机分析方法的研究现状,指出了目前研究存在的问题与不足,概述了本书的主要研究内容。

第 2 章——边坡可靠度非侵入式随机分析基本理论:发展了各向异性相关非高斯随机场模拟的 K-L 级数展开方法和改进乔列斯基分解技术,提出了解决含相关非正态变量可靠度分析的随机响应面法,建立了 4~6 阶高维 Hermite 随机多项式展开的解析表达式,发展了基于线性无关原则概率配点法和拉丁超立方抽样配点法的随机多项式展开方法,推导了输出响应量统计矩和输入参数随机变量和随机场的 Sobol 指标计算表达式。

第 3 章——边坡可靠度分析非侵入式随机有限元法:提出了考虑参数空间变异性边坡可靠度分析的非侵入式随机有限元法,有机结合了 Hermite 随机多项式展开与 K-L 级数展开方法,采用 MATLAB 语言编写了基于 ABAQUS 和 GEOS-TUDIO 软件的边坡稳定性有限元批处理程序,建立了边坡可靠度分析与通用有限元软件的接口框架。研究了考虑多参数空间变异性的饱和、非饱和土坡可靠度问题。

第 4 章——考虑自相关函数影响的边坡可靠度分析:系统地统计了土体抗剪强度参数波动范围、自相关距离、变异系数和互相关系数的取值范围,为定量地表征土体参数空间变异性提供了一定的参考依据;提出了考虑自相关函数影响高效参数敏感性分析的多重二阶响应面法,阐明了常用的 5 种表征土体参数空间自相关性的自相关函数对边坡可靠度的影响规律。

第 5 章——考虑参数空间变异性边坡系统可靠度分析:建立了一种新的考虑参数空间变异性的边坡代表性滑动面识别方法,研究了考虑土体参数空间变异性的多层土坡系统可靠度问题,探讨了基于边坡有限元分析的单重响应面法分析考虑参数空间变异性边坡系统可靠度问题的有效性,多重随机响应面法较好地解决了考虑参数空间变异性边坡系统可靠度分析的难题;并从系统的角度阐明了参数空间变异性、变异性和参数间互相关性对边坡系统可靠度的影响规律。

第 6 章——锚杆腐蚀条件下锚固边坡时变可靠度分析:建立了锚杆腐蚀条件下锚杆自由段屈服抗力和锚固段锚杆与注浆体界面黏结抗力时变模型,基于锚杆腐蚀试验数据验证了锚杆腐蚀率模型的适用性,揭示了锚杆腐蚀条件下锚固边坡系统可靠度变化规律;建议了一种有效的边坡最大允许变形量取值方法,初步揭示了边坡变形可靠度演化规律。

第 7 章——锦屏一级水电站左岸坝肩边坡可靠度分析:提出了复杂三维高边坡可靠度分析的非侵入式随机有限差分法;依托锦屏一级水电站左岸坝肩边坡工程,研究了该边坡施工开挖、预应力锚索和深层混凝土抗剪洞加固措施对边坡变形、稳定及可靠度的影响规律。

第8章——结论与展望：系统地总结了全书主要工作和研究成果，对有待进一步研究的问题作了展望。

参 考 文 献

[1] 谢全敏,陈立文,李道明,等.滑坡灾害危险性评价的可靠性分析方法[J].武汉理工大学学报,2007,29(1):109−112.

[2] Bonnard C,Corominas J. Landslide hazard management practices in the world[J]. Landslides,2005,2(4):245−246.

[3] Dai F C,Lee C F,Ngai Y Y. Landslide risk assessment and management:An overview[J]. Engineering Geology,2002,64(1):65−87.

[4] Phoon K K,Kulhawy F H. Characterization of geotechnical variability[J]. Canadian Geotechnical Journal,1999,36(4):612−624.

[5] Phoon K K, Kulhawy F H. Evaluation of geotechnical property variability[J]. Canadian Geotechnical Journal,1999,36(4):625−639.

[6] 林育梁.岩土与结构工程中不确定性问题及其分析方法[M].北京:科学出版社,2009.

[7] 陈祖煜.土质边坡稳定性分析——原理、方法、程序[M].北京:中国水利水电出版社,2003.

[8] Phoon K K. Reliability-based design in geotechnical engineering:Computations and applications[M]. London:Taylor & Francis Group,2008.

[9] Lacasse S,Nadim F. Uncertainties in characterizing soil properties[C]//Shackleford C D, Nelson P P,Roth M J S,eds. Uncertainty in the Geologic Environment:From Theory to Practice. New York:Geotechnical Special Publication,1996,No. 58. ASCE:49−75.

[10] 中国水利水电建设集团公司.700米级高陡边坡及堆积体开挖与锚固施工技术[M].北京:中国电力出版社,2012.

[11] Littlejohn G S. Ground anchorages:corrosion performance[J]. Proceedings-Institute of Civil Engineers,1987,82(3):645−662.

[12] Lee W F,Liao H J,Chang M H,et al. Failure analysis of a highway dip slope slide[J]. Journal of Performance of Constructed Facilities,2012,27(1):116−131.

[13] Wang L,Hwang J H,Luo Z,et al. Probabilistic back analysis of slope failure—A case study in Taiwan[J]. Computers and Geotechnics,2013,51:12−23.

[14] Christian J T,Ladd C C,Baecher G B. Reliability applied to slope stability analysis[J]. Journal of Geotechnical and Geoenvironmental Engineering (ASCE),1994,120(12):2180−2207.

[15] Duncan J M. Factors of safety and reliability in geotechnical engineering[J]. Journal of Geotechnical and Geoenvironmental Engineering (ASCE),2000,126(4):307−316.

[16] 祝玉学.边坡可靠性分析[M].北京:冶金工业出版社,1993.

[17] Husein Malkawi A I,Hassan W F,Abdulla F A. Uncertainty and reliability analysis applied to slope stability[J]. Structural Safety,2000,22(2):161−187.

[18] Bhattacharya G, Jana D, Ojha S, et al. Direct search for minimum reliability index of earth slopes[J]. Computers and Geotechnics, 2003, 30(6): 455－462.

[19] Baecher G B, Christian J T. Reliability and Statistics in Geotechnical Engineering[M]. New York: John Wiley & Sons, 2003.

[20] 陈祖煜, 汪小刚, 杨健. 岩质边坡稳定性分析——原理、方法、程序[M]. 北京: 中国水利水电出版社, 2005.

[21] Ang H S, Tang W H. Probability Concepts in Engineering, Vol. 1: Emphasis on Applications to Civil and Environmental Engineering[M]. 2nd ed. New York: John Wiley & Sons, 2007.

[22] Ang H S, Tang W H. Probability Concepts in Engineering Planning and Design, Vol. 2: Decision, Risk, and Reliability[M]. New York: John Wiley & Sons, 1984.

[23] National Research Council. Committee on Reliability Methods for Risk Mitigation in Geotechnical Engineering. Probabilistic Methods in Geotechnical Engineering[R]. Washington D. C. : National Academy Press, 1995.

[24] National Research Council. Geological and Geotechnical Engineering in the New Millennium: Opportunities for Research and Technological Innovation[R]. Washington D. C. : National Academies Press, 2006.

[25] 陈祖煜. 水利水电工程风险分析及可靠度设计技术进展[M]. 北京: 中国水利水电出版社, 2010.

[26] 中华人民共和国建设部. 岩土工程勘察规范(GB 50021－2001)[S]. 北京: 中国建筑工业出版社, 2009.

[27] 中华人民共和国行业标准编写组. 水利水电工程边坡设计规范(SL 386－2007)[S]. 北京: 中国水利水电出版社, 2007.

[28] 中华人民共和国国家标准编写组. 水利水电工程结构可靠度设计统一标准(GB 50199－94)[S]. 北京: 中国计划出版社, 1994.

[29] Vanmarcke E H. Probabilistic modeling of soil profiles[J]. Journal of the Geotechnical Engineering Division (ASCE), 1977, 103(11): 1227－1246.

[30] Asaoka A, Grivas D A. Spatial variability of the undrained strength of clays[J]. Journal of Engineering Mechanics (ASCE), 1982, 108(5): 743－756.

[31] Elkateb T, Chalaturnyk R, Robertson P K. An overview of soil heterogeneity: Quantification and implications on geotechnical field problems[J]. Canadian Geotechnical Journal, 2003, 40(1): 1－15.

[32] Mitchell J K, Soga K. Fundamentals of Soil Behavior[M]. New York: John Wiley & Sons, 2005.

[33] 张继周, 缪林昌, 王华敬. 土性参数不确定性描述方法的探讨[J]. 岩土工程学报, 2009, 31(12): 1936－1940.

[34] 吴振君. 土体参数空间变异性模拟和土坡可靠度分析方法应用研究[D]. 武汉: 中国科学院武汉岩土力学研究所, 2009.

[35] Dasaka S M, Zhang L M. Spatial variability of *in situ* weathered soil[J]. Géotechnique, 2012, 62(5): 375—384.

[36] Zhao H F, Zhang L M, Xu Y, et al. Variability of geotechnical properties of a fresh landslide soil deposit[J]. Engineering Geology, 2013, 166: 1—10.

[37] 傅旭东, 茜平一. 边坡稳定可靠性的随机有限元分析[J]. 岩土力学, 2001, 22(4): 413—418.

[38] 陈晓平, 孙慕群, 吴起星. 软基上复杂土坡稳定可靠度研究[J]. 岩石力学与工程学报, 2004, 23(6): 925—929.

[39] 杨继红, 刘汉东, 秦四清, 等. 考虑土性参数空间变异性的边坡可靠度分析[J]. 工程地质学报, 2007, 15(2): 205—211.

[40] 闫澍旺, 朱红霞, 刘润. 天津港土性相关距离的计算研究和统计分析[J]. 岩土力学, 2009, 30(7): 2179—2185.

[41] 许英, 高华峰, 牛志国. 土体参数随机场模型下边坡稳定可靠性分析[J]. 三峡大学学报: 自然科学版, 2009, 31(5): 37—41.

[42] 吴振君, 王水林, 葛修润. 约束随机场下的边坡可靠度随机有限元分析方法[J]. 岩土力学, 2009, 30(10): 3086—3092.

[43] 吴振君, 葛修润, 王水林. 考虑地质成因的土坡可靠度分析[J]. 岩石力学与工程学报, 2011, 30(9): 1904—1911.

[44] Li K S, Lumb P. Probabilistic design of slopes[J]. Canadian Geotechnical Journal, 1987, 24(4): 520—535.

[45] Gui S, Zhang R, Turner J P, et al. Probabilistic slope stability analysis with stochastic hydraulic conductivity[J]. Journal of Geotechnical and Geoenvironmental Engineering(ASCE), 2000, 126 (1): 1—9.

[46] El-Ramly H, Morgenstern N R, Cruden D M. Probabilistic slope stability analysis for practice[J]. Canadian Geotechnical Journal, 2002, 39(3): 665—683.

[47] Hicks M A, Samy K. Influence of heterogeneity on undrained clay slope stability[J]. Quarterly Journal of Engineering Geology and Hydrogeology, 2002, 35(1): 41—49.

[48] Hicks M A, Samy K. Stochastic evaluation of heterogeneous slope stability[J]. Italian Geotechnical Journal, 2004, 38(2): 54—66.

[49] Sivakumar Babu G L, Mukesh M D. Effect of soil variability on reliability of soil slopes[J]. Géotechnique, 2004, 54(5): 335—337.

[50] Griffiths D V, Fenton G A. Probabilistic slope stability analysis by finite elements[J]. Journal of Geotechnical and Geoenvironmental Engineering (ASCE), 2004, 130(5): 507—518.

[51] Griffiths D V, Huang J S, Fenton G A. Influence of spatial variability on slope reliability using 2-D random fields[J]. Journal of Geotechnical and Geoenvironmental Engineering (ASCE), 2009, 135(10): 1367—1378.

[52] Griffiths D V, Huang J S, Fenton G A. Probabilistic infinite slope analysis[J]. Computers and Geotechnics, 2011, 38(4): 577—584.

[53] Cho S E. Effects of spatial variability of soil properties on slope stability[J]. Engineering

Geology,2007,92(3-4):97—109.

[54] Low B K. Reliability analysis of rock slopes involving correlated nonnormals[J]. International Journal of Rock Mechanics and Mining Sciences,2007,44(6):922—935.

[55] Hong H P,Roh G. Reliability evaluation of earth slopes[J]. Journal of Geotechnical and Geoenvironmental Engineering (ASCE),2008,134(12):1700—1705.

[56] Santoso A M,Phoon K K,Quek S T. Effects of soil spatial variability on rainfall induced landslides[J]. Computers and Structures,2011,89(11-12):893—900.

[57] Srivastava A,Sivakumar Babu G L. Effect of soil variability on the bearing capacity of clay and in slope stability problems[J]. Engineering Geology,2009,108(1):142—152.

[58] Suchomel R,Mašín D. Comparison of different probabilistic methods for predicting stability of a slope in spatially variable c-φ soil[J]. Computers and Geotechnics,2010,37(1-2),132—140.

[59] Srivastava A,Sivakumar Babu G L,Haldar S. Influence of spatial variability of permeability property on steady state seepage flow and slope stability analysis[J]. Engineering Geology,2010,110(3-4):93—101.

[60] Cho S E. Probabilistic assessment of slope stability that considers the spatial variability of soil properties[J]. Journal of Geotechnical and Geoenvironmental Engineering (ASCE),2010,136(7):975—984.

[61] Wang Y,Cao Z,Au S K. Practical reliability analysis of slope stability by advanced Monte Carlo simulations in a spreadsheet [J]. Canadian Geotechnical Journal, 2011, 48 (1): 162—172.

[62] Kasama K,Zen K. Effects of spatial variability of soil property on slope stability[C]//The ICVRAM 2011 and ISUMA 2011 Conferences:Vulnerability,Uncertainty,and Risk:Analysis,Modeling,and Management,Hyattsville,Maryland (ASCE),2011.

[63] Ji J,Lian H J,Low B K. Modeling 2-D spatial variation in slope reliability analysis using interpolated autocorrelations[J]. Computers and Geotechnics,2012,40:135—146.

[64] Cho S E. Probabilistic analysis of seepage that considers the spatial variability of permeability for an embankment on soil foundation[J]. Engineering Geology,2012,133-134:30—39.

[65] Jha S K,Ching J. Simplified reliability method for spatially variable undrained engineered slopes[J]. Soils and Foundations,2013,53(5):708—719.

[66] Tabarroki M,Ahmad F,Banaki R,et al. Determining the factors of safety of spatially variable slopes modeled by random fields[J]. Journal of Geotechnical and Geoenvironmental Engineering (ASCE),2013,139(12):2082—2095.

[67] Kim J M,Sitar N. Reliability approach to slope stability analysis with spatially correlated soil properties[J]. Soils and Foundations,2013,53(1):1—10.

[68] Zhu H,Zhang L M,Zhang L L,et al. Two-dimensional probabilistic infiltration analysis with a spatially varying permeability function[J]. Computers and Geotechnics,2013,48:249—259.

[69] Low B K. FORM, SORM, and spatial modeling in geotechnical engineering[J]. Structural Safety, 2014, 49: 56－64.

[70] Salgado R, Kim D. Reliability analysis of load and resistance factor design of slopes[J]. Journal of Geotechnical and Geoenvironmental Engineering (ASCE), 2014, 140(1): 57－73.

[71] Cho S E. Probabilistic stability analysis of rainfall-induced landslides considering spatial variability of permeability[J]. Engineering Geology, 2014, 171: 11－20.

[72] Jha S K. Effect of spatial variability of soil properties on slope reliability using random finite element and first order second moment methods[J]. Indian Geotechnical Journal, 2015, 45(2): 145－155.

[73] Dou H Q, Han T C, Gong X N, et al. Effects of the spatial variability of permeability on rainfall-induced landslides[J]. Engineering Geology, 2015, 192: 92－100.

[74] 王家臣, 骆中洲. 基于岩体性质空间变异性的边坡可靠性分析[J]. 化工矿山技术, 1996, 25(3): 1－4.

[75] 谭文辉, 王家臣, 周汝弟. 岩体强度参数空间变异性分析[J]. 岩石力学与工程学报, 1999, 18(5): 546－549.

[76] 程勇刚, 常晓林, 李典庆. 考虑岩体空间变异性的隧洞围岩变形随机分析[J]. 岩石力学与工程学报, 2012, 31(增1): 2767－2775.

[77] Hsu S C, Nelson P P. Material spatial variability and slope stability for weak rock masses [J]. Journal of Geotechnical and Geoenvironmental Engineering (ASCE), 2006, 132(2): 183－193.

[78] Ching J, Hu Y G, Yang Z Y, et al. Reliability-based design for allowable bearing capacity of footings on rock masses by considering angle of distortion[J]. International Journal of Rock Mechanics and Mining Sciences, 2011, 48(5): 728－740.

[79] Song K I, Cho G C, Lee S W. Effects of spatially variable weathered rock properties on tunnel behavior[J]. Probabilistic Engineering Mechanics, 2011, 26(3): 413－426.

[80] Srivastava A. Spatial variability modelling of geotechnical parameters and stability of highly weathered rock slope[J]. Indian Geotechnical Journal, 2012, 42(3): 179－185.

[81] Zhu H, Zhang L M. Characterizing geotechnical anisotropic spatial variations using random field theory[J]. Canadian Geotechnical Journal, 2013, 50(7): 723－734.

[82] Vanmarcke E H. Risk of limit equilibrium failure of long earth slopes: How it depends on length[C]//Proceedings of the ASCE GeoRisk 2011: Geotechnical Risk Assessment and Management GeoRisk, Atlanta, 2011, GA. 418: 1－24.

[83] Griffiths D V, Huang J S, Fenton G A. On the reliability of earth slopes in three dimensions [J]. Proceedings of the Royal Society A—Mathematical Physical Engineering Science, 2009, 465(2110): 3145－3164.

[84] 梧松, 吴玉山. 土质边坡三维可靠度分析[J]. 岩土力学, 2003, 24(2): 284－287.

[85] Vanmarcke E H. Reliability of earth slopes[J]. Journal of the Geotechnical Engineering Division (ASCE), 1977, 103(11): 1247－1265.

[86] Vanmarcke E H. Probabilistic stability analysis of earth slopes[J]. Engineering Geology, 1980,16(1-2):29—50.

[87] Yücemen M S,Al-Homoud A S. Probabilistic three dimensional stability analysis of slopes [J]. Structural Safety,1990,9(1):1—20.

[88] Auvinet G,González J L. Three-dimensional reliability analysis of earth slopes[J]. Computers and Geotechnics,2000,26(3):247—261.

[89] Al-Homoud A S, Tanash N. Modeling uncertainty in stability analysis for design of embankment dams on difficult foundations [J]. Engineering Geology, 2004, 71 (3-4): 323—342.

[90] Spencer W A. Parallel Stochastic and Finite Element Modelling of Clay Slope Stability in 3D [D]. Manchester:University of Manchester,2007.

[91] Hicks M A,Spencer W A. Influence of heterogeneity on the reliability and failure of a long 3D slope[J]. Computers and Geotechnics,2010,37(7):948—955.

[92] Vanmarcke E,Otsubo Y. Reliability analysis of long multi-segment earth slopes[C]. Foundation Engineering in the Face of Uncertainty,2013:520—529.

[93] Simões J T,Neves L C,Antão A N,et al. Probabilistic analysis of bearing capacity of shallow foundations using three-dimensional limit analyses[J]. International Journal of Computational Methods,2014,11(2):1342008(1—20).

[94] Ji J. A simplified approach for modeling spatial variability of undrained shear strength in out-plane failure mode of earth embankment[J]. Engineering Geology,2014,183:315—323.

[95] Ji J,Chan C L. Long embankment failure accounting for longitudinal spatial variation—A probabilistic study[J]. Computers and Geotechnics,2014,61:50—56.

[96] Hicks M A,Nuttall J D,Chen J. Influence of heterogeneity on 3D slope reliability and failure consequence[J]. Computers and Geotechnics,2014,61:198—208.

[97] Li Y J,Hicks M A,Nuttall J D. Comparative analyses of slope reliability in 3D[J]. Engineering Geology,2015,196:12—23.

[98] 曾宪明,雷志梁,张文巾,等. 关于锚杆"定时炸弹"问题的讨论——答郭映忠教授[J]. 岩石力学与工程学报,2002,21(1):143—147.

[99] 李英勇,张思峰,王松根,等. 预应力锚固结构腐蚀介质作用下的耐久性试验研究[J]. 岩石力学与工程学报,2008,27(8):1626—1633.

[100] 洪海春,徐卫亚. 全长粘结式预应力锚索锈胀开裂时服务年限研究[J]. 岩土力学,2008,29(4):949—953.

[101] 成晓炜. 岩质边坡锚固工程时变可靠性分析模型及可靠度计算方法[D]. 长沙:湖南大学,2010.

[102] 陈昌富,成晓炜. 双滑块边坡锚固系统时变可靠性分析[J]. 岩土力学,2012,33(1):197—203.

[103] Chakravorty M,Frangopol D M,Mosher R L,et al. Time-dependent reliability of rock-anchored structures[J]. Reliability Engineering & Systems Safety,1995,47(3):231—236.

[104] Liu Y. Modeling the Time to Corrosion Cracking of the Cover Concrete in Chloride Contaminated Reinforced Concrete Structures[D]. Blacksburg, Virginia: Virginia Polytechnic Institute, 1996.

[105] Liu T, Weyers R W. Modeling the dynamic corrosion process in chloride contaminated concrete structures[J]. Cement and Concrete Research, 1998, 28(3): 365−379.

[106] Vu K A T, Stewart M G. Structural reliability of concrete bridges including improved chloride-induced corrosion models[J]. Structural Safety, 2000, 22(4): 313−333.

[107] Chau T L, Bourgeois E, Corfdir A. Finite element analysis of the effect of corrosion on the behavior of reinforced earth walls[J]. International Journal for Numerical and Analytical Methods in Geomechanics, 2012, 36(15): 1741−1756.

[108] Xia N, Liang R Y, Payer J, et al. Probabilistic modelling of the bond deterioration of fully-grouted rock bolts subject to spatiotemporally stochastic corrosion[J]. Structure and Infrastructure Engineering, 2013, 9(11): 1161−1176.

[109] Yang M, Zhao Y, Zhang N. Creep behavior of epoxy-bonded anchor system[J]. International Journal of Rock Mechanics and Mining Sciences, 2014, 67: 96−103.

[110] Li L, Liang R Y, Liu H L. System reliability analysis for anchor-stabilized slopes considering stochastic corrosion of anchors[J]. Structure and Infrastructure Engineering, 2015, 11(10): 1294−1305.

[111] 高谦, 王思敬. 龙滩水电站船闸高边坡的可靠度分析[J]. 岩石力学与工程学报, 1991, 10(1): 83−95.

[112] 武清玺, 王德信. 拱坝坝肩三维稳定可靠度分析[J]. 岩土力学, 1998, 19(1): 45−49.

[113] 李典庆, 周创兵, 陈益峰, 等. 边坡可靠度分析的随机响应面法及程序实现[J]. 岩石力学与工程学报, 2010, 29(8): 1513−1523.

[114] Park H J, West T R, Woo I. Probabilistic analysis of rock slope stability and random properties of discontinuity parameters, Interstate Highway 40, Western North Carolina, USA[J]. Engineering Geology, 2005, 79(3): 230−250.

[115] Abbaszadeh M, Shahriar K, Sharifzadeh M, et al. Uncertainty and reliability analysis applied to slope stability: A case study from Sungun Copper Mine[J]. Geotechnical and Geological Engineering, 2011, 29(4): 581−596.

[116] Tang X S, Li D Q, Chen Y F, et al. Improved knowledge-based clustered partitioning approach and its application to slope reliability analysis[J]. Computers and Geotechnics, 2012, 45: 34−43.

[117] Rathod G W, Rao K S. Finite element and reliability analyses for slope stability of Subansiri lower hydroelectric project: A case study[J]. Geotechnical and Geological Engineering, 2012, 30(1): 233−252.

[118] Park H J, Um J G, Woo I, et al. The evaluation of the probability of rock wedge failure using the point estimate method[J]. Environmental Earth Sciences, 2012, 65(1): 353−361.

[119] Shen H,Abbas S M. Rock slope reliability analysis based on distinct element method and random set theory[J]. International Journal of Rock Mechanics and Mining Sciences,2013, 61:15—22.

[120] Vatanpour N,Ghafoori M,Talouki H H. Probabilistic and sensitivity analyses of effective geotechnical parameters on rock slope stability:A case study of an urban area in northeast Iran[J]. Natural Hazards,2014,71(3):1659—1678.

[121] Zheng J,Kulatilake P,Deng J. Development of a probabilistic block theory analysis procedure and its application to a rock slope at a hydropower station in China[J]. Engineering Geology,2015,188:110—125.

[122] 吴振君,王水林,葛修润. LHS 方法在边坡可靠度分析中的应用[J]. 岩土力学,2010, 31(4):1047—1054.

[123] 马建全,李广杰,徐佩华,等. 基于拉丁方抽样及 K-S 检验的边坡可靠性分析[J]. 岩土力学,2011,32(7):2153—2156.

[124] 刘晓,唐辉明,熊承仁. 边坡动力可靠性分析方法的模式,问题与发展趋势[J]. 岩土力学, 2013,34(5):1218—1234.

[125] Box G E P,Wilson K B. On the experimental attainment of optimum conditions[J]. Journal of the Royal Statistical Society. Series B (Methodological),1951,13(1):1—45.

[126] Bucher C G,Bourgund U. A fast and efficient response surface approach for structural reliability problems [J]. Structural Safety,1990,7(1):57—66.

[127] Kim S H,Na S W. Response surface method using vector projected sampling points[J]. Structural Safety,1997,19:3—19.

[128] Cheng J,Li Q S. Application of the response surface methods to solve inverse reliability problems with implicit response functions[J]. Computational Mechanics,2009,43(4): 451—459.

[129] Wong F S. Slope reliability and response surface method[J]. Journal of Geotechnical Engineering,1985,111(1):32—53.

[130] Tandjiria V,Teh C I,Low B K. Reliability analysis of laterally loaded piles using response surface methods[J]. Structural Safety,2000,22(4):335—355.

[131] Chan C L,Low B K. Probabilistic analysis of laterally loaded piles using response surface and neural network approaches[J]. Computers and Geotechnics,2012,43:101—110.

[132] Sivakumar Babu G L,Srivastava A. Reliability analysis of allowable pressure on shallow foundation using response surface method[J]. Computers and Geotechnics,2007,34(3): 187—194.

[133] Youssef Abdel Massih D S,Soubra A H. Reliability-based analysis of strip footings using response surface methodology[J]. International Journal of Geomechanics,2008,8(2): 134—143.

[134] Mollon G,Dias D,Soubra A H. Probabilistic analysis of circular tunnels in homogeneous soil using response surface methodology[J]. Journal of Geotechnical and Geoenvironmental

Engineering (ASCE),2009,135(9):1314—1325.

[135] Lü Q,Sun H Y,Low B K. Reliability analysis of ground-support interaction in circular tunnels using the response surface method[J]. International Journal of Rock Mechanics and Mining Sciences,2011,48(8):1329—1343.

[136] 苏永华,赵明华,李青海,等. 稳定性系数为隐式函数的边坡可靠度近似计算方法[J]. 岩土工程学报,2006,28(10):1198—1203.

[137] 王宇,王春磊,汪灿,等. 边坡可靠性评价的向量投影响应面研究及应用[J]. 岩土工程学报,2011,33(9):1434—1439.

[138] Xu B,Low B K. Probabilistic stability analyses of embankments based on finite-element method[J]. Journal of Geotechnical and Geoenvironmental Engineering (ASCE),2006,132(11):1444—1454.

[139] Cho S E. Probabilistic stability analyses of slopes using the ANN-based response surface [J]. Computers and Geotechnics,2009,36(5):787—797.

[140] Tan X H,Shen M F,Hou X L,et al. Response surface method of reliability analysis and its application in slope stability analysis[J]. Geotechnical and Geological Engineering,2013,31:1011—1025.

[141] Zhang J,Huang H W,Phoon K K. Application of the Kriging-based response surface method to the system reliability of soil slopes[J]. Journal of Geotechnical and Geoenvironmental Engineering (ASCE),2013,139(4):651—655.

[142] Zhang J,Zhang L M,Tang W H. New methods for system reliability analysis of soil slopes [J]. Canadian Geotechnical Journal,2011,48(7):1138—1148.

[143] Ji J,Low B K. Stratified response surfaces for system probabilistic evaluation of slopes[J]. Journal of Geotechnical and Geoenvironmental Engineering (ASCE),2012,138(11):1398—1406.

[144] Li L,Chu X S. Multiple response surfaces for slope reliability analysis[J]. International Journal for Numerical and Analytical Methods in Geomechanics,2015,39(2):175—192.

[145] Huang J S,Griffiths D V,Fenton G A. System reliability of slopes by RFEM[J]. Soils and Foundations,2010,50(3):345—355.

[146] Isukapalli S S. Uncertainty Analysis of Transport Transformation Models[D]. New Jersey:The State University of New Jersey,New Brunswick,1999.

[147] Isukapalli S S,Roy A,Georgopoulos P G. Stochastic response surface methods for uncertainty propagation:Application to environmental and biological systems[J]. Risk Analysis,1998,18(3):351—363.

[148] Isukapalli S S,Roy A,Georgopoulos P G. Efficient sensitivity / uncertainty analysis using the combined stochastic response surface method and the automated differentiation:Application to environmental and biological systems[J]. Risk Analysis,2000,20(5):591—601.

[149] 王卿,黄淑萍. 随机响应面法在单桩沉降可靠性中应用[J]. 低温建筑技术,2008,122(2):92—94.

[150] 胡冉,陈益峰,李典庆,等. 心墙堆石坝渗透稳定可靠性分析的随机响应面法[J]. 岩土力学,2012,33(4):1051−1060.

[151] Huang S P,Mahadevan S,Rebba R. Collocation-based stochastic finite element analysis for random field problems[J]. Probabilistic Engineering Mechanics,2007,22(2):194−205.

[152] Huang S P,Liang B,Phoon K K. Geotechnical probabilistic analysis by collocation-based stochastic response surface method—An EXCEL add-in implementation[J]. Georisk,2009,3(2):75−86.

[153] Li D Q,Chen Y F,Lu W B,et al. Stochastic response surface method for reliability analysis of rock slopes involving correlated non-normal variables[J]. Computers and Geotechnics,2011,38(1):58−68.

[154] Mollon G,Dias D,Soubra A H. Probabilistic analysis of pressurized tunnels against face stability using collocation-based stochastic response surface method[J]. Journal of Geotechnical and Geoenvironmental Engineering (ASCE),2011,137(4):385−397.

[155] Mao N,Al-Bittar T,Soubra A H. Probabilistic analysis and design of strip foundations resting on rocks obeying Hoek-Brown failure criterion[J]. International Journal of Rock Mechanics and Mining Sciences,2012,49(1):45−58.

[156] Li D Q,Jiang S H,Chen Y G,et al. Reliability analysis of serviceability performance for an underground cavern using a non-intrusive stochastic method[J]. Environmental Earth Sciences,2014,71(3):1169−1182.

[157] Jiang S H,Li D Q,Zhou C B,et al. Capabilities of stochastic response surface method and response surface method in reliability analysis[J]. Structural Engineering and Mechanics,2014,49(1):111−128.

[158] Bong T,Son Y,Noh S,et al. Probabilistic analysis of consolidation that considers spatial variability using the stochastic response surface method[J]. Soils and Foundations,2014,54(5):917−926.

[159] Dilip D M,Sivakumar Babu G L. Influence of anisotropy on pavement responses using adaptive sparse polynomial chaos expansion[J]. Journal of Materials in Civil Engineering,2016,28(1):04015061.

[160] 蒋水华,祁小辉,曹子君,等. 基于随机响应面法的边坡系统可靠度分析[J]. 岩土力学,2015,36(3):809−818.

[161] 刘宁. 可靠度随机有限元法及其工程应用[M]. 北京:中国水利水电出版社,2001.

[162] 秦权,林道锦,梅刚. 结构可靠度随机有限元——理论及工程应用[M]. 北京:清华大学出版社,2006.

[163] Sudret B,Der Kiureghian A. Stochastic finite element methods and reliability:A state-of-the-art report[R]. California:University of California,2000.

[164] Haldar A,Mahadevan S. Reliability Assessment Using Stochastic Finite Element Analysis[M]. New York:John Wiley & Sons,2000.

[165] Ghanem R G,Spanos P D. Stochastic Finite Element:A Spectral Approach[M]. Revised

version. New York: Dover Publication, Inc, Mineola, 2003.

[166] Ghiocel D M, Ghanem R G. Stochastic finite-element analysis of seismic soil-structure interaction[J]. Journal of Engineering Mechanics (ASCE), 2002, 128(1): 66—77.

[167] Berveiller M, Sudret B, Lemaire M. Stochastic finite elements: A non-intrusive approach by regression[J]. European Journal of Computational Mechanics, 2006, 15(1-3): 81—92.

[168] Acharjee S, Zabaras N. A non-intrusive stochastic Galerkin approach for modeling uncertainty propagation in deformation processes[J]. Computers and Structures, 2007, 85(5): 244—254.

[169] Papaioannou I. Non-intrusive Finite Element Reliability Analysis Methods[D]. Technical University of Munich, Munich, Germany, 2012.

[170] Papaioannou I, Straub D. Reliability updating in geotechnical engineering including spatial variability of soil[J]. Computers and Geotechnics, 2012, 42: 44—51.

[171] 李典庆, 蒋水华, 周创兵. 基于非侵入式随机有限元法的地下洞室可靠度分析[J]. 岩土工程学报, 2012, 34(1): 123—129.

[172] Al-Bittar T, Soubra A H. Bearing capacity of strip footings on spatially random soils using sparse polynomial chaos expansion[J]. International Journal for Numerical and Analytical Methods in Geomechanics, 2013, 37(13): 2039—2060.

[173] Al-Bittar T, Soubra A H. Probabilistic analysis of strip footings resting on spatially varying soils and subjected to vertical or inclined loads[J]. Journal of Geotechnical and Geoenvironmental Engineering (ASCE), 2014, 140(4): 04013043.

[174] Al-Bittar T, Soubra A H. Efficient sparse polynomial chaos expansion methodology for the probabilistic analysis of computationally—expensive deterministic models[J]. International Journal for Numerical and Analytical Methods in Geomechanics, 2014, 38(12): 1211—1230.

第 2 章　边坡可靠度非侵入式随机分析基本理论

当采用有限元方法分析边坡变形与稳定性时,边坡输出响应量与岩土体物理力学参数之间一般存在非线性隐式函数关系,目前传统可靠度分析方法不能有效地解决基于有限元分析的非线性隐式可靠度问题。本章提出了解决含相关非正态变量和非高斯随机场的边坡可靠度非侵入式随机分析方法,发展了各向异性相关非高斯随机场模拟的 K-L 级数展开方法和改进乔列斯基分解技术;提出了解决含相关非正态变量可靠度分析的随机响应面法,建立了 4~6 阶高维 Hermite 随机多项式展开的解析表达式,发展了基于线性无关原则概率配点法和拉丁超立方抽样配点法的随机多项式展开方法,推导了输出响应量统计矩和输入参数随机变量和随机场的 Sobol 指标计算表达式。实现了确定性复杂边坡常规有限元分析与可靠度分析一体化,丰富了边坡非侵入可靠度分析理论。

2.1　引　　言

当采用有限元方法分析边坡变形和稳定性时,边坡输出响应量(安全系数、位移、应力、孔隙水压力和渗透坡降等)一般为岩土体物理力学参数的非线性隐式函数,即输出响应量与输入参数如黏聚力和内摩擦角等之间没有显式表达的函数关系。传统的可靠度分析方法如 FORM 和 SORM 存在一定的难度。理论上 MCS 方法可以求解上述问题,但计算量较大,尤其是对于低失效概率水平的复杂可靠度问题几乎不可能。另一类代理模型(如响应面、神经网络、克里金和支持向量机等)分析方法构建代理模型时需要进行迭代计算,容易造成计算不收敛,没有实现真正意义上的非侵入式随机分析。传统随机有限元法需要修改有限元源代码,不便与有限元软件结合。为了使可靠度分析与有限元分析不耦合,近年来发展了非侵入式随机分析方法,目前在岩土工程领域逐步得到广泛应用。该方法先建立输出响应量代理模型,再采用常规可靠度分析方法计算可靠度,将确定性有限元分析视为黑匣子直接调用,可实现复杂岩土结构确定性有限元分析和可靠度分析过程的不耦合,使得岩土工程可靠度分析与商业有限元软件有机结合。尽管如此,目前该方法还存在以下不足:首先,不能有效地考虑岩土体参数空间变异性对边坡变形与稳定性的影响;其次,代理模型精度不高,并且代理模型的构建方法计算效率较低;最后,没有有效解决含相关非正态变量和相关非高斯参数随机场的模拟问题。

本章提出了解决含相关非正态变量和相关非高斯随机场的边坡可靠度非侵入式随机分析方法,发展了各向异性相关非高斯随机场模拟的 K-L 级数展开方法和改进乔列斯基分解技术,提出了解决含相关非正态变量可靠度分析的随机响应面法,建立了 4~6 阶高维 Hermite 随机多项式展开解析表达式,发展了基于线性无关原则概率配点法和拉丁超立方抽样配点法的随机多项式展开方法,推导了输出响应量统计矩、输入参数随机变量和随机场的 Sobol 指标计算表达式。边坡可靠度非侵入式随机分析基本理论主要包括 3 个分析模块:前处理模块、计算模块与后处理模块和 5 个计算步骤:随机输入参数表示、输出响应量代理模型构建、输入参数随机配点法、边坡失效概率计算和输出响应量统计特征估计。

2.2　随机输入参数表示

非侵入式随机分析方法第一步是将输入参数表示为独立标准正态随机变量。由于岩土工程实际中现场实测数据十分有限[1,2],为简化计算,一般采用正态分布或高斯随机场表征岩土体参数不确定和空间变异性。值得注意的是岩土体物理力学参数不能为负值,因此正态分布或高斯随机场在大多数情况下不适用,需要采用对数正态、Beta 和截尾指数等分布随机变量和非高斯随机场分别表征岩土体参数不确定性和空间变异性。同时,由于岩土体参数空间本构特性的变化使得不同岩土体参数随机场之间存在一定的互相关性,由表 2.1 中岩土体黏聚力与内摩擦角之间互相关系数的统计可知,大多岩土体黏聚力与内摩擦角之间存在负相关性。此外,黏性土物理参数(孔隙水、含水率、液塑限)相互之间,物理力学参数(单位容重与含水量,压缩指数与含水量,压缩指数与孔隙比,黏聚力、含水量与液性指数)相互之间,饱和渗透系数与土水特征曲线参数之间、水平与垂直固结系数之间也都存在互相关关系。因此,这就涉及相关非正态随机变量和相关非高斯随机场的模拟问题。

表 2.1　岩土体抗剪强度参数间互相关系数统计[3~24]

国内数据		国外数据	
$\rho_{c,\varphi}$	来源	$\rho_{c,\varphi}$	来源
$[-0.71, -0.40]$	黄传志和孙万禾[3]	$[-0.70, -0.37]$	Lumb[14]
$[-0.92, -0.77]$	光耀华[4]	$[-0.49, -0.24]$	Yucemen 等[15]
$[-0.80, -0.20]$	范明桥和盛金保[5]	-0.47	Wolff[16]
$[-0.54, -0.23]$	谭忠盛等[6]	$-0.31, -0.34$	Young[17]
$[-0.90, -0.30]$	范明桥[7]	-0.55	Wolff[18]

续表

国内数据		国外数据	
$\rho_{c,\varphi}$	来源	$\rho_{c,\varphi}$	来源
$[-0.80,-0.60]$	李小勇等[8]	-0.61	Cherubini[19]
$[-0.70,-0.59]$	吴长富等[9]	-0.3	Hoek[20]
$[-0.70,-0.30]$	涂帆和常方强[10]	-0.5	Low[21]
$[-0.77,-0.63]$	赵宇飞等[11]	-0.5	Mollon 等[22]
$[-0.86,-0.35]$	兰雁等[12]	-0.5	Li 和 Low[23]
$[-0.91,0.99]$	陈群等[13]	-0.5	Li 等[24]

2.2.1　相关非正态随机变量输入模型

根据随机变量的统计特征(均值、标准差、边缘概率分布和互相关系数等),需要将输入随机变量表示为标准正态随机变量的函数。目前通常采用等概率变换方法将原始空间随机变量表示为独立标准正态随机变量。如 Isukapalli[25] 提出了基于乔列斯基分解的相关非正态变量独立标准化方法,计算步骤如下:设输入变量的随机向量 $\boldsymbol{X}$ 的协方差矩阵为 $\sum \boldsymbol{X}$,协方差矩阵 $\sum \boldsymbol{Y}$ 和 $\sum \boldsymbol{X}$ 的关系为 $\sum Y_{ij} = \sum X_{ij}/(\sigma_{X_i}\sigma_{X_j})$;然后对 $\sum \boldsymbol{Y}$ 进行乔列斯基分解可得下三角矩阵 $\boldsymbol{L}$,进而得到相关标准正态随机向量 $\boldsymbol{Y}=\boldsymbol{L}\boldsymbol{\xi}$,式中 $\boldsymbol{\xi}$ 为独立标准正态随机向量;最后得到输入随机向量 $\boldsymbol{X}$,计算公式为 $X_i = \mu_{X_i} + Y_i \sigma_{X_i}$。值得说明的是 Isukapalli[25] 特别说明他们并没有验证上述方法的正确性,经过简单分析发现上述方法只适用于处理相关正态输入随机变量,对于相关非正态随机变量来说,大多数情况下上述方法的误差很大。这也是许多可靠度分析方法宣称可以解决相关非正态变量问题最容易隐藏的缺陷之一。为了解决含相关非正态变量可靠度分析的难题,本章提出了解决含相关非正态变量可靠度分析的随机响应面法,其中采用 Nataf 变换方法[24,26,27] 将原始空间相关非正态随机变量表示为独立标准正态随机变量的函数,下面简要介绍 Nataf 变换方法的基本原理。

Nataf 变换主要利用变量的边缘概率密度函数和互相关矩阵,通过高斯 Copula函数构造 N 维标准正态分布变量联合概率密度函数[2,28]。具体步骤如下:设有 N 维标准正态随机向量 $\boldsymbol{Y}=(Y_1,Y_2,\cdots,Y_N)^{\mathrm{T}}$,互相关矩阵为 $\boldsymbol{\rho}_0=(\rho_{0ij})_{N\times N}$,相应的联合概率密度函数为

$$\phi_N(\boldsymbol{Y},\boldsymbol{\rho}_0)=\frac{1}{\sqrt{(2\pi)^N \det(\boldsymbol{\rho}_0)}}\exp\left(-\frac{1}{2}\boldsymbol{Y}^{\mathrm{T}}\boldsymbol{\rho}_0^{-1}\boldsymbol{Y}\right) \tag{2.1}$$

式中:det(·)表示矩阵行列式;(·)$^{-1}$ 表示对矩阵求逆。

定义原始空间 N 维随机向量 $\boldsymbol{X}=(X_1,X_2,\cdots,X_N)^{\mathrm{T}}$，其互相关矩阵为 $\boldsymbol{\rho}=(\rho_{ij})_{N\times N}$。根据等概率变换原则，可得 $\boldsymbol{X}$ 和 $\boldsymbol{Y}$ 中每个随机变量之间的函数关系：

$$\begin{cases} \Phi(Y_i)=F_{X_i}(X_i), \\ Y_i=\Phi^{-1}(F_{X_i}(X_i)), \end{cases} i=1,2,\cdots,N \tag{2.2}$$

式中：$F_{X_i}(\bullet)$ 为输入随机变量 X_i 的边缘累积分布函数；$\Phi(\bullet)$ 为标准正态变量的累积分布函数；$\Phi^{-1}(\bullet)$ 为 $\Phi(\bullet)$ 的反函数。

根据 Nataf 变换理论，利用隐函数求导法则可推导出向量 $\boldsymbol{X}$ 的联合概率密度函数为

$$f_X(\boldsymbol{X})=\frac{f_{X_1}(X_1)f_{X_2}(X_2)\cdots f_{X_N}(X_N)}{\phi(Y_1)\phi(Y_2)\cdots\phi(Y_N)}\phi_N(\boldsymbol{Y},\boldsymbol{\rho}_0) \tag{2.3}$$

式中：$\phi_N(\boldsymbol{Y},\boldsymbol{\rho}_0)$ 为互相关系数为 ρ_{0ij} 的 N 维标准正态分布随机变量的联合概率密度函数；$f_{X_i}(\bullet)$ 为输入随机变量 X_i 的边缘概率密度函数；$\phi(\bullet)$ 为标准正态变量的概率密度函数。一般将随机变量 $\boldsymbol{X}$ 的概率分布模型称为 Nataf 分布。

由于相关非正态随机变量的当量正态化过程是一个非线性变换过程，一般会改变原始变量之间的互相关性，因此当量正态化后的标准正态随机变量 Y_i 与 Y_j 之间的互相关系数 ρ_{0ij} 和原始随机变量 X_i 与 X_j 之间的互相关系数 ρ_{ij} 一般不相等。根据互相关系数的定义以及式（2.2）和式（2.3）可得原始随机变量之间的互相关系数 ρ_{ij} 与标准正态随机变量之间的等效互相关系数 ρ_{0ij} 有以下关系：

$$\rho_{ij}=\int_{-\infty}^{+\infty}\int_{-\infty}^{+\infty}\frac{F_{X_i}^{-1}(\Phi(Y_i))-\mu_{X_i}}{\sigma_{X_i}}\frac{F_{X_j}^{-1}(\Phi(Y_j))-\mu_{X_j}}{\sigma_{X_j}}\phi_2(Y_i,Y_j,\rho_{0ij})\mathrm{d}Y_i\mathrm{d}Y_j$$
$$\tag{2.4}$$

式中：$\phi_2(Y_i,Y_j,\rho_{0ij})$ 为互相关系数为 ρ_{0ij} 的标准正态随机变量的二维联合概率密度函数。

当 X_i 和 X_j 的边缘概率分布函数和互相关系数 ρ_{ij} 已知时，通过求解式（2.4）所示的非线性方程就可以确定等效互相关系数 ρ_{0ij}。显然上述非线性方程求解过程十分繁琐，幸运的是，当随机变量服从正态分布（normal，N）和对数正态分布（lognormal，LN），式（2.4）有解析解[29,30]，分别如下：

$$\rho_{0ij}=\rho_{ij}, \quad (X_i,X_j)\in(\mathrm{N},\mathrm{N}) \tag{2.5}$$

$$\rho_{0ij}=\frac{COV_{X_j}}{\sqrt{\ln(1+COV_{X_j}^2)}}, \quad (X_i,X_j)\in(\mathrm{N},\mathrm{LN}) \tag{2.6}$$

$$\rho_{0ij}=\frac{\ln(\rho_{ij}COV_{X_i}COV_{X_j}+1)}{\sqrt{\ln(1+COV_{X_i}^2)}\sqrt{\ln(1+COV_{X_j}^2)}}, \quad (X_i,X_j)\in(\mathrm{LN},\mathrm{LN}) \tag{2.7}$$

式中：COV_{X_i} 和 COV_{X_j} 分别为输入随机变量 X_i 和 X_j 的变异系数。

另外 Der Kiureghian 和 Liu[31]还给出了等效互相关系数 ρ_{0ij} 的经验计算公式：

$$\rho_{0ij} = K\rho_{ij} \tag{2.8}$$

式中:系数 $K \geqslant 1$, K 一般为互相关系数 ρ_{ij} 和边缘概率密度函数的函数。

Der Kiureghian 和 Liu[31] 已经给出了两类共计 10 种边缘概率分布之间系数 K 的 49 个经验计算公式,但是没有给出可靠度分析经常会用到的截尾指数和截尾正态等分布之间 K 的经验计算公式。为了提高可靠度分析的普适性,本章采用二维 Gauss-Hermite 积分方法来直接求解式(2.4)非线性方程中等效互相关系数 ρ_{0ij}[24,32]。接着对标准正态随机向量 $\boldsymbol{Y}$ 的互相关矩阵 $\boldsymbol{\rho}_0$ 进行乔列斯基分解或特征值分解可得

$$\boldsymbol{\rho}_0 = \boldsymbol{L}_1 \boldsymbol{L}_1^{\mathrm{T}} \tag{2.9}$$

式中:$\boldsymbol{L}_1$ 为 $\boldsymbol{\rho}_0$ 分解的下三角矩阵。

利用 $\boldsymbol{L}_1$ 可将独立标准正态随机向量 $\boldsymbol{\xi}$ 表示为相关标准正态随机向量 $\boldsymbol{Y}$ 的函数:

$$\boldsymbol{\xi} = \boldsymbol{L}_1^{-1} \boldsymbol{Y} \tag{2.10}$$

至此完成了 Nataf 变换的正变换过程。

因为 Hermite 随机多项式展开、FORM 和 K-L 级数展开方法中常用的输入随机变量是独立标准正态随机变量,通常首先对独立标准正态随机变量进行配点,然后再通过一定的变换关系将其映射得到原始空间随机变量,即将相关非正态随机向量 $\boldsymbol{X}$ 表示为独立标准正态随机向量 $\boldsymbol{\xi}$ 的函数,显然这个过程对应的是 Nataf 变换的逆变换过程。将式(2.10)进行变换可得

$$\boldsymbol{Y} = \boldsymbol{L}_1 \boldsymbol{\xi} \tag{2.11}$$

然后采用式(2.2)可得原始空间随机向量 $\boldsymbol{X}$:

$$X_i = F_{X_i}^{-1}(\Phi(Y_i)) \tag{2.12}$$

以 4 参数 Beta 分布输入随机变量 X 为例,它与标准正态变量 Y 之间的等效关系为

$$F_X(X) = \int_{-\infty}^{X} f_X(t)\mathrm{d}t = \Phi(Y) \tag{2.13}$$

式中 4 参数 Beta 分布 $f_X(X)$ 的表达式为

$$f_X(X) = \frac{\Gamma(q+r)}{\Gamma(q)\Gamma(r)} \frac{(X-a)^{q-1}(b-X)^{r-1}}{(b-a)^{q+r-1}}, \quad a \leqslant X \leqslant b \tag{2.14}$$

式中:$\Gamma(\cdot)$ 为伽马(Gamma)函数;q 和 r 均为 Beta 分布参数,它们与 Beta 分布随机变量 X 的均值 μ_X 和标准差 σ_X 之间的转换关系为

$$\begin{cases} q = \left[\dfrac{(\mu_X - a)(b - \mu_X)}{\sigma_X^2} - 1 \right] \dfrac{\mu_X - a}{b - a} \\[3mm] r = \left[\dfrac{(\mu_X - a)(b - \mu_X)}{\sigma_X^2} - 1 \right] \dfrac{b - \mu_X}{b - a} \end{cases} \tag{2.15}$$

式(2.13)中变量 X 与 Y 之间的变换是个非线性方程,没有显式关系式,但是可采用相关的 MATLAB 函数 x=a+(b-a)*betainv(normcdf(ksi),q,r)和 y=norminv(betacdf((x-a)/(b-a),q,r))予以实现。本章建立了 14 种经典边缘概率分布变量 X 与标准正态变量 Y 之间的映射关系式,如附表 A 所示,从而可实现将原始空间任意非正态分布相关输入随机变量表示为标准正态随机变量的函数关系。

2.2.2　相关非高斯随机场模拟输入模型

目前常用的随机场离散方法有形函数法[33]、中点法[34]、转向带法[35]、局部平均法[36,37]、傅里叶变换方法[38~40]、扩展优化线性估计(expansion optimal linear estimation,EOLE)[41]和 K-L 级数展开方法[42~49]等,然而,以上方法目前大多只能模拟单参数随机场或独立非高斯随机场,对于相关非高斯随机场模拟的适用性问题有待商榷。尽管有些学者研究了相关非高斯随机场模拟的局部平均法、傅里叶变换方法和级数展开方法,但是局部平均法和傅里叶变换方法计算过程较为复杂,难以编程实现,不易被工程师们所掌握。为此,本章发展了各向异性相关非高斯随机场模拟的 K-L 级数展开方法和改进乔列斯基分解技术。

1. K-L 级数展开方法

K-L 级数展开方法由于计算精度和效率较高,已被广泛用于参数随机场离散[42~49]。与其他方法相比,K-L 级数展开方法具有以下明显优势:①对于给定的计算精度要求,采用该方法参数随机场所需离散的随机变量数目较少;②参数随机场单元网格离散与所研究问题的有限元单元网格离散过程不耦合且不关联;③参数随机场可以表示为一个连续函数,并且用这个连续函数可计算无穷空间中任一点处的参数随机场特性值;④该方法能够拓展到离散非平稳参数随机场。

下面考虑土体黏聚力 c 和内摩擦角 φ 之间的互相关性,以 c 与 φ 二维各向异性相关对数正态参数随机场离散为例,简要介绍 K-L 级数展开方法离散相关非高斯随机场的计算过程。首先 c 与 φ 参数随机场 $\boldsymbol{H}_{X_i}(x,y;\theta)$ 可离散为一组独立标准正态随机变量:

$$\boldsymbol{H}_{X_i}(x,y;\theta) = \mu_{\ln X_i} + \sum_{j=1}^{\infty} \sigma_{\ln X_i} \sqrt{\lambda_j} f_j(x,y) \xi_{X_i,j}(\theta), \quad (x,y) \in \Omega(X_i = c, \varphi)$$

(2.16)

式中:$\xi_{X_i,j}(\theta)$ 为参数随机场离散的独立标准正态随机变量,其中 θ 表示外部空间坐标;λ_j 和 $f_j(\bullet)$ 分别为自相关函数的特征值和特征函数;(x,y) 为二维计算区域 Ω 内的任意点坐标,$(x,y) \in \Omega \subseteq R^n$;$\mu_{\ln X_i}$ 和 $\sigma_{\ln X_i}$ 分别为相应高斯参数随机场 $\ln X_i$ 的均值和标准差,计算公式分别为

$$\begin{cases} \mu_{\ln X_i} = \ln\mu_{X_i} - \dfrac{\sigma_{\ln X_i}^2}{2} \\[3mm] \sigma_{\ln X_i} = \sqrt{\ln\Big[1+\Big(\dfrac{\sigma_{X_i}}{\mu_{X_i}}\Big)^2\Big]} \end{cases} \qquad (2.17)$$

式中：μ_{X_i} 和 σ_{X_i} 分别为对数正态参数随机场 X_i 的均值和标准差。

为了提高计算效率，在保证计算精度的前提下，通常只需截取 K-L 级数展开的前 n 项来分析[43]，因此式（2.16）可进一步表示为

$$\widetilde{\boldsymbol{H}}_{X_i}(x,y;\theta) = \mu_{\ln X_i} + \sum_{j=1}^{n} \sigma_{\ln X_i}\sqrt{\lambda_j}\,f_j(x,y)\xi_{X_i,j}(\theta), \quad (x,y)\in\Omega(X_i=c,\varphi)$$

$$(2.18)$$

式中：n 为截断项数，与参数随机场所需离散的独立标准正态变量数目相对应。至此便实现了独立高斯参数随机场 $\boldsymbol{H}_{X_i}(x,y;\theta)$ 的离散。

与随机变量之间的等概率变换类似，也借助 Nataf 变换的逆变换过程将独立高斯随机场转换为相关高斯随机场。以一个互相关矩阵 $\boldsymbol{\rho}$ 来表示不同参数随机场之间的互相关性，$\boldsymbol{\rho}=(\rho_{ij})_{m\times m}$，其中 m 为相关参数随机场的数目，此处 $m=2$；ρ_{ij} 为原始空间土体参数随机场间的互相关系数。由于随机场模拟一般先在独立标准正态空间中进行，再通过等概率变换得到原始空间相关非高斯随机场，而这一等概率变换过程是一个非线性变换过程，变换后参数随机场之间的互相关系数会发生变化，因此需要提前计算标准正态空间等效互相关系数 ρ_{0ij}。同样根据式（2.4），可由原始空间互相关系数 ρ_{ij} 计算到标准正态空间等效互相关系数 ρ_{0ij}，构成等效互相关矩阵 $\boldsymbol{\rho}_0=(\rho_{0ij})_{m\times m}$，并对 $\boldsymbol{\rho}_0$ 进行乔列斯基分解，$\boldsymbol{L}_1\boldsymbol{L}_1^{\mathrm{T}}=\boldsymbol{\rho}_0$，得到下三角矩阵 $\boldsymbol{L}_1$，进而得到 c 与 φ 相关高斯随机场：

$$\boldsymbol{H}_{X_i}^{\mathrm{D}}(x,y;\theta)=\widetilde{\boldsymbol{H}}_{X_i}(x,y;\theta)\boldsymbol{L}_1^{\mathrm{T}}, \quad (x,y)\in\Omega(X_i=c,\varphi) \qquad (2.19)$$

最后根据参数随机场的统计特征（均值、变异系数和边缘概率分布），将相关高斯随机场经过等概率变换得到相关非高斯随机场：

$$\boldsymbol{H}_{X_i}^{\mathrm{NG}}(x,y;\theta)=F_{X_i}^{-1}(\Phi(\boldsymbol{H}_{X_i}^{\mathrm{D}}(x,y;\theta))), \quad (x,y)\in\Omega(X_i=c,\varphi) \qquad (2.20)$$

例如对相关高斯随机场取指数，便可分别得到 c 与 φ 相关对数正态随机场 $\boldsymbol{H}_{X_i}^{\mathrm{LN}}(x,y;\theta)$：

$$\boldsymbol{H}_{X_i}^{\mathrm{LN}}(x,y;\theta)=\exp(\boldsymbol{H}_{X_i}^{\mathrm{D}}(x,y;\theta)), \quad (x,y)\in\Omega(X_i=c,\varphi) \qquad (2.21)$$

1）相关非高斯随机场模拟步骤

综上，基于 K-L 级数展开方法模拟相关非高斯随机场的基本步骤总结如下：

（1）剖分随机场单元网格，提取每个单元中心点的坐标 $Q_i=(x_i,y_i)$，$i=1,2,\cdots,n_{\mathrm{e}}$，$n_{\mathrm{e}}$ 为随机场单元数目。

（2）随机产生一组独立标准正态随机样本向量 $\boldsymbol{\xi}$，并将向量 $\boldsymbol{\xi}$ 重新构成为含

m 个列向量,每个列向量含有 n 个随机样本维度为 $n \times m$ 的样本矩阵 $\boldsymbol{\xi} = [\boldsymbol{\xi}_c = (\xi_{c,1}, \cdots, \xi_{c,n})^{\mathrm{T}}, \boldsymbol{\xi}_\varphi = (\xi_{\varphi,1}, \cdots, \xi_{\varphi,n})^{\mathrm{T}}]$。鉴于 LHS 样本点[50]不仅具有较好的一维投影和均匀分层分布特性,而且可以均匀地覆盖到概率分布的上下限,本章采用拉丁超立方抽样产生独立标准正态随机样本矩阵[51]。

（3）计算自相关函数的特征值 λ_j 和特征向量 $f_j(\cdot)$,确定式(2.18)K-L 级数展开截断项数 n,根据随机场单元中心点坐标 $Q_i(i=1,2,\cdots,n_e)$,再通过式(2.18)得到维度为 $n_e \times m$ 的独立高斯参数随机场。

（4）根据输入参数间的互相关系数 ρ_{ij} 通过式(2.4)计算得到等效互相关系数 ρ_{0ij},构成等效互相关矩阵 $\boldsymbol{\rho}_0$,并对 $\boldsymbol{\rho}_0$ 进行乔列斯基分解,得到维度为 $m \times m$ 的下三角矩阵 $\boldsymbol{L}_1$,通过式(2.19)得到维度为 $n_e \times m$ 的相关高斯参数随机场。

（5）根据参数随机场的统计特征（均值、标准差和边缘概率分布）,通过式(2.20)等概率变换得到维度为 $n_e \times m$ 的相关非高斯参数随机场。

步骤（2）～（5）重复 N_p 次,便可得到相关非高斯参数随机场的 N_p 次实现。类似地,采用 K-L 级数展开方法可以离散任意多个相关非高斯参数随机场。值得指出的是,K-L 级数展开方法与 Hermite 随机多项式展开都是在独立标准正态空间进行,因此两者可以有机结合,正是这一优点为非侵入式随机分析方法能够有效解决考虑参数空间变异性的边坡可靠度问题提供了技术支持。

由上可知,K-L 级数展开方法离散相关非高斯参数随机场的关键之一在于获得自相关函数的特征值与特征向量即求解第二类 Fredholm 积分方程特征值问题,目前 Fredholm 积分方程的常用求解方法有解析方法和数值方法。

2）Fredholm 积分方程解析解

为获得有界、对称且正定的自相关函数的特征值和特征向量,需要求解第二类 Fredholm 积分方程[43,46]。对于一维问题,计算表达式如下:

$$\int_\Omega \rho(x_1, x_2) f_i(x_2) \mathrm{d}x_2 = \lambda_i f_i(x_1) \tag{2.22}$$

式中:x_1 和 x_2 为一维计算区域 Ω 内的任意两点的坐标;$\rho(x_1, x_2)$ 为任意两点 x_1 和 x_2 处的参数随机场特性值之间的自相关系数。

幸运的是,对于指数型和三角型自相关函数,第二类 Fredholm 积分方程的特征值问题有解析解[52]。

（1）对于指数型自相关函数和计算区域 $\Omega = [-a, a]$,式(2.22)Fredholm 积分方程特征值的解析表达式为

$$\begin{cases} \lambda_i = \dfrac{2c}{\omega_i^2 + c^2}, & i \text{ 为奇数} \\[3mm] \lambda_i^* = \dfrac{2c}{\omega_i^{*2} + c^2}, & i \text{ 为偶数} \end{cases} \tag{2.23}$$

特征函数的解析表达式为

$$f_i(x) = \begin{cases} \dfrac{\cos(\omega_i x)}{\sqrt{a + \dfrac{\sin(2\omega_i a)}{2\omega_i}}}, & i \text{ 为奇数} \\[4mm] \dfrac{\sin(\omega_i^* x)}{\sqrt{a - \dfrac{\sin(2\omega_i^* a)}{2\omega_i^*}}}, & i \text{ 为偶数} \end{cases} \tag{2.24}$$

式中：c 为自相关距离 θ 的倒数；a 为计算区域尺寸大小；ω_i 和 ω_i^* 分别为以下超越方程的解：

$$\begin{cases} c - \omega\tan(a\omega) = 0 \\ \omega^* + c\tan(a\omega^*) = 0 \end{cases} \tag{2.25}$$

（2）对于三角型自相关函数和计算区域 $\Omega = [0, a]$，式（2.22）Fredholm 积分方程也有解析解，特征值的解析表达式为

$$\begin{cases} \lambda_i = \dfrac{2d}{\omega_i^2}, & i \text{ 为奇数} \\[4mm] \lambda_i^* = \dfrac{2d}{\omega_i^{*2}}, & i \text{ 为偶数} \end{cases} \tag{2.26}$$

特征函数的解析表达式为

$$f_i(x) = \begin{cases} \dfrac{\cos(\omega_i x) + \tan\dfrac{\omega_i a}{2}\sin(\omega_i x)}{\sqrt{a + \left[\tan^2\left(\dfrac{\omega_i a}{2}\right) - 1\right]\left[\dfrac{a}{2} - \dfrac{\sin(2\omega_i a)}{4\omega_i}\right] + \dfrac{\sin^2(\omega_i a)}{\omega_i}\tan\dfrac{\omega_i a}{2}}}, & i \text{ 为奇数} \\[6mm] \dfrac{\cos(\omega_i^* x)}{\sqrt{\dfrac{a}{2} + \dfrac{\sin(2\omega_i^* a)}{2\omega_i^*}}}, & i \text{ 为偶数} \end{cases} \tag{2.27}$$

式中：d 为自相关距离 θ 的倒数；a 为计算区域尺寸大小；ω_i 和 ω_i^* 分别为以下超越方程的解：

$$\begin{cases} \tan\dfrac{a\omega_i}{2} = \dfrac{2}{\omega_i\left(\dfrac{2}{d} - a\right)} \\[4mm] \omega_i^* = (i-1)\dfrac{\pi}{a} \end{cases} \tag{2.28}$$

3）数值求解 Fredholm 积分方程

然而对于高斯型、二阶自回归型和指数余弦型等自相关函数，式（2.22）Fredholm 积分方程的特征值问题没有解析解，一般需要通过数值方法求解。以 wavelet-Galerkin 技术[43]为例，下面简要介绍第二类 Fredholm 积分方程的数值求解过程。首先将特征函数用 Harr 小波基表示为

$$f_k(x) = \sum_{i=0}^{N-1} d_i^{(k)} \psi_i(x) = \boldsymbol{\Psi}^{\mathrm{T}}(x) \boldsymbol{D}^{(k)} \tag{2.29}$$

并将自相关函数也用 Harr 小波基表示为

$$\rho(x_1, x_2) = \sum_{i=0}^{N_k-1} \sum_{j=0}^{N_k-1} \bar{\boldsymbol{A}}_{ij} \psi_i(x_1) \psi_j(x_2) = \boldsymbol{\Psi}^{\mathrm{T}}(x_1) \bar{\boldsymbol{A}} \boldsymbol{\Psi}(x_2) \tag{2.30}$$

$$\bar{\boldsymbol{A}}_{ij} = \frac{1}{h_i h_j} \int_0^1 \int_0^1 \rho(x_1, x_2) \psi_i(x_2) \psi_j(x_1) \mathrm{d}x_1 \mathrm{d}x_2 \tag{2.31}$$

式中：$N_k = 2^m$，m 为最大小波水平；$d_i^{(k)}$ 为小波系数；$\boldsymbol{\Psi}$ 为 Harr 小波基函数；$\bar{\boldsymbol{A}}_{ij}$ 为维度为 $N_k \times N_k$ 的自相关函数的二维小波转换矩阵；h_i 为常数，可通过 Harr 小波基的正交条件来确定。

将式(2.29)～式(2.31)分别代入式(2.22)，Fredholm 积分方程的特征值问题便可转化为一个有限维度的特征值问题：

$$\lambda_k \boldsymbol{\Psi}^{\mathrm{T}}(x) \boldsymbol{D}^{(k)} = \boldsymbol{\Psi}^{\mathrm{T}}(x) \bar{\boldsymbol{A}} \boldsymbol{H} \boldsymbol{D}^{(k)} \tag{2.32}$$

式中：$\boldsymbol{H}$ 为对角矩阵，定义为

$$\boldsymbol{H} = \begin{bmatrix} h_0 & \cdots & 0 \\ \vdots & & \vdots \\ 0 & \cdots & h_{N_k-1} \end{bmatrix} \tag{2.33}$$

约定 $\hat{\boldsymbol{D}}^{(k)} = \boldsymbol{H}^{\frac{1}{2}} \boldsymbol{D}^{(k)}$，$\hat{\boldsymbol{A}} = \boldsymbol{H}^{\frac{1}{2}} \bar{\boldsymbol{A}} \boldsymbol{H}^{\frac{1}{2}}$，从而式(2.32)可进一步转换为

$$\lambda_k \hat{\boldsymbol{D}}^{(k)} = \hat{\boldsymbol{A}} \hat{\boldsymbol{D}}^{(k)} \tag{2.34}$$

接着对式(2.34)进行特征值分解，便可获得特征向量 $\hat{\boldsymbol{D}}^{(k)}$ 和自相关函数的特征值 λ_k，再对特征向量 $\hat{\boldsymbol{D}}^{(k)}$ 进行小波逆变换便可得到自相关函数的特征函数：

$$f_k(x) = \boldsymbol{\Psi}^{\mathrm{T}}(x) \boldsymbol{H}^{-\frac{1}{2}} \hat{\boldsymbol{D}}^{(k)} \tag{2.35}$$

相比于一维问题，二维问题第二类 Fredholm 积分方程的求解则以谱分解二维有界、对称且正定自相关函数 $\rho[(x_1, y_1), (x_2, y_2)]$ 为基础，计算表达式如下：

$$\int_\Omega \rho[(x_1, y_1), (x_2, y_2)] f_i(x_2, y_2) \mathrm{d}x_2 \mathrm{d}y_2 = \lambda_i f_i(x_1, y_1) \tag{2.36}$$

式中：$\rho[(x_1, y_1), (x_2, y_2)]$ 为任意两点 (x_1, y_1) 和 (x_2, y_2) 处参数随机场特性值之间的自相关系数。

值得指出的是对于可分离型自相关函数，二维甚至高维自相关函数的特征值和特征函数可以简化为一维自相关函数的特征值和特征函数的乘积[53]。

4）K-L 级数展开截断项数

K-L 级数展开方法的另一个关键问题是确定 K-L 展开截断项数 n，截断项数 n 的取值一般取决于计算精度和自相关函数的形式。Laloy 等[44]和 Huang[53]建议采用随机场期望能比率因子(ratio of expected energy)ε 作为确定截断项数 n 取

值的依据，如对于一个简单的二维计算区域 $\Omega=\{(x,y):0\leqslant x\leqslant L_x;0\leqslant y\leqslant L_y\}$ 来说，ε 的计算表达式为

$$\varepsilon=\frac{\int_\Omega E\big[\widetilde{\boldsymbol{H}}_{X_i}(x,y;\theta)-\mu_{X_i}\big]^2\mathrm{d}x\mathrm{d}y}{\int_\Omega E\big[\boldsymbol{H}_{X_i}(x,y;\theta)-\mu_{X_i}\big]^2\mathrm{d}x\mathrm{d}y}=\frac{\sum\limits_{j=1}^n\lambda_j}{\sum\limits_{j=1}^\infty\lambda_j}=\frac{\sum\limits_{j=1}^n\lambda_j}{L_xL_y} \tag{2.37}$$

式中：$E(\cdot)$ 为数学期望函数；特征值 λ_j 需按照由大到小的顺序排列；L_x 和 L_y 均为常数。通常为确保随机场离散精度，截断项数 n 的取值应尽可能使期望能比率因子 ε 接近于 1.0。Laloy 等[44] 和 Huang[53] 建议将 $\varepsilon\geqslant 95\%$ 作为确定 n 值的标准。需要指出的是随着截断项数 n 值的增加，相应的特征函数会呈现频率增大的振动[54]。

表 2.2 给出了岩土工程中常用的 5 种二维理论自相关函数（autocorrelation function，ACF），包括指数型（single exponential，SNX）、高斯型（squared exponential，SQX）、二阶自回归型（second-order Markov，SMK）、指数余弦型（cosine exponential，CSX）和三角型（binary noise，BIN）。

表 2.2　常用的 5 种理论自相关函数

自相关函数类型	一维表达式 $\rho(\tau)$	二维表达式 $\rho(\tau_x,\tau_y)$	θ 与 δ 的变换关系
指数型	$\rho(\tau)=\exp\left(-\dfrac{\tau}{\theta}\right)$	$\rho(\tau_x,\tau_y)=\exp\left[-2\left(\dfrac{\tau_x}{\delta_h}+\dfrac{\tau_y}{\delta_v}\right)\right]$	$\theta_h=\dfrac{\delta_h}{2}$ $\theta_v=\dfrac{\delta_v}{2}$
高斯型	$\rho(\tau)=\exp\left[-\left(\dfrac{\tau}{\theta}\right)^2\right]$	$\rho(\tau_x,\tau_y)=\exp\left[-\pi\left(\dfrac{\tau_x^2}{\delta_h^2}+\dfrac{\tau_y^2}{\delta_v^2}\right)\right]$	$\theta_h=\dfrac{\delta_h}{\sqrt{\pi}}$ $\theta_v=\dfrac{\delta_v}{\sqrt{\pi}}$
二阶自回归型	$\rho(\tau)=\exp\left(-\dfrac{\tau}{\theta}\right)\left(1+\dfrac{\tau}{\theta}\right)$	$\rho(\tau_x,\tau_y)=\exp\left[-4\left(\dfrac{\tau_x}{\delta_h}+\dfrac{\tau_y}{\delta_v}\right)\right]\left(1+\dfrac{4\tau_x}{\delta_h}\right)\cdot\left(1+\dfrac{4\tau_y}{\delta_v}\right)$	$\theta_h=\dfrac{\delta_h}{4}$ $\theta_v=\dfrac{\delta_v}{4}$
指数余弦型	$\rho(\tau)=\exp\left(-\dfrac{\tau}{\theta}\right)\cos\dfrac{\tau}{\theta}$	$\rho(\tau_x,\tau_y)=\exp\left[-\left(\dfrac{\tau_x}{\delta_h}+\dfrac{\tau_y}{\delta_v}\right)\right]\cos\dfrac{\tau_x}{\delta_h}\cos\dfrac{\tau_y}{\delta_v}$	$\theta_h=\delta_h$ $\theta_v=\delta_v$
三角型	$\rho(\tau)=\begin{cases}1-\dfrac{\tau}{\theta},&\tau\leqslant\theta\\0,&\tau>\theta\end{cases}$	$\rho(\tau_x,\tau_y)=\begin{cases}\left(1-\dfrac{\tau_x}{\delta_h}\right)\left(1-\dfrac{\tau_y}{\delta_v}\right),&\tau_x\leqslant\delta_h\text{ 和 }\tau_y\leqslant\delta_v\\0,&\tau_x>\delta_h\text{ 和 }\tau_y>\delta_v\end{cases}$	$\theta_h=\delta_h$ $\theta_v=\delta_v$

对于一个给定的二维计算区域 $\Omega=\{(x,y):0\leqslant x\leqslant 30\mathrm{m};0\leqslant y\leqslant 10\mathrm{m}\}$，水平和

垂直波动范围 δ_h 和 δ_v 分别取为 35.45m 和 3.55m,图 2.1 给出了 5 种自相关函数的特征值 λ_j 随 K-L 级数展开截断项数 n 衰减的关系曲线。其中指数型和三角型自相关函数的特征值有解析解,其余 3 种自相关函数的特征值通过 wavelet-Galerkin 技术数值求解。由图 2.1 可知,高斯型自相关函数特征值的衰减速度最快,相比之下,指数型自相关函数特征值的衰减速度最慢,其余 3 种自相关函数特征值的衰减速度居中。

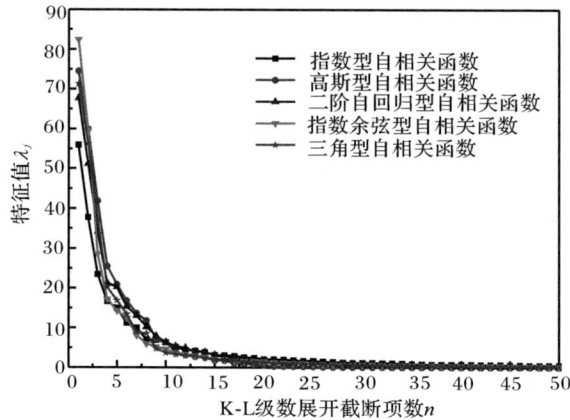

图 2.1　自相关函数的特征值收敛性比较($\delta_\mathrm{h}=35.45\mathrm{m}$,$\delta_\mathrm{v}=3.55\mathrm{m}$)

基于以上 5 种二维理论自相关函数,图 2.2 给出了由式(2.37)计算的期望能比例因子 ε 随 K-L 级数展开截断项数 n 的变化关系曲线,图中横坐标采用了对数坐标。根据 Laloy 等[44] 和 Huang[53] 的建议,将 $\varepsilon \geqslant 95\%$ 作为 K-L 级数展开截断项数 n 值的选取标准,由图 2.2 可知,对于高斯型自相关函数至少需要 12 项 K-L 级数展开,二阶自回归型自相关函数至少需要 25 项,指数余弦型和三角型自相关函数分别至少需要 75 项和 70 项,相比之下,指数型自相关函数则至少需要 226 项。需要说明的是,K-L 级数展开截断项数多少将直接决定参数随机场所离散的随机变量数目,进而影响相关非高斯参数随机场模拟和非侵入式随机分析的计算效率。

基于以上 5 种二维理论自相关函数,图 2.3 进一步给出了至少所需的 K-L 级数展开截断项数 n 随水平和垂直波动范围的变化关系曲线。由图 2.3 可知,所选用的自相关函数类型对至少所需的 K-L 级数展开截断项数具有重要的影响,基于高斯型自相关函数至少所需的 K-L 级数展开截断项数要比基于指数型自相关函数至少所需的项数少一个多数量级。如当 $\delta_\mathrm{h}=35.45\mathrm{m}$ 和 $\delta_\mathrm{v}=3.55\mathrm{m}$ 时,5 种自相关函数至少所需的 K-L 级数展开截断项数依次分别为 226、12、25、75 和 70。类似地当 $\delta_\mathrm{h}=40\mathrm{m}$ 和 $\delta_\mathrm{v}=4\mathrm{m}$ 时,5 种自相关函数至少所需的 K-L 级数展开截断项数依次分别为 185、10、21、61 和 58。

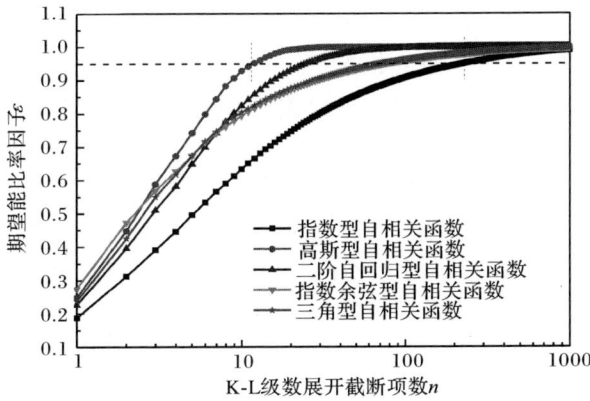

图 2.2　自相关函数期望能比例因子比较($\delta_h = 35.45\text{m}$, $\delta_v = 3.55\text{m}$)

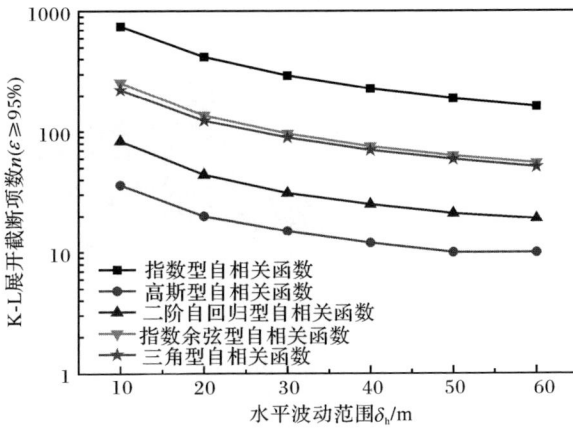

（a）水平波动范围 δ_h（$\delta_v = 3.55\text{m}$）

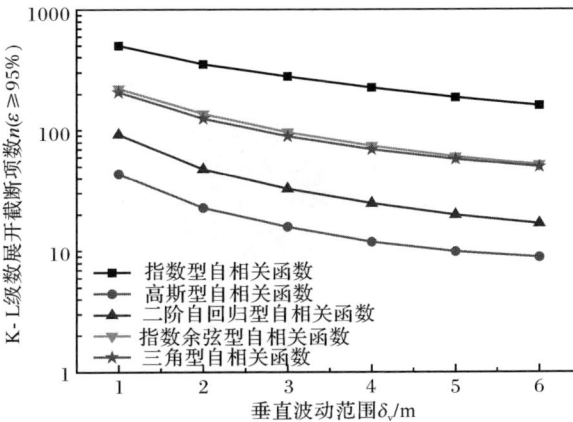

（b）垂直波动范围 δ_v（$\delta_h = 35.45\text{m}$）

图 2.3　自相关函数对 K-L 展开截断项数 n 的影响

图 2.4 给出了当 $\delta_h = 35.45\mathrm{m}$ 和 $\delta_v = 3.55\mathrm{m}$ 时由 K-L 级数展开方法模拟的不排水抗剪强度参数 s_u 对数正态随机场的一次典型实现（s_u 均值和变异系数分别为 23kPa 和 0.3）。根据图 2.3,5 种二维理论自相关函数（指数型、高斯型、二阶自回归型、指数余弦型和三角型）至少所需的 K-L 级数展开截断项数依次分别取为 226、12、25、75 和 70。由图 2.4 可知,5 个 s_u 随机场特性值分布均围绕 s_u 均值 23kPa 上下波动。其中基于高斯型和二阶自回归型自相关函数所模拟的参数随机场分布平滑度和连续性较好,相比之下,基于指数型、指数余弦型和三角型自相关函数得到的参数随机场分布波动性较大,连续性较差。

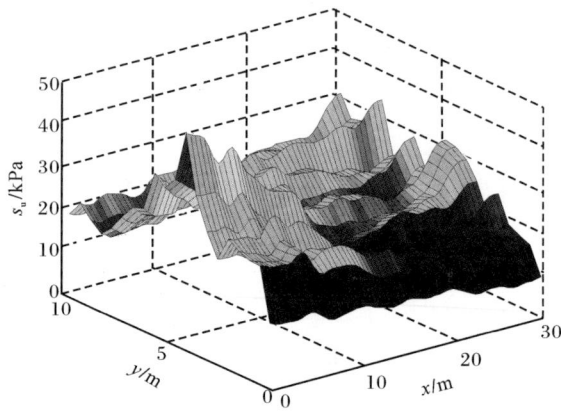

（a）指数型自相关函数（$n=226$）

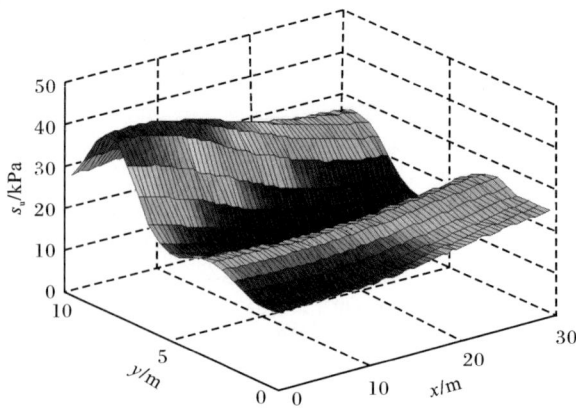

（b）高斯型自相关函数（$n=12$）

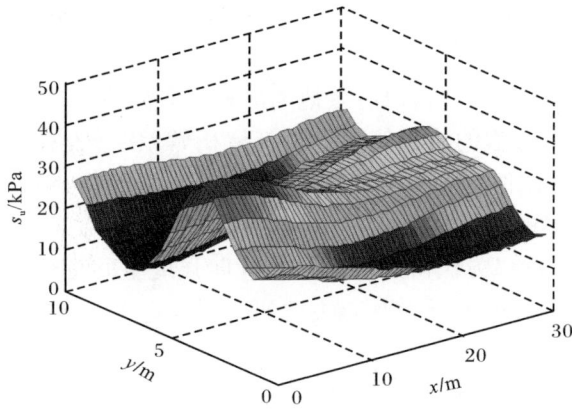

（c）二阶自回归型自相关函数($n=25$)

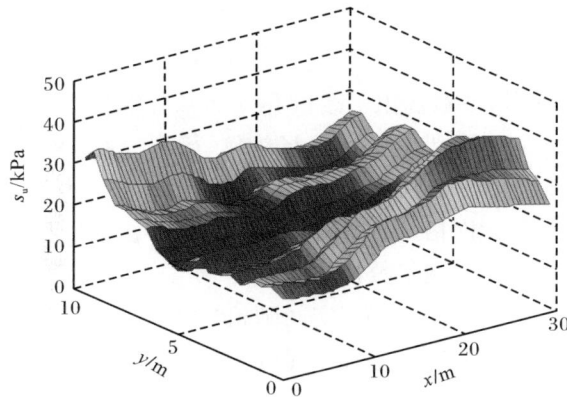

（d）指数余弦型自相关函数($n=75$)

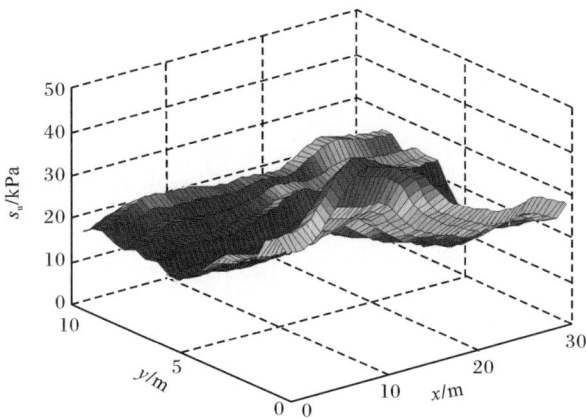

（e）三角型自相关函数($n=70$)

图 2.4　s_u 随机场的一次典型实现

2. 改进乔列斯基分解技术

尽管 K-L 级数展开方法可以有效地离散相关非高斯参数随机场,但是如果第二类 Fredholm 积分方程的特征值问题没有解析解,积分方程的求解过程非常繁琐并且十分耗时。相比之下,近些年发展起来的乔列斯基分解技术[55,56]因计算过程简便、容易编程实现,已被广泛用于土体参数随机场的模拟。如 Haldar 和 Siva-kumar Babu[57,58]采用该方法研究了不排水抗剪强度空间变异性对横向承载桩承载力的影响。Srivastava 等[59]采用该方法研究了渗透系数空间变异性对边坡渗流与稳定性的影响。Suchomel 和 Mašín[60]也采用该方法研究了抗剪强度参数空间变异性对挪威 Lodalen 滑坡的影响。Wu 等[61]进一步采用该方法研究了深基坑开挖可靠度问题。Kasama 等[62]、Kasama 和 Whittle[63]也分别采用该方法研究了不排水抗剪强度参数和重度的空间变异性对条形地基承载力的影响。遗憾的是,目前乔列斯基分解技术还只局限于对单参数随机场的离散,为了将该方法拓展到相关非高斯随机场的离散,本章提出了改进乔列斯基分解技术。同样以离散土体黏聚力 c 和内摩擦角 φ 的相关非高斯随机场为例,简要介绍基于改进乔列斯基分解技术的相关非高斯随机场模拟步骤:

(1) 剖分随机场单元网格,提取每个单元网格的中心点坐标 $Q_i = (x_i, y_i)$,$i = 1, 2, \cdots, n_e$,n_e 为随机场单元网格数目。

(2) 随机产生一组独立标准正态空间随机样本向量 $\boldsymbol{\xi}$,并将向量 $\boldsymbol{\xi}$ 重新构成为含 m 个列向量,每个列向量含 n_e 个随机样本维度为 $n_e \times m$ 的样本矩阵 $\boldsymbol{\xi} = [\boldsymbol{\xi}_c = (\xi_{c,1}, \cdots, \xi_{c,n_e})^T, \boldsymbol{\xi}_\varphi = (\xi_{\varphi,1}, \cdots, \xi_{\varphi,n_e})^T]$。

(3) 通过式(2.4)计算等效互相关系数 ρ_{0ij},构成等效互相关矩阵 $\boldsymbol{\rho}_0$,并对 $\boldsymbol{\rho}_0$ 进行乔列斯基分解,$\boldsymbol{L}_1 \boldsymbol{L}_1^T = \boldsymbol{\rho}_0$,得到维度为 $m \times m$ 的下三角矩阵 $\boldsymbol{L}_1$,将其与样本矩阵 $\boldsymbol{\xi}$ 相乘,$\boldsymbol{\chi}^D = \boldsymbol{\xi} \boldsymbol{L}_1^T$,得到维度为 $n_e \times m$ 的相关标准正态随机样本矩阵 $\boldsymbol{\chi}^D = \{\chi_c^D, \chi_\varphi^D\}$。

(4) 根据自相关函数和随机场单元网格的中心点坐标,计算原始空间不同点处的随机场特性值之间自相关系数,并构成自相关矩阵 $\boldsymbol{C}$,其计算公式为

$$\boldsymbol{C} = \begin{bmatrix} 1 & \rho(\tau_{x_{12}}, \tau_{y_{12}}) & \cdots & \rho(\tau_{x_{1n_e}}, \tau_{y_{1n_e}}) \\ \rho(\tau_{x_{12}}, \tau_{y_{12}}) & 1 & \cdots & \rho(\tau_{x_{2n_e}}, \tau_{y_{2n_e}}) \\ \vdots & \vdots & & \vdots \\ \rho(\tau_{x_{1n_e}}, \tau_{y_{1n_e}}) & \rho(\tau_{x_{2n_e}}, \tau_{y_{2n_e}}) & \cdots & 1 \end{bmatrix} \tag{2.38}$$

式中:$\boldsymbol{C}$ 是维度为 $n_e \times n_e$ 的原始空间自相关矩阵;$\rho(\tau_{x_{ij}}, \tau_{y_{ij}})$ 为第 i 个随机场单元中心点 Q_i 处参数随机场特性值 $H(x_i, y_i)$ 与第 j 个单元中心点 Q_j 处随机场特性值

$H(x_j, y_j)$ 间的自相关系数,其中 $\tau_{x_{ij}} = |x_i - x_j|$ 和 $\tau_{y_{ij}} = |y_i - y_j|$ 为水平和垂直相对距离。

相比之下,如对于独立标准正态空间的波动范围 $\delta_{\ln,h}$ 和 $\delta_{\ln,v}$,根据自相关函数和随机场单元网格的中心点坐标同样可得到标准正态空间不同点处的随机场特性值之间的自相关系数,并构成得到自相关矩阵 $\boldsymbol{C}_0$,其计算公式为

$$\boldsymbol{C}_0 = \begin{bmatrix} 1 & \rho_{\ln}(\tau_{x_{12}}, \tau_{y_{12}}) & \cdots & \rho_{\ln}(\tau_{x_{1n_e}}, \tau_{y_{1n_e}}) \\ \rho_{\ln}(\tau_{x_{12}}, \tau_{y_{12}}) & 1 & \cdots & \rho_{\ln}(\tau_{x_{2n_e}}, \tau_{y_{2n_e}}) \\ \vdots & \vdots & & \vdots \\ \rho_{\ln}(\tau_{x_{1n_e}}, \tau_{y_{1n_e}}) & \rho_{\ln}(\tau_{x_{2n_e}}, \tau_{y_{2n_e}}) & \cdots & 1 \end{bmatrix} \quad (2.39)$$

通常情况下已知式(2.38)原始空间的土体参数随机场特性值之间的自相关系数,但是随机场模拟过程一般先是在标准正态空间进行,并对自相关矩阵进行分解,不同样本空间参数随机场之间的等概率变换过程是一个非线性变换过程,变换过程中参数随机场之间的自相关系数也会发生变化,故同样需要提前计算标准正态空间的等效自相关系数。等效自相关系数 $(\boldsymbol{C}_0)_{i,j}$ 与原始自相关系数之间 $(\boldsymbol{C})_{i,j}$ 也存在着如下一一对应关系:

$$(\boldsymbol{C}_0)_{i,j} = k_{i,j}(\boldsymbol{C})_{i,j}, \quad i,j = 1, 2, \cdots, n_e \quad (2.40)$$

式中:$k_{i,j}$ 为相应的修正系数。

根据 Nataf 变换理论,$(\boldsymbol{C}_0)_{i,j}$ 与 $(\boldsymbol{C})_{i,j}$ 之间也有如下变换关系[26,45,51]:

$$(\boldsymbol{C})_{i,j} = \int_{-\infty}^{+\infty} \int_{-\infty}^{+\infty} \frac{\boldsymbol{H}(x_i, y_i) - \mu_{\boldsymbol{H}}}{\sigma_{\boldsymbol{H}}} \frac{\boldsymbol{H}(x_j, y_j) - \mu_{\boldsymbol{H}}}{\sigma_{\boldsymbol{H}}}$$
$$\cdot \phi_2(\boldsymbol{H}^G(x_i, y_i), \boldsymbol{H}^G(x_j, y_j), (\boldsymbol{C}_0)_{i,j}) \mathrm{d}\boldsymbol{H}_i^G \mathrm{d}\boldsymbol{H}_j^G \quad (2.41)$$

与式(2.4)非线性方程的求解类似,也可采用二维 Gauss-Hermite 积分方法求解式(2.41)非线性方程,由 $(\boldsymbol{C})_{i,j}$ 得到 $(\boldsymbol{C}_0)_{i,j}$。幸运的是,当参数随机场服从正态(N)或者对数正态(LN)分布时,式(2.41)也有解析解[29,47],分别为

$$(\boldsymbol{C}_0)_{i,j} = (\boldsymbol{C})_{i,j}, \quad \boldsymbol{H} \in \mathrm{N} \quad (2.42)$$

$$(\boldsymbol{C}_0)_{i,j} = \frac{\ln((\boldsymbol{C})_{i,j} COV_{\boldsymbol{H}}^2 + 1)}{\ln(1 + COV_{\boldsymbol{H}}^2)}, \quad \boldsymbol{H} \in \mathrm{LN} \quad (2.43)$$

式中:$COV_{\boldsymbol{H}}$ 为参数随机场 $\boldsymbol{H}$ 的变异系数。

Cho 和 Park[47] 研究表明当参数变异系数较小时,$(\boldsymbol{C}_0)_{i,j}$ 与 $(\boldsymbol{C})_{i,j}$ 之间的差别完全可以忽略不计。即使参数随机场变异系数较大,两者之间的差别也不明显,并且这种差别一般对计算结果影响不大。为简化计算,本书假定不同空间变换过程中土体参数自相关系数保持不变,即修正系数 $k_{i,j} = 1.0$,相当于标准正态空间土体参数波动范围 $\delta_{\ln,h}$ 和 $\delta_{\ln,v}$ 分别近似等于原始空间波动范围 δ_h 和 δ_v。进而构成自相关矩阵 $\boldsymbol{C}_0$,并对 $\boldsymbol{C}_0$ 进行乔列斯基分解,$\boldsymbol{L}_2 \boldsymbol{L}_2^{\mathrm{T}} = \boldsymbol{C}_0$,得到另一个维度为 $n_e \times n_e$

的下三角矩阵 L_2，将其与矩阵 $\boldsymbol{\chi}^D$ 相乘便可得维度为 $n_e \times m$ 的相关标准参数高斯随机场：

$$\boldsymbol{H}_{X_i}^G(x,y;\theta) = \boldsymbol{L}_2 \boldsymbol{\chi}^D = \boldsymbol{L}_2 \boldsymbol{\xi} \boldsymbol{L}_1^T, \quad (x,y) \in \Omega(X_i = c, \varphi) \qquad (2.44)$$

综上可知，相关高斯参数随机场特性值即 $\boldsymbol{H}^G(x,y;\theta)$ 的每个分量不仅取决于参数自相关函数、波动范围和互相关系数，而且还与随机场单元网格的中心点坐标一一对应。

(5) 最后根据参数随机场的统计特征（均值、标准差和边缘概率分布），通过式(2.20)将相关标准高斯随机场等概率变换为相关非高斯随机场 $\boldsymbol{H}_{X_i}^{NG}(x,y;\theta)$。

同样，步骤(2)～(5)重复 N_p 次，便可得到相关非高斯参数随机场的 N_p 次实现。类似地，采用上述步骤可以实现任意多个相关非高斯参数随机场的离散。需要指出的是，改进乔列斯基分解技术可能存在以下不足[56]：

(1) 该方法假定随机场单元内参数随机场特性值固定不变，以中心点处的参数特性值代表整个单元。为保证计算精度，这就要求随机场单元尺寸应尽可能地足够小于参数波动范围，要做到这一点技术操作上还是具有一定的难度。

(2) 如果土体参数波动范围较小，则要求随机场单元网格离散的较为密集且可能很不规则，相应的随机变量数目会大大增加，这不仅大大增加了自相关矩阵的维度，致使矩阵分解的计算量加大，而且边坡稳定性分析的计算量也会急剧增加。因此该方法对于波动范围相对较大参数随机场的离散计算效率更高。

(3) 由高斯型自相关函数构成的自相关矩阵可能是一个实对称半正定矩阵，通常无法直接对其进行乔列斯基分解，本书为了有效解决这一问题，采用了一种改进的特征值分解方法对其予以分解。

值得强调的是，以上 K-L 级数展开方法和改进乔列斯基分解技术还都可以有效地模拟任意多个具有不同波动范围的独立非高斯参数随机场。

3. 随机场单元尺寸

考虑岩土体参数空间变异性的边坡可靠度分析，随机场单元尺寸对计算精度和效率都具有重要的影响，因此十分必要探讨随机场单元尺寸的影响。由于随机场单元网格剖分一般与有限元单元网格剖分不关联，采用有限元方法进行确定性边坡稳定性分析时，为简化计算，一般假定有限元单元网格和随机场单元网格相同[64]。关于随机场网格单元尺寸的选取问题，Ching 和 Phoon[65] 研究得出当选用指数型自相关函数表征土体参数空间自相关性，根据应力状态和破坏面方向的不同，随机场（有限元）单元尺寸应该小于 0.018～0.054 倍的波动范围；而当选用高斯型自相关函数模拟土体参数空间自相关性时，根据应力状态和破坏面方向的不同，随机场（有限元）单元尺寸应该小于 0.13～0.17 倍的波动范围。例如选用高斯型自相关函数模拟土体参数的空间自相关性且波动范围 $\delta_h = 35.45\text{m}$ 和 $\delta_v = 3.55\text{m}$，当正方形随机场单元尺寸 $l = 0.5\text{m}$ 时，单元尺寸与垂直波动范围的比值为 $l/\delta_v = \dfrac{0.5}{3.55} = 0.141$，根据文献 Ching 和 Phoon[65]，单元尺寸为 0.141 倍的波动范围可以满足计算精度要求。

此外，还可以根据方差折减理论[66~68]来指导随机场单元尺寸的选取，即所选取的随机场单元尺寸要保证不会引起明显的参数随机场方差折减。对于高斯型随机场，经局部平均后随机场均值一般保持不变，只改变方差：

$$\begin{cases} \mu_{H_A} = \mu_H \\ \sigma_{H_A}^2 = \gamma(l)\sigma_H^2 \end{cases} \tag{2.45}$$

式中：μ_H 和 σ_H^2 分别为高斯随机场 $\boldsymbol{H}$ 的均值和方差；μ_{H_A} 和 $\sigma_{H_A}^2$ 分别为高斯随机场 $\boldsymbol{H}$ 经局部平均后的均值和方差；$\gamma(l)$ 为方差折减系数，计算公式如下[66,67]：

$$\gamma(l) = \frac{1}{l^2} \int_0^l \int_0^l \rho(\xi - \eta)\,\mathrm{d}\xi\mathrm{d}\eta = \frac{2}{l^2} \int_0^l (l - \tau)\rho(\tau)\,\mathrm{d}\tau \tag{2.46}$$

式中：l 为随机场单元尺寸。

相比之下，对于非高斯型随机场，经局部平均后不仅改变其方差，而且其均值也可能发生变化。如对于对数正态随机场，经局部平均后的均值和方差分别为

$$\begin{cases} \mu_{X_A} = \dfrac{\mu_X}{(1+COV_X^2)^{(1-\gamma(l))/2}} \\ \sigma_{X_A}^2 = \dfrac{\mu_X^2\left[(1+COV_X^2)^{\gamma(l)} - 1\right]}{(1+COV_X^2)^{1-\gamma(l)}} \end{cases} \tag{2.47}$$

式中：COV_X 为对数正态随机场 X 的变异系数，$COV_X = \sigma_X/\mu_X$。

此外，当模拟二维甚至高维参数空间变异性，如果相应的自相关函数是可分离形式的，对应的方差折减系数可以表示为一维方差折减系数的乘积，例如二维和三维随机场单元的方差折减系数[66,67]分别为

$$\gamma(A) = \gamma(\Delta x, \Delta y) = \gamma(\Delta x)\gamma(\Delta y) \tag{2.48}$$

$$\gamma(V) = \gamma(\Delta x, \Delta y, \Delta z) = \gamma(\Delta x)\gamma(\Delta y)\gamma(\Delta z) \tag{2.49}$$

如果相应的自相关函数不是可分离形式的，则只有采用式（2.46）进行直接积分计算。如对于二维各向同性指数型自相关函数 $\rho(\tau_x, \tau_y) = \exp\left(\dfrac{-2\sqrt{\tau_x^2 + \tau_y^2}}{\delta}\right)$，边长为 l 的正方形随机场单元网格，对应的方差折减系数[68]为

$$\gamma(A) = \gamma(l, l) = \frac{4}{l^4} \int_0^l \int_0^l (l - \tau_x)(l - \tau_y)\exp\left(\frac{-2\sqrt{\tau_x^2 + \tau_y^2}}{\delta}\right)\mathrm{d}\tau_x\mathrm{d}\tau_y \tag{2.50}$$

基于表 2.2 中 5 种一维理论自相关函数，图 2.5 给出了相应的方差函数折减

系数 $\gamma(l)$ 随单元尺寸与波动范围比值 l/δ 的变化关系曲线,横坐标为对数坐标。由图 2.5 可知,当 $l/\delta<0.1$ 时几乎可以不考虑参数随机场局部平均效应;对于同一 l/δ 比值,高斯型自相关函数对应的方差折减系数最大,相比之下,指数型自相关函数对应的方差折减系数最小,其他自相关函数的方差折减系数居中,近似公式计算结果在 $0.1<l/\delta<1.0$ 处的计算精度非常差。

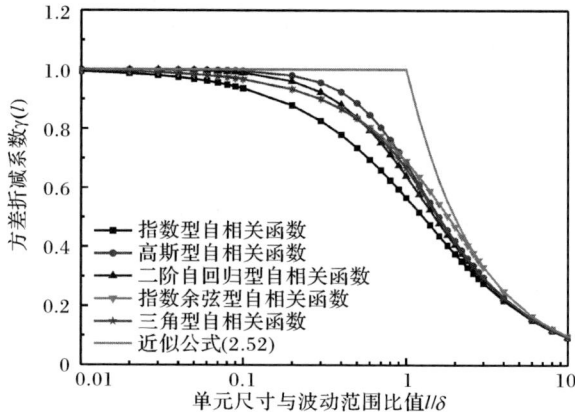

图 2.5　方差函数随单元尺寸与波动范围比值的变化关系曲线

需要指出的是,对于图 2.5 中 4 种一维理论自相关函数,Vanmarcke[67] 给出了相应的方差折减系数 $\gamma(l)$ 的解析表达式:

$$\gamma(l)=\begin{cases} \dfrac{\delta^2}{2l^2}\left[\dfrac{2l}{\delta}+\exp\left(-\dfrac{2l}{\delta}\right)-1\right], & \text{指数型自相关函数} \\[2mm] \dfrac{\delta^2}{\pi l^2}\left[\dfrac{\pi l}{\delta}\left(2\Phi\left(\dfrac{\sqrt{2\pi}l}{\delta}\right)-1\right)+\exp\left(-\dfrac{\pi l^2}{\delta^2}\right)-1\right], & \text{高斯型自相关函数} \\[2mm] \dfrac{\delta}{2l}\left\{2+\exp\left(-\dfrac{4l}{\delta}\right)-\dfrac{3\delta}{4l}\left[1-\exp\left(-\dfrac{4l}{\delta}\right)\right]\right\}, & \text{二阶自回归型自相关函数} \\[2mm] \begin{cases}1-\dfrac{l}{3\delta}, & l\leqslant\delta \\[1mm] \dfrac{\delta}{l}\left(1-\dfrac{\delta}{3L}\right), & l>\delta\end{cases}, & \text{三角型自相关函数} \end{cases}$$

$$(2.51)$$

而对于指数余弦型自相关函数,其方差折减系数 $\gamma(l)$ 则需要通过式(2.46)进行积分计算。此外,图 2.5 中方差折减系数近似计算表达式为[66,67]

$$\gamma(l)=\begin{cases} 1.0, & l\leqslant\delta \\[1mm] \dfrac{\delta}{l}, & l>\delta \end{cases}$$

$$(2.52)$$

式(2.52)表明当且仅当随机场单元尺寸大于波动范围时才考虑随机场的方差折

减效应,近似公式一般应用的较少。

对于二维可分离型高斯型自相关函数,如正方形随机场网格单元尺寸仍然取为 0.5m,水平和垂直波动范围 δ_h 和 δ_v 分别取为 35.5m 和 3.55m 时,则随机场单元尺寸与水平和垂直波动范围的比值分别为 $l_x/\delta_h = 0.014$ 和 $l_y/\delta_v = 0.141$,则方差折减系数为 $\gamma(A) = 0.9897 \times 0.999895 = 0.9896$,几乎接近于 1.0。这说明此时可以不考虑局部平均效应便可满足计算精度要求。需要指出的是随机场单元尺寸取得越小,计算精度通常越高,但是相应的确定性分析计算量却越大。因此,随机场单元尺寸的选取需要同时兼顾计算精度和效率要求,并且一般保持随机场单元尺寸随着波动范围的变化而变化。

2.3　输出响应量代理模型构建

为接近岩土工程实际,需要考虑岩土体应力-应变关系和渗流等作用的影响,采用有限元方法(或借助有限元软件)分析边坡变形与稳定性,一般情况下所获得的边坡输出响应量(安全系数、位移、应力、孔隙水压力和渗透坡降等)是岩土体物理力学参数的非线性隐式函数。因此,在获得岩土体物理力学输入参数模型之后,为了便于可靠度分析,一般需要首先建立边坡输出响应量的代理模型,即建立输出响应量与输入参数之间的近似显式函数关系,再采用常规可靠度分析方法计算可靠度。目前常用的代理模型有随机多项式展开、人工神经网络、克里金和支持向量机等。本书采用 Hermite 随机多项式展开(polynomial chaos expansion,PCE)建立输出响应量与输入参数间的近似显式函数关系。根据 Cameron-Martin 定理[69],当输出响应量表示为正态分布随机变量时,Hermite 随机多项式展开有关于阶数 p 的指数收敛速度。对于任意来自 Hilbert 空间 $L^2(\boldsymbol{R}, \mu)$ 的函数皆可由 Hermite 多项式函数来近似表示。

2.3.1　Hermite 随机多项式展开

采用 Hermite 随机多项式展开建立边坡输出响应量 $F_p(\boldsymbol{\xi})$ 与输入参数之间的近似显式表达式为[24,25,52,70]

$$
\begin{aligned}
F_p(\boldsymbol{\xi}) = {} & a_0 \Gamma_0 + \sum_{i_1=1}^{N} a_{i_1} \Gamma_1(\xi_{i_1}) + \sum_{i_1=1}^{N} \sum_{i_2=1}^{i_1} a_{i_1,i_2} \Gamma_2(\xi_{i_1}, \xi_{i_2}) \\
& + \sum_{i_1=1}^{N} \sum_{i_2=1}^{i_1} \sum_{i_3=1}^{i_2} a_{i_1,i_2,i_3} \Gamma_3(\xi_{i_1}, \xi_{i_2}, \xi_{i_3}) \\
& + \sum_{i_1=1}^{N} \sum_{i_2=1}^{i_1} \sum_{i_3=1}^{i_2} \sum_{i_4=1}^{i_3} a_{i_1,i_2,i_3,i_4} \Gamma_4(\xi_{i_1}, \xi_{i_2}, \xi_{i_3}, \xi_{i_4}) + \cdots
\end{aligned} \tag{2.53}
$$

式中:$\boldsymbol{a}=(a_0,a_{i_1},\cdots,a_{i_1,i_2,\cdots,i_N})$ 为待定系数;N 为随机变量数目,也是参数随机场所离散的随机变量数目之和;$\boldsymbol{\xi}=(\xi_1,\xi_2,\cdots,\xi_N)^{\mathrm{T}}$ 为独立标准正态随机向量,与式(2.16)参数随机场所离散的独立标准正态随机变量相对应;p 为随机多项式展开阶数;$\Gamma_p(\xi_{i_1},\xi_{i_2},\cdots,\xi_{i_p})$ 为自由度为 p 的 Hermite 多项式[25,70]:

$$\Gamma_p(\xi_{i_1},\xi_{i_2},\cdots,\xi_{i_p})=(-1)^p\exp\left(\frac{1}{2}\boldsymbol{\xi}^{\mathrm{T}}\boldsymbol{\xi}\right)\frac{\partial^p}{\partial\xi_{i_1}\partial\xi_{i_2}\cdots\partial\xi_{i_p}}\exp\left(-\frac{1}{2}\boldsymbol{\xi}^{\mathrm{T}}\boldsymbol{\xi}\right) \quad (2.54)$$

本书以 $\Gamma_4(\xi_{i_1},\xi_{i_2},\xi_{i_3},\xi_{i_4})$ 为例,给出了其展开表达式的详细推导过程,如附表 B 所示。为了简化分析,式(2.53)通常简化为[71]

$$F_p(\boldsymbol{\xi})=\sum_{i=0}^{N_c-1}c_i\Psi_i(\boldsymbol{\xi}) \quad (2.55)$$

式中:随机多项式展开系数 c_i 和 a_i 之间、基函数 $\Psi_i(\cdot)$ 和 $\Gamma_i(\cdot)$ 之间均存在一一对应关系。$\Psi_i(\cdot)$ 构成 Hilbert 空间的完备正交基,且有

$$\langle\Psi_i\Psi_j\rangle=\langle\Psi_i^2\rangle\delta_{ij} \quad (2.56)$$

式中:δ_{ij} 为 Kronecker-delta 函数;$\langle\cdot\rangle$ 为内积运算,如函数 $f(\boldsymbol{\xi})$ 与 $g(\boldsymbol{\xi})$ 的内积定义为

$$\langle f(\boldsymbol{\xi})g(\boldsymbol{\xi})\rangle=\int_{-\infty}^{+\infty}f(\boldsymbol{\xi})g(\boldsymbol{\xi})W(\boldsymbol{\xi})\mathrm{d}\boldsymbol{\xi} \quad (2.57)$$

式中:$W(\cdot)$ 为 Hermite 随机多项式的权重函数,计算公式为

$$W(\boldsymbol{\xi})=\frac{1}{\sqrt{(2\pi)^N}}\exp\left(-\frac{1}{2}\boldsymbol{\xi}^{\mathrm{T}}\boldsymbol{\xi}\right) \quad (2.58)$$

N_c 为式(2.53)随机多项式展开待定系数数目,对于式(2.55)含 N 个随机变量的 p 阶 Hermite 随机多项式展开,待定系数数目即多项式展开项数 N_c 为

$$N_c=\frac{(N+p)!}{N!\,p!} \quad (2.59)$$

2.3.2　高维 Hermite 随机多项式推导

Hermite 随机多项式由于在无穷区间上具有正交性,且递推公式简单,因此常被选作数值逼近的基函数。为了阐明 Hermite 随机多项式及其隐式函数拟合理论,下面进一步简要介绍一维与高维 Hermite 随机多项式。一维 Hermite 正交多项式展开表达式为

$$He_n(\xi)=(-1)^n\exp\left(\frac{\xi^2}{2}\right)\frac{\mathrm{d}^n}{\mathrm{d}x^n}\exp\left(-\frac{\xi^2}{2}\right) \quad (2.60)$$

Hermite 多项式在无穷区间上满足的正交条件为

$$\int_{-\infty}^{+\infty}He_n(\xi)He_m(\xi)\exp\left(-\frac{\xi^2}{2}\right)\mathrm{d}\xi=\begin{cases}0, & m\neq n\\ n!\sqrt{2\pi}, & m=n\end{cases} \quad (2.61)$$

其递推公式为

$$\begin{cases} He_0(\xi)=1 \\ He_1(\xi)=\xi \\ \quad\vdots \\ He_N(\xi)=\xi He_{N-1}(\xi)-(N-1)He_{N-2}(\xi) \end{cases} \tag{2.62}$$

由式（2.62）可快速推导得到不同阶次的一维 Hermite 多项式展开表达式为

$$\begin{cases} He_0(\xi)=1 \\ He_1(\xi)=\xi \\ He_2(\xi)=\xi^2-1 \\ He_3(\xi)=\xi^3-3\xi \\ He_4(\xi)=\xi^4-6\xi^2+3 \\ He_5(\xi)=\xi^5-10\xi^3+15\xi \\ He_6(\xi)=\xi^6-15\xi^4+45\xi^2-15 \\ \qquad\cdots\cdots \end{cases} \tag{2.63}$$

一维 Hermite 正交多项式一般多用于逼近单个变量的经典概率密度函数。为满足计算精度要求，常需要采用适当阶次的含交叉项的高维 Hermite 多项式展开逼近含有多个相关非正态随机变量功能函数的概率密度函数。根据 Hermite 多项式的性质，N 维 Hermite 随机多项式展开可表示为多个变量的一维 Hermite 多项式展开的乘积：

$$\boldsymbol{\Psi}_i(\boldsymbol{\xi}) = He_{i_1}(\xi_1)He_{i_2}(\xi_2)\cdots He_{i_N}(\xi_N) = \prod_{i=1}^{N} He_{i_i}(\xi_i) \tag{2.64}$$

式中：下标 $\|i\|_1=i_1+i_2+\cdots+i_N\leqslant p$；$He_{i_i}(\cdot)$ 为第 i_i 阶一维 Hermite 多项式。

Isukapalli[25] 和 Huang 等[70] 给出了 2 阶和 3 阶高维 Hermite 随机多项式展开表达式。对于低失效概率水平（$10^{-6}\sim10^{-3}$ 量级）的复杂可靠度问题来说，2 阶和 3 阶随机多项式展开难以满足计算精度要求。此外，对于强非正态分布如均匀分布、指数分布等变量来说，2 阶和 3 阶 Hermite 随机多项式展开逼近其概率密度函数的误差很大。图 2.6 给出了采用 2 阶、4 阶和 6 阶 Hermite 随机多项式展开拟合均匀分布 $U[2,4]$ 变量 X 的概率密度函数，与均匀分布的理论概率密度曲线相比，显然 2 阶和 4 阶 Hermite 随机多项式展开拟合精度不够，相比之下，采用 6 阶 Hermite 多项式展开可较好地逼近其概率密度函数曲线。

因此，十分必要推导高阶 Hermite 随机多项式展开表达式。为了推广高阶 Hermite 随机多项式展开的应用，本章建立了 4～6 阶 Hermite 随机多项式展开 $F_4(\boldsymbol{\xi})\sim F_6(\boldsymbol{\xi})$ 的解析表达式，1～6 阶 Hermite 多项式展开表达式分别如下：

$$F_1(\boldsymbol{\xi}) = a_0 + \sum_{i=1}^{N} a_i\xi_i \tag{2.65}$$

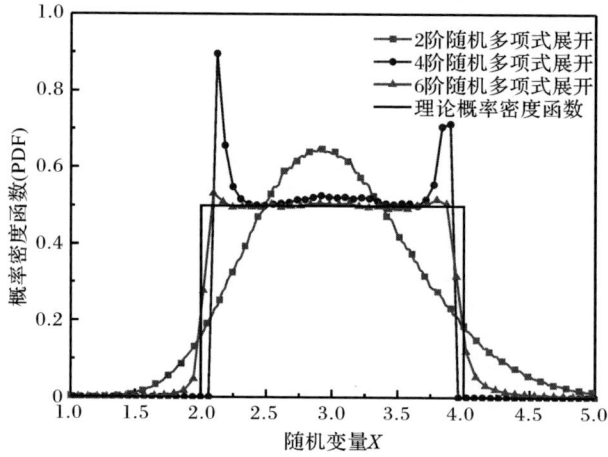

图 2.6　均匀分布 $U[2,4]$ 变量 X 概率密度函数的比较

$$F_2(\boldsymbol{\xi}) = F_1(\boldsymbol{\xi}) + \sum_{i=1}^{N} a_{i,i}(\xi_i^2 - 1) + \sum_{i=1}^{N-1} \sum_{j>i}^{N} a_{i,j}\xi_i\xi_j \tag{2.66}$$

$$F_3(\boldsymbol{\xi}) = F_2(\boldsymbol{\xi}) + \sum_{i=1}^{N} a_{i,i,i}(\xi_i^3 - 3\xi_i) + \sum_{i=1}^{N} \sum_{\substack{j=1 \\ j \neq i}}^{N} a_{i,j,j}(\xi_i\xi_j^2 - \xi_i)$$

$$+ \sum_{i=1}^{N-2} \sum_{j>i}^{N-1} \sum_{k>j}^{N} a_{i,j,k}\xi_i\xi_j\xi_k \tag{2.67}$$

$$F_4(\boldsymbol{\xi}) = F_3(\boldsymbol{\xi}) + \sum_{i=1}^{N} a_{i,i,i,i}(\xi_i^4 - 6\xi_i^2 + 3) + \sum_{i=1}^{N} \sum_{\substack{j=1 \\ j \neq i}}^{N} a_{i,j,j,j}(\xi_i\xi_j^3 - 3\xi_i\xi_j)$$

$$+ \sum_{i=1}^{N-1} \sum_{j>i}^{N} a_{i,i,j,j}(\xi_i^2\xi_j^2 - \xi_i^2 - \xi_j^2 + 1) + \sum_{i=1}^{N} \sum_{\substack{j=1 \\ j \neq i}}^{N} \sum_{\substack{k>j \\ k \neq i}}^{N} a_{i,i,j,k}(\xi_i^2\xi_j\xi_k - \xi_j\xi_k)$$

$$+ \sum_{i=1}^{N-3} \sum_{j>i}^{N-2} \sum_{k>j}^{N-1} \sum_{l>k}^{N} a_{i,j,k,l}(\xi_i\xi_j\xi_k\xi_l) \tag{2.68}$$

$$F_5(\boldsymbol{\xi}) = F_4(\boldsymbol{\xi}) + \sum_{i=1}^{N} a_{i,i,i,i,i}(\xi_i^5 - 10\xi_i^3 + 15\xi_i)$$

$$+ \sum_{i=1}^{N} \sum_{\substack{j=1 \\ j \neq i}}^{N} a_{i,j,j,j,j}(\xi_i\xi_j^4 - 6\xi_i\xi_j^2 + 3\xi_i)$$

$$+ \sum_{i=1}^{N} \sum_{\substack{j=1 \\ j \neq i}}^{N} a_{i,i,j,j,j}(\xi_i^2\xi_j^3 - 3\xi_i^2\xi_j - \xi_j^3 + 3\xi_j)$$

$$+ \sum_{\substack{i=1}}^{N} \sum_{\substack{j=1 \\ j \neq i}}^{N-1} \sum_{\substack{k>j \\ k \neq i}}^{N} a_{i,i,i,j,k}(\xi_i^3 \xi_j \xi_k - 3\xi_i \xi_j \xi_k)$$

$$+ \sum_{\substack{i=1}}^{N} \sum_{\substack{j=1 \\ j \neq i}}^{N-1} \sum_{\substack{k>j \\ k \neq i}}^{N} a_{i,j,j,k,k}(\xi_i \xi_j^2 \xi_k^2 - \xi_i \xi_j^2 - \xi_i \xi_k^2 + \xi_i)$$

$$+ \sum_{\substack{i=1}}^{N} \sum_{\substack{j=1 \\ j \neq i}}^{N-2} \sum_{\substack{k>j \\ k \neq i}}^{N-1} \sum_{\substack{l>k \\ l \neq i \\ l \neq j}}^{N} a_{i,i,j,k,l}(\xi_i^2 \xi_j \xi_k \xi_l - \xi_j \xi_k \xi_l)$$

$$+ \sum_{i=1}^{N-4} \sum_{j>i}^{N-3} \sum_{k>j}^{N-2} \sum_{l>k}^{N-1} \sum_{m>l}^{N} a_{i,j,k,l,m}(\xi_i \xi_j \xi_k \xi_l \xi_m) \qquad (2.69)$$

$$F_6(\boldsymbol{\xi}) = F_5(\boldsymbol{\xi}) + \sum_{i=1}^{N} a_{i,i,i,i,i,i}(\xi_i^6 - 15\xi_i^4 + 45\xi_i^2 - 15)$$

$$+ \sum_{\substack{i=1}}^{N} \sum_{\substack{j=1 \\ j \neq i}}^{N} a_{i,j,j,j,j,j}(\xi_i \xi_j^5 - 10\xi_i \xi_j^3 + 15\xi_i \xi_j)$$

$$+ \sum_{\substack{i=1}}^{N} \sum_{\substack{j=1 \\ j \neq i}}^{N} a_{ii jjjj}(\xi_i^2 \xi_j^4 - 6\xi_i^2 \xi_j^2 + 3\xi_i^2 - \xi_j^4 + 6\xi_j^2 - 3)$$

$$+ \sum_{i=1}^{N-1} \sum_{j>i}^{N} a_{i,i,i,j,j,j}(\xi_i^3 \xi_j^3 - 3\xi_i^3 \xi_j - 3\xi_j^3 \xi_i + 9\xi_i \xi_j)$$

$$+ \sum_{\substack{i=1}}^{N} \sum_{\substack{j=1 \\ j \neq i}}^{N-1} \sum_{\substack{k>j \\ k \neq i}}^{N} a_{i,i,i,i,j,k}(\xi_i^4 \xi_j \xi_k - 6\xi_i^2 \xi_j \xi_k + 3\xi_j \xi_k)$$

$$+ \sum_{\substack{i=1}}^{N} \sum_{\substack{j=1 \\ j \neq i}}^{N} \sum_{\substack{k=1 \\ k \neq j \\ k \neq i}}^{N} a_{i,i,i,j,j,k}(\xi_i^3 \xi_j^2 \xi_k - \xi_i^3 \xi_k - 3\xi_i \xi_j^2 \xi_k + 3\xi_i \xi_k)$$

$$+ \sum_{i=1}^{N-1} \sum_{j>i}^{N} \sum_{k>j}^{N} a_{i,i,j,j,k,k}(\xi_i^2 \xi_j^2 \xi_k^2 - \xi_i^2 \xi_j^2 - \xi_i^2 \xi_k^2 - \xi_j^2 \xi_k^2 + \xi_i^2 + \xi_j^2 + \xi_k^2 - 1)$$

$$+ \sum_{\substack{i=1}}^{N} \sum_{\substack{j=1 \\ j \neq i}}^{N-2} \sum_{\substack{k>j \\ k \neq i}}^{N-1} \sum_{\substack{l>k \\ l \neq i}}^{N} a_{i,i,i,j,k,l}(\xi_i^3 \xi_j \xi_k \xi_l - 3\xi_i \xi_j \xi_k \xi_l)$$

$$+ \sum_{i=1}^{N-1} \sum_{j>i}^{N} \sum_{\substack{k=1 \\ k \neq j \\ k \neq i}}^{N-1} \sum_{\substack{l>k \\ l \neq i \\ l \neq j}}^{N} a_{i,i,j,j,k,l}(\xi_i^2 \xi_j^2 \xi_k \xi_l - \xi_i^2 \xi_k \xi_l - \xi_j^2 \xi_k \xi_l + \xi_k \xi_l)$$

$$+ \sum_{\substack{i=1}}^{N} \sum_{\substack{j=1 \\ j \neq i}}^{N-3} \sum_{\substack{k>j \\ k \neq i}}^{N-2} \sum_{\substack{l>k \\ l \neq i}}^{N-1} \sum_{\substack{m>l \\ m \neq i}}^{N} a_{i,i,j,k,l,m}(\xi_i^2 \xi_j \xi_k \xi_l \xi_m - \xi_j \xi_k \xi_l \xi_m)$$

$$+ \sum_{i=1}^{N-5} \sum_{j>i}^{N-4} \sum_{k>j}^{N-3} \sum_{l>k}^{N-2} \sum_{m>l}^{N-1} \sum_{n>m}^{N} a_{i,j,k,l,m,n} (\xi_i \xi_j \xi_k \xi_l \xi_m \xi_n) \tag{2.70}$$

由上可见,相比于 $1 \sim 3$ 阶 Hermite 随机多项式展开,$4 \sim 6$ 阶 Hermite 随机多项式展开项较多,计算表达式要复杂得多。

2.3.3 随机多项式展开系数计算

当确定了输出响应量的随机多项式展开后,接着常采用随机配点方法计算随机多项式展开的待定系数。首先选取独立标准正态空间的配点,再采用 Nataf 等概率变换方法或随机场离散方法将其映射为原始空间配点,并作为边坡确定性分析模型的输入参数,接着基于原始空间配点进行确定性边坡变形和稳定性分析,获得边坡输出响应量。如对于 N_p 组配点,经确定性分析后可共得到 N_p 个结构输出响应量 $\boldsymbol{F}$,$\boldsymbol{F} = (F_1, F_2, \cdots, F_{N_p})^{\mathrm{T}}$。最后将这些配点与输出响应量 $\boldsymbol{F}$ 一起代入式(2.55),建立线性代数方程组:

$$\boldsymbol{Hc} = \boldsymbol{F} \tag{2.71}$$

式中:$\boldsymbol{c}$ 为维度为 $N_c \times 1$ 的待定系数向量,$\boldsymbol{c} = (c_0, c_1, \cdots, c_{N_c-1})^{\mathrm{T}}$;$\boldsymbol{H}$ 为维度为 $N_p \times N_c$ 的 Hermite 系数矩阵,由在所选取配点处的随机多项式展开值构成。

$$\boldsymbol{H} = \begin{bmatrix} \Psi_0(\boldsymbol{\xi}_1) & \Psi_1(\boldsymbol{\xi}_1) & \cdots & \Psi_{N_c-1}(\boldsymbol{\xi}_1) \\ \Psi_0(\boldsymbol{\xi}_2) & \Psi_1(\boldsymbol{\xi}_2) & \cdots & \Psi_{N_c-1}(\boldsymbol{\xi}_2) \\ \vdots & \vdots & & \vdots \\ \Psi_0(\boldsymbol{\xi}_{N_p}) & \Psi_1(\boldsymbol{\xi}_{N_p}) & \cdots & \Psi_{N_c-1}(\boldsymbol{\xi}_{N_p}) \end{bmatrix} \tag{2.72}$$

式中:$\boldsymbol{\xi}_1$、$\boldsymbol{\xi}_2$、$\cdots$、$\boldsymbol{\xi}_{N_p}$ 为 N_p 组维度为 N 的独立标准正态空间的输入参数配点向量。

求解式(2.71)所示的线性代数方程组便可得到随机多项式展开系数。为准确求解 Hermite 随机多项式展开系数,一般要求所需的配点数目 N_p 大于待定系数的数目 N_c。此外,也可基于最小二乘回归分析方法计算式(2.71)中的随机多项式展开系数,式(2.71)转换为

$$\boldsymbol{H}^{\mathrm{T}} \boldsymbol{Hc} = \boldsymbol{H}^{\mathrm{T}} \boldsymbol{F} \tag{2.73}$$

求解式(2.73)线性代数方程组,便可获得随机多项式展开的待定系数,即建立了边坡输出响应量代理模型,进而获得边坡可靠度分析的显式表达功能函数。这种基于输入参数配点的随机多项式展开待定系数的求解,并建立显式表达功能函数的方法本书称之为多项式展开方法[72,73]。

2.4 输入参数随机配点法

采用 Hermite 随机多项式展开将边坡输出响应量(安全系数、应力、应变、变

形、孔隙水压力和渗透坡降等）表示为输入参数的函数之后，由式（2.71）或式（2.73）建立线性代数方程组，求解 Hermite 多项式展开系数的关键在于采用随机配点法产生和选取合适的配点作为输入参数。也就是说采用随机多项式展开逼近真实边坡输出响应量的计算精度和效率取决于输入参数随机配点法。

2.4.1　线性无关原则概率配点法

目前常用的随机配点法有概率配点法、拉丁超立方抽样配点法和稀疏网格配点法等。概率配点法最初应用于海洋、地球物理、环境生物工程的不确定性分析中[25,74,75]，现已逐渐在结构和岩土工程可靠度分析中得到了广泛应用[24,70,72,76,77]。

概率配点的产生方式类似于高斯积分点，一般来说 p 阶随机多项式展开的配点取值是通过 $p+1$ 阶一维 Hermite 多项式的根来确定，如 4 阶 Hermite 多项式 $H_4 = \xi^4 - 6\xi^2 + 3$ 的根为 $\pm\sqrt{3\pm\sqrt{6}}$，6 阶 Hermite 多项式的根为（± 0.6167，± 1.8892，± 3.3243）。3 阶和 5 阶多项式展开的配点按照 4 阶和 6 阶一维 Hermite 多项式的根进行组合，对于 N 维问题可分别生成 4^N 和 6^N 组概率配点。由于标准正态随机变量在原点处的概率密度最大，因此配点布置时应尽量靠近原点且关于原点对称。然而偶数阶一维 Hermite 多项式没有零根，为了兼顾原点的作用，通常需要补充零根。目前有两种补充零根的方法：一种是为奇数阶多项式展开配点补充零向量这一组配点，本章将这种概率配点产生方法简称为点法；另一种是为偶数阶一维 Hermite 多项式增加一个零根，与其他的根一起随机组合产生奇数阶多项式展开的配点，如 4 阶一维 Hermite 多项式没有零根，补充一个零根，共有 5 个根，同样 6 阶一维 Hermite 多项式也需补充一个零根，共有 7 个根，将这些根进行随机组合便可分别得到 3 阶和 5 阶多项式展开的配点，本章将这种配点产生方法简称为根法。

对于点法，补充零向量作为奇数阶多项式展开的一组配点。按照这种方法产生概率配点，可得各阶多项式展开可供选择的配点数目分别为[25,71]

$$N_{\text{tot}} = (p+1)^N + \begin{cases} 0, & p \text{ 为偶数阶} \\ 1, & p \text{ 为奇数阶} \end{cases} \tag{2.74}$$

对于根法，为偶数阶一维 Hermite 多项式补充一个零根，与其他根一起进行随机组合产生对应奇数阶多项式展开的配点。按照这种方法产生概率配点，可得各阶多项式展开可供选择的配点数目分别为[24,70,76]

$$N_{\text{tot}} = \begin{cases} (p+1)^N, & p \text{ 为偶数阶} \\ (p+2)^N, & p \text{ 为奇数阶} \end{cases} \tag{2.75}$$

对于含 2 个随机变量的 2～6 阶多项式展开来说，采用式（2.59）可得 Hermite 随机多项式中待定系数的数目 N_c 分别为 6、10、15、21 和 28，由式（2.74）可知点法可供选择的配点数目 N_{tot} 分别为 9、17、25、37 和 49,由式(2.75)可知根法可供选择的配点数目 N_{tot} 分别为 9、25、25、49 和 49。

一般来说,$N_{tot} \gg N_c$,因此所选取的配点(数目为 N_p)只是可供选择配点中的一部分。由于所选取的配点及其数目将直接决定随机多项式展开的逼近精度和计算效率,根据 Isukapalli[25] 和 Huang 等[70],选取配点的原则是优先选择高概率区域内即原点附近区域内的配点。获得 N_p 组高概率区域内配点后,根据式(2.73)建立线性代数方程组采用回归分析方法求解 Hermite 多项式展开系数。

为了使线性代数方程组的求解不产生奇异性问题,传统概率配点法要求所选取的配点数目 N_p 一定要保证大于待定系数数目 N_c。这样导致概率配点的选取没有严格的数学依据,通常依靠经验。如 Isukapalli[25] 建议所选取的配点数目等于 2 倍的待定系数数目,这样可以平衡每组配点的影响,得到稳健性较好的结果。然而,蒋水华等[78] 研究发现有时即使选取的配点数目达到 8 倍以上的待定系数数目仍然得不到理想的计算结果,也就是说按照上述原则选取概率配点,对确定最优配点数目仍然没有给出明确的答案,这不仅给计算带来了不确定性,而且导致了大量没必要的计算。研究表明概率配点的产生与 Hermite 随机多项式展开具有一定的关联性,因此大量配点在构成 Hermite 系数矩阵时,矩阵行向量之间是线性相关的,无益于增加 Hermite 系数矩阵的秩。也就是说这些配点对于提高结果的计算精度没有多大帮助,如果能够将这些线性相关的配点剔除掉,计算效率将会明显提高。因此,为减少配点选取的不确定性,本章发展了基于线性无关原则概率配点法的随机多项式展开方法,保证从高概率区域选取配点的同时,还需保证系数矩阵可逆即达到满秩。此外,Sudret[79] 在参数全局敏感性分析中也提到了选取的概率配点应保证系数矩阵可逆的思想。Li 等[80] 也研究了基于线性无关原则概率配点法在地下水溶质运移不确定性分析中的应用。Li 等[24,77] 系统地研究了基于线性无关原则概率配点法的随机多项式展开方法的计算精度与效率,并推荐采用基于线性无关原则概率配点法进行可靠度分析。Mao 等[72] 也指出求解随机多项式展开系数时需保证系数矩阵可逆。

为此,本章给出了基于线性无关原则概率配点法的计算步骤主要如下:首先按照式(2.74)或式(2.75)产生所有可供选择的概率配点,计算所有可供选择配点向量的模(2-范数),并按照模值由小到大对配点进行排序,然后从排好序的配点的第一组配点开始逐组选取配点,按行依次构成 Hermite 系数矩阵 $\boldsymbol{H}$。计算系数矩阵 $\boldsymbol{H}$ 的秩,判断系数矩阵 $\boldsymbol{H}$ 的秩 $R(\boldsymbol{H})$ 是否与 $\boldsymbol{H}$ 当前的行数相等,如果相等,则从余下的候选配点中再选取一组,构成系数矩阵 $\boldsymbol{H}$ 的下一行;如果不等,保持 $\boldsymbol{H}$ 的行数不变则舍弃所选择的这一组配点,再从余下的候选配点中另选一组,继续构成系数矩阵 $\boldsymbol{H}$ 并判断系数矩阵 $\boldsymbol{H}$ 的秩是否与当前的行数相等,最后直到系数矩阵 $\boldsymbol{H}$ 的秩等于待定系数的数目 N_c 为止。此时所挑选的 N_c 组概率配点所构成

的系数矩阵 H 是行满秩矩阵,系数矩阵 H 的行数也恰好等于待定系数的数目 N_c。图 2.7 给出了基于线性无关原则概率配点法的计算流程图。

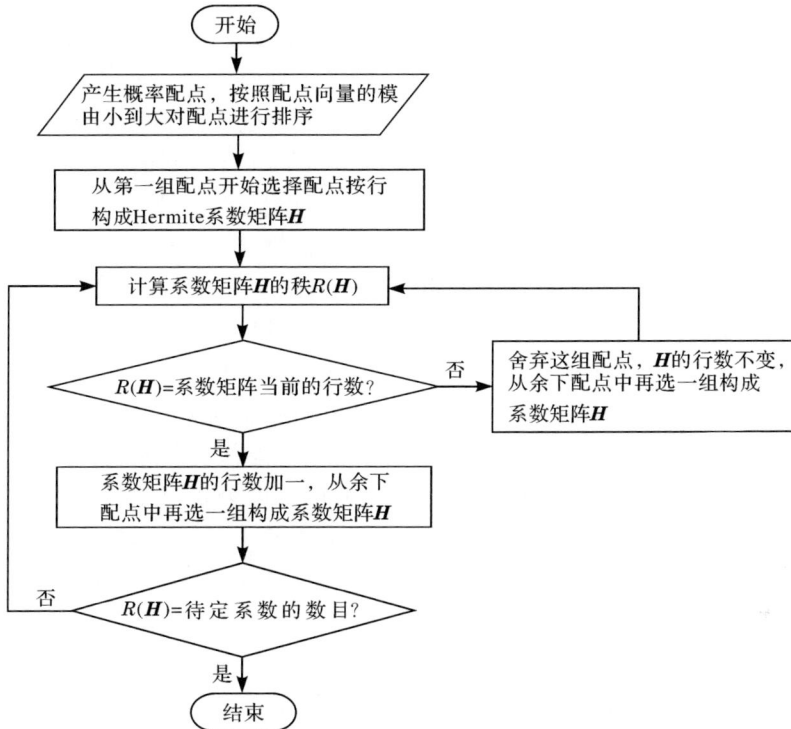

图 2.7　线性无关原则概率配点法计算流程图

综上可知,基于线性无关原则概率配点法可以保证 Hermite 系数矩阵按行线性无关,即 Hermite 系数矩阵的秩等于系数矩阵的行数,系数矩阵是行满秩矩阵,系数矩阵行列式的值恒不等于零,所建立的线性代数方程组有唯一解,从而保证了计算精度。此外,所选择的概率配点数目恰好等于待定系数的数目,即功能函数(边坡确定性分析模型)的调用次数恰好等于待定系数的数目,从而有效地减少了确定性分析次数,极大地提高了计算效率。然而,当随机变量的数目较多或者随机多项式展开阶数较高时,按照上述原则从大量可供选择概率配点中搜索线性无关配点的计算量较大,因为该过程包括了多次构成 Hermite 系数矩阵的过程和对系数矩阵求秩的过程,整个过程十分耗时。如对于 6 个变量 5 阶随机多项式展开,需要从 46657 组可选配点中搜索 8671 组配点才能获得待定系数($N_c=462$)组线性无关的概率配点。幸运的是,对于给定的随机变量数目及随机多项式展开阶数,可以预先将所需的线性无关概率配点提前单独搜索到并保存好,以后使用时直接调用,从而有效地节省了可靠度分析中搜索线性无关配点的时间。

2.4.2 拉丁超立方抽样配点法

由于当随机变量数目较多,随机多项式展开阶数较高时,搜索线性无关概率配点的计算效率非常低。并且传统的概率配点法和蒙特卡罗模拟配点法产生的样本点大多集中在变量的均值附近,难以有效地覆盖变量概率分布的尾部。相反,恰恰是变量概率分布的尾部对可靠度计算结果具有重要的影响,因此配点产生时需要保证变量概率分布的尾部具有一定数目的样本点,为了有效解决这一问题,拉丁超立方抽样技术应运而生。拉丁超立方抽样技术最早于 1979 年由 McKay 等[50]提出,该方法具有较好的一维投影和均匀分层分布特性,样本点能够均匀地覆盖到变量概率分布的两个尾部。此外,相比于概率配点法,拉丁超立方抽样配点的产生与 Hermite 随机多项式展开无关,由其构成的 Hermite 系数矩阵 $\boldsymbol{H}$ 恒线性无关。因此,本章进而提出了基于拉丁超立方抽样配点法的随机多项式展开方法,采用拉丁超立方抽样技术产生输入参数样本点作为基本变量配点,在此基础上求解随机多项式展开系数,进而建立边坡可靠度分析显式表达的功能函数,可极大地提高可靠度分析的计算效率。如 Choi 等[81,82]将随机多项式展开与拉丁超立方抽样配点法有机结合进行结构可靠度分析。Kang 等[83]采用拉丁超立方抽样配点法建立边坡可靠度分析代理模型。拉丁超立方抽样技术产生独立标准正态空间输入参数样本点的计算步骤主要如下[27]:

(1) 将每个变量的累积概率分布值分成 N 个不重叠的等概率区间$[0,1/N]$, $[1/N,2/N]$,$\cdots$,$[(N-1)/N,1]$,并根据这些区间可以确定变量样本点,这样可使得由拉丁超立方抽样技术产生的样本点相互间的相关性较小。

(2) 虽然由每个变量累积概率分布值产生样本点的过程是确定性的,但是样本的排序却是随机的。通常首先随机产生一个维度为 $N_p \times N$ 的标准正态样本矩阵 $\boldsymbol{Z}$ 来表征样本点的排序,然后用一个维度为 $N_p \times N$ 的整数矩阵 $\boldsymbol{R}$ 来记录所有标准正态样本点的排序信息,其中 $R_{ij} = k$ 表示第 j 变量第 i 次抽样取值在该变量所有 N_p 个样本点中由小到大的排序次序为 k,例如需要为 3 个随机变量($N=3$)生成 5 组样本点($N_p=5$),随机产生标准正态分布样本矩阵 $\boldsymbol{Z}$ 与相对应的矩阵 $\boldsymbol{R}$ 的一种可能形式如下:

$$\boldsymbol{Z}=\begin{bmatrix} -0.43 & 1.19 & -0.19 \\ -1.67 & 1.18 & 0.73 \\ 0.13 & -0.04 & -0.59 \\ 0.29 & 0.33 & 2.18 \\ -1.15 & 0.17 & -0.14 \end{bmatrix} \quad \text{与} \quad \boldsymbol{R}=\begin{bmatrix} 3 & 5 & 2 \\ 1 & 4 & 4 \\ 4 & 1 & 1 \\ 5 & 3 & 5 \\ 2 & 2 & 3 \end{bmatrix} \tag{2.76}$$

(3) 根据序号 R_{ij},通过式(2.77)得到第 j 个变量每个 LHS 样本点在各个区

间中的累积分布函数值 $F_{X_j}(X_{ij})$ 为

$$F_{X_j}(X_{ij}) \approx \frac{R_{ij} - \mathrm{rand}(0,1)}{N_p}, \quad i=1,\cdots,N_p; j=1,\cdots,N \qquad (2.77)$$

式中:MATLAB 库函数 rand(0,1)表示[0,1]区间内任一均匀分布随机数,再通过等概率变换方法可得第 j 个变量的独立标准正态空间 LHS 样本点 ξ_{ij}:

$$\xi_{ij} = \Phi^{-1}(F_{X_j}(X_{ij})) \qquad (2.78)$$

式中: $\Phi^{-1}(\cdot)$ 为标准正态变量累积分布函数的逆函数,进而可获得 N_p 组维度为 N 的独立标准正态空间输入参数配点向量 $\boldsymbol{\xi}_i (i=1,\cdots,N_p)$ 用于随机多项式展开系数的计算。

2.5　输出响应量统计特征估计

2.5.1　输出响应量统计矩模拟值

　　一旦获得多项式展开系数后,边坡输出响应量与输入参数间的近似显式表达式便确定了,在此基础上可采用直接抽样方法计算常用的输出响应量前四阶统计矩模拟值。首先通过直接 MCS 抽样计算得到输出响应量 $\boldsymbol{F}$, $\boldsymbol{F}=(F_1,F_2,\cdots,F_{N_t})^{\mathrm{T}}$, N_t 为样本点数目,然后计算输出响应量 F 的均值 μ_F、标准差 σ_F、偏度 δ_F 和峰度 κ_F 的模拟值分别如下[25]:

$$\begin{cases} \mu_F = \dfrac{1}{N_t}\displaystyle\sum_{i=1}^{N_t} F_i \\[3mm] \sigma_F = \sqrt{\dfrac{1}{N_t-1}\displaystyle\sum_{i=1}^{N_t}(F_i-\mu_F)^2} \\[3mm] \delta_F = \dfrac{1}{N_t\sigma_F^3}\displaystyle\sum_{i=1}^{N_t}(F_i-\mu_F)^3 \\[3mm] \kappa_F = \dfrac{1}{N_t\sigma_F^4}\displaystyle\sum_{i=1}^{N_t}(F_i-\mu_F)^4 \end{cases} \qquad (2.79)$$

2.5.2　输出响应量统计矩解析解

　　通常输出响应量统计矩模拟值的计算精度容易受到样本量大小的影响,因此为了提高统计矩的计算精度,根据 Hermite 随机多项式展开特性,可基于多项式展开系数直接计算输出响应量前四阶统计矩的解析解。输出响应量 F 的均值 μ_F、标准差 σ_F、偏度 δ_F 和峰度 κ_F 的解析表达式分别为[71,84]

$$
\begin{cases}
\mu_F = c_0 \\[2mm]
\sigma_F = \sqrt{\displaystyle\sum_{i=1}^{N_c-1} E(\Psi_i^2)c_i^2} \\[4mm]
\delta_F = \dfrac{1}{\sigma_F^3}\displaystyle\sum_{i=1}^{N_c-1}\sum_{j=1}^{N_c-1}\sum_{k=1}^{N_c-1} E(\Psi_i\Psi_j\Psi_k)c_ic_jc_k \\[4mm]
\kappa_F = \dfrac{1}{\sigma_F^4}\displaystyle\sum_{i=1}^{N_c-1}\sum_{j=1}^{N_c-1}\sum_{k=1}^{N_c-1}\sum_{l=1}^{N_c-1} E(\Psi_i\Psi_j\Psi_k\Psi_l)c_ic_jc_kc_l
\end{cases}
\tag{2.80}
$$

式中:展开系数 c_i 和基函数 $\Psi_i(\cdot)$ 与式(2.55)一致;$E(\Psi_i^2)$、$E(\Psi_i\Psi_j\Psi_k)$、$E(\Psi_i\Psi_j\Psi_k\Psi_l)$ 为随机多项式展开的期望值。

　　计算 N 维 Hermite 随机多项式展开期望值时,首先根据式(2.64)将 p 阶 Hermite 多项式展开的下标重新命名,将基函数 $\Psi_i(\cdot)$ 采用一维数值指标表示,进而计算 N 维 Hermite 多项式展开的期望值[71,84]:

$$
E(\Psi_i^2) = i_1!\,i_2!\cdots i_N! = \prod_{i=1}^{N} i_i! \tag{2.81}
$$

$$
E(\Psi_i\Psi_j\Psi_k) = D_{i_1,j_1,k_1}D_{i_2,j_2,k_2}\cdots D_{i_N,j_N,k_N} \tag{2.82}
$$

$$
E(\Psi_i\Psi_j\Psi_k\Psi_l) = D_{i_1,j_1,k_1,l_1}D_{i_2,j_2,k_2,l_2}\cdots D_{i_N,j_N,k_N,l_N} \tag{2.83}
$$

式中:

$$
D_{i,j,k} = C_{i,j,k}k! \tag{2.84}
$$

$$
D_{i,j,k,l} = \sum_{q=0}^{\min(i+j,k+l)} C_{i,j,q}D_{k,l,q} \tag{2.85}
$$

$$
C_{i,j,k} = \begin{cases}
\dfrac{i!\,j!}{\left(\dfrac{i+j-k}{2}\right)!\left(\dfrac{j+k-i}{2}\right)!\left(\dfrac{k+i-j}{2}\right)!}, & \begin{cases} i+j+k \text{ 为偶数} \\ k\in(|i-j|,i+j) \end{cases} \\[6mm]
0, & \text{其他}
\end{cases}
\tag{2.86}
$$

　　值得指出的是,当随机变量数目较多或者随机多项式展开阶数较高时,输出响应量统计矩解析解的计算量非常庞大,如对于 15 个变量 3 阶多项式展开,计算峰度 κ_F 需要进行 $(816-1)^4=4.4\times10^{11}$ 次求和,这个计算过程十分耗时。偏度是统计数据分布非对称程度的数字特征,偏度为正值表示输出响应量概率分布左偏,概率分布右边有一段较长的尾部。峰度表征输出响应量概率分布在均值处峰值高低的特征数,同时反映尾部厚度。

2.5.3　Sobol 指标计算

　　在可靠度分析中,一般通过参数敏感性分析来确定各个输入参数对边坡变形与稳定性的敏感性程度。常用于参数敏感性分析有 FORM 敏感因子,输出响应

量 F 与输入参数 X_i 之间的 Pearson 相关系数[85]等。其中确定输入参数敏感性的 Pearson 相关系数计算公式为

$$\rho_{\mathrm{Pearson}} = \frac{\sum\limits_{j=1}^{N_p} (F_j - \overline{F})(X_{i_j} - \overline{X}_i)}{\sqrt{\sum\limits_{j=1}^{N_p} (F_j - \overline{F})^2} \sqrt{\sum\limits_{j=1}^{N_p} (X_{i_j} - \overline{X}_i)^2}} \qquad (2.87)$$

式中：X_i 为原始空间输入参数；$\overline{F}$ 和 $\overline{X}_i$ 分别为 F 和 X_i 的平均值。

此外，Spearman 相关系数[85]也可用于确定输入参数的敏感性程度，Spearman 相关系数被认为是排序后的变量之间的 Pearson 相关系数。假设原始数据 F_j、$X_{i_j}(j=1,2,\cdots,N_p)$ 已经按照从大到小的顺序排列好，用 n_{1_j} 和 n_{2_j} 记原 F_j 和 X_{i_j} 在排列后数据当中的位置，将 n_{1_j} 和 n_{2_j} 分别称为变量 F_j 和 X_{i_j} 的秩次，F_j 与 X_{i_j} 的秩次差为 $d_j = n_{1_j} - n_{2_j}$。那么如果没有相同的秩次，输出响应量 F 与输入随机变量 X_i 之间的 Spearman 相关系数计算公式为

$$\rho_{\mathrm{Spearman}} = 1 - \frac{6\sum\limits_{i=1}^{n} d_i^2}{N_p(N_p^2 - 1)} \qquad (2.88)$$

如果输出响应量 F 和 X_i 存在相同的秩次，则 Spearman 相关系数计算公式为

$$\rho_{\mathrm{Spearman}} = \frac{\sum\limits_{j=1}^{N_p} (n_{1_j} - \overline{n}_1)(n_{2_j} - \overline{n}_2)}{\sqrt{\sum\limits_{j=1}^{N_p} (n_{1_j} - \overline{n}_1)^2} \sqrt{\sum\limits_{j=1}^{N_p} (n_{2_j} - \overline{n}_2)^2}} \qquad (2.89)$$

式中：$\overline{n}_1$ 和 $\overline{n}_2$ 为 n_1 和 n_2 的均值。与传统敏感性分析采用的 FORM 敏感因子、Pearson 和 Spearman 相关系数类似，非侵入式随机分析方法采用 Sobol 指标进行参数敏感性分析[79,86,87]。对于 Hermite 随机多项式展开，输出响应量 F 的方差 $D_F = \sigma_F^2 = \mathrm{var}(F)$ 可以分解为

$$D_F = \sum_{i=1}^{N} D_i + \sum_{1 \leqslant i < j \leqslant N}^{N} D_{i,j} + \cdots + D_{1,2,\cdots,N} \qquad (2.90)$$

随机变量 $\xi_{i_1,i_2,\cdots,i_s}$ 的 Sobol 指标 $SU(\xi_{i_1,i_2,\cdots,i_s})$ 可定义为[79]

$$SU(\xi_{i_1,i_2,\cdots,i_s}) = \frac{D_{i_1,i_2,\cdots,i_s}}{D_F} \qquad (2.91)$$

式中：下标满足 $1 \leqslant i_1 < \cdots < i_s \leqslant N$。显然所有随机变量的 Sobol 指标值之和为 1.0，即

$$\sum_{i=1}^{N} SU(\xi_i) + \sum_{1 \leqslant i < j \leqslant N}^{N} SU(\xi_{i,j}) + \cdots + SU(\xi_{1,2,\cdots,N}) = 1.0 \qquad (2.92)$$

同时任一随机变量的 Sobol 指标值也可以由随机多项式展开系数直接计算，如随

机变量的一阶 Sobol 指标 $SU(\xi_i)$ 为[71,88,89]

$$SU(\xi_i) = \frac{\mathrm{var}(E(F|\xi_i))}{\mathrm{var}(F)} = \frac{\displaystyle\sum_{\alpha \in I_i} c_\alpha^2 E(\Psi_\alpha^2)}{\displaystyle\sum_{\alpha=1}^{N_c-1} c_\alpha^2 E(\Psi_\alpha^2)} \qquad (2.93)$$

式中:$\mathrm{var}(\bullet)$ 和 $E(\bullet)$ 分别是方差函数和期望函数;ξ_i 为独立标准正态随机变量;$SU(\xi_i)$ 为标准正态随机变量 ξ_i 或原始随机变量 X_i 的一阶 Sobol 指标值;I_i 为只含单随机变量 ξ_i 的展开项 $\Psi_\alpha(\bullet)$ 的指标 α 的集合;c_α 为与展开项 $\Psi_\alpha(\bullet)$ 对应的多项式展开系数;期望值 $E(\Psi_\alpha^2)$ 可由式(2.81)计算。

　　一阶 Sobol 指标只反映单随机变量 ξ_i 的不确定性对输出响应量总方差的贡献,相比之下,随机变量的高阶 Sobol 指标可反映多个随机变量之间交叉项对总方差的贡献。为了更全面地反映输入随机变量不确定性对输出响应量总方差的贡献,本书采用随机变量的总 Sobol 指标 $SU_T(\xi_i)$ 进行参数敏感性分析,其计算公式为[79]

$$SU_T(\xi_i) = 1 - SU(\sim \xi_i) \qquad (2.94)$$

式中:$SU(\sim \xi_i)$ 为所有不含随机变量 ξ_i 展开项所对应的 Sobol 指标之和。

　　由上可见某一随机变量的 Sobol 指标值越大,则表示该输入参数对边坡变形与稳定性的影响程度越大,然后在可靠度评估中尽可能准确地估计该输入参数的统计特征以提高计算精度,并且可将 Sobol 指标值非常小的随机变量视作常量以提高计算效率。

　　此外,还可以直接根据多项式展开系数可以计算任意输入参数随机场的一阶 Sobol 指标值 $SU(H_i)$,计算公式为[89]

$$SU(H_i) = \sum_{j=1}^{n} \frac{\mathrm{var}(E(F|\xi_{i,j}))}{\mathrm{var}(F)} = \sum_{j=1}^{n} \frac{\displaystyle\sum_{\alpha \in I_{i,j}} c_\alpha^2 E(\Psi_\alpha^2)}{\displaystyle\sum_{\alpha=1}^{N_c-1} E(\Psi_\alpha^2) c_\alpha^2} \qquad (2.95)$$

式中:H_i 为第 i 个输入参数随机场;$SU(H_i)$ 为第 i 个输入参数随机场 H_i 的 Sobol 指标值;$\xi_{i,j}(j=1,\cdots,n)$ 为参数随机场 H_i 所离散的 n 个标准正态随机变量;$I_{i,j}$ 为只含单随机变量 $\xi_{i,j}$ 的展开项 $\Psi_\alpha(\bullet)$ 的指标 α 的集合;c_α 为与展开项 $\Psi_\alpha(\bullet)$ 对应的多项式展开系数。

　　同理,可得第 i 个输入参数随机场的总 Sobol 指标 $SU_T(H_i)$ 为

$$SU_T(H_i) = \sum_{j=1}^{n} SU_T(\xi_{i,j}) = \sum_{j=1}^{n} (1 - SU(\sim \xi_{i,j})) \qquad (2.96)$$

式中:$SU(\sim \xi_{i,j})$ 为所有不含随机变量 $\xi_{i,j}$ 展开项所对应的 Sobol 指标之和。

2.5.4　PDF 和 CDF 曲线绘制

　　获得边坡输出响应量代理模型之后,还可快速地绘制输出响应量的概率密度

函数(probability density function,PDF)曲线和累积分布函数(cumulative distribution function,CDF)曲线。尽管可以通过抽样方法结合直方图生成输出响应量的 PDF 曲线,但是当抽样次数较少所得到的输出响应量 PDF 曲线不够平滑。本章利用 Kernel 平滑技术[90]可以生成更为平滑的 PDF 曲线,其计算步骤如下:首先基于安全系数近似显式表达式,通过直接 MCS 抽样计算输出响应量 F, $F = (F_1, F_2, \cdots, F_{N_t})^{\mathrm{T}}$,然后利用 Kernel 平滑技术计算输出响应量 PDF 值,计算表达式如下:

$$f(F, h_K) = \frac{1}{h_K N_t} \sum_{i=1}^{N_t} K\left(\frac{F - F_i}{h_K}\right) \tag{2.97}$$

$$h_K = \left(\frac{4}{3N_t}\right)^{0.2} \min(\sigma_F, iqr_F) \tag{2.98}$$

式中:h_K 为带宽参数;σ_F 和 iqr_F 分别为输出响应量的标准差和四分位数间距;$K(\cdot)$ 为 Kernel 函数,一般选用标准正态变量的概率密度函数,或者选用 Epanechnikov-Kernel 函数 $K_E(\cdot)$:

$$K_E(X) = \begin{cases} \dfrac{3}{4}(1 - X^2), & |X| \leqslant 1 \\ 0, & |X| > 1 \end{cases} \tag{2.99}$$

对 PDF 曲线简单累加便可得到输出响应量的 CDF 曲线,可借助 MATLAB 函数 cumsum(·)予以实现。

2.6　边坡失效概率计算

与边坡输出响应量统计特征相比,工程师们可能更加关注边坡失效概率。通过比较计算得到的失效概率和由结构性能水平确定的允许失效概率可以判断边坡的安全性水平,从而为基于可靠度理论的边坡工程设计、安全性维护制定合理的工程防治对策提供理论指导。如边坡失效概率为 0.001 表示该边坡失效的可能性为千年一遇,由表 2.3[91]可知该边坡处于平均安全水平以上。下面以边坡失效概率计算为例,简要介绍了几种常用的构件和系统失效概率计算方法。

表 2.3　失效概率与结构性能水平间的关系[91]

失效概率	可靠指标	性能水平	采取相应处理措施
3.0×10^{-7}	5	高	正常维护
3.0×10^{-5}	4	较好	正常交通情况下维护
0.001	3	平均安全水平以上	关闭以修复
0.006	2.5	平均安全水平以下	频繁停用以修复
0.023	2	较差	频繁较长时间停用以修复

续表

失效概率	可靠指标	性能水平	采取相应处理措施
0.07	1.5	不容乐观	集中修复
0.016	1	灾难性的	紧急行动以减轻灾害

2.6.1　构件失效概率计算

当确定输出响应量与输入参数间的近似显式表达式即代理模型之后,据此便可建立边坡变形与稳定可靠度分析的功能函数。对于边坡稳定可靠度问题,输出响应量为安全系数,功能函数为

$$G(\boldsymbol{\xi}) = FS(\boldsymbol{\xi}) - 1.0 \tag{2.100}$$

式中:$FS(\boldsymbol{\xi})$ 为边坡安全系数;$\boldsymbol{\xi}$ 为独立标准正态随机向量。

对于边坡变形可靠度问题,输出响应量为边坡某些关键部位位移,功能函数常为

$$G(\boldsymbol{\xi}) = u_{\max} - u(\boldsymbol{\xi}) \tag{2.101}$$

式中:$u_{\max}$ 为边坡最大允许变形量;$u(\boldsymbol{\xi})$ 为边坡坡体上某些关键部位位移。

对于式(2.100)或式(2.101)显式表达的功能函数边坡可靠度问题,可采用多种可靠度方法进行分析,如常规的 MCS、FORM、SORM、RSM 和子集模拟方法等。本书采用简便、稳健的直接 MCS 方法计算边坡失效概率。由直接 MCS 方法计算的失效概率的变异系数为[92]

$$COV_{p_{\mathrm{f}}} = \sqrt{\frac{1 - p_{\mathrm{f}}}{N_t p_{\mathrm{f}}}} \tag{2.102}$$

式中:p_{f} 为边坡失效概率;$COV_{p_{\mathrm{f}}}$ 为失效概率的变异系数。

由式(2.102)可知,当 MCS 抽样次数 N_t 为 100 万次,相应地,当边坡失效概率大于 10^{-4} 时可保证失效概率的变异系数小于 10%;如果边坡失效概率小于 10^{-4},仍要求保证失效概率变异系数小于 10%,则需要进一步增加样本数目。值得指出的是,此时边坡失效概率计算只需要对式(2.100)或式(2.101)进行分析,其中边坡安全系数和关键部位位移只需采用式(2.53)所示的显式函数表达式进行计算,不再需要采用有限元等确定性分析方法进行边坡变形与稳定性分析。这个过程计算效率非常高,完全可以采用直接 MCS 方法来计算。

此外,本书需要采用 FORM 方法进行辅助分析以确定随机变量验算点和参数敏感性因子,为此下面简要介绍基于独立标准正态空间的 FORM 方法的主要计算步骤[93,94]:

(1)将原始空间随机向量 $\boldsymbol{X}$ 转化为独立标准正态随机向量 $\boldsymbol{\xi}$,相应的极限状态方程也由原始空间的 $G(\boldsymbol{X}) = 0$ 转化为独立标准正态空间的 $G(\boldsymbol{\xi}) = 0$。

(2)求解式(2.103)有约束的非线性最优化问题,得到独立标准正态空间验算

点 $\boldsymbol{\xi}^*$,可以利用 MATLAB 函数 fmincon 计算含多个变量有约束非线性函数的最小值。

$$\min\{\,\|\,\boldsymbol{\xi}\,\|\,|\,G(\boldsymbol{\xi})=0\} \tag{2.103}$$

（3）计算 $G(\boldsymbol{\xi})$ 在验算点 $\boldsymbol{\xi}^*$ 处的梯度 $\nabla G(\boldsymbol{\xi}^*)$,将标准正态空间的功能函数 $G(\boldsymbol{\xi})$ 可表示为一阶近似：

$$G(\boldsymbol{\xi})\approx\nabla G_{|\boldsymbol{\xi}}^{\mathrm{T}}(\boldsymbol{\xi}-\boldsymbol{\xi}^*) \tag{2.104}$$

式中： $\nabla G_{|\boldsymbol{\xi}^*}^{\mathrm{T}}=[\partial G/\partial\xi_1,\cdots,\partial G/\partial\xi_N]$ 为功能函数 $G(\boldsymbol{\xi})$ 在验算点 $\boldsymbol{\xi}^*$ 处的梯度向量；

（4）计算验算点 $\boldsymbol{\xi}^*$ 处的极限状态面单位法向量 $\boldsymbol{\alpha}$,即标准正态随机向量 $\boldsymbol{\xi}$ 的敏感性因子：

$$\boldsymbol{\alpha}=-\frac{\nabla G_{|\boldsymbol{\xi}^*}}{\|\nabla G_{|\boldsymbol{\xi}^*}\|} \tag{2.105}$$

（5）计算可靠指标,即独立标准正态空间中原点到极限状态面的最小距离：

$$\beta=\boldsymbol{\alpha}^{\mathrm{T}}\boldsymbol{\xi}^* \quad 或者 \quad \beta=\|\boldsymbol{\xi}^*\| \tag{2.106}$$

进而得到失效概率 $p_{\mathrm{f}}\approx\Phi(-\beta)$ 。

（6）式（2.105）的 $\boldsymbol{\alpha}$ 不是原始空间随机向量 $\boldsymbol{X}$ 的敏感性因子,通过式（2.107）由 $\boldsymbol{\alpha}$ 可以得到原始空间随机向量 $\boldsymbol{X}$ 的敏感性因子 $\boldsymbol{\gamma}$ ：

$$\boldsymbol{\gamma}^{\mathrm{T}}=\frac{\boldsymbol{\alpha}^{\mathrm{T}}\boldsymbol{J}_{\boldsymbol{\xi}^*,\boldsymbol{x}^*}\boldsymbol{D}}{\|\boldsymbol{\alpha}^{\mathrm{T}}\boldsymbol{J}_{\boldsymbol{\xi}^*,\boldsymbol{x}^*}\boldsymbol{D}\|} \tag{2.107}$$

式中： $\boldsymbol{D}=(\mathrm{diag}\boldsymbol{\Sigma})^{1/2}$ 为等效正态随机向量 $\boldsymbol{X}'=\boldsymbol{X}^*+\boldsymbol{J}_{\boldsymbol{x}^*,\boldsymbol{\xi}^*}(\boldsymbol{X}-\boldsymbol{\xi}^*)$ 的标准差的对角矩阵的开方,其中 $\boldsymbol{\Sigma}=\boldsymbol{J}_{\boldsymbol{X}^*,\boldsymbol{\xi}^*}\boldsymbol{J}_{\boldsymbol{X}^*,\boldsymbol{\xi}^*}^{\mathrm{T}}$ 为随机向量 $\boldsymbol{X}'$ 的协方差矩阵,其中 $\boldsymbol{J}_{\boldsymbol{X}^*,\boldsymbol{\xi}^*}$ 为 Nataf 分布随机向量 $\boldsymbol{X}$ 对独立标准正态随机向量 $\boldsymbol{\xi}$ 的 Jacobi 矩阵,计算公式为

$$\boldsymbol{J}_{\boldsymbol{X}^*,\boldsymbol{\xi}^*}=\boldsymbol{J}_{\boldsymbol{X}^*,\boldsymbol{Y}^*}\boldsymbol{J}_{\boldsymbol{Y}^*,\boldsymbol{\xi}} \tag{2.108}$$

式中： $\boldsymbol{J}_{\boldsymbol{X}^*,\boldsymbol{Y}^*}$ 表示原始空间随机向量 $\boldsymbol{X}$ 对相关标准正态随机向量 $\boldsymbol{Y}$ 的 Jacobi 矩阵； $\boldsymbol{J}_{\boldsymbol{Y}^*,\boldsymbol{\xi}^*}$ 表示标准正态随机向量 $\boldsymbol{Y}$ 对独立标准正态随机向量 $\boldsymbol{\xi}$ 的 Jacobi 矩阵,计算表达式分别为

$$\boldsymbol{J}_{\boldsymbol{X}^*,\boldsymbol{Y}^*}=\mathrm{diag}\left[\frac{\phi(\Phi^{-1}(F_{X_i}(X_i)))}{f_{X_i}(X_i)}\right] \tag{2.109}$$

$$\boldsymbol{J}_{\boldsymbol{Y}^*,\boldsymbol{\xi}^*}=\boldsymbol{L}_1 \tag{2.110}$$

式中： $\boldsymbol{L}_1$ 为相关正态随机变量到独立正态随机变量的线性变量置换矩阵,也就是对互相关矩阵 $\boldsymbol{\rho}_0$ 进行乔列斯基分解得到的下三角矩阵。

原始空间第 i 个随机变量 X_i 的敏感因子 γ_i 的正负号为判别该随机变量是荷载效应还是抗力效应变量提供了参考依据,如果敏感因子 $\gamma_i>0$,说明该输入随机变量是起荷载效应的变量,反之该输入随机变量是起抗力效应的变量。

此外,为了估计原始空间随机变量 $X_i(i=1,2,\cdots,N)$ 均值和标准差的重要度水平,可以根据式（2.111）计算第 i 个随机变量 X_i 均值和标准差的敏感性因子,计

算表达式分别为

$$
\begin{cases}
\dfrac{\partial \beta}{\partial \mu_i} = \boldsymbol{\alpha}^{\mathrm{T}} \dfrac{\partial \boldsymbol{\xi}^*}{\partial \mu_i} \\
\dfrac{\partial \beta}{\partial \sigma_i} = \boldsymbol{\alpha}^{\mathrm{T}} \dfrac{\partial \boldsymbol{\xi}^*}{\partial \sigma_i}
\end{cases}
\tag{2.111}
$$

2.6.2 系统失效概率计算

当获得边坡输出响应量（如安全系数与位移）代理模型与每个构件失效概率之后，可以进一步快速地计算得到边坡系统失效概率。目前既常用又简便的系统可靠度计算方法是上下限法。Cornell[95]提出了串联和并联系统失效概率 $p_{\mathrm{f,s}}$ 的宽界计算公式。当失效模式相互之间存在正相关关系时，串联与并联系统失效概率 $p_{\mathrm{f,s}}$ 分别为

$$
\max_{i=1,2,\cdots,N_s} P(E_i) \leqslant p_{\mathrm{f,s}} \leqslant \sum_{i=1}^{N_s} P(E_i) \quad \text{和} \quad \prod_{i=1}^{N_s} P(E_i) \leqslant p_{\mathrm{f,s}} \leqslant \min_{i=1,2,\cdots,N_s} P(E_i)
\tag{2.112}
$$

当失效模式相互之间存在负相关关系时，串联与并联系统失效概率 $p_{\mathrm{f,s}}$ 分别为

$$
\sum_{i=1}^{N_s} P(E_i) \leqslant p_{\mathrm{f,s}} \leqslant 1 \quad \text{和} \quad 0 \leqslant p_{\mathrm{f,s}} \leqslant \prod_{i=1}^{N_s} P(E_i)
\tag{2.113}
$$

式中：$P(E_i)$ 为第 i 个失效模式 E_i 的构件失效概率；N_s 为失效模式的数目。

然而，Cornell 上下限计算公式没有考虑失效模式之间相关性程度的影响，因此获得的系统失效概率上下限一般较宽，对系统失效概率估计不够准确。为此，Ditlevsen[96]又提出了一种可以考虑失效模式之间相关性程度影响的串联系统失效概率 $p_{\mathrm{f,s}}$ 上下限计算公式：

$$
\left\{ P(E_1) + \sum_{i=2}^{N_s} \max\left[P(E_i) - \sum_{j=1}^{i-1} P(E_i E_j), 0 \right] \right\}
$$

$$
\leqslant p_{\mathrm{f,s}} \leqslant \left\{ P(E_1) + \sum_{i=2}^{N_s} \left\{ P(E_i) - \max_{j<i}\left[P(E_i E_j) \right] \right\} \right\}
\tag{2.114}
$$

式中：$P(E_i E_j)$ 表示第 i 个失效模式 E_i 和第 j 个失效模式 E_j 同时失效的概率，其计算公式为

$$
\begin{cases}
\max(a,b) \leqslant P(E_i E_j) \leqslant a+b, & \rho_{ij} \geqslant 0 \\
0 \leqslant P(E_i E_j) \leqslant \min(a,b), & \rho_{ij} < 0
\end{cases}
\tag{2.115}
$$

式中：

$$
\begin{cases}
a = \Phi(-\beta_i)\Phi\left(-\dfrac{\beta_j - \rho_{ij}\beta_i}{\sqrt{1-\rho_{ij}^2}} \right) \\
b = \Phi(-\beta_j)\Phi\left(-\dfrac{\beta_i - \rho_{ij}\beta_j}{\sqrt{1-\rho_{ij}^2}} \right)
\end{cases}
\tag{2.116}
$$

式中：β_i 和 β_j 为第 i 个失效模式和第 j 个失效模式的构件可靠指标，为进一步使系统失效概率的上下限变得更窄，可在计算系统失效概率之前将构件可靠指标由小到大进行排序；ρ_{ij} 为第 i 个失效模式与第 j 个失效模式之间的相关系数，一般通过式(2.105)FORM 方法的标准正态随机向量敏感性因子 $\boldsymbol{\alpha}$ 来计算：

$$\rho_{ij} = \boldsymbol{\alpha}_i^{\mathrm{T}} \boldsymbol{\alpha}_j \tag{2.117}$$

式中：$\boldsymbol{\alpha}_i$ 和 $\boldsymbol{\alpha}_j$ 分别是对应于第 i 和 j 个失效模式中随机向量的敏感因子。

综上所述，图 2.8 给出了边坡可靠度非侵入式随机分析流程图。边坡可靠度非侵入式随机分析具有以下突出的优点：

(1) 可以直接将确定性复杂边坡有限元分析模块视作黑匣子，无需修改有限元源代码，实现了通用商业有限元分析软件与概率分析模块的有机结合。

(2) 通过随机多项式展开方法建立边坡输出响应量代理模型，有效地解决了低失效概率水平($10^{-6} \sim 10^{-3}$ 量级)的复杂边坡可靠度分析难题。

(3) 可以定量地考虑岩土体物理力学参数空间变异性、变异性和互相关性对边坡可靠度及其输出响应量统计特征的影响。

(4) 基于 Sobol 指标进行输入随机变量和随机场参数敏感性分析，可以有效地识别各个输入参数对边坡变形与稳定性的敏感性程度。

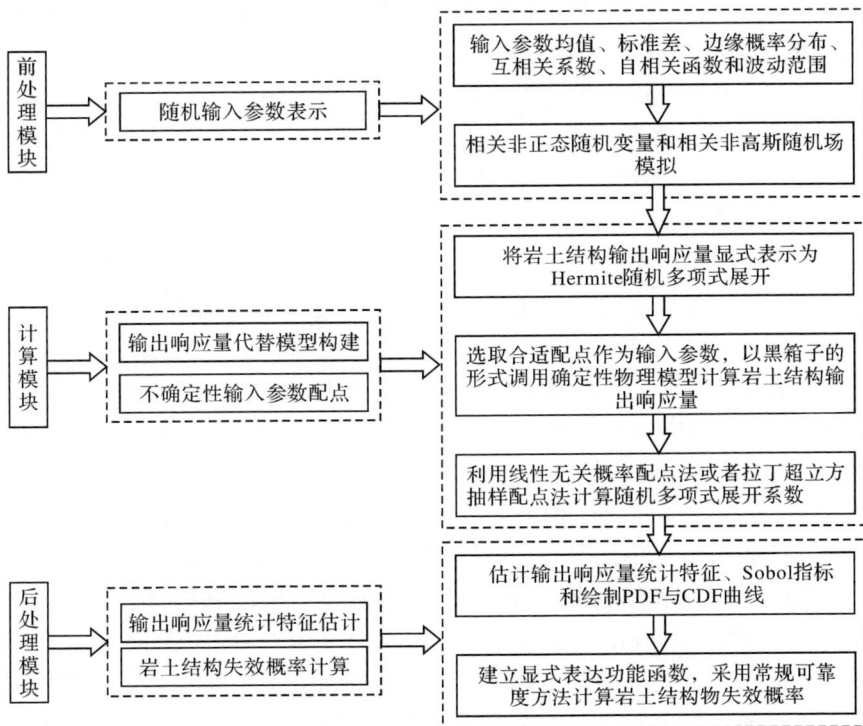

图 2.8 边坡可靠度非侵入式随机分析流程图

值得指出是,边坡输出响应量既可以是边坡安全系数、位移、应力和应变,也可以是孔隙水压力和渗透坡降等信息。需要指出的是本章边坡非侵入式随机分析基本理论是在随机响应面法基础上进一步发展起来的,尽管本章以分析边坡变形和稳定可靠度问题为例,输出响应量为边坡安全系数和位移等,但是同样可以有效地拓展到解决其他岩土结构变形与稳定可靠度问题。

2.7 本章小结

本章详细介绍了边坡可靠度非侵入式随机分析基本理论,核心部分是采用Hermite 随机多项式展开和随机配点法建立边坡输出响应量代理模型,即输出响应量与岩土体物理力学参数间的近似显式函数关系,在此基础上采用传统可靠度分析方法计算边坡失效概率。主要结论如下:

(1) 发展了各向异性相关非高斯随机场模拟的 K-L 级数展开方法和改进乔列斯基分解技术。在保证计算精度前提下,前者离散参数相关非高斯随机场所需的随机变量相对较少,能够有效地与 Hermite 多项式展开相结合。后者计算过程较为简便,容易编程实现,适合分析任意几何形状的随机场单元模型。这两种方法均可有效地模拟岩土体参数空间变异性,降低各向异性相关非高斯参数随机场离散的难度,具有较高的计算精度。

(2) 提出了解决含相关非正态变量可靠度分析的随机响应面法,建立了 4~6 阶高维 Hermite 随机多项式展开的解析表达式,发展了基于线性无关原则概率配点法和拉丁超立方抽样配点法的随机多项式展开方法,建立了 14 种经典概率分布变量与标准正态变量之间的映射关系式。

(3) 推导了边坡输出响应量统计矩模拟值和解析值、输入参数随机变量和随机场的 Sobol 指标计算表达式。基于 Sobol 指标进行参数敏感性分析,可以有效地确定各个输入参数对边坡变形与稳定性的敏感性程度。

(4) 非侵入式随机分析方法有效地实现了复杂边坡常规有限元分析与可靠度分析一体化,能够考虑边坡变形对稳定性的影响、岩土体参数空间变异性对边坡可靠度的影响,丰富了边坡非侵入可靠度分析理论。

(5) 本章发展的各向异性相关非高斯随机场模拟方法,以单元中心点处参数随机场特性值表示整个单元参数随机场特性值,所引起的局部平均效应有待进一步探讨。有限元单元和随机场单元尺寸直接影响边坡可靠度计算精度和效率。然而为简化计算,一般假定有限元单元与随机场单元尺寸相同,同时参数敏感性分析中没有根据波动范围变化重新确定随机场单元尺寸。因此,还需要深入研究有限元单元与随机场单元尺寸的选取问题及其与波动范围的关系。

参 考 文 献

[1] 汪小刚,董育坚. 岩基抗剪强度参数[M]. 北京:中国水利水电出版社,2010.

[2] Tang X S,Li D Q,Rong G,et al. Impact of copula selection on geotechnical reliability under incomplete probability information[J]. Computers and Geotechnics,2013,49:264－278.

[3] 黄传志,孙万禾. 土的抗剪强度指标统计方法的探讨[J]. 水运工程,1989,1:45－51.

[4] 光耀华. 岩石抗剪强度指标的概率分析[J]. 岩石力学与工程学报,1994,13(4):349－356.

[5] 范明桥,盛金保. 土强度指标 φ、c 的互相关性[J]. 岩土工程学报,1997,19(4):100－104.

[6] 谭忠盛,高波,关宝树. 隧道围岩抗剪强度指标 c、$\tan\varphi$ 的概率特征[J]. 岩土工程学报,1999, 21(6):760－762.

[7] 范明桥. 黏性填筑土强度指标 φ、c 的概率特性[J]. 水利水运科学研究,2000,1:49－53.

[8] 李小勇,谢康和,白晓红,等. 太原粉质黏土强度指标的空间概率特征研究[J]. 岩土工程学报,2000,22(6):668－672.

[9] 吴长富,朱向荣,刘雪梅. 杭州地区典型土层抗剪强度指标的变异性研究[J]. 岩土工程学报,2005,27(1):94－99.

[10] 涂帆,常方强. 土性参数的互相关性对加筋土挡墙可靠度的影响[J]. 岩石力学与工程学报,2005,24(15):2654－2658.

[11] 赵宇飞,汪小刚,杨健. 基于二维正态分布的岩土参数 Bayes 方法优化[J]. 中国水利水电科学研究院学报,2006,4(2):23－27.

[12] 兰雁,赵寿刚,沈细中,等. 土体强度指标的互相关性对堤防稳定性的影响[J]. 人民黄河,2007,29(3):12－13.

[13] 陈群,唐岷,朱分清. 强度参数的不确定性对土石坝坝坡失稳概率的影响[J]. 岩土工程学报,2008,30(11):1595－1598.

[14] Lumb P. Safety factors and the probability distribution of soil strength[J]. Canadian Geotechnical Journal,1970,7(3):225－242.

[15] Yucemen M S,Tang W H,Ang A H S. A probability study of safety and design of earth slopes[R]. Civil Engineering Studies:Structural Research Series 402,University of Illinois,Urbana,USA,1973.

[16] Wolff T H. Analysis and Design of Embankment Dam Slopes:A Probabilistic Approach [D]. Lafayette:Purdue University,1985.

[17] Young D S. A generalized probabilistic approach for slope analysis:Practical application to an open pit iron ore mine[J]. International Journal of Mining and Geological Engineering,1986,4(1):3－13.

[18] Wolff T F. Probabilistic slope stability in theory and practice[C]//Proceedings,Uncertainty in Geologic Environment:From Theory to Practice,ASCE Geotechnical Special Publication No. 58 (3rd ed.),1996,1:419－433.

[19] Cherubini C. Reliability evaluation of shallow foundation bearing capacity on c',ϕ' soils[J].

Canadian Geotechnical Journal,2000,37(1):264—269.

[20] Hoek E. Practical Rock Engineering[M]. http://www. rocscience. com/hoek/corner/Prac-tical_Rock_Engineering. pdf,2007.

[21] Low B K. Reliability analysis of rock slopes involving correlated nonnormals[J]. Interna-tional Journal of Rock Mechanics and Mining Sciences,2007,44(6):922—935.

[22] Mollon G,Dias D,Soubra A H. Probabilistic analysis of circular tunnels in homogeneous soil using response surface methodology[J]. Journal of Geotechnical and Geoenvironmental Engineering (ASCE),2009,135(9):1314—1325.

[23] Li H Z,Low B K. Reliability analysis of circular tunnel under hydrostatic stress field[J]. Computers and Geotechnics,2010,37(1):50—58.

[24] Li D Q,Chen Y F,Lu W B,et al. Stochastic response surface method for reliability analysis of rock slopes involving correlated non-normal variables[J]. Computers and Geotechnics, 2011,38(1):58—68.

[25] Isukapalli S S. Uncertainty Analysis of Transport Transformation Models[D]. New Jersey: The State University of New Jersey,New Brunswick,1999.

[26] Nataf A. Détermination des distributions de probabilités dont les marges sont données[J]. Comptes Rendus de l'Académie des Sciences,1962,225:42. 43. (in French)

[27] 秦权,林道锦,梅刚. 结构可靠度随机有限元-理论及工程应用[M]. 北京:清华大学出版社,2006.

[28] Nelsen R B. An Introduction to Copulas[M]. 2nd ed. New York:Springer,2006.

[29] Ditlevsen O,Madsen H O. Structural Reliability Methods[M]. New York:John Wiley & Sons,1996.

[30] Phoon K K. General non-Gaussian probability models for first-order reliability method (FORM):A state of-the-art report[R]. ICG Report 2004-2. 4 (NGI Report 20031091-4), International Centre for Geohazards,Oslo,2004.

[31] Der Kiureghian A,Liu P L. Structural reliability under incomplete probability information [J]. Journal of Engineering Mechanics,1986,112(1):85—104.

[32] Li H S,Lv Z Z,Yuan X K. Nataf transformation based point estimate method[J]. Chinese Science Bulletin,2008,53(17):2586—2592.

[33] Liu W K,Belytschko T,Mani A. Random field finite elements[J]. International Journal for Numerical Methods in Engineering,1986,23(10):1831—1845.

[34] Der Kiureghian A,Ke J B. The stochastic finite element method in structural reliability[J]. Probabilistic Engineering Mechanics,1988,3(2):83—91.

[35] Gui S,Zhang R,Turner J P,et al. Probabilistic slope stability analysis with stochastic hydraulic conductivity [J]. Journal of Geotechnical and Geoenvironmental Engineering (ASCE),2000,126 (1):1—9.

[36] Fenton G A,Vanmarcke E H. Simulation of random fields via local average subdivision[J]. Journal of Engineering Mechanics (ASCE),1990,116(8):1733—1749.

[37] Fenton G A, Griffiths D V. Risk Assessment in Geotechnical Engineering[M]. New York: John Wiley & Sons, 2008.

[38] Robin M J L, Gutjahr A L, Sudicky E A, et al. Cross-correlated random field generation with the direct Fourier transform method[J]. Water Recourses Research, 1997, 29(7): 2385—2397.

[39] Nour A, Slimani A, Laouami N. Foundation settlement statistics via finite element analysis [J]. Computers and Geotechnics, 2002, 29(8): 641—672.

[40] Jha S K, Ching J. Simulating spatial averages of stationary random field using the Fourier series method[J]. Journal of Engineering Mechanics (ASCE), 2012, 139(5): 594—605.

[41] Li C C, Der Kiureghian A. Optimal discretization of random fields[J]. Journal of Engineering Mechanics (ASCE), 1993, 119(6): 1136—1154.

[42] 史良胜, 杨金忠, 陈伏龙, 等. Karhunen-Loève 展开在土性各向异性随机场模拟中的应用研究[J]. 岩土力学, 2007, 28(11): 2303—2308.

[43] Phoon K K, Huang S P, Quek S T. Implementation of Karhunen-Loève expansion for simulation using a wavelet-Galerkin scheme[J]. Probabilistic Engineering Mechanics, 2002, 17(3): 293—303.

[44] Laloy E, Rogiers B, Vrugt J A, et al. Efficient posterior exploration of a high-dimensional groundwater model from two-stage MCMC simulation and polynomial chaos expansion[J]. Water Resources Research, 2013, 49(5): 2664—2682.

[45] Allaix D L, Carbone V I. Karhunen-Loève decomposition of random fields based on a hierarchical matrix approach[J]. International Journal for Numerical Methods in Engineering, 2013, 94(11): 1015—1036.

[46] Zhang D Y, Xie W C, Pandey M D. A meshfree-Galerkin method in modelling and synthesizing spatially varying soil properties[J]. Probabilistic Engineering Mechanics, 2013, 31: 52—64.

[47] Cho S E, Park H C. Effect of spatial variability of cross correlated soil properties on bearing capacity of strip footing[J]. International Journal for Numerical and Analytical Methods in Geomechanics, 2010, 34(1): 1—26.

[48] Jiang S H, Li D Q, Zhang L M, et al. Slope reliability analysis considering spatially variable shear strength parameters using a non-intrusive stochastic finite element method[J]. Engineering Geology, 2014, 168: 120—128.

[49] Jiang S H, Li D Q, Cao Z J, et al. Efficient system reliability analysis of slope stability in spatially variable soils using Monte Carlo simulation[J]. Journal of Geotechnical and Geoenvironmental Engineering (ASCE), 2015, 141(2): 04014096.

[50] Mckay M D, Conover W J, Beckman R J. A comparison of three methods for selecting values of input variables in the analysis of output from a computer code[J]. Technometrics, 1979, 21(2): 239—245.

[51] Vořechovský M. Simulation of simply cross-correlated random fields by series expansion

　　　　methods[J]. Structural Safety,2008,30(4):337—363.

[52] Ghanem R G,Spanos P D. Stochastic finite element:A spectral approach[M]. Revised version. New York:Dover Publication,Inc,Mineola,2003.

[53] Huang S P. Simulation of Random Processes Using Karhunen-Loève Expansion[D]. Singapore:National University of Singapore,2001.

[54] Bong T,Son Y,Noh S,et al. Probabilistic analysis of consolidation that considers spatial variability using the stochastic response surface method[J]. Soils and Foundations,2014,54(5):917—926.

[55] Fenton G A. Probabilistic methods in geotechnical engineering[C]//Workshop Presented at ASCE GeoLogan'97 Conference,Logan,US,1997.

[56] Baecher G B,Christian J T. Reliability and Statistics in Geotechnical Engineering[M]. New York:John Wiley & Sons,2003.

[57] Haldar S,Sivakumar Babu G L. Effect of soil spatial variability on the response of laterally loaded pile in undrained clay[J]. Computers and Geotechnics,2008,35(4):537—547.

[58] Haldar S,Sivakumar Babu G L. Design of laterally loaded piles in clays based on cone penetration test data:a reliability-based approach[J]. Géotechnique,2009,59(7):593—607.

[59] Srivastava A,Sivakumar Babu G L,Haldar S. Influence of spatial variability of permeability property on steady state seepage flow and slope stability analysis[J]. Engineering Geology,2010,110(3-4):93—101.

[60] Suchomel R,Mašín D. Comparison of different probabilistic methods for predicting stability of a slope in spatially variable c-φ soil[J]. Computers and Geotechnics,2010,37(1-2):132—140.

[61] Wu S,Ou C,Ching J,et al. Reliability-based design for basal heave stability of deep excavations in spatially varying soils[J]. Journal of Geotechnical and Geoenvironmental Engineering (ASCE),2012,138(5):594—603.

[62] Kasama K,Whittle A J,Zen K. Effect of spatial variability on the bearing capacity of cement-treated ground[J]. Soils and Foundations,2012,52(4):600—619.

[63] Kasama K,Whittle A J. Bearing capacity of spatially random cohesive soil using numerical limit analysis[J]. Journal of Geotechnical and Geoenvironmental Engineering (ASCE),2011,137(11):989—996.

[64] Hsu S C,Nelson P P. Material spatial variability and slope stability for weak rock masses [J]. Journal of Geotechnical and Geoenvironmental engineering (ASCE),2006,132(2):183—193.

[65] Ching J,Phoon K K. Effect of element sizes in random field finite element simulations of soil shear strength[J]. Computers and Structures,2013,126:120—134.

[66] Vanmarcke E H. Probabilistic modeling of soil profiles[J]. Journal of the Geotechnical Engineering Division (ASCE),1977,103(11):1227—1246.

[67] Vanmarcke E H. Random Fields:Analysis and Synthesis[M]. Revised and expanded new

edition. Beijing: World Scientific Publishing, 2010.

[68] Griffiths D V, Fenton G A. Probabilistic slope stability analysis by finite elements[J]. Journal of Geotechnical and Geoenvironmental Engineering (ASCE), 2004, 130(5): 507—518.

[69] Cameron R, Martin W. The orthogonal development of nonlinear functional in series of Fourier Hermite functional[J]. The Annals of Mathematics, 1947; 48(2): 385—392.

[70] Huang S P, Liang B, Phoon K K. Geotechnical probabilistic analysis by collocation-based stochastic response surface method—An EXCEL add-in implementation[J]. Georisk, 2009, 3(2): 75—86.

[71] Mollon G, Dias D, Soubra A H. Probabilistic analysis of pressurized tunnels against face stability using collocation-based stochastic response surface method[J]. Journal of Geotechnical and Geoenvironmental Engineering (ASCE), 2011, 137(4): 385—397.

[72] Mao N, Al-Bittar T, Soubra A H. Probabilistic analysis and design of strip foundations resting on rocks obeying Hoek-Brown failure criterion[J]. International Journal of Rock Mechanics and Mining Sciences, 2012, 49(1): 45—58.

[73] Dilip D M, Sivakumar Babu G L. Influence of anisotropy on pavement responses using adaptive sparse polynomial chaos expansion[J]. Journal of Materials in Civil Engineering, 2016, 28(1): 04015061.

[74] Webster M, Tatang M A, Mcrae G J. Application of the probabilistic collocation method for an uncertainty analysis of a simple ocean model[R]. MIT Joint Program on the Science and Policy of Global Change Report Series No. 4, Massachusetts Institute of Technology, 1996.

[75] Tatang M A, Pan W, Prinn R G, et al. An efficient method for parametric uncertainty analysis of numerical geophysical models[J]. Journal of Geophysical Research: Atmospheres, 1997, 102(D18): 21925—21932.

[76] Huang S P, Mahadevan S, Rebba R. Collocation-based stochastic finite element analysis for random field problems[J]. Probabilistic Engineering Mechanics, 2007, 22(2): 194—205.

[77] Li D Q, Jiang S H, Chen Y G, et al. A comparative study of three collocation point methods for odd order stochastic response surface method[J]. Structural Engineering and Mechanics, 2013, 45(5): 595—611.

[78] 蒋水华, 李典庆, 周创兵. 随机响应面法最优概率配点数目分析[J]. 计算力学学报, 2012, 29(3): 345—351.

[79] Sudret B. Global sensitivity analysis using polynomial chaos expansions[J]. Reliability Engineering & System Safety, 2008, 93(7): 964—979.

[80] Li W, Lu Z, Zhang D. Stochastic analysis of unsaturated flow with probabilistic collocation method[J]. Water Resources Research, 2009, 45(W08425): 1—13.

[81] Choi S K, Canfield R, Grandhi R, et al. Polynomial chaos expansion with Latin hypercube sampling for estimating response variability[J]. AIAA Journal, 2004, 42(6): 1191—1198.

[82] Choi S K, Canfield R A, Grandhi R V. Estimation of structural reliability for Gaussian random fields[J]. Structure and Infrastructure Engineering, 2006, 2(3-4): 161—173.

[83] Kang F,Han S,Salgado R,Li J. System probabilistic stability analysis of soil slopes using Gaussian process regression with Latin hypercube sampling[J]. Computers and Geotechnics,2015,63:13—25.

[84] Sudret B,Berveiller M,Lemaire M. A stochastic finite element procedure for moment and reliability analysis[J]. European Journal of Computational Mechanics, 2006, 15(7-8): 825—866.

[85] Nelsen R B. An Introduction to Copulas[M]. 2nd Version. New York:Springer,2006.

[86] Luo J N,Lu W X. Sobol' sensitivity analysis of NAPL contaminated aquifer remediation process based on multiple surrogates[J]. Computers & Geosciences,2014,67:110—116.

[87] Garcia-Cabrejo O,Valocchi A. Global sensitivity analysis for multivariate output using polynomial chaos expansion[J]. Reliability Engineering & System Safety,2014,126:25—36.

[88] Sobol I M. Global sensitivity indices for nonlinear mathematical models and their Monte Carlo estimates[J]. Mathematics and Computers in Simulation,2001,55(1-3):271—280.

[89] Al-Bittar T,Soubra A H. Bearing capacity of strip footings on spatially random soils using sparse polynomial chaos expansion[J]. International Journal for Numerical and Analytical Methods in Geomechanics,2013,37(13):2039—2060.

[90] Blatman G,Sudret B. An adaptive algorithm to build up sparse polynomial chaos expansions for stochastic finite element analysis[J]. Probabilistic Engineering Mechanics,2010,25(2): 183—197.

[91] U S Army Corps of Engineers. Engineering and design:introduction to probability and reliability methods for use in geotechnical engineering[R]. Engineer Technical Letter,1110-2-547,Department of the Army,Washington,D. C. ,1997.

[92] Ang H S,Tang W H. Probability Concepts in Engineering, Vol. 1:Emphasis on Applications to Civil and Environmental Engineering[M]. 2nd ed. New York:John Wiley & Sons,2007.

[93] Jimenez-Rodriguez R,Sitar N,Chacon J. System reliability approach to rock slope stability [J]. International Journal of Rock Mechanics and Mining Sciences,2006,43(6):847—859.

[94] Low B K,Tang W H. Efficient spreadsheet algorithm for first-order reliability method[J]. Journal of Engineering Mechanics (ASCE),2007,133(12):1378—1387.

[95] Cornell C A. Bounds on the reliability of structural systems[J]. Journal of the Structural Division(ASCE),1967,93(1):171—200.

[96] Ditlevsen O. Narrow reliability bounds for structural systems[J]. Journal of Structural Mechanics,1979,7(4):453—472.

第3章 边坡可靠度分析非侵入式随机有限元法

边坡稳定性分析的极限平衡方法不能有效地考虑岩土体非线性应力应变关系,相反有限元方法可以自动搜索边坡最危险失效路径、考虑边坡变形和渗流对稳定性的影响。传统直接蒙特卡罗模拟等边坡可靠度分析方法难以有效地分析考虑岩土体参数空间变异性的低失效概率水平($10^{-6} \sim 10^{-3}$量级)复杂边坡可靠度问题。本章将非侵入式随机分析基本理论与边坡稳定性有限元批处理计算相结合,提出了考虑参数空间变异性的边坡可靠度分析非侵入式随机有限元法,有机结合了 Hermite 随机多项式展开与 K-L 级数展开方法,采用 MATLAB 语言编写了基于 ABAQUS 和 GEOSTUDIO 软件的边坡稳定性有限元批处理程序,最后研究了考虑多参数空间变异性的饱和、非饱和土坡可靠度问题。非侵入式随机有限元法无需修改有限元源代码,建立了边坡可靠度分析与通用有限元软件的接口框架,计算效率远远高于直接蒙特卡罗模拟方法,有效地解决了考虑参数空间变异性的低失效概率水平边坡可靠度分析难题,揭示了岩土体参数空间变异性对边坡稳定性的影响规律。

3.1 引　　言

近年来,边坡稳定可靠度分析与设计日益受到岩土工程界的重视,与之密切相关的边坡可靠度分析方法研究取得了很大的进展。在边坡可靠度分析中,目前通常通过两种途径来表征边坡岩土体参数不确定性。其一是假定岩土体在空间区域上是均质的,采用概率分布模型描述岩土体物理力学参数不确定性,称之为随机变量模型。然而由于天然岩土体受沉积、后沉积、化学风化和搬运等作用以及荷载历史的影响,导致岩土体参数在空间区域上呈现出一定固有的空间变异性,此时随机变量模型不能有效地考虑空间区域上不同点,以及局部与整体土体物理力学性质间的差异,已无法满足对岩土体参数空间变异性做出客观分析与评价的需要。为此,研究人员提出采用随机场理论表征岩土体参数空间变异性[1],称之为随机场模型。理论上,随机场模型能够更加合理地描述岩土体物理力学参数空间变异性。

另一方面,目前通常采用极限平衡方法进行边坡稳定性分析,然而极限平衡方法不能有效地考虑岩土体非线性应力-应变关系,而且需要提前假设滑动面的形状与位置,难以自动搜索到边坡最危险失效路径。相比之下,有限元方法能够自动搜索边坡最危险失效路径和考虑边坡变形对稳定性的影响。Tabarroki 等[2]研究表明,对于均质单层边坡,采用圆弧形临界滑动面进行边坡稳定性分析能够获得满意的计算精度。然而对于考虑参数各向异性空间变异性或者非均质多层土坡,圆弧滑动面的计算精度较差,难以有效地考虑参数空间变异性对边坡稳定性的影响,此时应采用基于非圆弧形滑动面的严格摩根斯坦普莱斯方法或有限元方法更为合理地调查岩土体参数空间变异性对边坡稳定性的影响[3]。因此,十分必要采用有限元方法进行考虑岩土体参数空间变异性的边坡稳定性分析。为了充分利用边坡稳定性有限元分析的优势,亟须发展能与通用商业有限元软件或现有有限元源代码有机结合的高效边坡可靠度分析方法。此外,为模拟岩土体参数空间变异性,参数随机场一般需要离散为成百上千个随机变量,局部平均法、自相关插值法和中点法均需要将参数随机场特性值分别赋给每个有限元单元,使得随机场离散的随机变量数目恰好等于有限元单元数目。此时如采用 MCS 方法进行边坡可靠度分析,计算量非常庞大,对于大型复杂边坡可靠度问题几乎不可能,虽然拉丁超立方抽样和子集模拟方法计算效率有所改善,但是仍然需要进行数千次边坡稳定性分析,尤其是当失效概率水平较低时其计算量也较大。另外 FOSM、FORM、SORM 和 RSM 方法难以计算基于有限元分析功能函数为非线性隐式的边坡可靠度问题,难以实现真正意义上的边坡可靠度非侵入式随机分析[4,5]。因此,亟须发展能够基于有限元分析考虑岩土体参数空间变异性的高效复杂边坡可靠度分析方法。

本章将非侵入式随机分析基本理论与边坡稳定性有限元批处理计算相结合,提出了考虑参数空间变异性边坡可靠度分析的非侵入式随机有限元法。建立了通用商业有限元软件如 ABAQUS 和 GEOSTUDIO 与概率分析模块的接口框架。以各向异性相关非高斯随机场表征岩土体抗剪强度参数的空间变异性,采用有限元强度折减法和有限元滑面应力法进行边坡稳定性分析,计算边坡临界安全系数。最后研究了所提方法在考虑土体多参数空间变异性饱和、非饱和边坡稳定性分析中的应用。

3.2　边坡稳定有限元分析方法

边坡稳定性分析一般采用极限平衡方法、有限元方法和极限分析方法等。极限平衡方法常用于边坡稳定性分析,但是该方法不能有效考虑岩土体应力应变本构关系和初始应力场影响对边坡稳定性的影响,而且还需要提前假设滑动面的形状、位置以及滑块间的条间力作用。相反有限元方法不仅可以考虑岩土体非线性弹塑性本构关系,模拟边坡渐进失稳过程及其滑动面形状,自动搜索边坡的最危险失效路径,而且能够更加真实地反映岩土体应力应变状态及滑动面上的作用力,使得位移兼容性得到满足。近年来边坡稳定性分析有限元方法得到了国内外学者们的青睐,如 Zienkiewicz 等[6] 于 1975 年首次提出了有限元强度折减法(strength reduction method,SRM)。Griffiths 和 Lane[7] 和 Dawson 等[8] 将弹塑性有限元强度折减法拓展到边坡稳定性分析,认为该方法不仅计算过程相对简便,而且可以较好地揭示边坡失稳破坏机制。迟世春和关立军[9] 采用基于拉格朗日差分强度折减法分析土坡稳定性问题。Griffiths 和 Marquez[10]、Deng 等[11]、Nian 等[12]、Zhang 等[13]、Shen 和 Karakus[14] 进一步将有限元强度折减法拓展到三维边坡稳定性分析。另外,Zou 等[15]、Kim 和 Na[16]、Farias 和 Naylor[17]、邵龙潭和李红军[18] 提出并发展了边坡稳定性分析有限元滑面应力法(slip surface stress method,SSSM)。Stianson 等[19] 和郭明伟等[20] 也将该方法进一步拓展到三维边坡稳定性分析。谭晓慧和王建国[21] 系统地比较了有限元强度折减法和有限元滑面应力法,指出尽管有限元强度折减法编程简单,但是计算量较大,有时难以获得潜在滑动面的位置。相比之下,有限元滑面应力法尽管编程复杂,但是可以获得潜在滑动面的位置和应力应变状态,同时计算边坡安全系数的运算速度较快。

3.2.1　有限元强度折减法

有限元强度折减法通过将边坡岩土体抗剪强度参数逐渐折减直至边坡失稳破坏,以临界失稳破坏状态的抗剪强度折减系数作为边坡安全系数。为简化分析,岩土体材料本构模型采用理想弹塑性模型,屈服准则采用摩尔-库仑(Mohr-Coulomb)强度准则,抗剪强度参数采用单强度折减系数,即岩土体黏聚力和摩擦系数以相同的幅度进行折减:

$$\begin{cases} c_F = \dfrac{c}{F} \\ \tan\varphi_F = \dfrac{\tan\varphi}{F} \end{cases} \tag{3.1}$$

式中:c 和 φ 分别为岩土体黏聚力和内摩擦角;c_F 和 φ_F 分别为折减后的岩土体黏聚力和内摩擦角;F 为强度折减系数。

此外,有限元强度折减法可以自动地搜索到最危险失效路径,通过抗剪强度折减所获得的剪应变增量可以有效地识别临界滑动面的位置。边坡稳定性分析有限元强度折减法关键一步在于确定边坡失稳判据,即根据有限元分析结果如何判别边坡是否达到极限失稳破坏状态。目前应用较为广泛的边坡失稳判据主要有以下三种[22~25]:

(1)边坡坡体某一关键部位位移发生突变,即当强度折减系数增大到某一特定值时,边坡某一部位位移发生突变,则可认为边坡失稳,这个特定值即为边坡安全系数。

(2) 有限元数值计算不收敛,即在给定的非线性迭代次数和限值条件下,边坡最大位移或不平衡力的差值不满足所要求的收敛条件,则可认为边坡失稳。

(3) 潜在滑动面塑性区(最大剪应变)贯通,即当边坡区域内的某一幅值的广义最大剪应变从坡脚至坡顶上下贯通时,则也可认为边坡失稳。

对于以上三种判据,判据(1)和(3)物理意义较为明确但是判别方式较为复杂,判据(1)的关键难点在于边坡特征点的选取和特征点位移突变点的确定;判据(3)被认为是边坡失稳的必要非充分条件,且塑性区是否贯通常需要通过主观经验判断[25]。相比之下,判据(2)则相对较为简单,但是基于判据(2)的计算结果与数值算法及有限元分析参数设置有关,也存在一定的人为因素。周元辅等[26]建议滑带明确情况下采用塑性区贯通率增量突变作为边坡失稳判据,滑带不明确的情况下采用位移增量突变作为边坡失稳判据,并且特征点在边坡坡顶滑体上选取较为合理。判据(2)是目前国际通用软件中常用的边坡失稳判据[7],为此本章采用判据(2)作为边坡失稳判据,即在给定的非线性迭代次数和限值条件下有限元数值计算不收敛。

3.2.2　有限元滑面应力法

有限元滑面应力法也是一种常用的边坡稳定性分析方法[15]。假设对于某一滑动面 S,与岩土工程结构表面的交点,即入滑点和出滑点分别为 A 与 B,在初始应力场作用下该滑动面上的真实抗剪力和滑动剪切力需分别通过对整个滑动面 S 进行积分得到,但是如果对于复杂应力场,直接积分计算的难度较大。为了搜索临界滑动面和便于计算,按照 Zou 等[15] 的做法,采用分段线性来拟合任意形状的滑动面(当线段足够短时,能够满足计算精度要求)。与普通条分法滑动面受力分析类似,可将边坡安全系数定义为沿滑动面的真实抗剪力之和与滑动剪切力之和的比值:

$$FS = \frac{\int_A^B \tau_f \mathrm{d}S}{\int_A^B \tau \mathrm{d}S} = \frac{\sum_{i=1}^{n_s} \tau_{f_i} l_i}{\sum_{i=1}^{n_s} \tau_i l_i} \tag{3.2}$$

式中:FS 为边坡安全系数;τ_f 为真实抗剪强度;τ 为真实剪应力;n_s 为沿滑动面底部划分的土条数目;l_i 为第 i 个土条的底滑面长度;τ_{f_i}、τ_i 分别为第 i 个土条底部的真实抗剪强度和剪应力。

以 GEOSTUDIO 软件为例,土条底部真实抗滑力和滑动剪切力的计算步骤主要如下:

(1) 采用有限元分析按自重作用下的静力平衡进行原位(insitu)计算得到初始应力场分布,这可在 SIGMA/W 模块[27]中完成。然后,将初始应力场计算结果导入到边坡稳定分析模块中,并将每个单元高斯积分点上的应力映射到单元节点,取节点应力平均值,则通过已知节点应力可得到单元内任一点的应力值。

（2）按照极限平衡方法沿滑动面底部划分土条,找到包含每个土条底部中点所在单元,并计算中点处的应力,再根据每个土条底滑面的倾角,接着利用摩尔圆计算得到每个土条底部的正应力和剪应力,这可在 SLOPE/W 模块[28]中完成。

（3）根据得到的土条底部正应力计算可用抗剪强度,将每个土条底滑面长度分别乘以真实抗剪强度和剪应力,便可得到相应的土条底部真实抗滑力和滑动剪切力。

由于整个边坡坡体应力场分布不均匀,因此由式（3.2）计算得到的边坡安全系数与滑动面的形状与位置有关,并且存在一个全局最小的安全系数即临界安全系数 FS_{min}。SLOPE/W 模块提供的剪入剪出方法与最优化程序相结合的自动搜索法,可搜索临界滑动面,进而得到边坡临界安全系数 FS_{min}。具体计算过程是:首先随机产生 1000 条滑动面,然后利用自动搜索法从中搜索安全系数最小的滑动面。与临界滑动面搜索的格栅半径法相比,该方法所搜索的滑动面一般都是非圆弧形,相应的临界安全系数更小。

3.3　边坡稳定性有限元分析

根据岩土工程结果可靠度非侵入式随机分析基本理论可知,一旦岩土体输入参数表示为标准正态随机变量之后,可将输入参数特性值分别赋给边坡稳定性有限元分析模型。如对于输入参数随机场模型,需要将输入参数随机场特性值分别赋给边坡有限元分析模型的每个单元中心点或者高斯点,再进行边坡稳定性有限元分析。为了充分利用通用商业有限元软件,本章建立了边坡可靠度分析与商业有限元软件的接口框架,下面以 ABAQUS 和 GEOSTUDIO 软件为例,简要介绍可靠度分析与有限元软件接口实现过程。

3.3.1　与 ABAQUS 软件接口

通用商业有限元 ABAQUS 软件[29]常用于进行边坡稳定性有限元强度折减分析[30,31],计算边坡临界安全系数,边坡可靠度分析与 ABAQUS 软件接口实现的步骤主要如下:

（1）以参数均值在 ABAQUS 软件中建立边坡稳定性有限元分析模型、划分有限元网格、设置边界条件、定义荷载条件、设置控制抗剪强度折减过程的场变量,并建立截面、集合、材料间的一一对应关系,将边坡稳定性有限元分析模型另存为名为“FS.inp”的计算源文件,提取每个有限元单元中心点或者高斯点坐标。

（2）在独立标准正态空间中进行一次抽样,通过等概率 Nataf 变换或采用 K-L 级数展开等方法模拟参数随机场,得到原始空间输入变量 $\boldsymbol{X}$ 样本值的一次实现,将样本值分别代替相应有限元单元中心点或者高斯点处的参数均值,生成一个新的边坡稳定性分析"FS. inp"计算文件,并建立相应的"FS. py"后处理脚本文件。

(3) 通过 MATLAB 直接调用 ABAQUS 内核对新生成的"FS. inp"计算文件进行边坡稳定性分析,并以给定迭代步下有限元计算不收敛作为边坡失稳判据。

(4) 采用"FS. py"文件进行后处理计算,从相应计算结果文件"FS. odb"中提取位移—场变量(U-F)数据,并检查 U-F 数据是否存在问题,如果有问题则回到步骤(2),修改对应的"FS. inp"文件有限元参数的设置。

(5) 重复步骤(2)~(4),可产生输入变量 X 样本值的 N_p 次实现,并生成 N_p 个新的"FS. inp"计算文件,通过调用 ABAQUS 内核进行批处理计算,获得相应的 N_p 个临界安全系数 FS_{min}、节点位移、应力和滑动面等信息。

其中,"FS. inp"为输入计算文件,"FS. odb"为结果文件,"FS. py"为后处理脚本文件,通过执行"FS. py"文件可实现从"FS. odb"结果文件中提取各个特征点的 U-F 数据。需要强调的是,基于 ABAQUS 软件的有限元强度折减分析过程是通过场变量的递增予以实现,为了加快有限元强度折减分析速度,选择合适的强度折减系数初始值 F_0 非常重要。由于岩土体材料空间变异性可能会导致计算的安全系数要比预设的 F_0 小,此时需要认真检查所得到的 U-F 数据,修改相关参数再重新计算以获得更加合理的边坡临界安全系数。本书强度折减系数初始值 F_0 取 0.5 可以满足计算精度要求。为了实现边坡可靠度非侵入式随机有限元分析,图 3.1 给出了基于 ABAQUS 软件的边坡稳定性有限元强度折减批处理计算流程图。

为提高程序接口实现的稳健性,应根据 ABAQUS 软件中材料参数特点事先将土体参数进行分类,并按不同的方式修改"FS. inp"源计算文件生成新的计算文件:①几何参数坡高 H、坡宽 L:修改相关的有限元单元节点坐标;②单位容重参数 γ:修改材料密度参数或者模型所施加荷载;③弹性参数如弹性模量 E 和泊松比 ν:修改模型材料弹性参数;④强度参数如黏聚力 c 和内摩擦角 φ:对强度参数设置分段线性折减,并修改模型材料塑性参数。此外,还可以通过修改有限元单元节点坐标来考虑几何参数的不确定性,目前常规非侵入式随机分析方法一般不能实现这个功能,这同时也是所提方法将可靠度分析与 ABAQUS 软件有限元强度折减法有机结合的优势之所在。最后,所提方法可以通过 MATLAB 在 DOS 环境下直接调用 ABAQUS 内核进行一体化有限元批处理计算,无需打开 ABAQUS 软件界面,有效地避免了对有限元软件进行重复性的操作,大大地提高了计算效率。

3.3.2　与 GEOSTUDIO 软件接口

同理,边坡稳定性分析有限元滑面应力法可在通用岩土有限元 GEOSTUDIO 软件中予以实现[32],图 3.2 给出了基于 GEOSTUDIO 软件边坡稳定性有限元滑面应力批处理计算流程图。边坡可靠度分析与 GEOSTUDIO 软件接口实现的步

开始

以参数均值在ABAQUS软件中建模、划分有限元网格、设置边界条件，定义荷载条件，设置场变量，并建立截面、集合、材料的一一对应关系

将边坡稳定性有限元分析模型另存为"FS.inp"计算源文件，提取每个有限元单元网格中心点或者高斯点坐标

通过等概率Nataf变换或参数随机场模拟，得到原始空间输入变量X样本值的一次实现

产生一个新的边坡稳定有限元分析"FS.inp"文件，建立一个相应的"FS.py"后处理脚本文件

调用ABAQUS内核批处理"FS.inp"和"FS.py"文件进行边坡稳定性分析

调整对应"FS.inp"文件中有限元设置参数 ← 是 — 检查U-F数据是否存在问题?

否

基于最大曲率位移突变法从计算结果"FS.odb"文件的U-F数据中求出安全系数

计算次数=N_p? — 否

是

提取N_p个临界安全系数FS_{min}、应力变形和滑动面等信息

结束

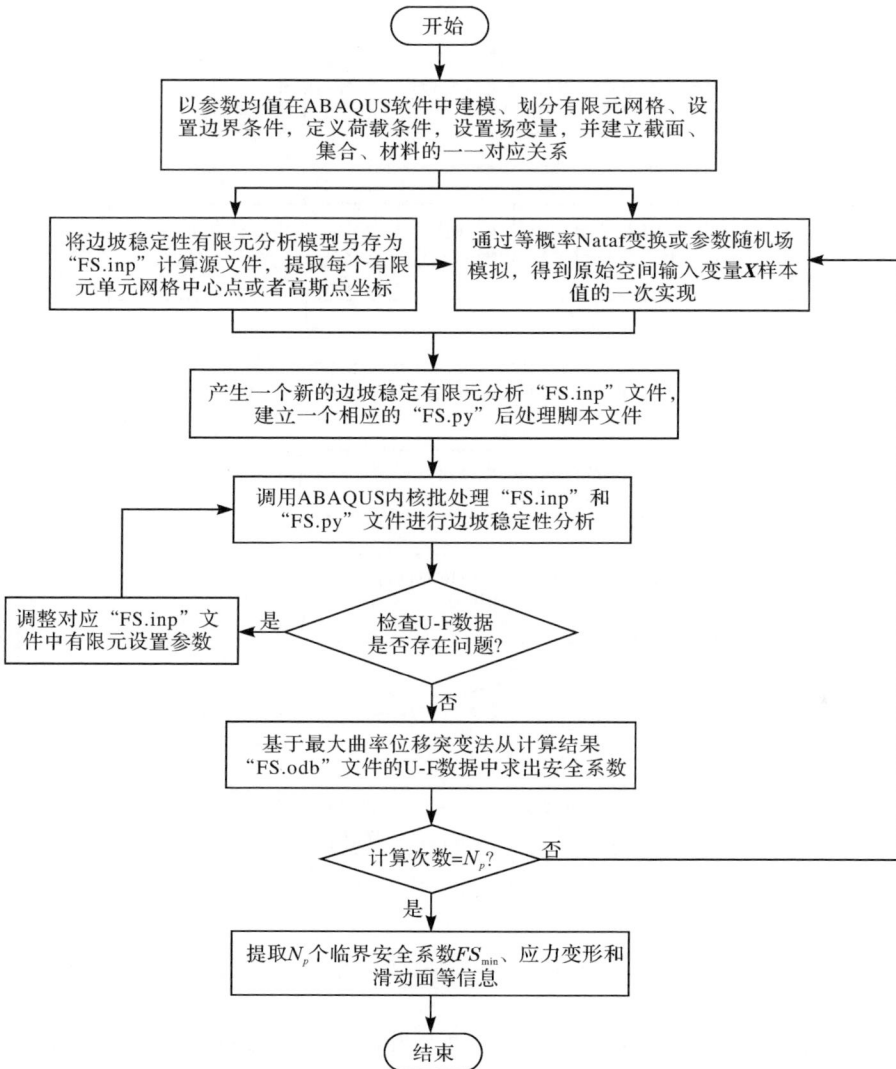

图 3.1 基于 ABAQUS 边坡稳定性有限元批处理计算流程图

骤主要如下：

（1）以参数均值在 SIGMA/W 模块中建立边坡有限元分析模型、剖分有限元网格、设置边界条件，在 SLOPE/W 模块建立稳定性分析模型，并将 SIGMA/W 模块设为 SLOPE/W 的母模块。将边坡稳定性有限元分析模型另存为名为"FS. xml"的计算源文件，并提取每个有限元单元中心点或者高斯点坐标。

（2）在独立标准正态空间中进行一次抽样，通过等概率 Nataf 变换或采用 K-L 级数展开等方法模拟参数随机场，得到原始空间输入变量 X 样本值的一次实

```
                         ┌──────────┐
                         │   开始    │
                         └──────────┘
                              │
        ┌─────────────────────────────────────────────┐
        │ 以参数均值在SIGMA/W模块中建模、划分有限元网    │
        │ 格、设置边界条件，在SLOPE/W中建立边坡稳定性模型 │
        └─────────────────────────────────────────────┘
              │                              │
   ┌──────────────────────┐    ┌──────────────────────┐
   │ 将边坡稳定性有限元分析  │    │ 通过等概率Nataf变换或参数随机场│
   │ 模型另存为            │    │ 模拟，得到原始空间输入变量X样   │
   │ "FS.xml"计算源文件，提取每个有│  │ 本值的一次实现            │
   │ 限元单元网格中心点或者高斯点坐标│ └──────────────────────┘
   └──────────────────────┘              │
              │                              │
        ┌─────────────────────────────────────────────┐
        │ 产生一个新的边坡稳定有限元分析"FS.xml"文件      │
        └─────────────────────────────────────────────┘
                              │
        ┌─────────────────────────────────────────────┐
        │ 采用AutoIt或Winbatch微软批处理脚本语言         │
        │ 调用"FS.xml"文件                              │
        └─────────────────────────────────────────────┘
                              │
        ┌─────────────────────────────────────────────┐
        │ 在SIGMA/W和SLOPE/W模块中进行边坡稳            │
        │ 定性分析，采用自动优化方法搜索最危险           │
        │ 滑动面                                        │
        └─────────────────────────────────────────────┘
                              │
                      ╱─────────────╲        否
                     ╱  计算次数=$N_p$? ╲───────────┘
                      ╲─────────────╱
                              │ 是
        ┌─────────────────────────────────────────────┐
        │ 分别从$N_p$个相应结果文件"FS.fac"中提取临界     │
        │ 安全系数$FS_{min}$、应力变形和滑动面等信息      │
        └─────────────────────────────────────────────┘
                              │
                         ┌──────────┐
                         │   结束    │
                         └──────────┘
```

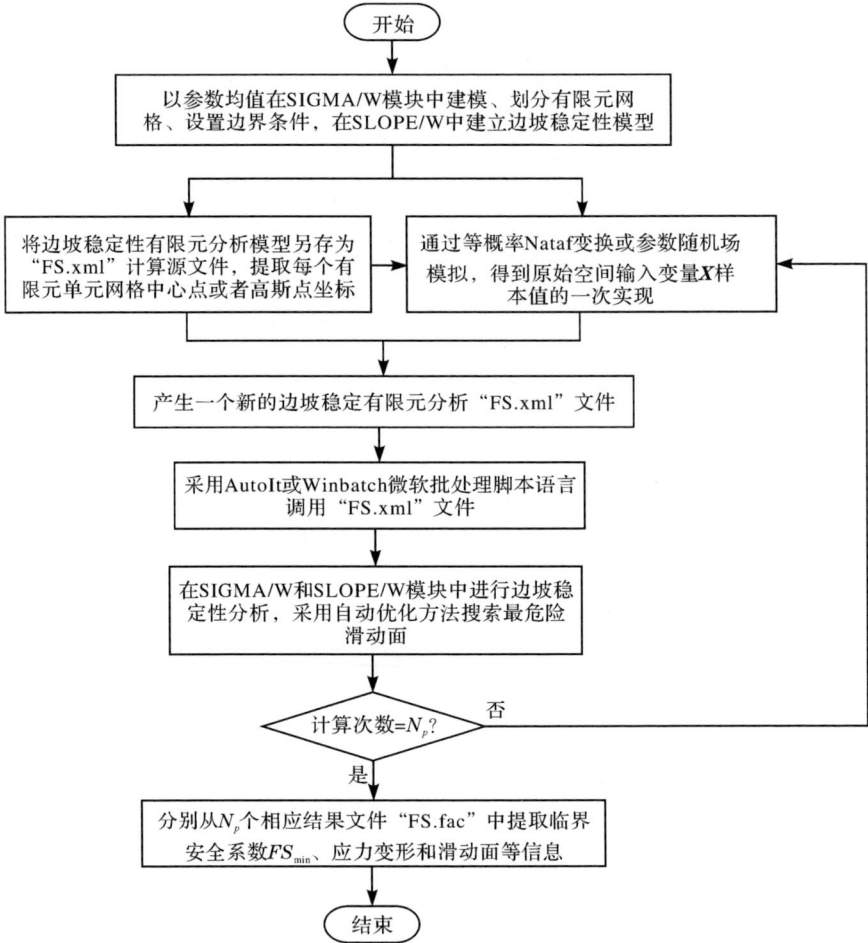

图 3.2　基于 GEOSTUDIO 边坡稳定性有限元批处理计算流程图

现,将样本值分别代替"FS. xml"源计算文件相应单元中心点或者高斯点上的参数均值,生成一个新的边坡稳定性分析"FS. xml"计算文件。

（3）利用 AutoIt[33]、Winbatch[34] 等微软脚本语言直接调用 GEOSTUDIO 软件的 SIGMA/W 和 SLOPE/W 模块对新生成的"FS. xml"文件进行边坡稳定性有限元分析,采用自动优化方法搜索最危险滑动面。Winbatch 和 AutoIt 都是微软 Windows 脚本语言,其运行环境由解释器、代码编辑器、对话框设计和用于创建可执行文件的编译器组成。

（4）计算完成之后在当前文件夹中会自动生成一个相应的"FS. fac"计算结果文件,从中可提取临界安全系数 FS_{min}、应力变形和滑动面等信息。

（5）重复步骤（2）~（4）N_p 次,可产生输入变量 $\boldsymbol{X}$ 样本值的 N_p 次实现,并生成

N_p个新的"FS. xml"计算文件,通过批处理计算获得相应的 N_p 个临界安全系数 FS_{min}、应力、变形和滑动面等信息。

同样也可以通过 MATLAB 在 DOS 环境下直接调用 Sigma2. exe 和 Slope2. exe 程序进行一体化边坡稳定性有限元批处理计算,无需打开 GEOSTUDIO 软件界面,有效地避免了对有限元软件进行重复性的操作,大大地提高了计算效率。

综上,有效地建立了通用商业有限元软件 ABAQUS 和 GEOSTUDIO 等与可靠分析的友好接口框架,值得指出的是"FS. inp"和"FS. xml"计算文件均包含了边坡稳定性有限元分析模型的详细信息,可以采用文本编辑器直接查看。本章将非侵入式随机分析基本理论与边坡稳定性有限元批处理计算相结合,提出了考虑参数空间变异性边坡可靠度分析的非侵入式随机有限元法。图 3.3 给出了非侵入式随机有限元法的总体计算流程图,该方法主要包括 4 个分析模块:前处理模块、有限元分析模块、概率分析模块和后处理模块及对应的 8 个计算步骤。

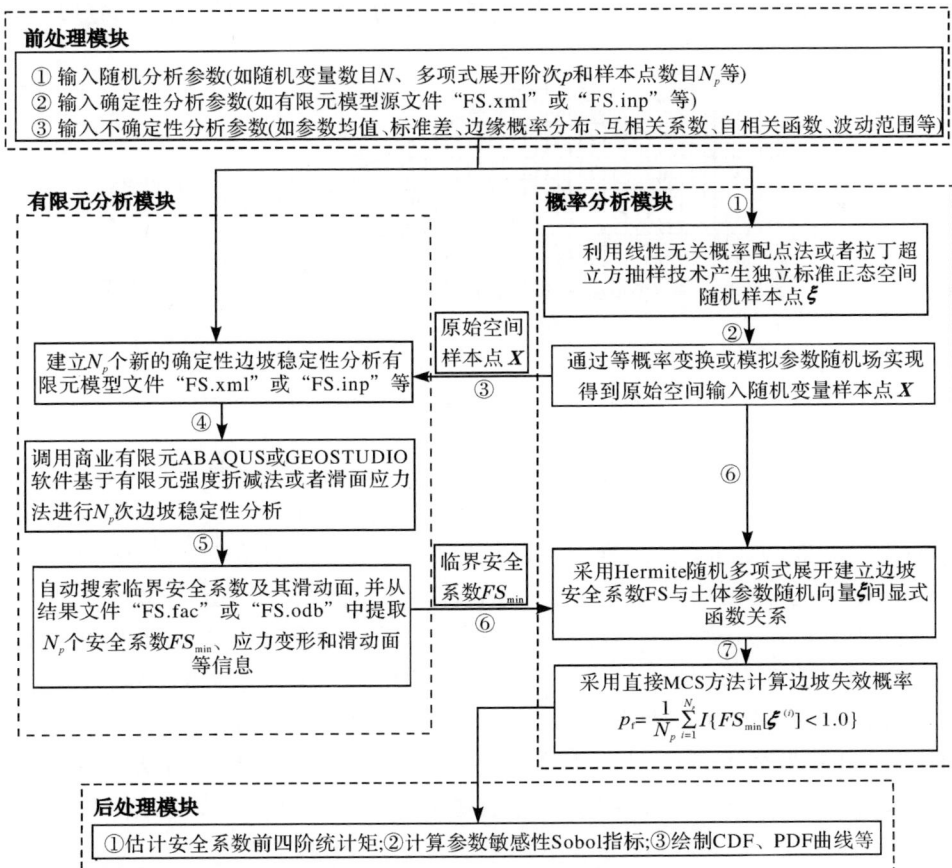

前处理模块
① 输入随机分析参数(如随机变量数目N、多项式展开阶次p和样本点数目N_p等)
② 输入确定性分析参数(如有限元模型源文件"FS.xml"或"FS.inp"等)
③ 输入不确定性分析参数(如参数均值、标准差、边缘概率分布、互相关系数、自相关函数、波动范围等)

有限元分析模块

概率分析模块　①
利用线性无关概率配点法或者拉丁超立方抽样技术产生独立标准正态空间随机样本点ξ

原始空间样本点 X　③

建立N_p个新的确定性边坡稳定性分析有限元模型文件"FS.xml"或"FS.inp"等　④

通过等概率变换或模拟参数随机场实现得到原始空间输入随机变量样本点 X　②

调用商业有限元ABAQUS或GEOSTUDIO软件基于有限元强度折减法或者滑面应力法进行N_p次边坡稳定性分析　⑤

自动搜索临界安全系数及其滑动面,并从结果文件"FS.fac"或"FS.odb"中提取N_p个安全系数FS_{min}、应力变形和滑动面等信息

临界安全系数FS_{min}　⑥

采用Hermite随机多项式展开建立边坡安全系数FS与主体参数随机向量ξ间显式函数关系　⑥

采用直接MCS方法计算边坡失效概率
$$p_f = \frac{1}{N_p}\sum_{i=1}^{N_p} I\{FS_{min}[\xi^{(i)}] < 1.0\}$$　⑦

后处理模块
①估计安全系数前四阶统计矩;②计算参数敏感性Sobol指标;③绘制CDF、PDF曲线等

图 3.3　边坡可靠度分析非侵入式随机有限元法计算流程图

3.4　不排水饱和黏土边坡可靠度分析

首先以文献[35]中不排水饱和黏土均质边坡为例,验证本章所提方法分析考虑土体参数空间变异性的边坡稳定可靠度问题的有效性。对于不排水饱和黏土边坡,为避免不排水剪试验确定孔隙水压力的困难,土体抗剪强度参数通常采用不排水抗剪强度 s_u 表示,即 $\phi_u = 0$。有限元分析模型如图 3.4 所示,坡高 H 为5m,坡度为 1∶2。由于对数正态分布在 $(0, +\infty)$ 区间取值,并且偏向于小值,尤其适于表征土体参数的空间分布特征[36],故采用对数正态随机场表征不排水抗剪强度 s_u 的二维空间变异性,s_u 均值和变异系数分别为 23kPa 和 0.3。假定对数正态随机场 s_u 遵循平稳假设或者准平稳假设。相比于抗剪强度参数,单位容重、弹性模量和泊松比的变异性相对较小[37],将它们均视为常量,单位容重 γ_{sat} 取为 20kN/m³,根据文献[7]、[12]、[32]和[38],弹性模量 E 取为 100MPa,泊松比 ν 取为 0.3。

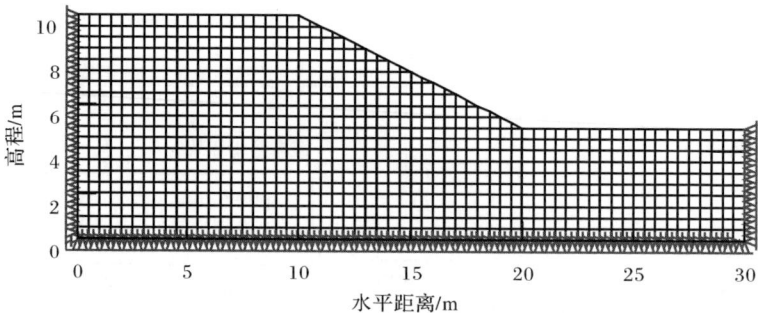

图 3.4　边坡有限元分析模型

采用边长为 0.5m 的四边形四节点二维实体结构等参单元,在坡面附近过渡区域采用三角形单元,共剖分了 910 个有限元单元和 981 个节点。采用理想弹塑性本构模型和莫尔-库仑屈服准则,按照自重应力场计算初始应力场,采用有限元强度折减法计算边坡临界安全系数。首先取参数均值在 ABAQUS 软件中按照平面应变问题建立边坡稳定性有限元分析模型,网格剖分和边界条件如图 3.4 所示,边界条件为左右两侧面为水平法向支座约束,底部为全约束,顶部为自由边界。基于参数均值进行边坡稳定性分析获得的塑性应变云图如图 3.5 所示,相应的临界安全系数为 1.348。与采用摩根斯坦普莱斯法和简化毕肖普法分别计算的安全系数 1.354 和 1.356 基本吻合,边坡稳定性分析有限元强度折减法相对更为保守。

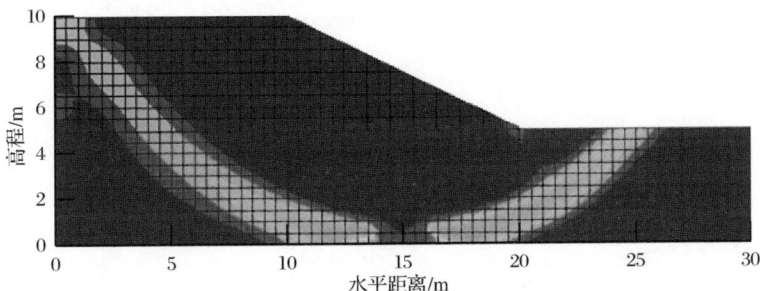

图 3.5　边坡稳定性分析结果($FS=1.348$)

3.4.1　随机场模拟精度验证

与局部平均法和中点法相比,由于采用 K-L 级数展开方法参数随机场所需离散的随机变量数目较少,并且可以将参数随机场离散为一个连续函数。有限元单元网格和参数随机场单元网格不关联,可采用与有限元单元内在属性相关的不连续随机场进行边坡稳定性有限元分析。因此,本章采用 K-L 级数展开方法离散不排水抗剪强度随机场,根据文献[36],本例随机场单元与有限元单元保持一致,在此基础上进行边坡稳定可靠度分析。

由图 2.3 可知,基于高斯型自相关函数至少所需的 K-L 级数展开截断项数最少,要比基于指数型自相关函数至少所需 K-L 展开截断项数少一个多数量级。为提高随机场模拟计算效率,本章采用高斯型自相关函数模拟不排水抗剪强度参数 s_u 的二维各向异性空间自相关性。K-L 级数展开方法重要的一步是兼顾计算精度和效率要求确定 K-L 级数展开截断项数 n 值。图 3.6 给出了 3 组自相关距离的高斯型自相关函数的特征值随展开截断项数 n 衰减的关系曲线。由图 3.6 可知,当 K-L 展开截断项数 n 取为 15,对于自相关距离分别为($\theta_h=10\text{m}$ 和 $\theta_v=1\text{m}$),($\theta_h=20\text{m}$ 和 $\theta_v=2\text{m}$)和($\theta_h=30\text{m}$ 和 $\theta_v=3\text{m}$)的 3 种不排水抗剪强度随机场来说,由式(2.37)计算的期望能比率因子 ε 分别为 72.0%、97.5% 和 99.8%。此外,对于 $\theta_h=20\text{m}$ 和 $\theta_v=2\text{m}$ 的随机场,当 K-L 级数展开截断项数 n 由 15 增加到 20 时,ε 值仅由 97.5% 增大到 99.2%,与 $n=15$ 相比,计算精度只提高了 1.7%,但是计算量却急剧增加。因此,当水平和垂直自相关距离 θ_h 和 θ_v 分别取为 20m 和 2m 时,K-L 级数截断项数 n 取为 15。

为了验证截断项数 n 取为 15 时 K-L 级数展开方法所模拟的 s_u 随机场是否满足计算精度要求,图 3.7 比较了 1000 次不排水抗剪强度随机场自相关函数的模拟值与理论值,其中理论值是根据高斯自相关函数和随机场单元中心点坐标直接计算得到。不排水抗剪强度随机场模拟值则由 Pearson 相关系数计算:空间任意两

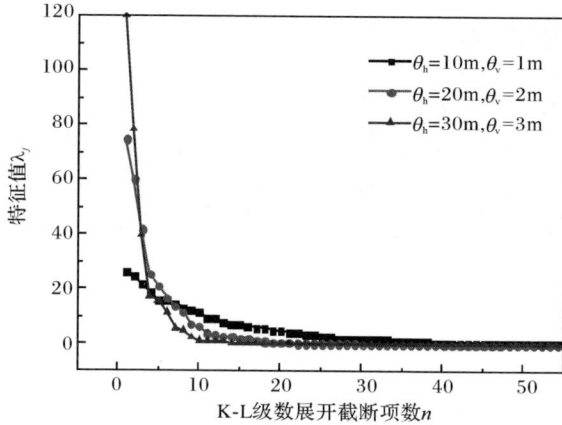

图 3.6　高斯型自相关函数特征值收敛性比较

点处 s_u 值之间的自相关系数可采用 MATLAB 函数 corr(su1, su2, ′type′, ′Pearson′) 计算。假设以边坡有限元分析模型中点 (9.75, 4.75) 作为参考点,采用 K-L 级数展开方法模拟截断项数 n 分别等于 10、15 和 20 的 s_u 随机场。图 3.7(a) 和 (b) 分别给出了沿水平和垂直方向各点与参考点 (9.75, 4.75) 处 s_u 值之间的自相关系数,可见随着 K-L 级数展开截断项数的增加,随机场自相关系数模拟值计算精度逐渐增加,当然相应的计算量也随之急剧增加。综上可知,当 K-L 级数展开截断项数 n 取为 15 能够满足计算精度和效率要求。此外,由 2.2.2 节中随机场单元尺寸讨论可知,本例正方形随机场单元尺寸取为 0.5m 也可以满足计算精度要求。

因此,下面考虑参数空间变异性的边坡可靠度分析中,基于高斯型自相关函数模拟不排水抗剪强度空间自相关性,采用 K-L 级数展开方法将 s_u 随机场离散为 15 个独立标准正态随机变量,截断项数取为 15,这与秦权等[39] 研究结论"基于高斯型自相关函数的随机场离散的随机变量数目 n 为奇数时计算效率较高"正好吻

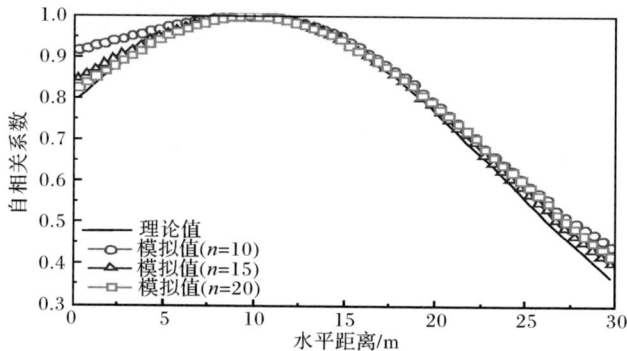

(a) 沿水平方向与点参考点间的自相关性

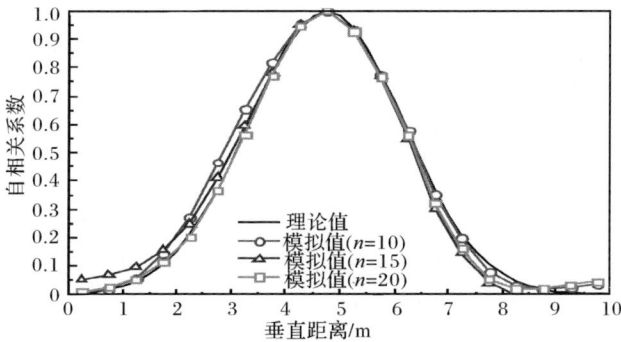

（b）沿垂直方向与参考点间的自相关性

图 3.7 s_u 随机场自相关函数模拟值与理论值的比较

合。同样对于上述问题，局部平均法和中点法则需要将 s_u 随机场分别离散为 910 个随机变量，对于大量的随机场变量，边坡输出响应量代理模型构建的难度较大，计算量甚至会超过直接 MCS 方法。单从这一点来说，各向异性随机场模拟的 K-L 级数展开方法计算效率明显高于传统局部平均法和中点法。

3.4.2 边坡可靠度分析结果

以自相关距离 $\theta_h = 20\text{m}$ 和 $\theta_v = 2\text{m}$ 表征不排水抗剪强度的二维各向异性空间变异性，表 3.1 给出了不同方法的不排水饱和黏土边坡可靠度计算结果，包括边坡失效概率 p_f 和安全系数前四阶统计矩（均值 μ_{FS}、标准差 σ_{FS}、偏度 δ_{FS} 和峰度 κ_{FS}）。本章所提方法基于 200 组 LHS 样本点建立边坡安全系数代理模型，其中需要进行 200 次边坡稳定性有限元强度折减分析，然后采用 2 阶 PCE 建立边坡临界安全系数 $FS_{\min}$ 与输入参数间的近似显式函数关系，在此基础上采用 100×10^4 次直接 MCS 方法计算边坡失效概率 p_f 为 10.7%。与 SRM＋2 阶和 3 阶 PCE＋MCS 方法（1000 次有限元强度折减分析）分别计算的边坡失效概率 9.19% 和 9.92% 非常相近，与有限元滑面应力法（SSSM）＋2 阶 PCE＋MCS 方法和简化毕肖普法（Bishop）＋2 阶 PCE＋MCS 方法分别计算的 10.12% 和 8.02% 基本吻合。此外，SRM＋2 阶 PCE＋MCS 方法与 SRM＋LHS 方法（1000 次和 10000 次有限元强度折减分析）分别计算的边坡失效概率 9.0% 和 9.66% 也保持一致，但是 2 阶 PCE＋MCS 方法边坡稳定性有限元分析次数仅为直接 LHS 方法的 1/5 和 1/50。表明非侵入式随机有限元法具有较高的计算精度和效率，并且计算精度随着多项式展开阶次和构建代理模型所用的样本点数目的增加而增加，需要指出的是，采用高阶多项式展开和加大样本点数目均会极大地增加边坡稳定性有限元计算量。

表 3.1 中边坡失效概率水平（约 10%）较高，1000 次直接 LHS 方法计算边坡

失效概率完全可以满足计算精度要求,似乎没有必要事先建立代理模型,不能体现所提方法的优越性。为了验证本章所提方法分析低失效概率水平边坡可靠度问题的有效性,下面将不排水抗剪强度 s_u 变异系数 COV_{s_u} 减少到 0.15,其余参数保持不变,不同方法的计算结果如表 3.2 所示。此时边坡失效概率水平显著降低,采用 SRM＋2 阶 PCE＋MCS 方法(200 和 1000 次有限元强度折减分析)计算的 p_f 分别为 9.77×10^{-4} 和 7.53×10^{-4}。如果仍然以 1000 次直接 LHS 方法计算 p_f,失效样本数目为 0,其计算精度显然不够。采用 SSSM＋2 阶 PCE＋MCS 方法和 Bishop＋2 阶 PCE＋MCS 方法计算的 p_f 分别为 5.82×10^{-4} 和 6.08×10^{-4},SRM＋LHS 方法(40000 次有限元强度折减分析)计算的 p_f 为 6.25×10^{-4},计算结果均与本章所提方法计算结果(9.77×10^{-4})保持一致。证明了本章提出的非侵入式随机有限元法能够有效地分析考虑参数空间变异性的低失效概率水平边坡可靠度问题。需要说明的是,对于此低失效概率水平边坡可靠度问题,与 LHS 方法相比,本章所提方法同样具有较高的计算效率,只需进行 200 次边坡稳定性有限元强度折减分析。

表 3.1　　不排水饱和黏土边坡可靠度结果($COV_{s_u}=0.3$)

计算方法	N_p	μ_{FS}	σ_{FS}	δ_{FS}	κ_{FS}	p_f
SRM＋2 阶 PCE＋MCS	200	1.266	0.219	0.181	3.166	10.7%
SRM＋2 阶 PCE＋MCS	1000	1.270	0.216	0.487	3.411	9.19%
SRM＋3 阶 PCE＋MCS	1000	1.273	0.225	0.394	3.558	9.92%
SSSM＋2 阶 PCE＋MCS	200	1.275	0.220	0.114	3.185	10.12%
Bishop＋2 阶 PCE＋MCS	1000	1.286	0.218	0.439	3.387	8.02%
SRM＋LHS	1000	1.267	0.213	0.659	4.135	9.0%
SRM＋LHS	10,000	1.271	0.219	0.505	3.477	9.66%

表 3.2　　不排水饱和黏土边坡可靠度结果($COV_{s_u}=0.15$)

计算方法	N_p	μ_{FS}	σ_{FS}	δ_{FS}	κ_{FS}	p_f
SRM＋2 阶 PCE＋MCS	200	1.326	0.123	0.546	3.697	9.77×10^{-4}
SRM＋2 阶 PCE＋MCS	1000	1.327	0.115	0.255	3.121	7.53×10^{-4}
SSSM＋2 阶 PCE＋MCS	1000	1.344	0.117	0.233	3.119	5.82×10^{-4}
Bishop＋2 阶 PCE＋MCS	1000	1.350	0.118	0.224	3.125	6.08×10^{-4}
SRM＋LHS	1000	1.326	0.112	0.348	3.342	0
SRM＋LHS	40,000	1.326	0.116	0.275	3.142	6.25×10^{-4}

为了研究忽略土体参数空间变异性对边坡可靠度的影响,表 3.3 给出了自相关距离 $\theta_h=1000m$ 和 $\theta_v=1000m$ 时不同方法的边坡可靠度计算结果,本章 SRM +2 阶 PCE+MCS 方法计算的 p_f 分别为 0.201,与 SRM+ LHS 方法(1000 次有限元强度折减分析)计算的 0.193 相比,相对误差仅为 3.9%。此外,与 SSSM+2 阶 PCE+MCS 方法和 Bishop+2 阶 PCE+MCS 方法计算的 0.183 和 0.181 基本吻合。与 SLOPE/W 模块中 10 万次直接 MCS 方法计算的 p_f 为 0.179 基本一致,同时与 Griffiths 和 Fenton[36] 采用单随机变量方法计算的 p_f 为 0.18 也较为相近。上述计算结果也表明了 $\theta_h=1000m$ 和 $\theta_v=1000m$ 的随机场模型基本上等价于随机变量模型,与 Ji 等[40] 得出的结论一致。此外,与有限元滑面应力法和简化毕肖普法相比,基于有限元强度折减法的边坡可靠度计算结果偏于保守。与表 3.1 相比,忽略土体参数空间变异性明显高估了边坡失效概率。

表 3.3　不排水饱和黏土边坡可靠度结果比较($\theta_h=1000m$ 和 $\theta_v=1000m$)

计算方法	N_p	μ_{FS}	σ_{FS}	δ_{FS}	κ_{FS}	p_f
SRM+2 阶 PCE+MCS	200	1.350	0.404	0.909	4.119	0.201
SSSM+2 阶 PCE+MCS	200	1.373	0.410	0.880	4.039	0.183
Bishop+2 阶 PCE+MCS	1000	1.378	0.413	0.853	3.980	0.181
SRM+LHS	1000	1.348	0.406	0.941	4.492	0.193
SLOPE/W 模块+MCS	100,000	1.367	0.415	—	—	0.179
单随机变量方法	—	1.366	0.414	—	—	0.18

注:"—"表示不能获得相应的数据。

同时表 3.1~表 3.3 比较了边坡安全系数前四阶统计矩,可见不同方法计算的安全系数均值和标准差相差较小,偏度和峰度存在微小的差别,根据安全系数统计矩可知,安全系数不服从正态分布(正态分布偏度值为 0,峰度值为 3.0)。同时由表 3.1 和表 3.2 中安全系数的均值均小于临界安全系数可知,考虑土体参数空间变异性边坡可靠度分析可自动搜索边坡最危险失效路径。最后,鉴于 2 阶和 3 阶 PCE+MCS 方法的计算精度相差较小,后者计算量约为前者的 5 倍,为了提高计算效率,下面采用 2 阶 PCE+MCS 方法进行参数敏感性分析。

图 3.8(a)和(b)分别给出了基于有限元强度折减法和有限元滑面应力法计算的边坡失效概率随变异系数(COV_{s_u})的变化关系曲线。图中以自相关距离 $\theta_h=20m$ 和 $\theta_v=2m$ 的随机场模型表示考虑土体参数空间变异性对边坡可靠度的影响,以 $\theta_h=1000m$ 和 $\theta_v=1000m$ 的随机场模型表示忽略土体参数空间变异性影响,由上可知后者等价于随机变量模型。由图 3.8(a)可知,当安全系数 FS 为 0.9 和 1.0 时,忽略土体参数空间变异性会明显低估边坡失效概率。当 FS 大于 1.0 时,考虑参数空间变异性分析存在一个临界变异系数 COV_{crit},当 COV_{s_u} 大于此值

时,忽略参数空间变异性却低估边坡失效概率;当COV_{s_u}小于此值时,忽略参数空间变异性会高估边坡失效概率,并且临界变异系数与安全系数的大小有关。因此为了更准确地评估边坡安全性,需要认真对待土体参数空间变异性对边坡稳定性的影响。综合图3.8(a)和(b)可知,确定性边坡稳定性分析方法对临界变异系数及对应的失效概率有一定的影响。如图3.8(a),当FS分别等于1.15、1.3和1.45时,基于有限元强度折减法得到的临界变异系数分别为0.38、0.58和0.71,对应的失效概率分别为42.27%、41.95%和40.49%;然而对于图3.8(b),基于有限元滑面应力法得到的临界变异系数分别为0.35、0.58和0.81,对应的失效概率分别为39.82%、41.64%和44.02%。

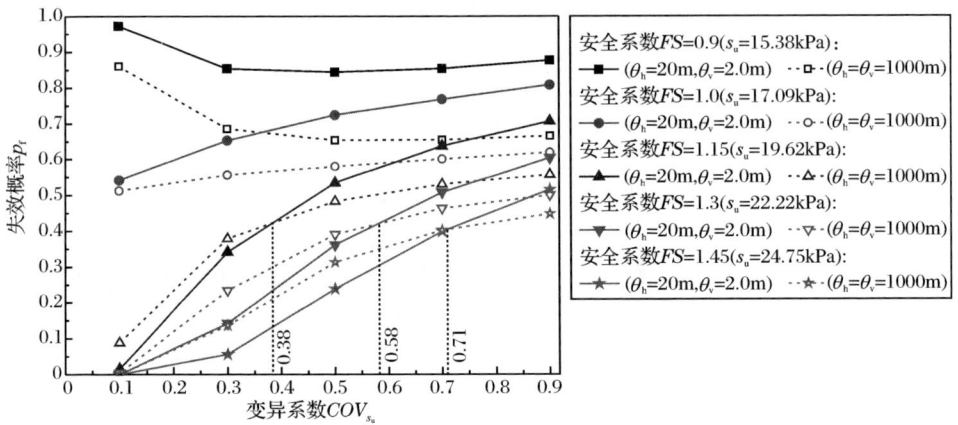

（a）有限元强度折减法

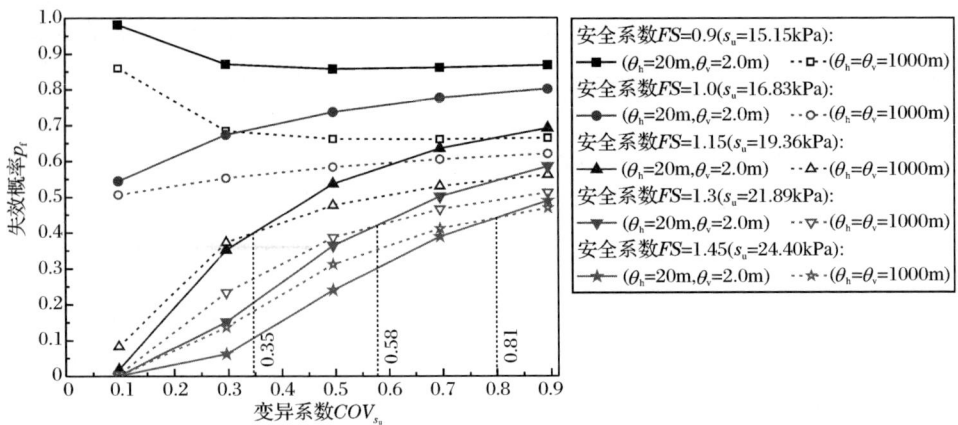

（b）有限元滑面应力法

图3.8　边坡失效概率随变异系数的变化关系曲线

　　另一方面,边坡失效概率随着安全系数的增加而减小,对于图 3.8(a)中 COV_{s_u} 为 0.3,FS 分别为 0.9、1.0、1.15、1.30 和 1.45 时,确定性边坡稳定性反分析计算的 s_u 均值分别为 15.38kPa、17.09kPa、19.62kPa、22.22kPa 和 24.75kPa,考虑参数空间变异性得到的边坡失效概率分别为 85.33%、65.3%、34.2%、14.24% 和5.7%。根据《水利水电工程边坡设计规范》(SL 386—2007),当实际工程边坡安全系数为 1.45 时,一般可认为该边坡几乎不会失稳,但是从可靠度角度来看,此时边坡失效概率却接近 6%。正如美国 Duncan[37] 院士指出的那样,为更加全面地评价边坡安全性,需要同时计算边坡安全系数和失效概率。由图 3.8 还可知,与安全系数大于 1.0 的结果相比,当安全系数小于 1.0 时边坡失效概率并不总是随着不排水抗剪强度参数变异系数的增加而增大。如对于图 3.8(a)考虑 s_u 的空间变异性和 $FS=0.9$ 来说,COV_{s_u} 为 0.1、0.3、0.5、0.7 和 0.9 时的边坡失效概率先减小后增大,分别为 97.69%、86.77%、85.44%、85.85% 和 86.47%。主要是因为当边坡安全系数较小时,不排水抗剪强度参数均值对边坡失效概率的影响程度要大于其标准差。图 3.9 中给出了基于单随机变量模型计算的边坡失效概率与安全系数的变化关系,该图也有效地证实了这一点,如当安全系数小于 0.95时,COV_{s_u} 为 0.1 对应的边坡失效概率反而最大,这与 Griffiths 和 Fenton[36] 得出的结论保持一致。

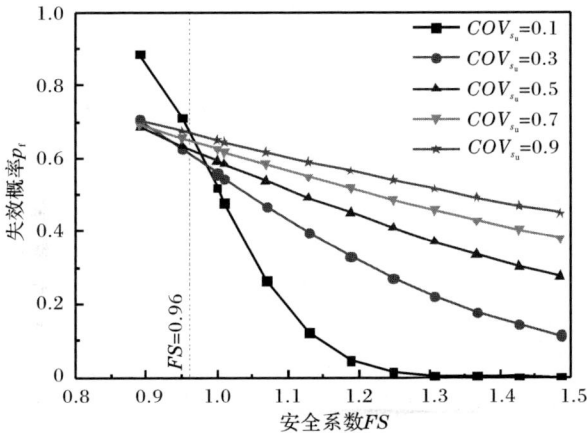

图 3.9　基于随机变量模型失效概率随安全系数的变化关系曲线

3.5　非饱和土坡稳定可靠度分析

　　目前非饱和土坡稳定可靠度分析大多只考虑了土体渗透系数空间变异性对降雨诱发滑坡的影响,而没有同时兼顾土体抗剪强度参数空间变异性的影响。研究表明土体抗剪强度参数空间变异性对非饱和土坡稳定性具有明显的影响。因此,非饱和土坡稳定可靠度分析中需要同时考虑土体渗透系数和抗剪强度参数空间变异性的影响。其次,目前对考虑土体参数空间变异性非饱和土坡失稳机理研究得不够充分;最后,大多数研究只探讨了渗透系数空间变异性对渗透响应量(如渗流量、渗透坡降)以及安全系数统计特征的影响[41~44],却很少直接探讨土体参数空间变异性对非饱和土坡失效概率的影响。这主要是因为在考虑土体渗透系数、抗剪强度等多参数空间变异性的基础上进行边坡可靠度分析,对可靠度计算方法要求非常高。目前常用可靠度计算方法如 MCS、LHS、FORM 和 RSM 等方法,所需确定性边坡有限元渗流和稳定性分析计算量非常庞大[45],对于低失效概率水平复杂边坡可靠度问题尤为明显。因此,本章同时考虑土体渗透参数和抗剪强度参数空间变异性对边坡可靠度的影响,并进一步研究所提方法在降雨入渗条件下非饱和土坡稳定可靠度分析中的有效性,最后探讨坡面降雨强度、抗剪强度参数间互相关性对边坡可靠度和安全系数统计特征的影响。

3.5.1　土水特征曲线

对土坡进行饱和-非饱和渗流分析时,重要的一步是需要选择合适的土水特征曲线(soil-water characteristic curve,SWCC)表征土体体积含水量与基质吸力之间的函数关系,本章以常用 Fredlund-Xing 模型模拟 SWCC[46,47],其计算表达式为

$$\theta_w(\psi) = \frac{\theta_s C(\psi)}{\left\{ \ln\left[e + \left(\frac{\psi}{a} \right)^n \right] \right\}^m} \tag{3.3}$$

式中:$\theta_w(\psi)$ 为土体体积含水量函数;θ_s 为土体饱和体积含水量;ψ 为土体基质吸力;a,n 和 m 均为 SWCC 曲线拟合参数,其中 a 表示土的进气值,即 SWCC 曲线由饱和状态进入非饱和状态时拐点处对应的吸力;n 为土水特征曲线拐点处的斜率,表示初始进气阶段体积含水量变化的快慢;m 为与土体残余含水量对应的土性参数;e 为自然对数的底数;$C(\psi)$ 为修正系数,其计算公式为[46,47]

$$C(\psi) = 1 - \frac{\ln\left(1 + \frac{\psi}{\psi_r} \right)}{\ln\left(1 + \frac{10^6}{\psi_r} \right)} \tag{3.4}$$

式中:$\psi_r = (u_a - u_w)_r$ 为与土体残余含水量 θ_r 相对应的基质吸力,采用 SEEP/W 模块[48]进行渗流计算时,ψ_r 取为 3000kPa。

由式(3.3)得到土体体积含水量 $\theta_w(\psi)$ 之后,沿基质吸力轴方向进行积分便可得到非饱和土渗透系数与基质吸力间的函数关系,即渗透系数函数 $k(\psi)$ 为[47]

$$k(\psi) = \frac{k_s \int_{\ln\psi}^{\ln 10^6} \dfrac{\theta_w(e^y) - \theta_w(\psi)}{e^y} \theta'_w(e^y) \mathrm{d}y}{\int_{\ln\psi_{aev}}^{\ln 10^6} \dfrac{\theta_w(e^y) - \theta_s}{e^y} \theta'_w(e^y) \mathrm{d}y} \tag{3.5}$$

式中：k_s 为土体饱和渗透系数；ψ_{aev} 表示气体刚开始进入土中最大孔隙时土体基质吸力。

由式(3.5)可知，土体渗透系数函数的空间变异性可直接由饱和渗透系数 k_s 的空间变异性传播而来。

一般首先采用 SEEP/W 模块进行边坡有限元渗流计算得到孔隙水压力分布，然后将渗流分析结果导入到 SLOPE/W 模块，进行边坡稳定性分析计算临界安全系数。与 Gui 等[41]和 Zhu 等[44]一样，本章在有限元渗流分析的基础上采用简化毕肖普法[49,50]计算边坡安全系数，计算表达式为

$$FS = \frac{\sum_{i=1}^{n_s} \dfrac{1}{m_i} \left[c'_i b_i + (W_i - u_a b_i) \tan\varphi'_i + (u_a - u_w) b_i \tan\phi^b \right]}{\sum_{i=1}^{n_s} (W_i \sin\alpha_i)} \tag{3.6}$$

$$m_i = \left(1 + \frac{\tan\varphi'_i \tan\alpha_i}{FS} \right) \cos\alpha_i \tag{3.7}$$

式中：FS 为边坡安全系数；n_s 为划分的总土条数目；c'_i 和 φ'_i 分别为第 i 个土条底部的有效黏聚力和内摩擦角；W_i 为第 i 个土条的重量，$W = \gamma_i b_i h_i$，其中 γ_i、b_i 和 h_i 分别为第 i 个土条的单位容重、宽度和高度；α_i 为第 i 个土条底滑面和水平面的夹角；ϕ^b 为基质吸力对抗剪强度贡献所对应的摩擦角；u_a 和 u_w 分别为孔隙气压力和孔隙水压力。

3.5.2　边坡可靠度分析结果

以摩擦/黏性土坡为例研究土体渗透系数、有效黏聚力和内摩擦角空间变异性对非饱和土坡稳定性的影响。边坡几何剖面如图 3.10 所示，坡高为 5m，坡长为 30m，坡为 1:2。土体参数的统计特征如表 3.4 所示，表中 $\rho_{c',\varphi'}$ 为有效黏聚力和内摩擦角间的互相关系数。土体单位容重 γ 视为常值等于 20kN/m³。根据 Fredlund 和 Rahardjo[46]，将 ϕ^b 取 2/3 倍的有效内摩擦角 φ'，等于 10°。同时当内摩擦角 φ' 随机变化时，ϕ^b 也跟着 φ' 随机变化，并且始终保持 ϕ^b 值等于 2/3 倍的 φ'。土体饱和含水量 θ_s 取为 0.4，残余含水量 θ_r 取为 0，土水特征曲线拟合参数 a、n 和 m 分别取为 5kPa、2 和 1。以模拟摩擦/黏性土坡在雨季前常年平均降雨条件下的稳定渗流为例，坡面降雨强度 q 取为 1.0×10^{-7} m/s（即 0.36mm/h），恰好比饱和渗透系数均值小两个数量级。

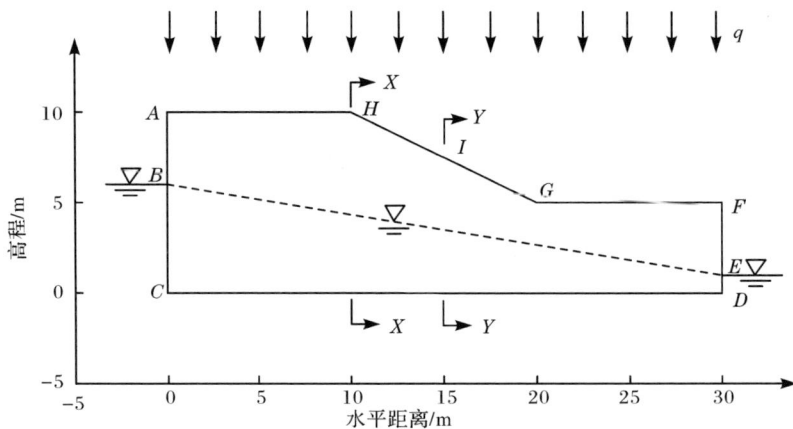

图 3.10　边坡几何剖面及边界条件

表 3.4　土体参数的统计特征

参数	物理意义	均值	变异系数	分布类型	自相关距离	$\rho_{c',\varphi'}$	来源
k_s	饱和渗透系数	1.0×10^{-5} m/s	0.6	对数正态			Cho[43]、
c	有效黏聚力	10kPa	0.3	对数正态	$\theta_h=30$m $\theta_v=3$m	$[-0.7,0.5]$	Srivastava 等[51]
φ'	有效内摩擦角	15°	0.2	对数正态			

　　根据图 3.10,首先在 SEEP/W 模块中建立边坡有限元渗流分析模型并进行非饱和稳定渗流计算,计算模型边界条件为:边坡表面 $AHIGF$ 为降雨边界,两侧地下水位以上区域 AB 和 FE 以及边坡底面 CD 为隔水边界,地下水位以下区域 BC 和 ED 为定水头边界,左侧上游水位为 6m,右侧下游水位为 1m。然后在 SLOPE/W 中建立边坡稳定性分析模型,选用格栅半径法自动优化搜索最危险滑动面。边坡渗流有限元分析模型及边界条件和边坡稳定性分析模型分别如图 3.11 和图 3.12 所示。

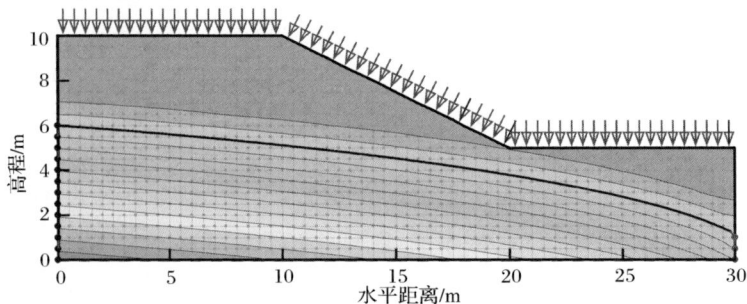

图 3.11　边坡渗流有限元模型及孔隙水压力分布云图

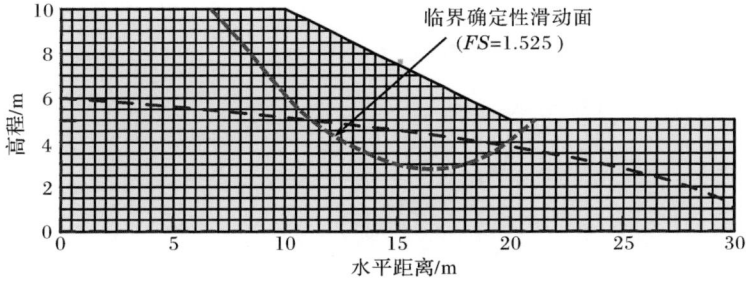

图 3.12　边坡稳定性分析结果

为了探讨有限元单元尺寸对非饱和土坡渗流与稳定性分析结果的影响，图 3.13(a)和(b)给出了 3 种不同单元尺寸(四边形单元网格边长 l 分别取 0.50m、0.25m 和 0.10m)时边坡断面 $X-X$ 和 $Y-Y$(见图 3.10)沿垂直方向的孔隙水压力分布。由图 3.13 可知，由 3 种不同单元尺寸所得到的边坡两个断面孔隙水压力分布基本相同。同时基于这 3 种不同的有限元单元网格，采用简化毕肖普法计算的边坡安全系数均为 1.525。因此，为了提高计算效率，有限元单元类型选用边长 $l=0.50$m 的四边形四节点二维实体结构等参单元，在坡面附近过渡区域退化为三角形单元，共剖分了 910 个有限元单元和 981 个节点。图 3.11 和图 3.12 分别给出了 $l=0.50$m 时以参数均值进行边坡渗流有限元分析得到的孔隙水压力分布云图和采用简化毕肖普法获得的边坡稳定性分析结果，其中边坡最危险滑动面如图 3.12 所示，本书称之为临界确定性滑动面。

根据 Cho[43]，以自相关距离 $\theta_h=30$m 和 $\theta_v=3$m 的高斯型自相关函数模拟土体渗透系数、有效黏聚力和内摩擦角的二维空间自相关性。采用 K-L 级数展开方法离散参数随机场，当每个参数随机场离散的 K-L 级数展开截断项数为 7 时，由

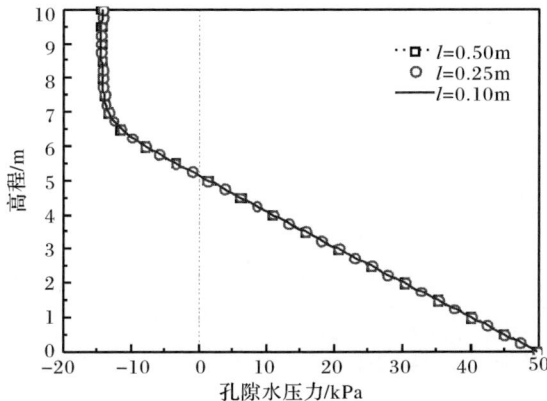

(a) 断面 $X-X$

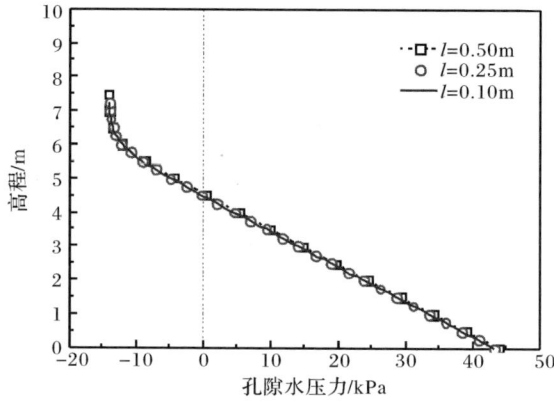

（b）断面 $Y-Y$

图 3.13　不同单元网格的边坡断面孔隙水压力分布的比较

式(2.37)计算的期望能比率因子 ε 为 96%。表明将每个参数随机场离散为 7 个标准正态随机变量可以满足计算精度要求，边坡可靠度分析共有 21 个随机变量，即 $N=21$。图 3.14 分别给出了自相关距离 $\theta_h=30m$ 和 $\theta_v=3m$ 与 $\theta_h=1000m$ 和 $\theta_v=1000m$ 时饱和渗透系数 k_s 随机场的一次典型实现。图 3.14 中颜色较深部分表示土体参数特性值较大区域，颜色较浅部分表示参数特性值较小区域。对参数随机场实现首先进行渗流有限元分析获得非饱和土坡孔隙水压力分布，再进行边坡稳定性分析得到边坡安全系数，相应的边坡渗流与稳定性分析结果如图 3.14(a)和(b)所示。通过比较图 3.14(a)和(b)可知，土体渗透系数空间变异性对边坡地下水位，进而对临界滑动面位置均有重要的影响。可见自相关距离越小，土体特性参数空间变异性程度越剧烈，即沿垂直方向渗透系数变化越明显，导致沿垂直方向出现不透水层的几率越大，进而使得大部分降水集聚在边坡上部，造成边坡发生浅层失稳破坏的几率越大。相比之下，自相关距离 $\theta_h=1000m$ 和 $\theta_v=1000m$

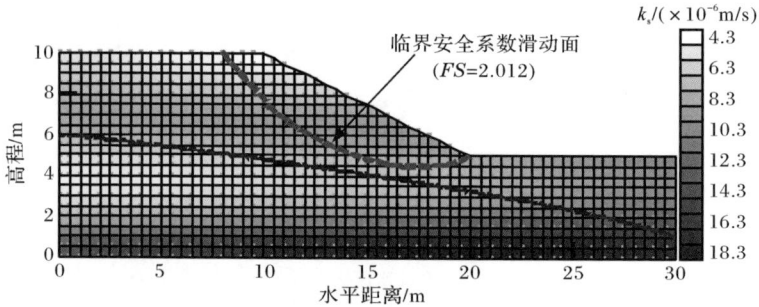

（a）$\theta_h=30m$ 和 $\theta_v=3m$

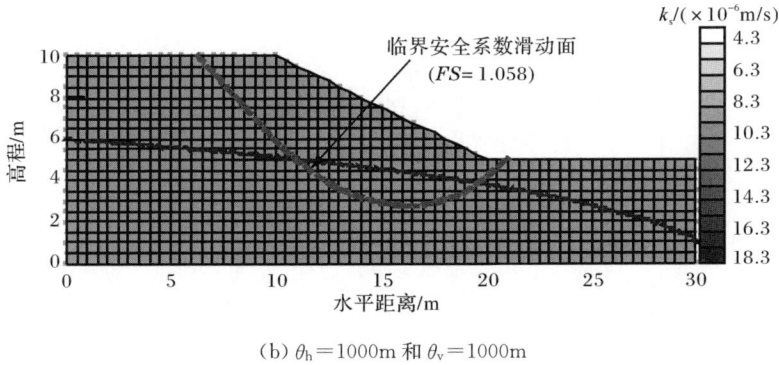

(b) $\theta_h = 1000\mathrm{m}$ 和 $\theta_v = 1000\mathrm{m}$

图 3.14　k_s 随机场 2 次典型实现及其边坡渗流与稳定性分析结果

基本等价于随机变量模型,相当于忽略土体参数空间变异性的影响,土体渗透系数随机场分布非常均匀,过渡非常平稳,边坡发生深层失稳破坏的几率较大。

在渗流有限元分析得到边坡孔隙水压力分布之后,导入边坡稳定性分析模块采用简化毕肖普法计算边坡安全系数,在此基础上,采用非侵入式随机有限元法进行边坡渗透稳定可靠度分析,其中利用拉丁超立方抽样配点法建立输出响应量(孔隙水压力和安全系数)代理模型。图 3.15(a)和(b)分别给出了 2 阶和 3 阶 PCE＋MCS 方法计算的断面 $X-X$ 坡顶处 H 点和断面 $Y-Y$ 坡面处 I 点的孔隙水压力 PDF 曲线。图 3.15 中 N_p 为建立孔隙水压力代理模型所需的 LHS 样本数目,等于边坡渗流有限元和稳定性分析次数。由图 3.14 可知,2 阶 PCE＋MCS 方

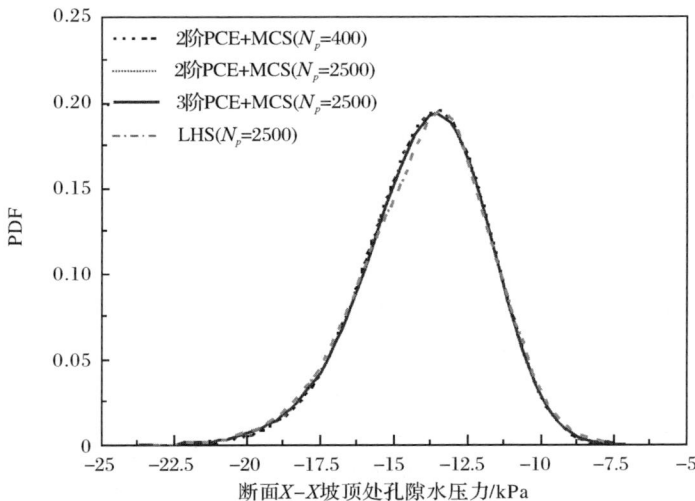

(a) 断面 $X-X$ 坡顶处

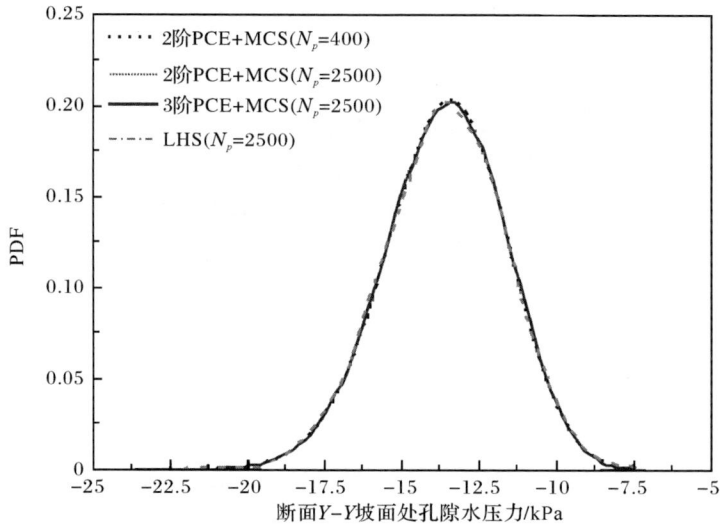

（b）断面 $Y-Y$ 坡面处

图 3.15　孔隙水压力 PDF 曲线的比较

法计算的孔隙水压力概率分布与 3 阶 PCE＋MCS 方法的计算结果几乎一致。根据 Hermite 随机多项式展开自身收敛性的判别标准[52～54]可知，3 阶 PCE＋MCS 方法计算结果可近似视作精确解。为了进一步验证所提方法的有效性，图 3.15 还给出了 2500 次直接 LHS 方法计算结果，2 阶 PCE＋MCS 方法也与直接 LHS 方法计算结果保持一致。由图 3.15 还可知，边坡孔隙水压力近似服从对数正态分布，图 3.15（a）中 H 点的孔隙水压力均值、标准差、偏度和峰度分别为 $-13.93kPa$、$2.06kPa$、-0.34 和 3.18。偏度为负值，表明孔隙水压力概率分布右偏，概率分布的左边有一段较长的尾部。

　　为了验证所提方法进行非饱和土坡稳定可靠度分析的有效性，图 3.16（a）和（b）分别比较了 $\rho_{c',\varphi'}=0$ 时由不同方法计算的功能函数（$G=FS-1.0$）PDF 和 CDF 曲线。可见 2 阶和 3 阶 PCE＋MCS 方法（400 和 2500 次边坡渗流有限元和稳定性分析）计算的功能函数 CDF 曲线非常吻合，与 1 万次直接 LHS 方法计算结果仅在低概率区域存在微小差别。可能原因是对于低失效概率水平边坡可靠度问题，1 万次直接 LHS 方法计算精度不够。

　　根据图 3.16（b）功能函数 CDF 曲线，可以直接计算边坡失效概率。表 3.5 给出了不同方法计算的安全系数前四阶统计矩和边坡失效概率。由表 3.5 可知边坡失效概率水平较低，在 10^{-3} 量级，2 阶和 3 阶 PCE＋MCS 方法计算的边坡失效概率分别为 6.86×10^{-3}、5.83×10^{-3} 和 6.14×10^{-3}，两者非常吻合，与 1 万次直接 LHS 方法计算的 4.6×10^{-3} 也保持一致，从而证明了本章所提方法分析考虑多参

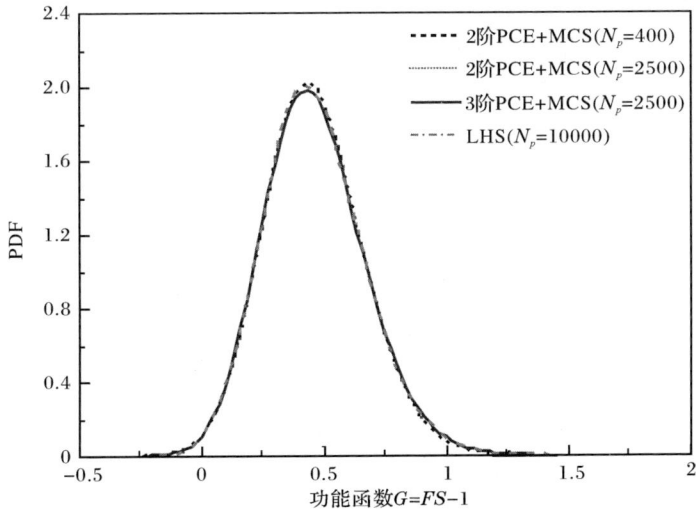

(a) PDF

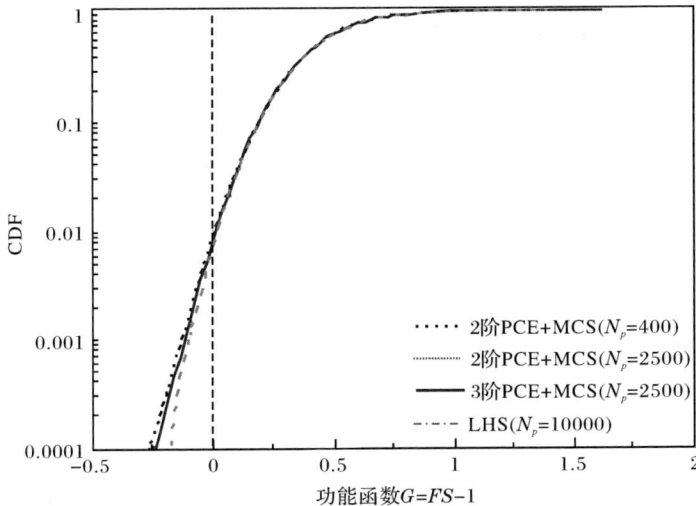

(b) CDF

图 3.16　功能函数 PDF 和 CDF 曲线的比较

数空间变异性边坡可靠度问题的有效性。与不排水饱和黏土边坡一样,不同方法计算的安全系数前四阶统计矩基本相同,安全系数均值小于确定性边坡临界安全系数 1.525。此外,本章所提方法具有较高的计算效率,与 1 万次直接 LHS 方法相比,2 阶 PCE+MCS 方法只需进行 400 次边坡渗流有限元和稳定性分析便可满足计算精度要求,为解决考虑多参数空间变异性的非饱和土坡稳定可靠度问题提供了一条有效的途径。

表 3.5　边坡可靠度结果的比较

计算方法	N_p	μ_{FS}	σ_{FS}	δ_{FS}	κ_{FS}	p_f
2 阶 PCE+MCS	400	1.457	0.200	0.254	3.181	6.86×10^{-3}
2 阶 PCE+MCS	2500	1.459	0.200	0.286	3.191	5.83×10^{-3}
3 阶 PCE+MCS	2500	1.460	0.206	0.347	3.291	6.14×10^{-3}
LHS	10000	1.460	0.203	0.390	3.383	4.6×10^{-3}

　　连续的前期降雨通常是诱发滑坡的重要原因之一,因此有必要定量地探讨坡面降雨强度对非饱和土坡稳定可靠度的影响。图 3.17 给出了边坡失效概率随坡面降雨强度 q 与饱和渗透系数 k_s 比值 η 的变化关系曲线。图 3.17 中以自相关距离 $\theta_h = 30\text{m}$ 和 $\theta_v = 3\text{m}$ 随机场模型表示考虑土体参数空间变异性,以随机变量模型表示忽略土体参数空间变异性影响。需要说明的是,对于自相关距离无穷大,即 $\theta_h = \infty$ 和 $\theta_v = \infty$ 等价于随机变量模型,本章采用 4 阶 PCE+MCS 方法(70 次边坡渗流有限元和稳定性分析)计算边坡失效概率。由图 3.17 可知,当比值 η 小于 0.01 时,即坡面降雨强度小于饱和渗透系数 2 个数量级以上,是否考虑土体渗透系数空间变异性对边坡失效概率的影响不大;然而当 $\eta > 0.01$ 时,忽略土体渗透系数空间变异性将明显高估边坡失效概率,计算结果偏于保守。这主要是因为自相关距离较小时沿边坡垂直方向出现低透水性甚至不透水区域的概率较大,如图 3.14 所示,导致降雨入渗量大部分集中在边坡顶部,致使边坡发生深层失稳的几率降低。此外,坡面降雨强度及其引起的降雨入渗作用对边坡稳定性具有较大

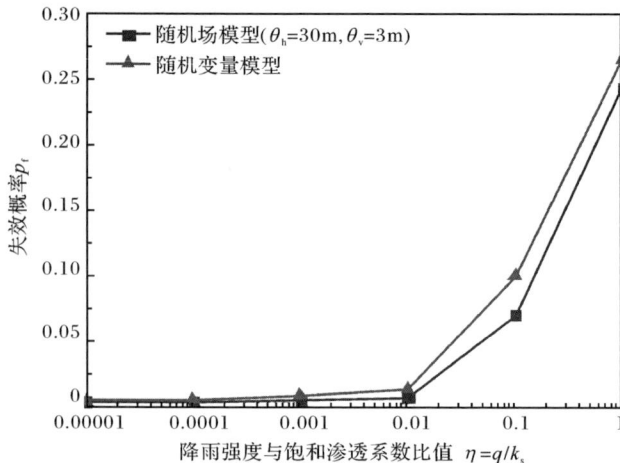

图 3.17　边坡失效概率随 η 的变化关系曲线

的影响,并且边坡失效概率随着降雨强度的增加而急剧增大。如考虑土体渗透系数空间变异性,随着比值 η 的变化,边坡失效概率由 6.86×10^{-3}($\eta=0.01$)变化到 0.243($\eta=1.0$),增大了近 2 个数量级。因此,强降雨前一定要保证边坡具有良好的排水系统。

为了探讨土体抗剪强度参数 c' 与 φ' 间互相关性对非饱和土坡渗透稳定可靠度的影响规律,图 3.18 比较了不同互相关系数 $\rho_{c',\varphi'}$ 时由随机场模型($\theta_h=30m$ 和 $\theta_v=3m$)和随机变量模型得到的边坡失效概率。同样忽略土体参数空间变异性明显高估了边坡失效概率,当 c' 和 φ' 间负相关性较强时更为明显。此外,土体抗剪强度参数 c' 与 φ' 间互相关性 $\rho_{c',\varphi'}$ 对边坡失效概率具有明显的影响,如对于 $\theta_h=30m$ 和 $\theta_v=3m$ 的随机场模型,$\rho_{c',\varphi'}$ 由 -0.7 增大到 0.5 时,边坡失效概率由 5.0×10^{-6} 增大到 2.38×10^{-2},相差近 4 个数量级。如果由现场实测数据得出实际土体抗剪强度参数之间存在负相关性,边坡可靠度分析中忽略土体参数负相关性将会高估边坡失效概率,使得边坡设计方案偏于保守;相反,由现场实测数据得出实际土体抗剪强度参数之间存在正相关性,假定 c' 和 φ' 相互独立又将会低估边坡失效概率,导致边坡设计方案偏于危险。

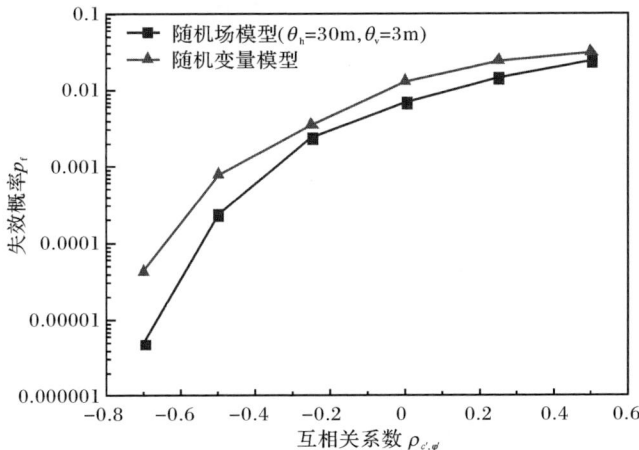

图 3.18　边坡失效概率随 $\rho_{c',\varphi'}$ 的变化关系曲线

为了揭示 c' 与 φ' 间互相关性对安全系数前四阶统计矩的影响,图 3.19 分别比较了不同 $\rho_{c',\varphi'}$ 时的边坡安全系数前四阶统计矩解析解。由图 3.19 可知,当 $\rho_{c',\varphi'}$ 由 0.5 减小到 -0.7 时,由随机场模型得到的安全系数均值由 1.44 增大到 1.49,而由随机变量模型得到的安全系数均值基本保持不变,但是两者标准差均逐渐减小。表明随着负相关系数的增加,相应的可靠指标(近似计算公式 $\beta=(\mu_{FS}-1.0)/\sigma_{FS}$)逐渐增大,进而边坡失效概率逐渐减小,从而更好地解释了边坡失效概率随着抗剪强度参数间负相关性增加而减小的结论。由随机场模型得到的安全

系数偏度和峰度均随负相关性的增加而减小,并分别接近于 0 和 3.0,表明安全系数近似服从正态分布。相比之下,由随机变量模型得到的安全系数偏度和峰度分别与 0 和 3.0 相差较大,安全系数服从非正态分布。两者偏度均为正值,表明安全系数概率分布左偏,概率分布的右边有一段较长的尾部。

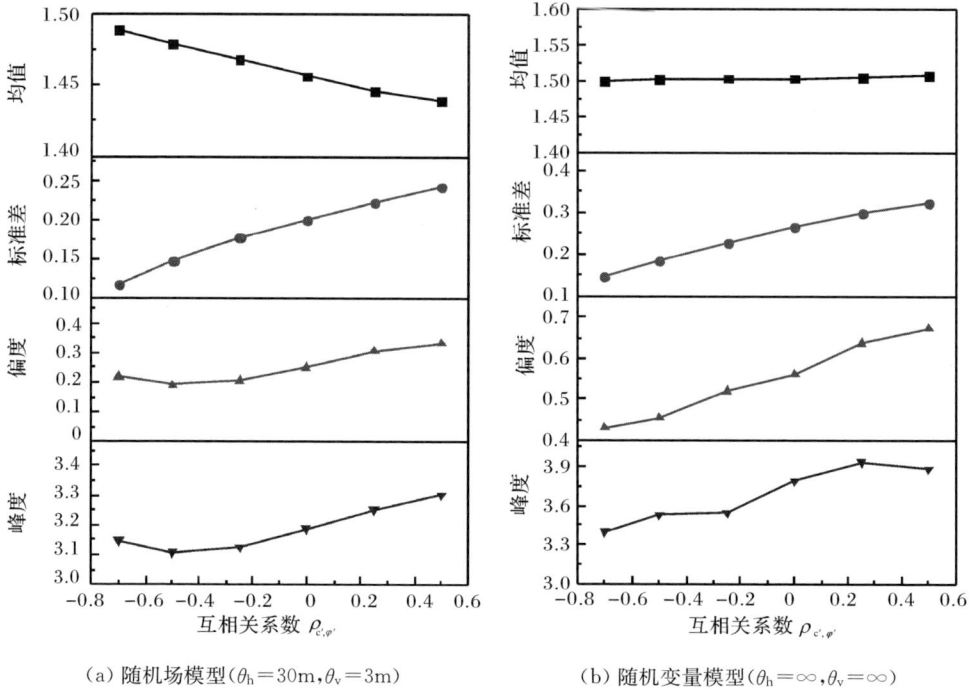

(a) 随机场模型($\theta_h=30$m, $\theta_v=3$m)　　(b) 随机变量模型($\theta_h=\infty$, $\theta_v=\infty$)

图 3.19　安全系数前四阶统计矩随 $\rho_{c',\varphi'}$ 的变化关系曲线

最后,为了研究 c' 与 φ' 间互相关性对输入参数敏感性的影响,图 3.20 分别给出了由随机场模型和随机变量模型得到的饱和渗透系数、有效黏聚力和内摩擦角随机场总 Sobol 指标值随 $\rho_{c',\varphi'}$ 的变化关系曲线。由图 3.20 可知,每个输入参数的总 Sobol 指标均为正值,黏聚力的总 Sobol 指标值 $SU_T(c')$ 随着 c' 与 φ' 间负相关性的增强而减小,而饱和渗透系数和内摩擦角的 Sobol 指标值 $SU_T(k_s)$ 和 $SU_T(\varphi')$ 则随着 c' 与 φ' 间负相关性的增强而增大。如对于随机场模型,当互相关系数 $\rho_{c',\varphi'}$ 由 0.5 减小到 −0.7,$SU_T(c')$ 由 0.75 减小到 0.19,而 $SU_T(k_s)$ 由 0.04 增大到0.14,$SU_T(\varphi')$ 由 0.28 增大到 0.74。可见当抗剪强度参数 c' 与 φ' 间负相关性较强时,有效内摩擦角对边坡稳定性的敏感性程度明显大于有效黏聚力和饱和渗透系数。此外,相比于随机变量的总 Sobol 指标,参数随机场的总 Sobol 指标值之和更大于 1.0,主要是因为考虑土体多参数空间变异性时,饱和渗透系数、有效黏聚力和内摩擦角随机场共离散为 21 个标准正态随机变量,这些随机变量之间

的交叉项较多,其总 Sobol 指标也占有一定的比重。此外,在坡面降雨强度小于饱和渗透系数 2 个数量级($q=1.0\times10^{-7}$ m/s)的稳定渗流条件下,渗透系数空间变异性对边坡可靠度的影响明显小于抗剪强度参数空间变异性。如对于 $\theta_{h}=30$m 和 $\theta_{v}=3$m 随机场模型来说,当 $\rho_{c',\varphi'}=0$ 时,饱和渗透系数、有效黏聚力和内摩擦角随机场的总 Sobol 指标值 $SU_{T}(k_{s})$、$SU_{T}(c')$ 和 $SU_{T}(\varphi')$ 分别为 0.05、0.48 和 0.53。

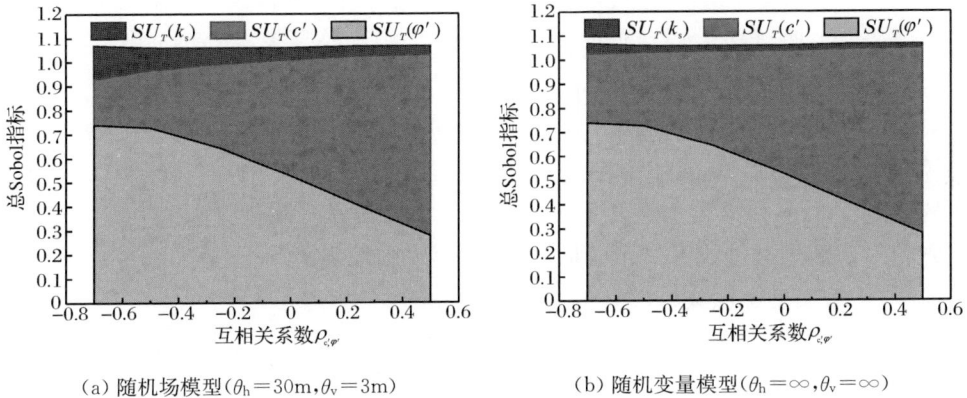

(a) 随机场模型($\theta_{h}=30$m,$\theta_{v}=3$m) (b) 随机变量模型($\theta_{h}=\infty$,$\theta_{v}=\infty$)

图 3.20 参数总 Sobol 指标随互相关系数的变化关系曲线

3.6 本章小结

本章将非侵入式随机分析基本理论与边坡稳定性有限元批处理计算相结合,提出了考虑参数空间变异性边坡可靠度分析的非侵入式随机有限元法,从前处理、概率分析、有限元分析和后处理 4 个分析模块及 8 个计算步骤介绍了该方法的计算流程,采用 MATLAB 语言编写了基于 ABAQUS 和 GEOSTUDIO 软件的边坡稳定性有限元批处理程序。最后采用该方法研究了考虑土体多参数空间变异性饱和、非饱和边坡稳定可靠度问题。主要结论如下:

(1) 非侵入式随机有限元法有机结合了 Hermite 随机多项式展开和 K-L 级数展开方法,采用 K-L 级数展开方法离散相关非高斯参数随机场,通过基于拉丁超立方抽样配点法的 Hermite 随机多项式展开建立边坡安全系数代理模型。有效地考虑边坡变形和渗流对稳定性的影响,较好地解决了考虑多参数空间变异性的低失效概率水平边坡可靠度问题,计算效率远远高于直接蒙特卡罗模拟方法,为解决复杂边坡稳定可靠度问题提供了一条有效的途径。如对于本章不排水饱和黏土边坡,该方法只需进行 200 次边坡稳定性有限元分析便可获得满意的计算结果。

（2）考虑不排水抗剪强度参数空间变异性边坡可靠度分析存在一个临界不排水抗剪强度变异系数，临界变异系数与安全系数的大小有关。当不排水抗剪强度参数的变异系数大于临界变异系数时，忽略土体参数空间变异性将会低估边坡失效概率，反之亦然。因此为了更准确地评估边坡安全性，需要认真对待土体参数空间变异性对边坡稳定性的影响。此外，边坡安全系数小于 1.0 时，边坡失效概率并不总是随着变异系数的增加而增大。

（3）土体渗透系数空间变异性和坡面降雨强度对边坡地下水位和最危险滑动面位置均有着明显的影响。当坡面降雨强度与饱和渗透系数比值小于 0.01 时，是否考虑土体参数空间变异性对边坡失效概率影响不大。此外，当该比值大于 0.01 时，降雨强度对边坡稳定可靠度具有重要的影响，边坡失效概率随着比值系数的增大而急剧增加。因此，强降雨前需要保证边坡具有良好的排水系统。以较小的自相关距离模拟渗透系数空间变异性，随机场分布变化较为剧烈，沿边坡垂直方向出现低渗透性或不透水区域的概率较大，导致降雨入渗量大部分集聚在边坡顶部，边坡发生深层失稳破坏的可能性较小。

（4）基于随机多项式展开系数可以直接计算边坡安全系数统计矩和 Sobol 指标的解析解，分别用于评估安全系数的概率分布特征和参数敏感性分析。随着抗剪强度参数间负相关性的增强，考虑土体参数空间变异性的边坡安全系数均值明显减小，而忽略参数空间变异性的安全系数均值基本保持不变，但是安全系数标准差均逐渐减小，导致相应的边坡失效概率逐渐减小，从而更好地解释了边坡失效概率随抗剪强度参数间负相关性的增强而减小的结论。考虑土体参数空间变异性边坡安全系数均值始终小于临界确定性安全系数，表明可以自动搜索最危险的边坡失效路径。最后，参数敏感性分析表明：在坡面降雨强度小于饱和渗透系数两个数量级的稳定渗流条件下，抗剪强度参数空间变异性对非饱和土坡渗透稳定可靠度的影响明显大于渗透系数空间变异性。

（5）本章只研究了稳定渗流条件下非饱和土坡稳定可靠度问题，然而实际工程常常涉及降雨入渗条件下非稳定渗流非饱和土坡稳定性问题，为尽可能地接近工程实际，考虑多参数空间变异性的非稳定渗流条件下边坡稳定可靠度问题有待进一步研究。此外，考虑岩土体参数二维空间变异性边坡可靠度分析可能会造成偏危险的边坡设计方案，为使边坡可靠度分析与工程实际相符，应进一步研究三维参数随机场离散方法以及相应的三维边坡可靠度问题。

参 考 文 献

[1] Vanmarcke E H. Random Fields：Analysis and Synthesis[M]. Revised and expanded new edition. Beijing：World Scientific Publishing，2010.

［2］Tabarroki M，Ahmad F，Banaki R，et al. Determining the factors of safety of spatially variable slopes modeled by random fields［J］. Journal of Geotechnical and Geoenvironmental Engineering（ASCE），2013，139（12）：2082—2095.

［3］Zolfaghari A R，Heath A C，McCombie P F. Simple genetic algorithm search for critical noncircular failure surface in slope stability analysis［J］. Computers and Geotechnics，2005，32（3）：139—152.

［4］Ditlevsen O，Madsen H O. Structural Reliability Methods［M］. New York：John Wiley & Sons，1996.

［5］张明. 结构可靠度分析——方法与程序［M］. 北京：科学出版社，2009.

［6］Zienkiewicz O C，Humpheson C，Lewis R W. Associated and non-associated visco-plasticity and plasticity in soil mechanics［J］. Géotechnique，1975，25（4）：671—689.

［7］Griffiths D V，Lane P A. Slope stability analysis by finite elements［J］. Géotechnique，1999，49（3）：387—403.

［8］Dawson E M，Roth W H，Drescher A. Slope stability analysis by strength reduction［J］. Géotechnique，1999，49（6）：835—840.

［9］迟世春，关立军. 基于强度折减的拉格朗日差分方法分析土坡稳定性［J］. 岩土工程学报，2004，26（1）：42—46.

［10］Griffiths D V，Marquez R M. Three-dimensional slope stability analysis by elasto-plastic finite elements［J］. Géotechnique，2007，57（6）：537—546.

［11］Deng J H，Tham L G，Lee C F，et al. Three-dimensional stability evaluation of a preexisting landslide with multiple sliding directions by the strength-reduction technique［J］. Canadian Geotechnical Journal，2007，44（3）：343—354.

［12］Nian T K，Huang R Q，Wan S S，et al. Three-dimensional strength-reduction finite element analysis of slopes：Geometric effects［J］. Canadian Geotechnical Journal，2012，49（5）：574—588.

［13］Zhang D Y，Xie W C，Pandey M D. A meshfree-Galerkin method in modelling and synthesizing spatially varying soil properties［J］. Probabilistic Engineering Mechanics，2013，31：52—64.

［14］Shen J，Karakus M. Three-dimensional numerical analysis for rock slope stability using shear strength reduction method［J］. Canadian Geotechnical Journal，2013，51（999）：164—172.

［15］Zou J Z，Willians D J，Xiong W L. Search for critical slip surfaces based on finite element method［J］. Canadian Geotechnical Journal，1995，32（2）：233—246.

［16］Kim S H，Na S W. Response surface method using vector projected sampling points［J］. Structural Safety，1997，19（1）：3—19.

［17］Farias M M，Naylor D J. Safety analysis using finite elements［J］. Computers and Geotechnics，1998，22（2）：165—181.

［18］邵龙潭，李红军. 土工结构稳定分析——有限元极限平衡法及其应用［M］. 北京：科学出版

社,2011.

[19] Stianson J R, Fredlund D G, Chan D. Three-dimensional slope stability based on stresses from a stress-deformation analysis[J]. Canadian Geotechnical Journal, 2011, 48(6): 891—904.

[20] 郭明伟, 李春光, 王水林. 基于有限元应力的三维边坡稳定性分析[J]. 岩石力学与工程学报, 2012, 31(12): 2494—2500.

[21] 谭晓慧, 王建国. 边坡的弹塑性有限元可靠度分析[J]. 岩土工程学报, 2004, 26(3): 44—50.

[22] Zheng H, Liu D F, Li C G. Slope stability analysis based on elasto-plastic finite element method[J]. International Journal for Numerical Methods in Engineering, 2005, 64(14): 1871—1888.

[23] 刘金龙, 栾茂田, 赵少飞, 等. 关于强度折减有限元方法中边坡失稳判据的讨论[J]. 岩土力学, 2005, 26(8): 1345—1348.

[24] 林杭, 曹平, 宫凤强. 位移突变判据中监测点的位置和位移方式分析[J]. 岩土工程学报, 2007, 29(9): 1433—1438.

[25] 郑颖人, 赵尚毅, 李安洪, 等. 有限元极限分析法及其在边坡中的应用[M]. 北京: 人民交通出版社, 2011.

[26] 周元辅, 邓建辉, 崔玉龙, 等. 基于强度折减法的三维边坡失稳判据[J]. 岩土力学, 2014, 35(5): 1430—1437.

[27] GEO-SLOPE International Ltd. Stress-Deformation Modeling with SIGMA/W 2007 Version: An Engineering Methodology[M]. Calgary: GEO-SLOPE International Ltd., 2010.

[28] GEO-SLOPE International Ltd. Stability Modeling with SLOPE/W 2007 Version: An Engineering Methodology[M]. Calgary: GEO-SLOPE International Ltd., 2010.

[29] Hibbitt D, Karlsson B, Sorensen P. Abaqus/Standard User's Manual, Version 6.7[M]. Inc., Pawtucket, RI, 2007.

[30] Jha S K, Ching J. Simplified reliability method for spatially variable undrained engineered slopes[J]. Soils and Foundations, 2013, 53(5): 708—719.

[31] Jha S K. Effect of spatial variability of soil properties on slope reliability using random finite element and first order second moment methods[J]. Indian Geotechnical Journal, 2014, 45(2): 145—155.

[32] Jiang S H, Li D Q, Zhang L M, et al. Slope reliability analysis considering spatially variable shear strength parameters using a non-intrusive stochastic finite element method[J]. Engineering Geology, 2014, 168: 120—128.

[33] Bennett J. Autolt V3. Automate and Script Windows Tasks[M]. http://www.autoitscript.com, 2009.

[34] Wilson WindowWare Inc. WIL Reference Manual[M]. http://techsupt.winbatch.com/techsupt/PDFs/wil-lang2012/0411.pdf, 2012.

[35] Cho S E. Probabilistic assessment of slope stability that considers the spatial variability of soil properties[J]. Journal of Geotechnical and Geoenvironmental Engineering (ASCE),

2010,136(7):975-984.

[36] Griffiths D V, Fenton G A. Probabilistic slope stability analysis by finite elements[J]. Journal of Geotechnical and Geoenvironmental Engineering (ASCE),2004,130(5):507-518.

[37] Duncan J M. Factors of safety and reliability in geotechnical engineering[J]. Journal of Geotechnical and Geoenvironmental Engineering (ASCE),2000,126(4):307-316.

[38] 肖特,李典庆,周创兵,等. 基于有限元强度折减法的多层边坡非侵入可靠分析[J]. 应用基础与工程科学学报,2014,22(4):718-732.

[39] 秦权,林道锦,梅刚. 结构可靠度随机有限元——理论及工程应用[M]. 北京:清华大学出版社,2006.

[40] Ji J, Lian H J. Low B K. Modeling 2-D spatial variation in slope reliability analysis using interpolated autocorrelations[J]. Computers and Geotechnics,2012,40:135-146.

[41] Gui S, Zhang R, Turner J P, Xue X. Probabilistic slope stability analysis with stochastic hydraulic conductivity[J]. Journal of Geotechnical and Geoenvironmental Engineering (ASCE),2000,126(1):1-9.

[42] Li W, Lu Z, Zhang D. Stochastic analysis of unsaturated flow with probabilistic collocation method[J]. Water Resources Research,2009,45(W08425):1-13.

[43] Cho S E. Probabilistic analysis of seepage that considers the spatial variability of permeability for an embankment on soil foundation[J]. Engineering Geology,2012,133-134:30-39.

[44] Zhu H, Zhang L M, Zhang L L, et al. Two-dimensional probabilistic infiltration analysis with a spatially varying permeability function[J]. Computers and Geotechnics,2013,48:249-259.

[45] Cho S E. Probabilistic stability analysis of rainfall-induced landslides considering spatial variability of permeability[J]. Engineering Geology,2014,171:11-20.

[46] Fredlund D G, Rahardjo H. Soil Mechanics for Unsaturated Soils[M]. New York:John Wiley & Sons,1993.

[47] Fredlund D G, Xing A, Huang S Y. Predicting the permeability function for unsaturated soils using the soil-water characteristic curve[J]. Canadian Geotechnical Journal,1994,31(4):533-546.

[48] GEO-SLOPE International Ltd. Seepage Modeling with SEEP/W 2007 Version:An Engineering Methodology[M]. Calgary:GEO-SLOPE International Ltd. ,2010.

[49] Bishop A W. The use of slip circle in the stability analysis of slopes[J]. Géotechnique,1955,5(1):7-17.

[50] Duncan J M, Wright S G. Soil Strength and Slope Stability[M]. New York:John Wiley & Sons,2005.

[51] Srivastava A, Sivakumar Babu G L, Haldar S. Influence of spatial variability of permeability property on steady state seepage flow and slope stability analysis[J]. Engineering Geology,2010,110(3-4):93-101.

[52] 李典庆,蒋水华,周创兵. 基于非侵入式随机有限元法的地下洞室可靠度分析[J]. 岩土工

程学报,2012,34(1):123—129.

[53] Isukapalli S S. Uncertainty Analysis of Transport Transformation models[D]. New Jersey: The State University of New Jersey,New Brunswick,1999.

[54] Li D Q,Jiang S H,Chen Y F,et al. Reliability analysis of serviceability performance for an underground cavern using a non-intrusive stochastic method[J]. Environmental Earth Sciences,2014,71(3):1169—1182.

第4章 考虑自相关函数影响的边坡可靠度分析

由于岩土工程实际中现场试验数据十分有限,通常采用理论自相关函数表征岩土体参数空间自相关性,然而不同理论自相关函数对考虑参数空间变异性边坡可靠度的影响研究不够深入。此外,为了研究不同自相关函数对边坡可靠度的影响,参数敏感性分析通常是最为有效的途径之一,但是目前基于直接模拟的参数敏感性分析方法计算效率较低。为此,本章提出了考虑自相关函数影响高效参数敏感性分析的多重二阶响应面法,有效地分析了考虑参数空间变异性含软弱夹层的非均质边坡可靠度问题;系统地统计了土体抗剪强度参数波动范围、自相关距离、变异系数和互相关系数的取值范围,为定量地表征土体参数空间变异性提供了一定的参考依据;阐明了常用的5种表征土体参数空间自相关性的自相关函数对边坡可靠度的影响规律,为自相关函数的选择提供了理论支撑。研究表明由不同自相关函数得到的边坡失效概率之间的差别与抗剪强度参数波动范围、变异系数和互相关系数大小有关。总体来说,自相关函数对非均质多层土坡可靠度的影响大于均质边坡。

4.1 引　言

天然岩土体由于受沉积、后沉积、化学风化和搬运等作用以及不同荷载历史的影响,土体参数呈现一定的空间变异性。近年来,随机场理论逐渐广泛应用于模拟岩土体参数空间变异性。由于岩土工程实际中现场实测数据十分有限[1,2],不能有效地估计土体参数空间自相关性,为简化计算,通常采用理论自相关函数表征土体参数空间自相关性,在此基础上进行岩土工程可靠度分析与设计。尽管形式较为简单的指数型自相关函数备受学者们的青睐,但是由于用于表征土体参数空间自相关性的自相关函数不同,导致可靠度分析与设计方案有所不同。正如Kasama 等[3]指出,在地基承载力可靠度评估中应该考虑不同自相关函数对地基承载力变异性的影响。虽然目前国内外关于不同自相关函数对岩土工程可靠度的影响也进行了初步研究,如 Li 和 Lumb[4]研究表明当波动范围与滑动面尺寸相比较小时边坡可靠度对自相关函数的形式不敏感。Tanahashi[5]研究指出影响土体参数空间变异性模拟的主要因素是自相关距离大小而不是自相关函数的形式。Yang 等[6]研究了自相关函数对结构系统可靠度的影响,同样表明结构可靠度对自相关函数形式的敏感性不大。李亚军等[7]研究了一维和二维各向同性与异性随机场模型参数和 5 种自相关结构对多层土坡可靠度的影响。Cao 和 Wang[8]基于有限现场实测数据通过贝叶斯更新方法确定用于表征土体参数空间变异性最合理的自相关函数形式。但是,目前在考虑土体参数互相关性、变异性和波动范围影响的基础上,关于自相关函数对多层土坡可靠度的影响还缺乏系统的研究。边坡可靠度分析中,常用的指数型自相关函数是否有效地表征土体参数空间自相关性还缺少足够的理论依据和数值验证。

　　另一方面,考虑土体参数空间变异性和土体层状分布特征,边坡更是会存在多条潜在滑动面[9~12],并且这些潜在滑动面的分布也存在空间变异性[13,14]。目前含多失效模式边坡可靠度分析仍然是一个极具挑战性的问题。尽管传统直接MCS 方法概念简单,容易编程实现,常用于边坡可靠度分析中,但是对于低失效概率水平的实际工程复杂边坡可靠度问题,该方法计算效率非常低[15]。尽管传统响应面法理论上可以计算考虑土体参数空间变异性的低失效概率水平边坡可靠度问题[16],但是当参数随机场被离散为成千上万个随机变量,该方法计算量也非常庞大,并且需要对响应面函数进行繁琐的迭代拟合过程,因此传统响应面法分析考虑参数空间变异性边坡可靠度问题的可行性和适用性值得商榷[17]。相比之下,多重响应面法一般不需要进行响应面迭代计算,为含多失效模式边坡可靠度分析提供了一种有效的工具[10,11]。一般采用普通二阶不含交叉项多项式展开建立边坡每条潜在滑动面安全系数与原始空间随机变量间的显式函数关系,进而得到边坡多个失效模式安全系数的多重响应面,在此基础上考虑参数随机特性采用 MCS方法计算边坡失效概率。目前国内外学者对多重响应面法也进行了一些有益的研究,如 Zhang 等[10]采用多重响应面法研究多层边坡可靠度问题。何军涛等[18]采用多重响应面法进行了基坑位移概率反分析。遗憾的是,目前该方法不能有效地分析考虑土体参数空间变异性的边坡可靠度问题。因此十分必要研究考虑岩土体参数空间变异性边坡可靠度分析的多重响应面法。

　　最后,为研究土体参数统计特征(如均值、变异系数、边缘分布类型、互相关系数、自相关函数和自相关距离)对边坡可靠度的影响,通常最为直接有效的途径是进行参数敏感性分析。但是基于常用的直接模拟方法(如 MCS)进行参数敏感性分析需要进行大量类似的重复性边坡稳定性分析,计算量非常庞大。同时国内外也未见有关考虑参数空间变异性高效参数敏感性分析方面的报道。因此,亟需发展一种考虑参数空间变异性的高效参数敏感性分析方法。

　　本章提出了考虑自相关函数影响高效参数敏感性分析的多重二阶响应面法,研究了考虑土体多参数空间变异性的多层土坡可靠度问题,探讨了常用的 5 种表征土体参数空间自相关性的理论自相关函数对边坡可靠度的影响,为土体参数自相关结构的选择提供理论依据。系统地统计了国内外土体抗剪强度参数波动范围和自相关距离、变异系数与互相关系数的取值范围,为有限实测数据条件下边

坡可靠度分析与设计提供参考依据。最后,分别以均质边坡和含软弱夹层非均质
边坡可靠度问题为例,验证多重二阶响应面法的有效性。

4.2　自相关函数

目前大多采用随机场理论或地质统计学中区域化变量理论模拟岩土体参数
空间变异性。与大多文献一样(如文献[19]、[20]),对于单层均质土体,本书假定
土体参数随机场遵循平稳或者准平稳假定,即土体参数统计特征(均值和方差等)
不随空间位置的不同而变化,空间任意两点间的自相关性只与它们之间的相对距
离有关,而与它们的绝对位置无关。相比之下,对于多层土体,根据 Lu 和
Zhang[21] 和 Cho[22] 建议的方法,当参数自相关距离小于各层土体厚度,假定在同
一土层内土体参数随机场遵循平稳或者准平稳假定,不同土层中任意两点间的空
间自相关性为零。

4.2.1　样本自相关函数

如果能够获取大量的现场实测数据,通常采用样本自相关函数描述随机场计
算区域中任意两点处土体特性参数间的自相关性时,可采用式(4.1)直接计算空
间任意点 i 处参数随机场特性值 $H(x_i,y_i)$ 与点 j 处参数随机场特性值 $H(x_j,y_j)$
间的自相关系数[23~26]:

$$\rho\big[(x_i,y_i),(x_j,y_j)\big]=\frac{\text{cov}\big[H(x_i,y_i),H(x_j,y_j)\big]}{\sqrt{\text{var}\big[H(x_i,y_i)\big]}\,\sqrt{\text{var}\big[H(x_j,y_j)\big]}} \tag{4.1}$$

式中:$Q_i=(x_i,y_i)$ 和 $Q_j=(x_j,y_j)$ 分别为第 i 和 j 个随机场单元中心点坐标,
$H(x_i,y_i)$ 为计算区域内第 i 个单元中心点处参数随机场特性值,其中 $i,j=1$,
$2,\cdots,n_e,n_e$ 为随机场单元数目;$\text{cov}(\cdot,\cdot)$ 和 $\text{var}(\cdot)$ 分别为协方差函数和方差
函数。

此外,岩土工程实际中常常采用矩法来确定土体参数样本自相关函数,沿土
层深度方向自相关系数定义为[27~30]

$$\rho(\tau_z=k\Delta z)\approx\frac{\dfrac{\sum\limits_{i=1}^{N_p-k}\big[H(z_i)H(z_i+k\Delta z)\big]}{N_p-k-1}}{\dfrac{\sum\limits_{i=1}^{N_p}\big[H(z_i)\big]^2}{N_p-1}} \tag{4.2}$$

式中:$i=1,2,\cdots,N_p$,N_p 为试验实测样本数目;z_i 为沿土层深度方向点坐标,$z_i=i\Delta z$,Δz 为样本间距。

4.2.2　理论自相关函数

为了节省人力物力,岩土工程实际中的现场实测数据十分有限,为简化计算,工程中通常直接采用理论自相关函数描述土体参数空间自相关性。岩土工程统计分析中常用的 5 种理论自相关函数及其参数变换关系表达式[4,24,27,29,31~35]如表 2.2 所示。表 2.2 中 τ_x 和 τ_y 分别为空间任意两点在水平和垂直方向上的相对距离,$\tau_x = |x_i - x_j|$ 和 $\tau_y = |y_i - y_j|$;δ_h 和 δ_v 分别为原始空间土体参数水平和垂直波动范围;θ_h 和 θ_v 分别为土体参数水平和垂直自相关距离,也是理论自相关函数模型参数的倒数。它们均可用于表征土体参数空间自相关性,两者之间存在着一一对应关系。指数型自相关函数波动范围是自相关距离的 2 倍,高斯型自相关函数波动范围是自相关距离的 $\sqrt{\pi}$ 倍,见表 2.2。

表 2.2 中的 5 种理论自相关函数,指数型自相关函数形式最简,因计算简便常被用于模拟土体参数空间自相关性[14,15,17,26,36~39],并且多与局部平均法、中点法、快速傅里叶变换方法和 K-L 级数展开方法等结合[40]。对于一个简单的二维计算区域 $\Omega = \{(x, y): 0 \leqslant x \leqslant L_x; 0 \leqslant y \leqslant L_y\}$,指数型自相关函数计算表达式为

$$\rho_{\ln}\left[(x_i, y_i), (x_j, y_j)\right] = \rho_{\ln}(\tau_x, \tau_y) = \exp\left[-2\left(\frac{\tau_x}{\delta_{\ln,h}} + \frac{\tau_y}{\delta_{\ln,v}}\right)\right] \quad (4.3)$$

式中:$\delta_{\ln,h}$ 和 $\delta_{\ln,v}$ 分别为标准正态空间水平和垂直波动范围。

与指数型自相关函数相比,高斯型自相关函数连续性和平稳性较好,是一个连续可微函数,并且在相同的离散随机变量数目(K-L 级数展开截断项数)情况下,基于高斯型自相关函数的随机场离散误差更小。高斯型自相关函数也在岩土工程概率分析中得到了广泛应用[41~44],一般多与级数展开方法相结合[45~50],其计算表达式为

$$\rho_{\ln}\left[(x_i, y_i), (x_j, y_j)\right] = \rho_{\ln}(\tau_x, \tau_y) = \exp\left[-\pi\left(\frac{\tau_x^2}{\delta_{\ln,h}^2} + \frac{\tau_y^2}{\delta_{\ln,v}^2}\right)\right] \quad (4.4)$$

相比之下,二阶自回归型和三角型自相关函数在岩土工程中的应用相对较少,程强等[51]采用三角型自相关函数模拟了我国十几个省市 300 多个土层的波动范围。此外,由于指数余弦型自相关函数对土体参数样本曲线全段具有较好的拟合性能,所以在拟合现场实测数据估计土体参数波动范围方面应用较多,如徐斌等[52]对 100 多条静探曲线进行拟合,得到自相关函数拟合曲线均为指数余弦型。Cafaro 和 Cherubini[28]利用指数余弦型自相关函数拟合了意大利南部塔兰托市(Taranto)某试验场地土体锥尖阻力的自相关试验数据。

有效地描述土体参数空间自相关性的关键在于选择合适的理论自相关函数。通常情况下,如果有大量的现场实测数据,则只需直接对现场实测数据进行最优化拟合确定样本自相关函数。然而,岩土工程实际中可获得的现场实测数据通常

十分有限,此时只能采用最优的理论自相关函数表征参数空间自相关性。为获得最优的理论自相关函数,本章对表 2.2 中常用的 5 种理论(指数型、高斯型、二阶自回归型、指数余弦型和三角型)自相关函数进行了系统地比较。首先图 4.1 给出了单位波动范围($\delta=1$)时 5 种自相关系数随标准化相对距离 τ/δ 的变化关系曲线。由图 4.1 可知,当空间任意两点间的相对距离 $\tau \leqslant 1.5\delta$ 时,上述 5 种自相关系数之间具有较明显的差别,而当 $\tau > 1.5\delta$ 时,它们之间的差别相对较小。

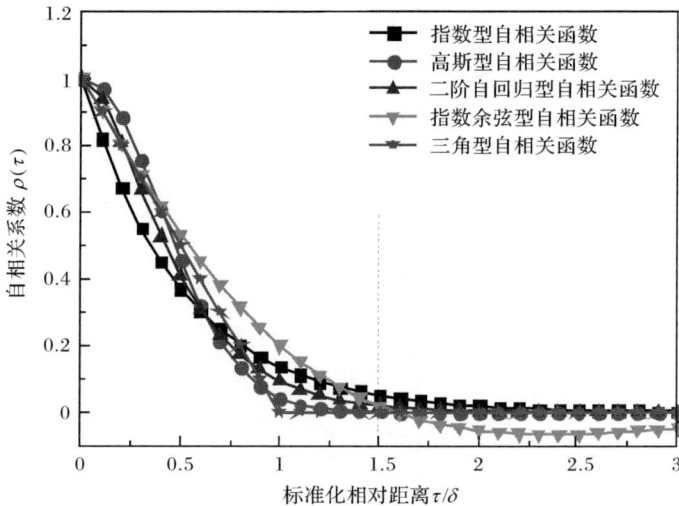

图 4.1　岩土统计分析常用一维自相关函数的比较

由于岩土工程实际中大多需要模拟土体参数的二维空间变异性,二维自相关函数的应用也越来越广泛。为此,图 4.2 进一步比较了单位水平和垂直波动范围时 5 种自相关系数曲面随标准化水平和垂直相对距离 τ_x 和 τ_y 变化的关系曲面。由图 4.2 可知,当空间任意两点间水平或垂直相对距离小于 1.5 倍波动范围时,这5 种自相关系数曲面之间同样具有较明显的差别,而大于 1.5 倍波动范围时自相关系数曲面差别相对较小。高斯型和二阶自回归型自相关系数曲面呈现各向同性,曲面更为光滑,处处连续可导。相比之下,指数型、指数余弦型和三角型自相关系数曲面随着相对距离的增加衰减速度较快,不仅在原点处存在尖角,而且在 4个侧面之间的过渡处存在棱角,连续性较差。

基于表 2.2 中的 5 种二维理论自相关函数,图 4.3 给出了采用改进乔列斯基分解技术模拟的土体黏聚力 c 和内摩擦角 φ 随机场的 5 次典型实现,可见 c 与 φ 随机场分布呈现明显的负相关关系。图中 c 和 φ 水平和垂直波动范围 δ_h 和 δ_v 分别取为 40m 和 4m,互相关系数 $\rho_{c,\varphi}$ 取为 -0.5,颜色较深部分表示土体抗剪强度参数值较大区域,颜色较浅部分表示土体抗剪强度参数值较小区域。边坡的具体几

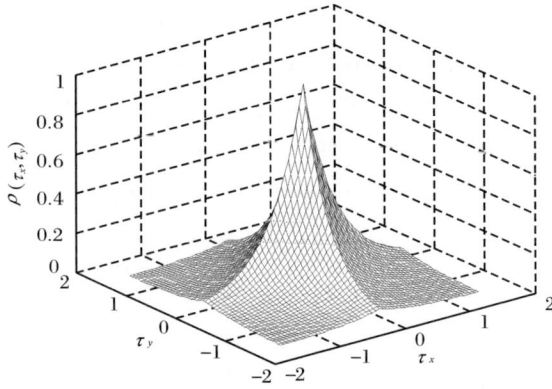

（a）指数型自相关函数

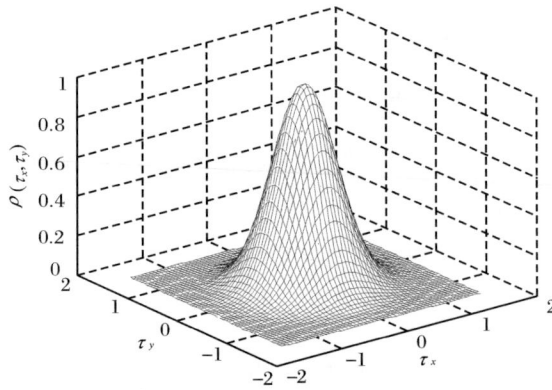

（b）高斯型自相关函数

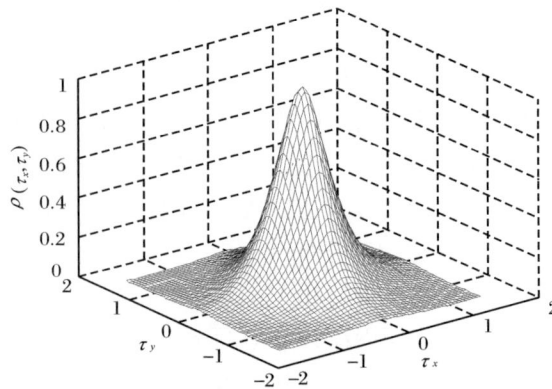

（c）二阶自回归型自相关函数

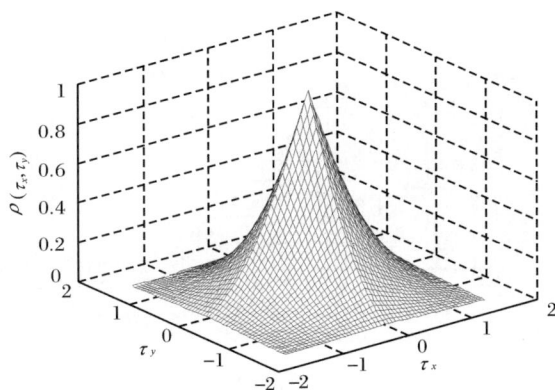

（d）指数余弦型自相关函数

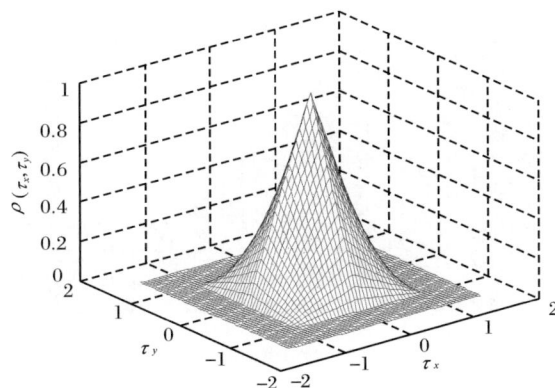

（e）三角型自相关函数

图 4.2　二维自相关函数曲面比较

何尺寸和土体参数数值等详见第 4.4.1 节。对每次参数随机场实现采用简化毕肖普法进行边坡稳定性分析所获得的最危险滑动面位置和临界安全系数如图 4.3 所示，其中最危险滑动面本书称为临界安全系数滑动面。由图 4.3 可知，自相关函数也对边坡临界安全系数具有一定的影响，尽管边坡大多经由坡趾发生浅层失稳破坏。此外，可见由高斯型和二阶自回归型自相关函数模拟的 c 与 φ 随机场分布更为光滑，过渡更为平稳、连续性较好，然而由指数型、指数余弦型和三角型自相关函数得到的 c 与 φ 随机场分布波动性较大，连续性较差，沿垂直方向的抗剪强度参数变化尤其剧烈，边坡土体呈现明显的层状分布特征。边坡土体参数随机场模拟之间的差别恰好与图 4.2 二维自相关系数曲面的差别一一对应。

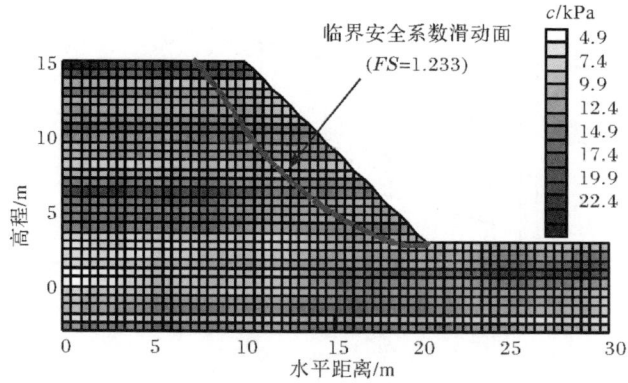

（a）黏聚力 c（指数型自相关函数）

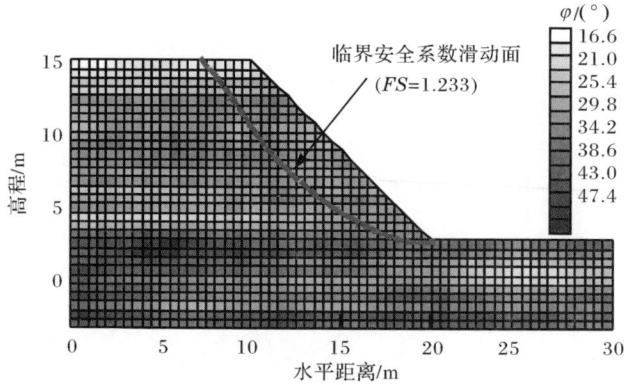

（b）内摩擦角 φ（指数型自相关函数）

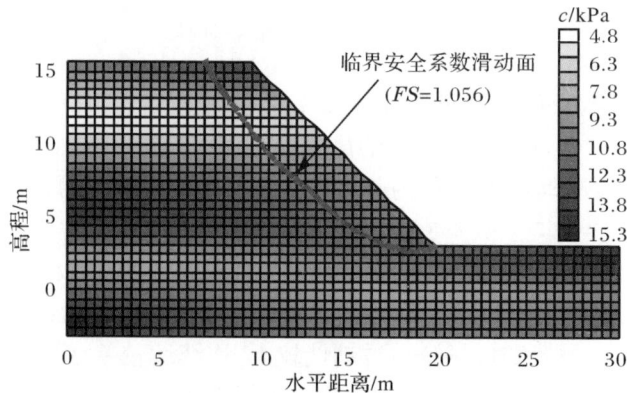

（c）黏聚力 c（高斯型自相关函数）

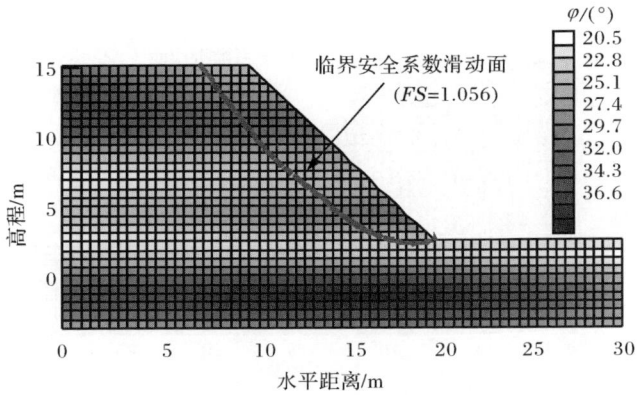

(d) 内摩擦角 φ(高斯型自相关函数)

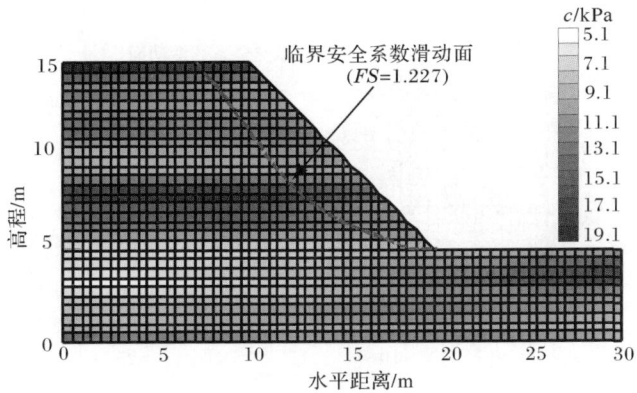

(e) 黏聚力 c(二阶自回归型自相关函数)

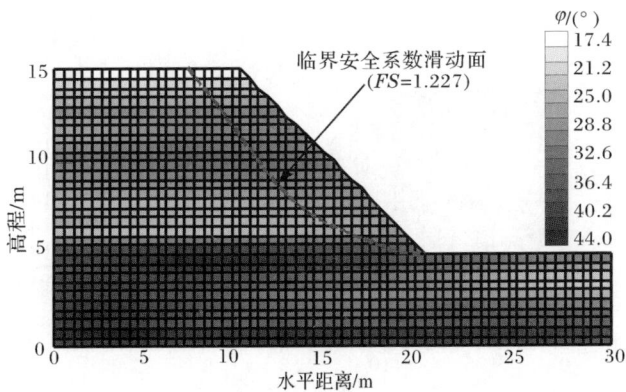

(f) 内摩擦角 φ(二阶自回归型自相关函数)

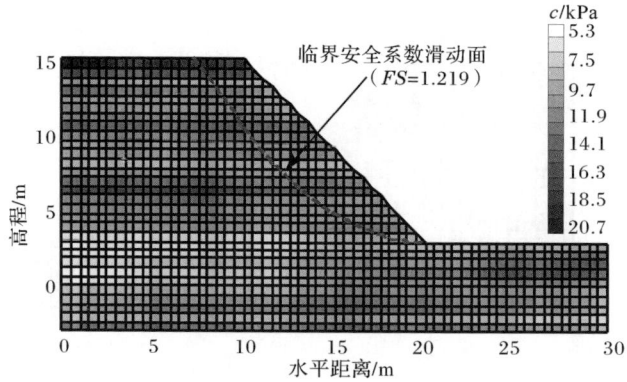

（g）黏聚力 c（指数余弦型自相关函数）

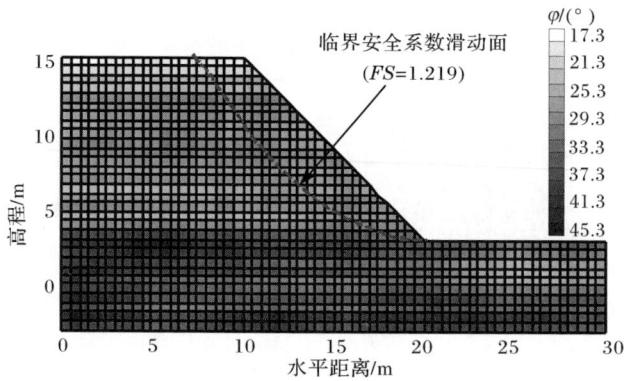

（h）内摩擦角 φ（指数余弦型自相关函数）

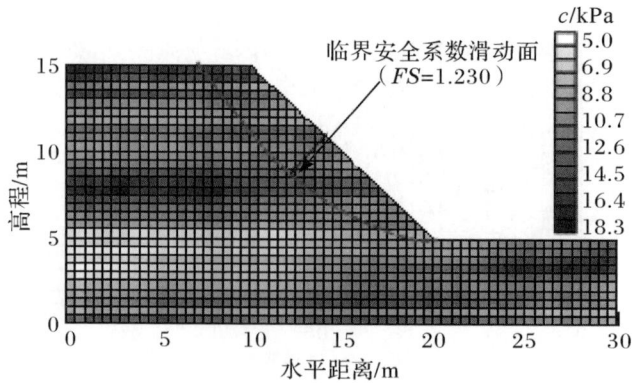

（i）黏聚力 c（三角型自相关函数）

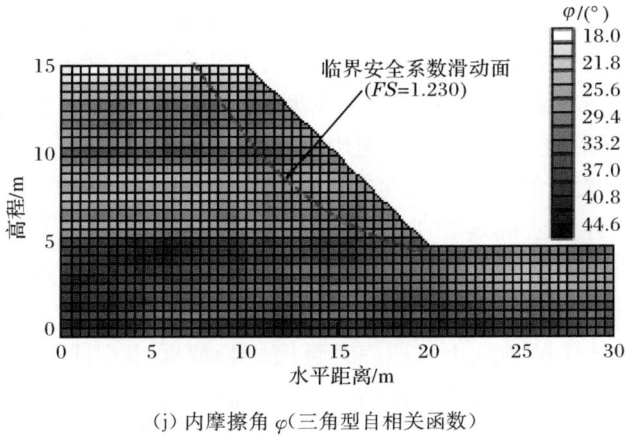

(j) 内摩擦角 φ(三角型自相关函数)

图 4.3　黏聚力和内摩擦角随机场的 5 次典型实现($\rho_{c,\varphi}=-0.5,\delta_h=40\text{m}$ 和 $\delta_v=4\text{m}$)

4.2.3　波动范围

波动范围是自相关函数的重要组成部分,对土体参数空间自相关性表征同样具有重要的作用,为此,下面进一步探讨土体参数波动范围。众所周知,空间任意两点处的土体特性参数之间既存在差异又具有一定的自相关性。土体参数自身之间的这种自相关性一般随着两点间距离的增大而逐渐减少,当距离大于某一特定值后,自相关性几乎可以忽略不计,随机场理论中将这一特定值称为波动范围。根据 Vanmarcke[53],波动范围的计算公式为

$$\delta=\lim_{L\to\infty}L\gamma(L)=2\lim_{L\to\infty}\int_0^L\left(1-\frac{\tau}{L}\right)\rho(\tau)\mathrm{d}\tau=2\int_0^\infty\rho(\tau)\mathrm{d}\tau \tag{4.5}$$

式中:$\rho(\tau)$ 为自相关函数;τ 为空间任意两点间的相对距离;L 为随机场区域计算尺寸。

可见波动范围表示的是自相关函数与坐标轴所夹的面积。关于自相关距离的定义,DeGroot 和 Baecher[54]采用自相关距离表征土体参数空间自相关程度的大小,定义当自相关函数衰减到 $1/e$ 时所对应的相对距离为自相关距离,其中 e 为自然对数的基底。需要说明的是,尽管自相关距离和波动范围两者只是数值大小不同,但是具有相似的物理含义。土体参数波动范围或自相关距离越大,表示参数空间自相关性越强,即空间变异性程度越弱,土体特性围绕其均质上下变化平稳;波动范围或自相关距离越小,参数空间自相关性越弱,即空间变异性程度越强,土体特性围绕其均值上下波动越剧烈。鉴于土体参数波动范围和自相关距离对土体参数空间自相关性表征和岩土工程可靠度分析均具有重要的作用,因此在可靠度分析之前,首先需要确定某一特定岩土场地的土体特性波动范围。目前国

内外学者根据现场实测数据估计土体参数波动范围已经做了大量有益的研究,如程强等[51]采用三角型自相关函数模拟了我国十几个省市 300 多个土层的波动范围。Cafaro 和 Cherubini[28]利用指数余弦型自相关函数拟合了意大利南部塔兰托市(Taranto)某试验场地土体锥尖阻力的自相关试验数据确定参数波动范围。Uzielli 等[31]基于大量的土耳其和北美地区现场静力触探试验数据,采用理论自相关函数最优化拟合方法确定相关场地土体参数的波动范围。Lloret-Cabot 等[30]基于加拿大波弗特海某一岛屿现场静力触探试验数据采用条件随机场信息估计方法确定了该场地砂性土波动范围。Cao 和 Wang[8]基于德克萨斯州农工大学的美国岩土试验场地中的砂性土场地静力触探试验数据,采用贝叶斯方法确定了表征砂性土参数空间变异性的最优自相关结构。值得指出是,通过试验所获得的波动范围由于受样本间距的影响较大[29,54],导致一般由不同力学指标得出的参数波动范围不相同。

需要说明的是,目前大部分现场试验,如 CPT、SPT(standard penetration test)等,一般只局限于测量土体参数的垂直波动范围,直接测量土体参数水平波动范围的难度较大[55]。此外,上述最优化拟合和条件随机场信息估计等方法确定土体参数波动范围均需要大量的现场实测数据,然而对于某一特定岩土场地,现场实测数据通常十分有限,要想获得大量的现场实测数据一般需要投入大量的人力物力,因此这些方法具有一定的局限性。本书另辟蹊径,在参考已有相关文献[26,56~58]的基础上,进一步收集了国内外类似工程和参数文献关于土体抗剪强度参数波动范围及自相关距离的取值范围,统计结果如表 4.1 所示[26,28,31,37,53,57~75]。根据统计结果可知,黏性土抗剪强度参数水平波动范围为 10~62m,垂直波动范围为 0.1~8m;无黏性土(砂土、粉土)水平波动范围为 35~75m,垂直波动范围为 0.1~3m。一般来说,水平波动范围要比垂直波动范围大一个数量级[58,66]。另外,结合调查土体参数波动范围或自相关距离对岩土工程可靠度的影响,如根据以上取值范围进行参数敏感性分析,将导致偏保守边坡设计方案的波动范围或自相关距离取值选作为某一特定岩土场地土体参数的波动范围或自相关距离。

表 4.1 土体抗剪强度参数波动范围和自相关距离统计[26,28,31,37,53,57~75]

抗剪强度参数	土的种类	自相关函数类型	δ_h/m	δ_v/m	θ_h/m	θ_v/m	来源
s_u	日本海洋黏土	指数型	—	1.3~2.7	—	—	Matsuo[59]
s_u	加拿大深层沉积黏土	—	46	5	—	—	Vanmarcke[53]
s_u(VST)	纽约市黏土	指数型	—	—	—	2.5~6	Asaoka 和 Grivas[60]

抗剪强度参数	土的种类	自相关函数类型	δ_h/m	δ_v/m	θ_h/m	θ_v/m	来源
$s_u(DST)$	黏土	高斯型	92.4	1.19~1.23	—	—	Ronold[61]
c、φ	加拿大魁北克省黏土	指数型	—	—	20	2	Soulié 等[62]
c	上海粉质黏土	指数型、指数余弦型	—	0.31~0.42	—	—	高大钊[63]
φ			—	0.32~0.47	—	—	
$s_u(VST)$	黏土	—	46~60	2~6.2	—	—	Phoon 和 Kulhawy[58]
$s_u(q_c)$	扬州亚黏土（软塑-流塑）	指数型、	—	0.25~0.8	—	—	傅旭东[64]
$s_u(q_c)$	扬州细砂（中密）	指数型	—	0.3~0.45	—	—	
c、φ	黏土	—	>30	0.2~3.0	—	—	冷伍明[65]
$s_u(q_c)$	砂性土	高斯型、	—	0.1~1	—	—	程强等[51]
$s_u(q_c)$	黏性土	指数余弦型、	—	0.1~1.8	—	—	
$s_u(q_c)$	软土	三角型	—	0.2~2	—	—	
$s_u(q_c)$	意大利塔兰托黏土	指数余弦型	—	0.287~0.401	—	—	Cafaro 和 Cherubini[28]
s_u	黏土	指数型	—	0.25~2.5	—	—	Hicks 和 Samy[66]
c	延安粉质黏土	—	—	1.47	—	—	倪万魁等[67]
φ			—	1.44	—	—	
c	绛帐粉质黏土	—	—	6.47	—	—	
φ			—	2.96	—	—	
c	潼关粉土	—	—	7.19	—	—	
φ			—	1.2	—	—	
s_u	敏感性土，软土	指数型	—	—	10~40	1~3	El-Ramly 等[57]
$c(DST)$	太原粉质黏土		36.2~41.7	0.37~0.58	—	—	李小勇等[68]
$\varphi(DST)$			36~41.4	0.35~0.49	—	—	
$c(DST)$	太原粉土	三角型	41.5~45.1	0.6~0.84	—	—	
$\varphi(DST)$			41.8~45.5	0.54~0.92	—	—	
$c(DST)$	杭州粉质黏土		40.5~45.4	0.52~0.75	—	—	
$\varphi(DST)$			40.4~45.2	0.49~0.71	—	—	
$c(DST)$	杭州黏土		—	0.5~0.77	—	—	
$\varphi(DST)$			—	0.59~0.73	—	—	

续表

抗剪强度参数	土的种类	自相关函数类型	δ_h/m	δ_v/m	θ_h/m	θ_v/m	来源
$s_u(q_c)$	砂土，黏土	二阶自回归型、指数余弦型	—	0.13~1.11	—	—	Uzielli 等[31]
c、φ	黏土	指数型	2~30	0.1~5	—	—	Hsu 和 Nelson[69]
s_u	芝加哥黏土	—	—	0.79~1.25	—	—	谢桂华[70]
s_u	日本饱和黏土	—	—	1.25~2.86	—	—	
$s_u(q_c)$	天津黏土		8.37	0.132~0.322	—	—	
$s_u(q_c)$	天津粉质黏土		9.65	0.095~0.426	—	—	闫澍旺等[71]
$s_u(q_c)$	天津淤泥及淤泥质黏土		12.7	0.140~1	—	—	
$s_u(q_c)$	粉质黏土	指数型	—	0.8~6.1	—	—	Haldar 和 Sivakumar Babu[72]
c、φ	黏土	指数型	10~40	0.5~3	—	—	Suchomel 和 Mašín[73]
c、φ	洪、冲积土		30~49	0.2~0.9	—	—	
c、φ	海洋、湖泊沉积土	指数型	40~80	1.3~8	—	—	吴振君等[74]
c、φ	冰碛土		—	2	—	—	
c、φ	风积土		—	1.2~7.2	—	—	
s_u(VST)	黏土	指数型	46~60	2~6.2	—	—	Ching 等[75]
s_u、c、φ	原位土	指数型	—	—	2~50	0.5~3	Ji 等[37]
$c(q_c)$、$\varphi(q_c)$	黏土	指数型	10~62	1.3~4	—	—	Salgado 和 Kim[26]
$c(q_c)$、$\varphi(q_c)$	砂土	指数型	35~75	2.2~3	—	—	Salgado 和 Kim[26]

注：s_u、c、φ 分别为土体不排水抗剪强度、黏聚力和内摩擦角；δ_h 和 δ_v 分别为水平和垂直方向波动范围；θ_h 和 θ_v 分别为水平和垂直方向自相关距离。其中 s_u(VST) 表示不排水抗剪强度参数的波动范围或自相关距离是通过十字板剪切试验得出；s_u(DST)、c(DST)、φ(DST) 表示抗剪强度参数的波动范围或自相关距离是通过直剪试验得出；$s_u(q_c)$、$c(q_c)$、$\varphi(q_c)$ 表示抗剪强度参数的波动范围或自相关距离是根据静力触探试验锥尖阻力 q_c 得出。

4.3　多重二阶响应面法

考虑土体参数空间变异性的边坡可靠度问题是一个含多失效模式的边坡系统可靠度问题。目前多重响应面法为含多失效模式的边坡可靠度分析提供了一种有效的工具[10,76]。遗憾的是,目前几乎没有研究该方法分析考虑土体参数空间变异性边坡可靠度问题的有效性。本章提出了考虑参数空间变异性边坡可靠度分析的多重二阶响应面法(multiple second-order response surface method,MSORSM),事先采用二阶不含交叉项多项式展开建立每条滑动面安全系数与原始空间随机变量 $\boldsymbol{X}$ 之间的响应面函数关系,再采用直接 MCS 方法进行边坡可靠度分析。如对于第 j 条潜在滑动面,其安全系数响应面函数为

$$FS_j(\boldsymbol{X}) = \sum_{i=1}^{N_c} a_{i,j}\Psi_{i,j}(\boldsymbol{X}) = a_{1,j} + \sum_{i=1}^{N} b_{i,j}X_i + \sum_{i=1}^{N} c_{i,j}X_i^2 \qquad (4.6)$$

式中:$FS_j(\boldsymbol{X})$ 为第 j 条潜在滑动面安全系数,$j=1,2,\cdots,N_s$,N_s 为潜在滑动面(失效模式)数目;$\boldsymbol{X}$ 为原始空间随机向量,$\boldsymbol{X}=(X_1,X_2,\cdots,X_N)^T$;$a_{i,j}$ 为待定系数,$i=1,2,\cdots,N_c$,N_c 为待定系数数目,$N_c=2N+1$,N 为随机变量数目;$\Psi_{i,j}(\bullet)$ 为多项式展开。

建立边坡安全系数多重响应面的关键一步是计算 2 阶多项式展开待定系数。本章采用 $2N+1$ 组合样本设计方法[77],分别在每个原始空间随机变量均值附近以其均值加减 k 倍标准差 $\mu_{X_i}+k\sigma_{X_i}$ 和 $\mu_{X_i}-k\sigma_{X_i}$ 产生样本点,μ_{X_i} 和 σ_{X_i} 分别为第 i 个随机变量 X_i 的均值和标准差,与其所对应的参数随机场 H 的均值和标准差相等,k 为抽样参数,本章 k 取为 2.0[10,78],并将这 $2N$ 组样本点和随机变量均值一起作为边坡稳定性分析模型输入参数,计算得到相应的边坡安全系数,然后基于式(4.6)建立线性代数方程组,求解线性方程组计算 2 阶多项式展开系数,进而得到第 j 条潜在滑动面安全系数响应面函数。类似地,对于 N_s 条潜在滑动面,只需对式(4.6)重复 N_s 次,便可获得 N_s 条潜在滑动面安全系数的多(N_s)重响应面。值得指出的是,多重二阶响应面构建过程中没有涉及随机场实现等信息,多重二阶响应面的构建需要保证能够获得边坡每条潜在滑动面安全系数,该方法一般多限于与极限平衡方法结合,并且其计算效率随着边坡潜在滑动面数目的增加而降低。一旦多重二阶响应面建立之后,便可根据土体参数随机场统计特征(均值、变异系数、边缘概率分布、互相关系数、自相关距离和自相关函数),采用乔列斯基分解技术或 K-L 展开等随机场离散方法模拟原始空间土体参数相关非高斯随机场 $\boldsymbol{H}^{NG}(x,y;\theta)$,再采用直接 MCS 方法(抽样次数为 N_t)计算边坡失效概率 p_f。

$$p_f = \frac{1}{N_t}\sum_{k=1}^{N_t} I\left(\min_{j=1,2,\cdots,N_s} FS_j(\boldsymbol{H}^{k,NG}(x,y;\theta)) < 1.0\right) \qquad (4.7)$$

式中：$\boldsymbol{H}^{k,NG}(x,y;\theta)$为基于第 k 组 MCS 样本点得到土体参数相关非高斯随机场的第 k 次实现；$I(\cdot)$为指示性函数，如果 $\min\limits_{j=1,2,\cdots,N_s}FS_j(\cdot)<1.0$，则 $I(\cdot)=1$；否则 $I(\cdot)=0$。

结合 GEOSTUDIO 软件 SLOPE/W 模块，考虑参考空间变异性边坡可靠度分析的多重二阶响应面法的计算步骤主要如下：

（1）确定土体参数统计特征（均值、变异系数、边缘概率分布、互相关系数和自相关函数及波动范围）。建立边坡稳定性分析模型，剖分参数随机场单元网格，提取每个单元中心点坐标。采用 SLOPE/W 模块中的剪入剪出方法生成可覆盖整个边坡可能失稳区域的任意多条潜在圆弧形滑动面[79]，通过参数敏感性分析确定所需的潜在滑动面数目 N_s，使得边坡临界确定性安全系数基本上不随 N_s 增加而变化。根据 Zhang 等[10]和 Li 等[12]，N_s 一般为 $10^3\sim10^4$ 量级便可满足计算精度要求。最后将边坡稳定性分析模型另存为名为"FS. xml"的计算源文件。

（2）对于单参数随机场，参数随机场离散的随机变量数目 N 恰好等于随机场单元数目 n_e；对于多参数随机场，N 则为所有参数随机场离散的随机变量数目之和。采用 $2N+1$ 组合样本设计方法在所有原始随机变量均值点附近产生输入参数样本点，样本数目恰好等于式（4.6）待定系数数目 N_c。

（3）将每组样本点分别代替"FS. xml"源文件相应的随机场单元中心点处的参数均值，从而得到 N_c 个新的"FS. xml"文件。分别对每个新的"FS. xml"文件进行边坡稳定性分析，并从相应结果"FS. fac"文件中分别提取每条潜在滑动面的安全系数。该计算过程可借助微软脚本程序 Winbatch 和 Autolt 进行批处理计算，也可在 DOS 环境下采用 SLOPE/W 模块调用 Slope2. exe 程序进行批处理计算，后者无需打开软件界面。基于 N_c 组原始空间参数样本点和第 j 条潜在滑动面的 N_c 个安全系数，通过式（4.6）建立线性代数方程组，并求解多项式展开系数 $a_{i,j}$，$i=1,2,\cdots,N_c$，进而得到第 j 条滑动面安全系数二阶响应面。

（4）步骤（3）重复计算 N_s 次，便可得到 N_s 条潜在滑动面安全系数多（N_s）重二阶响应面代理模型，即边坡 N_s 条滑动面安全系数与 N 个原始空间随机变量之间的显式函数关系。

（5）在独立标准正态空间中进行一次直接 MCS 抽样，得到随机样本矩阵为$\boldsymbol{\xi}$。根据参数随机场统计特征和随机场单元中心点坐标，本章采用第 2 章改进乔列斯基分解技术产生原始空间相关非高斯参数随机场 $\boldsymbol{H}^{NG}(x,y;\theta)$的一次实现。

（6）将原始空间相关非高斯参数随机场的一次实现代入式（4.6），便可得到 N_s 条潜在滑动面的 N_s 个安全系数，从中求最小值得到临界安全系数 $FS_{\min}$。

（7）步骤（5）～（6）重复计算 N_t 次，便可得到相关非高斯参数随机场的 N_t 次实现和对应的 N_t 个 $FS_{\min}$，从 N_t 个 $FS_{\min}$ 中统计小于 1.0 的数目为 N_f，最后计算得到边坡失效概率为 $p_f = N_f/N_t$。

综上所述,图 4.4 给出了多重二阶响应面法的计算流程图。本章多重二阶响应面法虽然以 SLOPE/W 为例予以实现边坡可靠度分析,但是同样可以拓展到其他边坡稳定性分析软件。该方法主要包含 4 个分析模块:①前处理模块:输入确定性信息和参数统计特征;②多重二阶响应面模块:建立安全系数代理模型即 N_s 条潜在滑动面安全系数与 N 个原始空间随机变量间的近似显式函数关系;③参数随机场模拟模块:根据参数随机场统计特征和随机场单元中心点坐标,本章以改进乔列斯基分解技术为例生成相关非高斯参数随机场的 N_t 次实现;④MCS 模块:采用直接 MCS 抽样计算边坡失效概率。

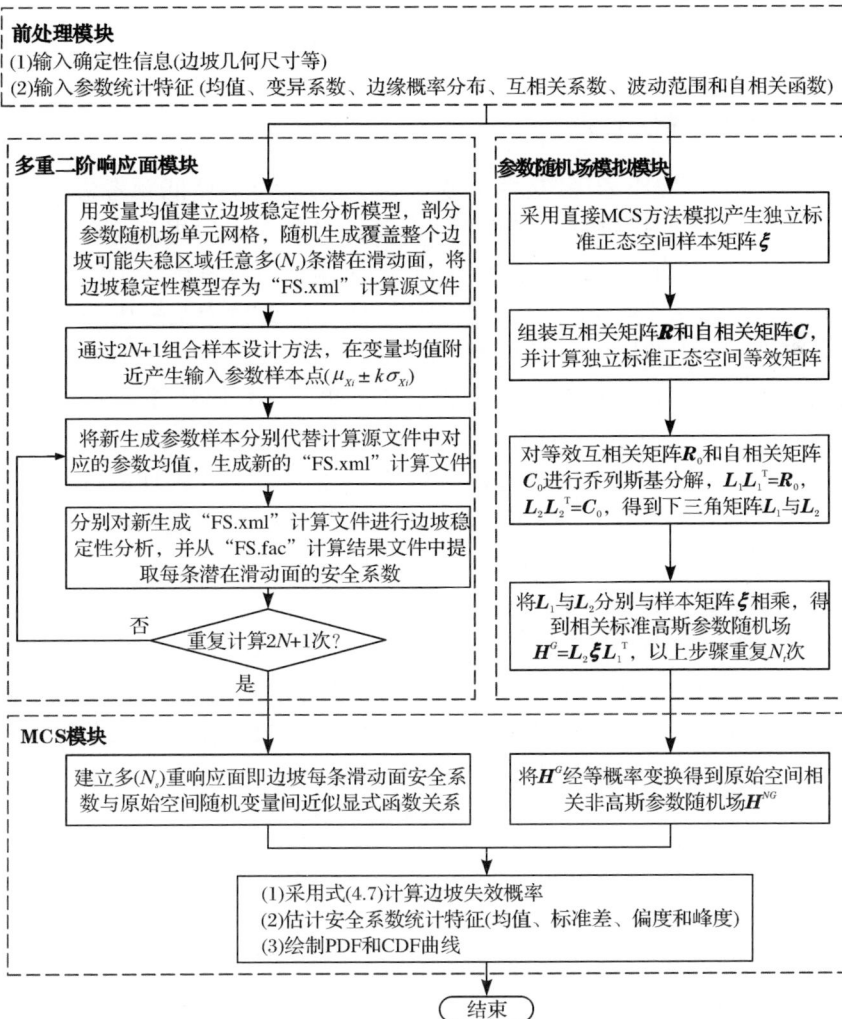

图 4.4　多重二阶响应面法计算流程图

本章多重二阶响应面法具有以下优点:

(1) 多重二阶响应面即边坡每条潜在滑动面安全系数与原始空间随机变量间的显式函数关系构建过程建立中,完全没有涉及随机场实现等信息,有效地降低了多重二阶响应面的构建难度。

(2) 多重二阶响应面的构建不依赖于输入参数统计特征(均值、变异系数、边缘概率分布、互相关系数、波动范围和自相关函数),一旦获得边坡安全系数多重二阶响应面之后,参数敏感性分析中边坡失效概率的计算无需再进行边坡稳定性分析重新校正多重二阶响应面,因此该方法具有较高的参数敏感性分析计算效率,可为研究参数统计特征如自相关函数对边坡可靠度的影响提供了技术支持。

4.4　算 例 分 析

4.4.1　均质摩擦/黏性土坡

首先以 Cho[15] 均质摩擦/黏性土坡为例,该边坡可靠度问题考虑了黏聚力 c 与内摩擦角 φ 间的互相关性,不仅可用于验证本书各向异性相关非高斯随机场模拟方法的有效性,其可靠度计算结果可直接用来验证研究考虑参考空间变异性边坡可靠度分析多重二阶响应面法的有效性。边坡计算模型及随机场单元网格剖分如图 4.5 所示,坡高为 10m,坡度为 1∶1,共剖分了 1190 个边长为 0.5m 的四边形单元和 20 个坡面附近过渡区退化的三角形单元,及 1281 个节点。根据文献 Cho[15],考虑 c 与 φ 之间的互相关性,采用相关对数正态随机场模拟黏聚力 c 与内摩擦角 φ 二维各向异性空间变异性,分别采用表 2.2 中的 5 种理论自相关函数模拟 c 与 φ 的空间自相关性,水平和垂直方向波动范围 δ_h 和 δ_v 分别取为 40m 和 4m。土体参数的统计特征如表 4.2 所示。首先采用 SLOPE/W 模块中剪入剪出方法随机生成可覆盖整个边坡可能失稳区域的多条潜在滑动面,参数敏感性分析表明当潜在滑动面数目 $N_s = 2992$ 时,边坡临界确定性安全系数基本上不再随着 N_s 的增加而改变。取所有参数均值采用简化毕肖普法计算的边坡安全系数为 1.208,与 Cho[15] 采用简化毕肖普法计算的 1.204 基本一致,自动搜索的最危险滑动面位置如图 4.5 虚线所示,本书称之为临界确定性滑动面。

表 4.2　土体参数的统计特征

土体参数	物理意义	均值	变异系数	分布类型	波动范围	互相关系数
c	黏聚力	10kPa	0.3	对数正态	$\delta_h = 40m$	$\rho_{c,\varphi} = -0.5$
φ	内摩擦角	30°	0.2	对数正态	$\delta_v = 4m$	
γ	单位容重	20kN/m³	—	—	—	—

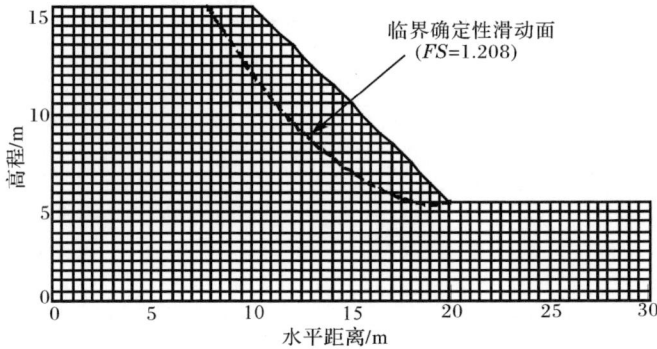

图 4.5　随机场单元模型及边坡稳定性结果

如图 4.5 所示,黏聚力 c 与内摩擦角 φ 随机场分别离散为 1210 个随机场单元,共 2420 个随机变量($N=2420$,1210 个 c 和 1210 个 φ)。首先建立安全系数多重二阶响应面即 2992 条潜在滑动面安全系数与 2420 个随机变量间的近似显式函数关系,该过程共需进行 4841($2N+1$)次边坡稳定性分析。在此基础上,采用 8 万次直接 MCS 方法计算边坡失效概率和安全系数统计特征,其中采用改进乔列斯基分解技术模拟 c 与 φ 相关对数随机场。为了验证多重二阶响应面法的有效性,本章也采用 1 万次直接 LHS 方法计算该边坡失效概率,计算过程如下:首先产生独立标准正态拉丁超立方随机样本,然后采用改进乔列斯基分解技术产生相关非高斯参数随机场的 1 万次实现,对其分别进行边坡稳定性分析,最后得到边坡失效概率和安全系数统计特征。此外,Cho[15] 采用 5 万次直接 MCS 方法计算了该边坡失效概率,其中利用 K-L 级数展开方法(截断项数 n 为 150)产生 c 与 φ 相关非高斯随机场。表 4.3 比较了当 $\rho_{c,\varphi}=-0.5$ 时三种方法的计算结果。由表 4.3 可见,对于 3 组不同的波动范围,本章所提 MSORSM 方法与直接 LHS 方法计算的边坡失效概率非常吻合,三种方法的计算结果之间总体相差较小,安全系数均值、标准差和变异系数基本相同。如当 δ_h 和 δ_v 分别为 40m 和 4m 时,本章 MSORSM 方法、Cho[15] 方法和 LHS 方法计算的失效概率分别为 2.16×10^{-2}、1.71×10^{-2} 和 2.21×10^{-2},如将 1 万次 LHS 方法计算结果近似视作精确解,本章 MSORSM 方法与 Cho[15] 方法的相对误差分别为 2.3% 和 22.6%。证明了本章 MSORSM 方法具有较高的计算精度,可以有效地分析考虑参数空间性的边坡可靠度问题,并且改进乔列斯基分解技术能够有效地模拟相关非高斯参数随机场。Cho[15] 方法计算结果与 MSORSM 和 LHS 方法间的微小差别,可能是由于简化毕肖普法计算程序、随机场模拟方法或随机场单元网格剖分的差别不同所致。

表 4.3　边坡可靠度结果的比较

计算方法	N_{call}	δ_h/m	δ_v/m	μ_{FS}	σ_{FS}	δ_{FS}	κ_{FS}	p_f	相对误差/%
MSORSM 方法	4 841			1.194	0.103	0.260	3.136	2.16×10^{-2}	2.3
Cho[15] 方法	50 000	40	4	1.199	0.106	—	—	1.71×10^{-2}	22.6
LHS 方法	10 000			1.184	0.103	0.473	3.561	2.21×10^{-2}	—
MSORSM 方法	4 841	40	8	1.194	0.121	0.303	3.197	4.43×10^{-2}	6.8
Cho[15] 方法	50 000			1.201	0.126	—	—	3.70×10^{-2}	10.8
LHS 方法	10 000			1.189	0.123	0.570	3.783	4.15×10^{-2}	—
MSORSM 方法	4 841			1.195	0.105	0.264	3.157	2.36×10^{-2}	0.8
Cho[15] 方法	50 000	80	4	1.200	0.109	—	—	1.91×10^{-2}	19.7
LHS 方法	10 000			1.185	0.105	0.490	3.727	2.38×10^{-2}	—

注：N_{call} 表示确定性边坡稳定分析次数。

图 4.6 进一步比较了本章 MSORSM 方法、Cho[15] 方法和 1 万次 LHS 方法计算的不同互相关系数处的边坡失效概率。由图 4.6 可知，边坡失效概率随着 c 与 φ 间互相关系数的增大而增加。在互相关系数变化过程中 3 种方法计算结果基本一致。如当 $\rho_{c,\varphi}=-0.7$ 时，本章 MSORSM 方法、Cho[15] 方法和 LHS 方法计算的边坡失效概率分别为 4.98×10^{-3}，3.9×10^{-3} 和 4.4×10^{-3}。同样将 1 万次 LHS 方法的计算结果近似视作精确解，本章 MSORSM 方法和 Cho[15] 方法计算的失效概率相对误差分别为 13.2% 和 11.4%。需要指出的是边坡失效概率随互相关系数变化过程中，本章 MSORSM 方法计算效率最高，总共只需要进行 4841 次边坡稳定性分析。相比之下，Cho[15] 方法和 LHS 方法对于每个互相关系数，都需要重

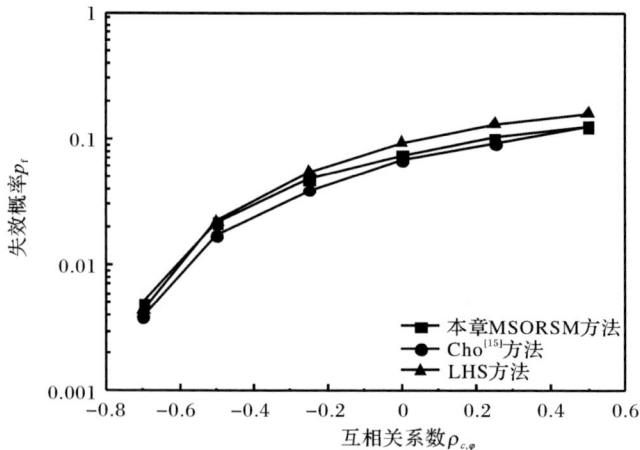

图 4.6　三种方法边坡失效概率的比较

复进行类似的边坡稳定性分析,整个过程中所需的边坡稳定性分析次数分别为 30 万次和 6 万次。这是因为本章 MSORSM 方法一旦获得安全系数多重二阶响应面之后,采用直接 MCS 方法计算边坡失效概率不依赖于输入参数的统计特征如互相关系数。换句话说,在参数敏感性分析中计算边坡失效概率不需要再进行边坡稳定性分析重新校正多重二阶响应面,证明了本章 MSORSM 方法具有较高的参数敏感性分析计算效率,可为进一步研究土体参数统计特征如自相关函数对边坡可靠度的影响提供技术支持。

　　本章 MSORSM 方法具有较高的参数敏感性分析计算效率,借此探讨表 2.2 中常用的 5 种理论自相关函数对均质摩擦/黏性土坡可靠度的影响。考虑 c 与 φ 间互相关性、变异性及波动范围的影响,其中,$\rho_{c,\varphi}$ 变化范围取为 $[-0.7,0.5]$,c 与 φ 的变异系数 COV_c 和 COV_φ 变化范围分别取为 $[0.2,0.7]$ 和 $[0.05,0.2]$,值得指出的是这些参数变化范围均在表 2.1 和表 4.4 的参数的统计范围之内。并且根据表 4.1 波动范围统计结果,抗剪强度参数 δ_h 和 δ_v 分别取为 $[10m,60m]$ 和 $[1m,6m]$。在参数敏感性分析过程中,假定某一参数发生变化,其余参数等于各自参考值($\rho_{c,\varphi}=-0.5$;$COV_c=0.3$,$COV_\varphi=0.2$;$\delta_h=40m$,$\delta_v=4m$)。

表 4.4　土体参数变异系数统计[2,23,24,41,58,60,62,80~90]

土体参数	COV	来源
s_u	18%(海积土),16%(伦敦黏土)	Lumb[80]
	18%~30%(纽约黏土)	Asaoka 和 Grivas[60]
	5%~50%	Lee 等[81];Lacasse 和 Nadim[82]
	21%~23%	Soulié 等[62]
	4%~44%(黏土),8%~38%(粉土)	Phoon 和 Kulhawy[58]
	13%~40%	Duncan[83]
	0~33%(黏土)	Al-Homoud 和 Tanash[84]
	5%~55%	Uzielli 等[24]
	6%~80%	Srivastava 等[85]
c	10%~80%	Harr[86];Tang 等[2]
	10%~70%	Cherubini[87]
	25%~30%	Baecher 和 Christian[23]
	20%~40%	Phoon[88];Song 等[41]
	10%~55%	Mollon 等[89]

土体参数	COV	来源
	5%～20%	Harr[86];Tang 等[2]
	0.02%～0.56%	Lee 等[81];Lacasse 和 Nadim[82]
	10%～30%	Genske 和 Walz[90]
	3%～29%(黏土、粉土),13%～14%(砂土)	Phoon 和 Kulhawy[58]
	10%～50%(黏土),5%～25%(粉土),5%～15%(砂土)	Cherubini[87]
φ	5%～15%	Baecher 和 Christian[23]
	5%～15%	Phoon[88]
	5%～15%	Mollon 等[89]
	7%～20%	Srivastava 等[85]
	10%～20%	Song 等[41]
	3%～7%	Duncan[83]
γ	3%～10%	Cherubini[87]
	3%～13%	Srivastava 等[85]
k	68%～90%	Duncan[83]
	60%～90%	Srivastava 等[85]

注:γ 和 k 分别为土体单位容重和渗透系数。

基于表 2.2 中 5 种二维理论自相关函数,图 4.7 比较了不同 $\rho_{c,\varphi}$ 处的边坡失效概率。由图 4.7 可知,基于指数型自相关函数计算的边坡失效概率偏小,由指数余弦型、高斯型、二阶自回归型和三角型自相关函数得到的边坡失效概率差别较小。表明常用的指数型自相关函数用于模拟土体参数空间自相关性时,可能会高估边坡可靠度水平,造成偏危险的设计方案。此外,不同自相关函数对边坡失效概率的影响随着 c 与 φ 间负相关性的增强而增大。如当 $\rho_{c,\varphi}=-0.7$ 时,由指数型、高斯型、二阶自回归型、指数余弦型和三角型自相关函数计算的边坡失效概率分别为 4.98×10^{-3}、1.2×10^{-2}、9.0×10^{-3}、1.24×10^{-2} 和 9.65×10^{-3},边坡失效概率总体差别不明显,在一个数量级以内。

接着图 4.8(a)和(b)分别比较了不同 COV_c 和 COV_φ 变异系数处的边坡失效概率。内摩擦角的变异性对边坡可靠度的影响明显大于黏聚力的变异性。与图 4.7 相比,此时自相关函数对边坡可靠度的影响更为明显,特别是随着 COV_φ 变异系数的变化。由指数型自相关函数得到的边坡失效概率明显偏小,由指数余弦

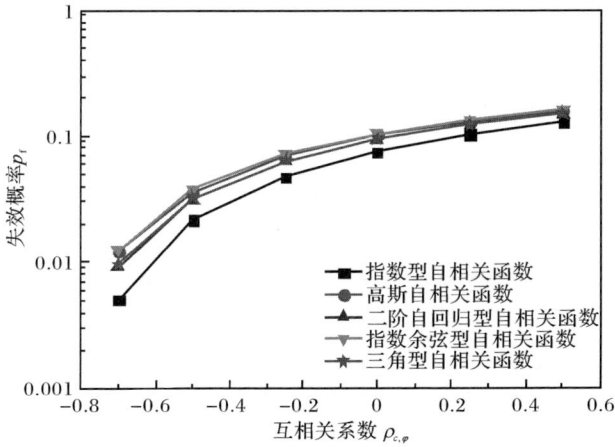

图 4.7　边坡失效概率随 $\rho_{c,\varphi}$ 变化关系曲线

型自相关函数得到的失效概率略微偏大,由其余 3 种自相关函数得到的边坡失效概率差别较小。此外,在参数变异性较小时,自相关函数对边坡可靠度的影响更为明显。在内摩擦角变异性较小处由不同自相关函数得到的边坡失效概率的差别甚至超过了一个数量级。如 COV_φ 为 0.05 时,由以上 5 种理论自相关函数得到的边坡失效概率依次分别为 1.25×10^{-5}、1.0×10^{-4}、6.2×10^{-5}、1.63×10^{-4} 和 8.75×10^{-4},最大值是最小值的 13 倍多。

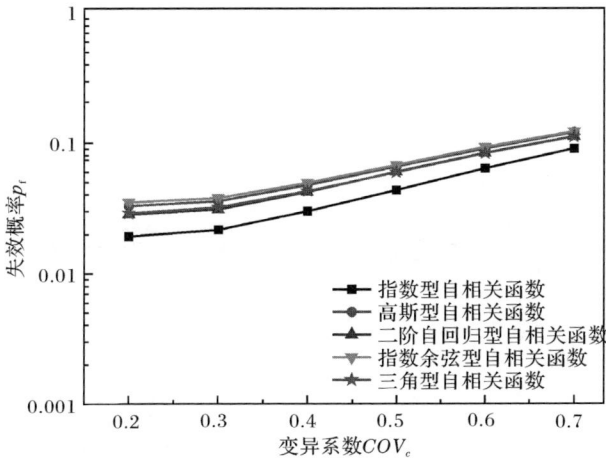

(a) COV_c ($COV_\varphi = 0.2$)

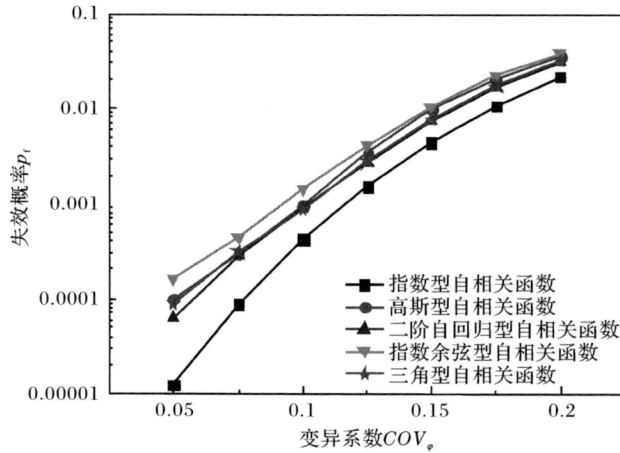

（b）COV_φ（$COV_c=0.3$）

图 4.8　边坡失效概率随 COV_c 和 COV_φ 的变化关系曲线

　　图 4.9(a)和(b)进一步分别比较了 δ_h 和 δ_v 处的边坡失效概率。垂直波动范围对均质摩擦/黏性土坡可靠度的影响远远大于水平波动范围,这主要是因为摩擦/黏性土坡大多沿坡趾发生浅层失稳破坏,大部分滑动面垂直经过边坡上部。与图 4.8 不同的是,基于 5 种自相关函数得到的边坡失效概率差别总体较小,如 δ_v 为 4m 时,由以上 5 种自相关函数得到的边坡失效概率依次分别为 2.16×10^{-2}、3.59×10^{-2}、3.1×10^{-2}、3.8×10^{-2} 和 3.21×10^{-2}。

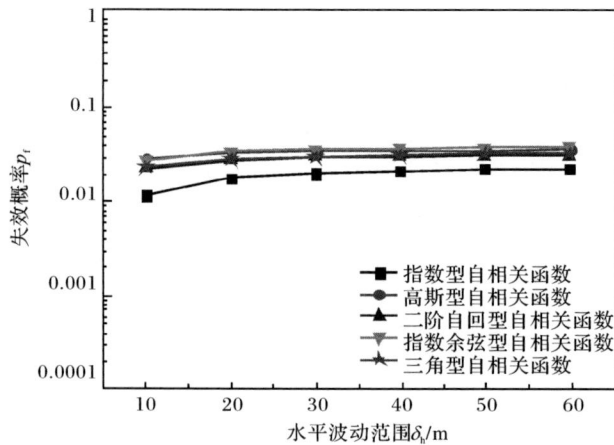

（a）δ_h（$\delta_v=4\mathrm{m}$,$\rho_{c,\varphi}=-0.5$）

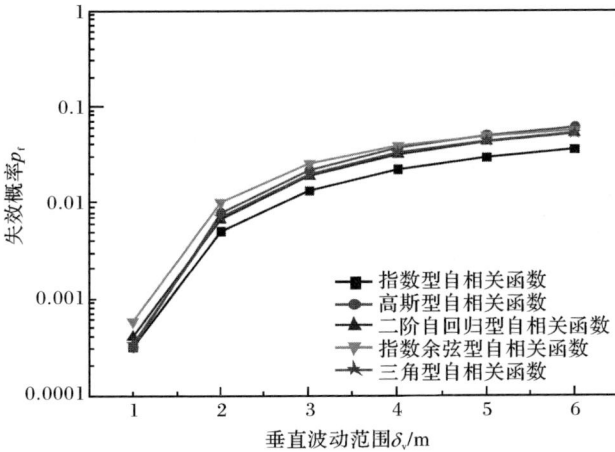

(b) $\delta_{\mathrm{v}}(\delta_{\mathrm{h}}=40\mathrm{m}, \rho_{c,\varphi}=-0.5)$

图 4.9　边坡失效概率随水平和垂直波动范围的变化关系曲线

　　参数波动范围是土体的基本属性,根据不同物理力学指标通过试验得到的土体参数波动范围理论上应该相同[71]。因此在岩土工程统计分析中,大多假设在计算区域内由不同土体物理力学指标(如锥尖阻力、黏聚力和内摩擦角等)获得的水平和垂直波动范围相同[40,75]。如果土体参数空间自相关结构是由于土体本构特性变化引起,这个假设是合理的。然而,岩土工程实际并非如此,由不同土性指标如力学指标和强度指标通过现场试验得到的土体参数 δ_{h} 和 δ_{v} 存在一定的差别[68,91]。主要是因为通过现场试验测定土体物理力学指标,通常会受取样间距的影响,如常规十字板试验和室内土工试验测点间距或取样间距一般都取得较大,难以真实地反映土体的自相关特性,同时还可能会掩盖较大间隔内土性特性的不均匀性。此外,获取室内土工试验资料估计土性参数波动范围时,容易受到土样扰动的影响。

　　遗憾的是,目前随机场模拟研究中大多没有考虑不同土体参数具有不同的波动范围情形。本章通过数值分析探讨了当黏聚力 c 和内摩擦角 φ 具有不同垂直动范围时,自相关函数对边坡可靠度的影响。为简化参数随机场模拟过程,此处只考虑黏聚力和内摩擦角相互独立情况,即 $\rho_{c,\varphi}=0$,不同自相关函数的计算结果如图 4.10 所示。与图 4.9 类似,内摩擦角垂直波动范围对边坡失效概率的影响大于黏聚力垂直波动范围。由不同自相关函数得到的边坡失效概率总体差别也较小,由指数型自相关函数得到的边坡失效概率依然偏小。进一步表明常用的指数型自相关函数用于模拟土体参数空间自相关性时将会高估边坡可靠度水平,导致偏危险的边坡设计方案。

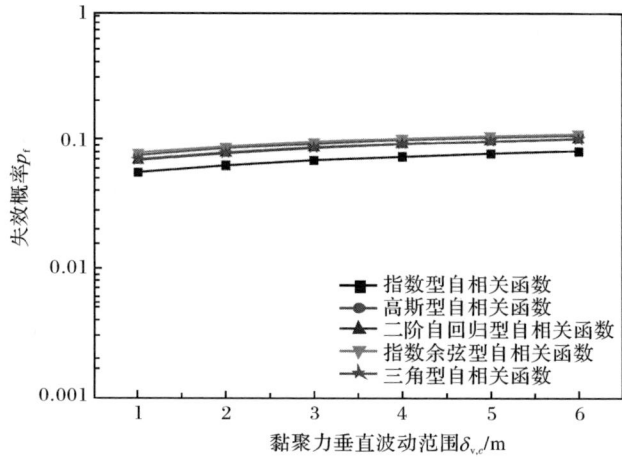

(a) $\delta_{v,c}(\delta_{v,\varphi}=4\mathrm{m},\rho_{c,\varphi}=0)$

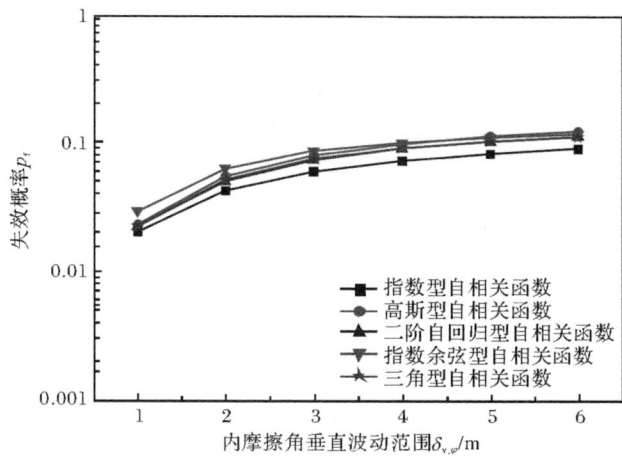

(b) $\delta_{v,\varphi}(\delta_{v,c}=4\mathrm{m},\rho_{c,\varphi}=0)$

图 4.10　边坡可靠度随垂直波动范围的变化关系曲线

4.4.2　含软弱夹层非均质土坡

　　下面以含软弱夹层的非均质多层土坡[92]为例进一步验证本章多重二阶响应面法的有效性,同时探讨自相关函数对非均质边坡可靠度的影响。边坡计算模型如图 4.11 所示,坡高为 10m,坡度为 1∶1,软弱夹层厚度为 0.5m,软弱夹层中心点纵坐标为 3.75m,边坡地下水位线左右两侧的水头分别为 11m 和 5m。同样考虑坡体部分 c_1' 与 φ_1' 之间的互相关性,采用相关对数正态随机场模拟坡体部分黏聚

力 c_1' 与内摩擦角 φ_1'、基础部分黏土不排水抗剪强度 s_u 和软弱夹层内摩擦角 φ_2' 的空间变异性,采用表 2.2 中常用的 5 种自相关函数分别模拟三层土体抗剪强度参数的空间自相关性,δ_h 和 δ_v 分别取为 40m 和 4m,土体参数的统计特征如表 4.5 所示。参数随机场共剖分了 1190 个边长为 0.5m 的四边形单元和 20 个坡面附近过渡区退化的三角形单元,及 1281 个节点。随机场单元模型如图 4.12 所示。采用 SLOPE/W 模块剪入剪出方法随机生成可覆盖整个边坡可能失稳区域的 $N_s=2992$ 条潜在滑动面。取所有参数均值采用简化毕肖普法计算的边坡安全系数为 1.317,自动搜索的临界确定性滑动面位置如图 4.12 所示。

表 4.5　土体参数的统计特征

土体类型	参数	均值	变异系数	分布类型	波动范围	互相关系数
砂土	c_1'	5kPa	0.15	对数正态	$\delta_h=40m,\delta_v=4m$	
	φ_1'	46°	0.1	对数正态	$\delta_h=40m,\delta_v=4m$	$\rho_{c_1',\varphi_1'}=-0.5$
	γ_1	20kN/m³	—	—	—	
黏土	s_u	50kPa	0.16	对数正态	$\delta_h=40m,\delta_v=4m$	
	γ_2	20kN/m³	—	—	—	
软弱夹层	c_2'	0				
	φ_2'	10°	0.15	对数正态	$\delta_h=40m,\delta_v=4m$	
	γ_3	20kN/m³	—	—	—	

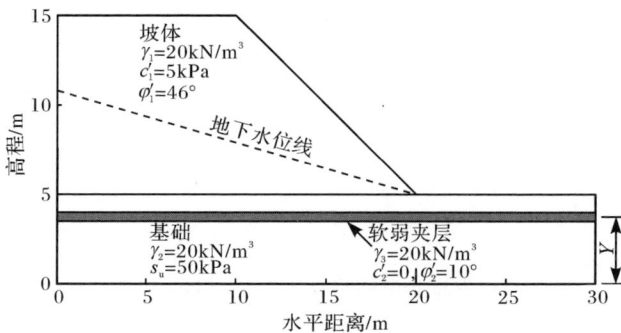

图 4.11　含软弱夹层边坡计算示意图

根据 Lu 和 Zhang[21] 和 Cho[22] 建议的方法模拟三层土体抗剪强度参数空间变异性,将四参数随机场考虑为全局非平稳随机场。首先构建多重二阶响应面即 2992 条潜在滑动面安全系数与 1820 个原始随机变量($N=1820$,610 个 c_1'、610 个 φ_1'、540 个 s_u 和 60 个 φ_2')间的近似显式函数关系,该过程共需进行 3641($2N+1$)次边坡稳定性分析。在此基础上,采用改进乔列斯基分解技术离散四参数随机场

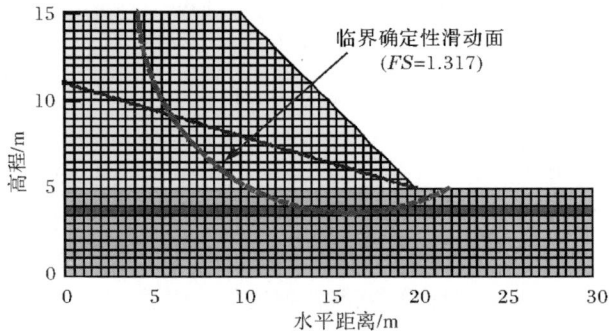

图 4.12　随机场单元模型及边坡稳定性结果

和 20 万次直接 MCS 方法计算边坡失效概率和安全系数前四阶统计矩,基于指数型自相关函数模拟参数空间自相关性的计算结果如表 4.6 所示。由表 4.6 可知,本章 MSORSM 方法计算的边坡失效概率为 7.1×10^{-4},这种低失效概率水平边坡可靠度问题在岩土工程实际中十分常见。对于这种低失效概率水平边坡可靠度问题,如果采用直接 MCS 方法进行分析,即便只保证失效概率的变异系数小于 30% 也至少需要进行 1.5 万次边坡稳定性分析。为了验证所提 MSORSM 方法的有效性,本章同时采用了 2 万次直接 LHS 方法计算的该边坡失效概率为 9.5×10^{-4},与本章 MSORSM 方法的计算结果(7.1×10^{-4})非常吻合,从而证明了本章多重二阶响应面法分析考虑参数空间变异性非均质土坡可靠度问题的有效性。

表 4.6　边坡可靠度结果比较

工况	计算方法	N_{call}	μ_{FS}	σ_{FS}	δ_{FS}	κ_{FS}	p_f	相对误差
1	MSORSM 方法	3641	1.270	0.091	0.130	3.008	7.1×10^{-4}	0.25
	LHS 方法	20,000	1.271	0.091	0.157	3.040	9.5×10^{-4}	—
2	MSORSM 方法	18,205	1.268	0.095	0.140	3.014	1.39×10^{-3}	0.16
	LHS 方法	20,000	1.269	0.096	0.165	3.040	1.65×10^{-3}	—

注:工况 1 表示固定的软弱夹层位置(即图 4.11 中 $Y=3.75\text{m}$);工况 2 表示采用一个离散型随机变量 Y 来模拟软弱夹层位置的不确定性。

　　岩土工程实际现场实测数据十分有限,有限数据条件下通常难以准确地确定详细的地层信息[8,92]。换言之,该非均质多层土坡的软弱夹层位置可能存在一定的不确定性。为了提高边坡可靠度分析的精度,非常需要考虑这种不确定性的影响。为此,本章采用一个离散型随机变量 Y 来模拟软弱夹层位置的不确定性,随机变量 Y 的概率质量函数取为

$$p(Y) = \begin{cases} 0.061, & Y = 2.75\mathrm{m} \\ 0.245, & Y = 3.25\mathrm{m} \\ 0.388, & Y = 3.75\mathrm{m} \\ 0.245, & Y = 4.25\mathrm{m} \\ 0.061, & Y = 4.75\mathrm{m} \end{cases} \qquad (4.8)$$

式中：Y 表示软弱夹层中心点的纵坐标，如图 4.12 所示。

　　表 4.6 中工况 2 比较了本章 MSORSM 方法和 2 万次直接 LHS 方法的计算结果。由表 4.6 可知，这两种方法计算的边坡失效概率与工况 1 相比有所增大，分别为 1.39×10^{-3} 和 1.65×10^{-3}，可见两者计算结果仍然非常吻合，进一步验证了本章 MSORSM 方法分析分析考虑多参数空间变异性的低失效概率水平多层土坡可靠度问题的有效性。需要指出的是与工况 1 相比，工况 2 由于考虑了软弱夹层位置的不确定性，本章所提方法所需的边坡稳定性分析计算量急剧增加，这主要是因为对每个不同的软弱夹层位置，所提方法都需要重新进行边坡稳定性分析构建安全系数多重二阶响应面。

　　下面进一步通过参数敏感性分析探讨不同自相关函数对非均质多层土坡可靠度的影响，考虑 $\rho_{c'_1, \varphi'_1}$ 变化范围取为 $[-0.7, 0.5]$，s_u 的 COV_{s_u} 变化范围分别取为 $[0.1, 0.5]$，抗剪强度参数 δ_h 和 δ_v 分别取为 $[10\mathrm{m}, 60\mathrm{m}]$ 和 $[1.5\mathrm{m}, 6\mathrm{m}]$。值得指出的是这些统计参数变化范围也均在各自统计范围之内。同样假定参数敏感性分析过程中某一参数变化，其余参数等于各自参考值（$\rho_{c'_1, \varphi'_1} = -0.5$；$COV_{s_\mathrm{u}} = 0.16$；$\delta_\mathrm{h} = 40\mathrm{m}, \delta_\mathrm{v} = 4\mathrm{m}$）。

　　图 4.13 给出了非均质多层土坡失效概率随 $\rho_{c'_1, \varphi'_1}$ 的变化关系曲线。与均质土坡类似，由指数型自相关函数得到的边坡失效概率明显偏小，由其余 4 种自相关

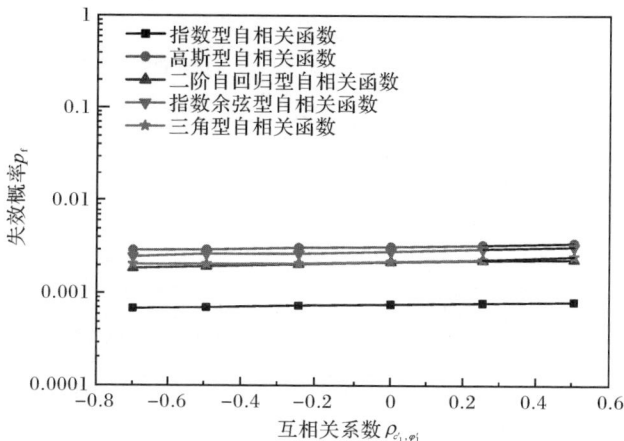

图 4.13　边坡失效概率随 $\rho_{c'_1, \varphi'_1}$ 变化关系曲线

函数得到的边坡失效概率相差较小。然而与图 4.7 不同的是，多层土坡坡体部分黏聚力 c_1' 与内摩擦角 φ_1' 间的互相关性对边坡失效概率几乎没有影响。主要因为图 4.11 多层土坡发生深层失稳破坏的几率较大，大部分临界滑动面都经过边坡基础部分，基础部分黏土的抗剪强度对边坡稳定性起控制作用。图 4.14 中三参数随机场的一次典型实现及边坡稳定性分析结果证明了这一点。

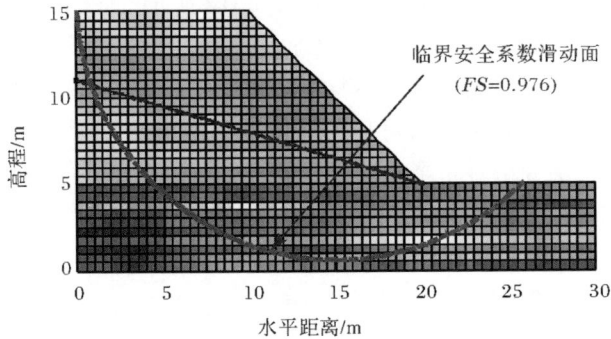

图 4.14　c_1'、s_u 和 φ_2' 随机场一次典型实现及边坡稳定性分析结果

　　图 4.15 给出了非均质多层土坡失效概率随边坡基础部分黏土不排水抗剪强度 COV_{s_u} 的变化关系曲线。与图 4.8 一样，考虑土体参数变异性的变化过程中，自相关函数对非均质多层土坡可靠度具有一定的影响，由指数型自相关函数得到的边坡失效概率偏小，不同自相关函数对边坡失效概率的影响与参数变异系数大小有关，在 COV_{s_u} 较小处差别相对更为明显，甚至达到了一个数量级。如当 $COV_{s_u}=0.1$ 时，基于 5 种自相关函数得到的边坡失效概率依次分别为 5.0×10^{-6}、5.0×10^{-5}、1.0×10^{-5}、2.0×10^{-5} 和 2.0×10^{-5}，最大值恰好为最小值的 10 倍。

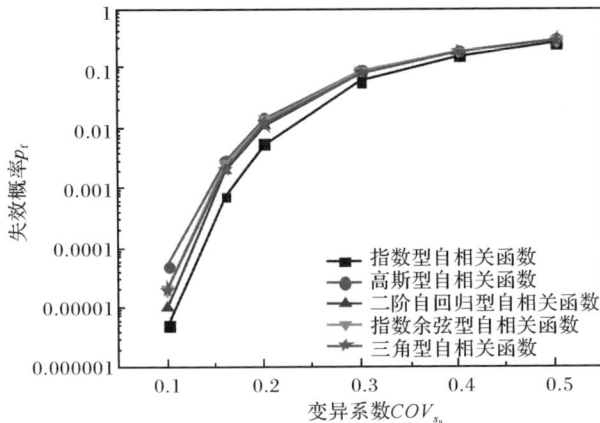

图 4.15　边坡失效概率随 COV_{s_u} 的变化关系曲线（$\rho_{c_1',\varphi_1'}=-0.5$）

图 4.16(a)和(b)分别给出了非均质多层土坡失效概率随 δ_h 和 δ_v 的变化关系曲线。与均质土坡一样,基于指数型自相关函数得到的边坡失效概率偏小,由高斯型和指数余弦型自相关函数所得到的边坡失效概率偏大,二阶自回归型和三角型自相关函数的计算结果居中。与均质土坡不同的是,波动范围变化过程中自相关函数对多层土坡失效概率的影响更为明显,由不同自相关函数得到的多层土坡失效概率的最大差别超过了一个数量级。不同自相关函数得到的边坡失效概率差别在波动范围较小处更为明显。进一步表明常用指数型自相关函数用于模拟土体多参数空间变异性会明显高估多层土坡可靠度水平,从而导致偏危险的边坡设计方案。并且自相关函数对多层土坡失效概率的影响与参数间互相关系数、参数的变异系数和波动范围取值大小有关。

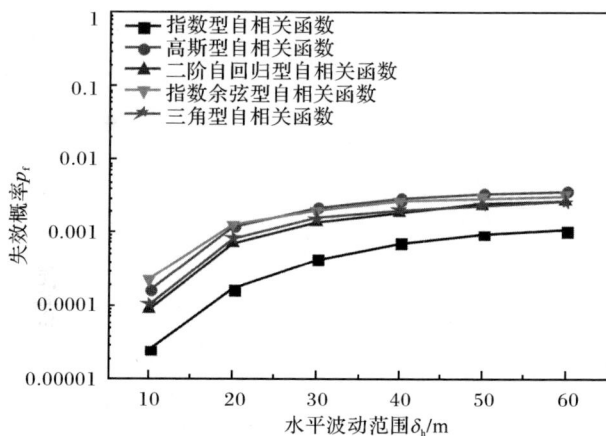

(a) δ_v ($\delta_v = 4\mathrm{m}$, $\rho_{c_1', \varphi_1'} = -0.5$)

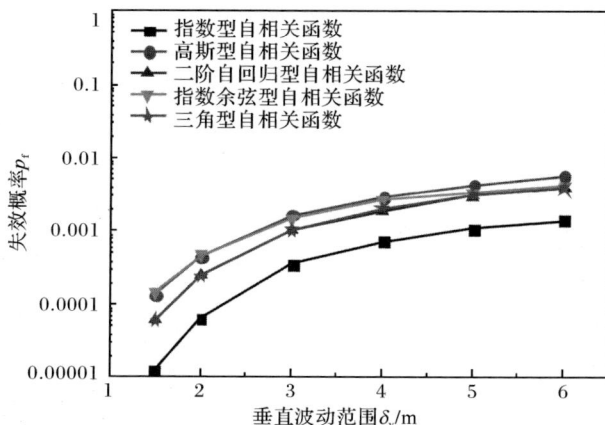

(b) δ_v ($\delta_h = 40\mathrm{m}$, $\rho_{c_1', \varphi_1'} = -0.5$)

图 4.16　边坡失效概率随水平和垂直波动范围的变化关系曲线

　　由图 4.16 还可知,相比于均质边坡,δ_h 对多层土坡失效概率的影响尽管不如 δ_v 那么明显,但是在 $\delta_h \leqslant 40m$ 处对多层土坡失效概率也具有非常重要的影响。如对于指数型自相关函数,当 δ_h 由 10m 增加到 40m 时,边坡失效概率由 2.5×10^{-5} 增大至 7.1×10^{-4},增加了 28 倍多。这也主要是由于本例多层土坡发生深层失稳破坏的概率较大,大部分临界滑动面水平地经过边坡基础部分,如图 4.14 所示,使得多层土坡基础部分黏土不排水抗剪强度水平方向的空间变异性对边坡稳定性产生重要的影响。相比之下,图 4.5 所示的均质摩擦/黏性土坡主要沿坡趾垂直地发生浅层失稳破坏,导致土体参数水平波动范围对其可靠度影响相对较小。表明土体参数 δ_h 对发生深层失稳破坏的边坡可靠度的影响要大于对发生浅层失稳破坏的边坡可靠度的影响。

4.5　本　章　小　结

　　本章提出了考虑自相关函数影响高效参数敏感性分析的多重二阶响应面法,系统地统计了土体抗剪强度参数的波动范围和自相关距离、变异系数与互相关系数的取值范围,研究了考虑软弱夹层位置不确定性的非均质多层土坡可靠度问题,着重探讨了常用 5 种表征土体参数空间自相关性的自相关函数对均质和非均质边坡可靠度的影响规律。主要结论如下:

　　(1) 多重二阶响应面法一旦建立多重二阶响应面即边坡安全系数与原始空间输入参数间的近似显式函数关系后,边坡失效概率的计算不依赖于土体参数的统计特征(均值、变异系数、边缘概率分布、互相关系数、波动范围和自相关函数),具有较高的参数敏感性分析计算效率,为研究参数统计特征如自相关函数对边坡可靠度的影响提供了技术支持。同时该方法能够有效地分析考虑土体多参数空间变异性的低失效概率水平($10^{-6} \sim 10^{-3}$ 量级)非均质多层土坡可靠度问题。

　　(2) 当空间任意两点间的相对距离小于 1.5 倍波动范围时,不同自相关函数之间的差别较为明显,而相对距离当大于 1.5 倍波动范围时,差别相对较小。由指数型、指数余弦型和三角型自相关函数模拟的参数随机场分布波动性较大,尤其在垂直方向。相比之下,由高斯型和二阶自回归型自相关函数模拟的参数随机场分布平稳光滑,连续性较好,后者用于表征土体参数空间自相关性可能更为符合岩土工程实际。

　　(3) 由指数型自相关函数得到的边坡失效概率偏小,由高斯型、二阶自回归型、指数余弦型和三角型自相关函数得到的边坡失效概率差别较小。不同自相关函数对边坡可靠度的影响与土体参数波动范围、变异系数和参数间互相关系数大小有关。常用的指数型自相关函数用于模拟土体参数空间自相关性会明显高估边坡可靠度水平,从而造成偏危险的设计方案。如果从偏安全的角度考虑,后 4

种自相关函数值得在岩土工程实际中推广。考虑现场试验样本取样间距和扰动作用的影响,由不同土性指标得到的土体参数波动范围可能不同。尽管如此,自相关函数对均质边坡可靠度的影响仍然较小。相比之下,自相关函数对多层土坡可靠度的影响更为显著。

(4) 本章提出的多重二阶响应面法基于改进乔列斯基分解技术模拟各向异性相关非高斯参数随机场,其中每个随机场单元对考虑参数空间变异性边坡可靠度分析均具有一定的影响。如果随机场单元网格离散较为密集或者很不规则,参数随机场则需离散为大量的随机变量,这不仅会增大自相关矩阵维度,加大自相关矩阵分解的难度和增加边坡稳定性分析计算量,而且还可能产生数值舍入误差等。此外,当考虑边坡地层特征、几何参数以及边界条件不确定性本章提出方法的计算量也会急剧增加,这些不足之处需要进一步改进。

参 考 文 献

[1] 汪小刚,董育坚. 岩基抗剪强度参数[M]. 北京:中国水利水电出版社,2010.

[2] Tang X S,Li D Q,Rong G,et al. Impact of copula selection on geotechnical reliability under incomplete probability information[J]. Computers and Geotechnics,2013,49:264−278.

[3] Kasama K,Whittle A J,Zen K. Effect of spatial variability on the bearing capacity of cement-treated ground[J]. Soils and Foundations,2012,52(4):600−619.

[4] Li K S,Lumb P. Probabilistic design of slopes[J]. Canadian Geotechnical Journal,1987,24(4):520−535.

[5] Tanahashi H. Discussion on "Response of pile embedded in stochastic ground media"[J]. Structural Safety,1998,20(2):189−193.

[6] Yang L F,Yu B,Ju J W. System reliability analysis of spatial variance frames based on random field and stochastic elastic modulus reduction method[J]. Acta Mechanica,2012,223(1):109−124.

[7] 李亚军,刘斯宏,傅中志,等. 多层地基土坡的随机有限元模型不同参数比较分析[J]. 岩土工程学报,2014,36(1):162−169.

[8] Cao Z,Wang Y. Bayesian model comparison and selection of spatial correlation functions for soil parameters[J]. Structural Safety,2014,49:10−17.

[9] Ching J,Phoon K K,Hu Y G. Efficient evaluation of reliability for slopes with circular slip surfaces using importance sampling[J]. Journal of Geotechnical and Geoenvironmental Engineering(ASCE),2009,135(6):768−777.

[10] Zhang J,Zhang L M,Tang W H. New methods for system reliability analysis of soil slopes [J]. Canadian Geotechnical Journal,2011,48(7):1138−1148.

[11] Ji J,Low B K. Stratified response surfaces for system probabilistic evaluation of slopes[J]. Journal of Geotechnical and Geoenvironmental Engineering (ASCE),2012,138(11):

1398—1406.

[12] Li L,Wang Y,Cao Z J,et al. Risk de-aggregation and system reliability analysis of slope stability using representative slip surfaces [J]. Computers and Geotechnics,2013, 53:95—105.

[13] 祁小辉,李典庆,周创兵,等. 考虑土体空间变异性的边坡最危险滑动面随机分析方法[J]. 岩土工程学报,2013,35(4):745—753.

[14] Wang Y,Cao Z,Au S K. Practical reliability analysis of slope stability by advanced Monte Carlo simulations in a spreadsheet[J]. Canadian Geotechnical Journal,2011,48(1):162—172.

[15] Cho S E. Probabilistic assessment of slope stability that considers the spatial variability of soil properties[J]. Journal of Geotechnical and Geoenvironmental Engineering(ASCE), 2010,136(7):975—984.

[16] Wong F S. Slope reliability and response surface method[J]. Journal of Geotechnical Engineering,1985,111(1):32—53.

[17] Huang J S,Griffiths D V,Fenton G A. System reliability of slopes by RFEM[J]. Soils and Foundations,2010,50(3):345—355.

[18] 何军涛,张洁,黄宏伟,等. 基于多重响应面法的基坑位移反分析[J]. 岩土力学,2012, 33(12):3810—3817.

[19] Haldar S,Sivakumar Babu G L. Effect of soil spatial variability on the response of laterally loaded pile in undrained clay[J]. Computers and Geotechnics,2008,35(4):537—547.

[20] Wu S,Ou C,Ching J,et al. Reliability-based design for basal heave stability of deep excavations in spatially varying soils[J]. Journal of Geotechnical and Geoenvironmental Engineering(ASCE),2012,138(5):594—603.

[21] Lu Z,Zhang D. Stochastic simulations for flow in nonstationary randomly heterogeneous porous media using a KL-based moment-equation approach[J]. Multiscale Modeling & Simulation,2007,6(1):228—245.

[22] Cho S E. Probabilistic analysis of seepage that considers the spatial variability of permeability for an embankment on soil foundation[J]. Engineering Geology,2012,133-134:30—39.

[23] Baecher G B,Christian J T. Reliability and Statistics in Geotechnical Engineering[M]. New York:John Wiley & Sons,2003.

[24] Uzielli M,Lacasse S,Nadim F,et al. Soil variability analysis for geotechnical practice[C]// Tan T S,Phoon K K,Hight D W,et al. Characterization and Engineering Properties of Natural Soils. London:Taylor & Francis Group,2007.

[25] Chen J J,Zhang L. Effect of spatial correlation of cone tip resistance on the bearing capacity of piles[J]. Journal of Geotechnical and Geoenvironmental Engineering(ASCE),2012, 139(3):494—500.

[26] Salgado R,Kim D. Reliability analysis of load and resistance factor design of slopes[J]. Journal of Geotechnical and Geoenvironmental Engineering(ASCE),2014,140(1):57—73.

[27] Jaksa M B,Kaggwa W S,Brooker P I. Experimental evaluation of the scale of fluctuation of

a stiff clay[C] // Proceedings of the 8th International Conference on the Application of Statistics and Probability. Sydney, AA Balkema, Rotterdam, 1999, 1:415—422.

[28] Cafaro F, Cherubini C. Large sample spacing in evaluation of vertical strength variability of clayey soil[J]. Journal of Geotechnical and Geoenvironmental Engineering(ASCE), 2002, 128(7):558—568.

[29] Phoon K K, Quek S T, An P. Identification of statistically homogeneous soil layers using modified Bartlett statistics[J]. Journal of Geotechnical and Geoenvironmental Engineering (ASCE), 2003, 129(7):649—659.

[30] Lloret-Cabot M, Fenton G A, Hicks M A. On the estimation of scale of fluctuation in geostatistics[J]. Georisk, 2014, 8(2):129—140.

[31] Uzielli M, Vannucchi G, Phoon K K. Random field characterisation of stress-nomalised cone penetration testing parameters[J]. Géotechnique, 2005, 55(1):3—20.

[32] 汪莹鹤, 王保田, 安彦勇. 基于 CPT 资料的土性参数随机场特性研究[J]. 岩土力学, 2009, 30(9):2753—2758.

[33] Stuedlein A W, Kramer S L, Arduino P, et al. Geotechnical characterization and random field modeling of desiccated clay[J]. Journal of Geotechnical and Geoenvironmental Engineering (ASCE), 2012, 138(11):1301—1313.

[34] Al-Naqshabandy M S, Bergman N, Larsson S. Strength variability in lime-cement columns based on CPT data[J]. Proceedings of the ICE-Ground Improvement, 2012, 165(1):15—30.

[35] Zhang D Y, Xie W C, Pandey M D. A meshfree-Galerkin method in modelling and synthesizing spatially varying soil properties [J]. Probabilistic Engineering Mechanics, 2013, 31:52—64.

[36] Griffiths D V, Fenton G A. Probabilistic slope stability analysis by finite elements[J]. Journal of Geotechnical and Geoenvironmental Engineering(ASCE), 2004, 130(5):507—518.

[37] Ji J, Lian H J. Low B K. Modeling 2-D spatial variation in slope reliability analysis using interpolated autocorrelations[J]. Computers and Geotechnics, 2012, 40:135—146.

[38] Zhu H, Zhang L M. Characterizing geotechnical anisotropic spatial variations using random field theory[J]. Canadian Geotechnical Journal, 2013, 50(7):723—734.

[39] Li D Q, Qi X H, Zhou C B, et al. Effect of spatial variability of shear strength parameters that increase linearly with depth on reliability of infinite slopes[J]. Structural Safety, 2014, 49:45—55.

[40] Fenton G A, Griffiths D V. Bearing-capacity prediction of spatially random c-φ soils[J]. Canadian Geotechnical Journal, 2003, 40(1):64—65.

[41] Song K I, Cho G C, Lee S W. Effects of spatially variable weathered rock properties on tunnel behavior[J]. Probabilistic Engineering Mechanics, 2011, 26(3):413—426.

[42] 程勇刚, 常晓林, 李典庆. 考虑岩体空间变异性的隧洞围岩变形随机分析[J]. 岩石力学与工程学报, 2012, 31(增 1):2767—2775.

[43] Ching J Y, Phoon K K, Kao P H. Mean and variance of mobilized shear strength for spatial-

ly variable soils under uniform stress states[J]. 2014,140(3):487—501.

[44] Alves Fernandes V,Lopez-Caballero F,Costa d'Aguiar S. Probabilistic analysis of numerical simulated railway track global stiffness [J]. Computers and Geotechnics, 2014, 55:267—276.

[45] Al-Bittar T,Soubra A H. Bearing capacity of strip footings on spatially random soils using sparse polynomial chaos expansion[J]. International Journal for Numerical and Analytical Methods in Geomechanics,2013,37(13):2039—2060.

[46] Al-Bittar T,Soubra A H. Probabilistic analysis of strip footings resting on spatially varying soils and subjected to vertical or inclined loads[J]. Journal of Geotechnical and Geoenvironmental Engineering(ASCE),2014,140(4):04013043.

[47] Al-Bittar T,Soubra A H. Efficient sparse polynomial chaos expansion methodology for the probabilistic analysis of computationally-expensive deterministic models[J]. International Journal for Numerical and Analytical Methods in Geomechanics,2014,38(12):1211—1230.

[48] Laloy E,Rogiers B,Vrugt J A,et al. Efficient posterior exploration of a high-dimensional groundwater model from two-stage MCMC simulation and polynomial chaos expansion[J]. Water Resources Research,2013,49(5):2664—2682.

[49] Jiang S H,Li D Q,Zhang L M,et al. Slope reliability analysis considering spatially variable shear strength parameters using a non-intrusive stochastic finite element method[J]. Engineering Geology,2014,168:120—128.

[50] Jiang S H,Li D Q,Cao Z J,et al. Efficient system reliability analysis of slope stability in spatially variable soils using Monte Carlo simulation[J]. Journal of Geotechnical and Geoenvironmental Engineering(ASCE),2015,141(2):04014096.

[51] 程强,罗书学,高新强. 相关函数法计算相关距离的分析探讨[J]. 岩土力学,2000,21(3):281—283.

[52] 徐斌,王大通,高大钊. 用相关函数法求静探曲线相关距离的讨论[J]. 岩土力学,1998,19(1):55—58.

[53] Vanmarcke E H. Probabilistic modeling of soil profiles[J]. Journal of the Geotechnical Engineering Division(ASCE),1977,103(11):1227—1246.

[54] DeGroot D J,Baecher G B. Estimating autocovariance of in situ soil properties[J]. Journal of Geotechnical Engineering(ASCE),1993,129(1):147—166.

[55] Hicks M A,Nuttall J D,Chen J. Influence of heterogeneity on 3D slope reliability and failure consequence[J]. Computers and Geotechnics,2014,61:198—208.

[56] Jaksa M B. The Influence of Spatial Variability on the Geotechnical Design Properties of a Stiff,Overconsolidated Clay[D]. Adelaide:The University of Adelaide,1995.

[57] El-Ramly H,Morgenstern N R,Cruden D M. Probabilistic stability analysis of a tailings dyke on presheared clay-shale[J]. Canadian Geotechnical Journal,2003,40(1):192—208.

[58] Phoon K K,Kulhawy F H. Characterization of geotechnical variability[J]. Canadian Geotechnical Journal,1999,36(4):612—624.

［59］Matsuo M. Reliability in embankment design［R］. MIT，Department of Civil Engineering，Cambridge，1976.

［60］Asaoka A，Grivas D A. Spatial variability of the undrained strength of clays［J］. Journal of Engineering Mechanics（ASCE），1982，108（5）：743—756.

［61］Ronold M. Random field modeling of foundation failure modes［J］. Journal of Geotechnical Engineering（ASCE），1990，166（4）：554—570.

［62］Soulié M. Montes P. Silvestri V. Modeling spatial variability of soil parameters［J］. Canadian Geotechnical Journal，1990，27（5）：617—630.

［63］高大钊. 岩土工程设计安全度指标及其应用［J］. 工程勘察，1996（1）：1—6.

［64］傅旭东. 静力触探参数相关范围的估算［J］. 岩土力学，1999，20（4）：76—80.

［65］冷伍明. 基础工程可靠度分析与设计理论［M］. 长沙：中南大学出版社，2000.

［66］Hicks M A，Samy K. Influence of heterogeneity on undrained clay slope stability［J］. Quarterly Journal of Engineering Geology and Hydrogeology，2002，35（1）：41—49.

［67］倪万魁，牛富俊，刘东燕. 黄土土性的空间自相关性研究［J］. 西安工程学院学报，2002，24（2）：4—12.

［68］李小勇，谢康和，虞颜. 土性指标相关距离性状的研究［J］. 土木工程学报，2003，36（8）：91—95.

［69］Hsu S C，Nelson P P. Material spatial variability and slope stability for weak rock masses［J］. Journal of Geotechnical and Geoenvironmental Engineering（ASCE），2006，132（2）：183—193.

［70］谢桂华. 岩土参数随机性分析与边坡稳定可靠度研究［D］. 长沙：中南大学，2009.

［71］闫澍旺，朱红霞，刘润. 天津港土性相关距离的计算研究和统计分析［J］. 岩土力学，2009，30（7）：2179—2185.

［72］Haldar S，Sivakumar Babu G L. Design of laterally loaded piles in clays based on cone penetration test data：A reliability-based approach［J］. Géotechnique，2009，59（7）：593—607.

［73］Suchomel R，Mašín D. Comparison of different probabilistic methods for predicting stability of a slope in spatially variable c-φ soil［J］. Computers and Geotechnics，2010，37（1-2）：132—140.

［74］吴振君，葛修润，王水林. 考虑地质成因的土坡可靠度分析［J］. 岩石力学与工程学报，2011，30（9）：1904—1911.

［75］Ching J，Hu Y G，Yang Z Y，et al. Reliability-based design for allowable bearing capacity of footings on rock masses by considering angle of distortion［J］. International Journal of Rock Mechanics and Mining Sciences，2011，48（5）：728—740.

［76］Zhang J，Huang H W，Juang C H，et al. Extension of Hassan and Wolff method for system reliability analysis of soil slopes［J］. Engineering Geology，2013，160：81—88.

［77］Bucher C G，Bourgund U. A fast and efficient response surface approach for structural reliability problems ［J］. Structural Safety，1990，7（1）：57—66.

［78］Xu B，Low B K. Probabilistic stability analyses of embankments based on finite-element method[J]. Journal of Geotechnical and Geoenvironmental Engineering (ASCE), 2006, 132(11):1444—1454.

[79] GEO-SLOPE International Ltd. Stability Modeling with SLOPE/W 2007 Version:An Engineering Methodology[M]. Canada,Alberta,Calgary:GEO-SLOPE International Ltd. ,2010.

[80] Lumb P. The variability of natural soils[J]. Canadian Geotechnical Journal,1966,3(2): 74—97.

[81] Lee I K,White W,Ingles O G. Geotechnical Engineering[M]. London:Pitman,1983.

[82] Lacasse S,Nadim F. Uncertainties in characterizing soil properties[C]//Shackleford C D, Nelson P P,Roth M J S, eds. Uncertainty in the Geologic Environment:From Theory to Practice. Geotechnical Special Publication No. 58. ASCE,1996:49—75.

[83] Duncan J M. Factors of safety and reliability in geotechnical engineering[J]. Journal of Geotechnical and Geoenvironmental Engineering(ASCE),2000,126(4):307—316.

[84] Al-Homoud A S, Tanash N. Monitoring and analysis of settlement and stability of an embankment dam constructed in stages on soft ground[J]. Bulletin of Engineering Geology and the Environment,2001,59(4):259—284.

[85] Srivastava A,Sivakumar Babu G L,Haldar S. Influence of spatial variability of permeability property on steady state seepage flow and slope stability analysis[J]. Engineering Geology, 2010,110(3-4):93—101.

[86] Harr M E. Mechanics of Particular Media[M]. New York:McGraw-Hill,1977.

[87] Cherubini C. Reliability evaluation of shallow foundation bearing capacity on c',ϕ' soils[J]. Canadian Geotechnical Journal,2000,37(1):264—269.

[88] Phoon K K. Reliability-based Design in Geotechnical Engineering:Computations and Applications[M]. London:Taylor & Francis Group,2008.

[89] Mollon G,Dias D,Soubra A H. Probabilistic analysis of circular tunnels in homogeneous soil using response surface methodology[J]. Journal of Geotechnical and Geoenvironmental Engineering(ASCE),2009,135(9):1314—1325.

[90] Genske D D,Walz B. Probabilistic assessment of the stability of rock slopes[J]. Structural Safety,1991,9(3):179—195.

[91] El-Ramly H,Morgenstern N R,Cruden D M. Probabilistic slope stability analysis for practice[J]. Canadian Geotechnical Journal,2002,39(3):665—683.

[92] Li D Q,Jiang S H,Cao Z J,et al. A multiple response-surface method for slope reliability analysis considering spatial variability of soil properties[J]. Engineering Geology, 2015, 187:60—72.

第5章 考虑参数空间变异性边坡系统可靠度分析

天然岩土体参数呈现一定的空间变异性和层状分布特征,相应地边坡存在多个不规则的潜在滑动面,并且这些潜在滑动面分布也存在一定的空间变异性,因此需要分析含多失效模式的边坡系统可靠度问题。传统基于临界滑动面的边坡可靠度分析方法已经不能有效地解决考虑参数空间变异性的边坡系统可靠度问题,考虑参数空间变异性的边坡系统可靠度分析目前仍然是一个具有挑战性的问题。此外,常用的边坡代表性滑动面识别方法一般需要计算潜在滑动面之间的相关性,当安全系数为输入参数的非线性隐式函数时该方法的计算量较大。为此本章提出了考虑参数空间变异性边坡系统可靠度分析的多重随机响应面法,建立了一种新的考虑参数空间变异性的边坡代表性滑动面识别方法,较好地解决了考虑参数空间变异性的边坡系统可靠度分析难题;从系统的角度阐明了土体参数空间变异性、变异性和参数间互相关性对边坡系统可靠度的影响规律;并探讨了基于边坡有限元分析的单重响应面法分析考虑参数空间变异性边坡系统可靠度问题的有效性,表明基于边坡有限元分析的单重响应面法不能有效地解决考虑参数空间变异性的边坡系统可靠度问题。

5.1 引　　言

目前基于单一临界滑动面(如临界概率滑动面或临界确定性滑动面)的边坡可靠度分析方法发展较为成熟,能够有效地解决忽略土体参数空间变异性的边坡可靠度问题。然而,对含多失效模式的边坡系统可靠度研究的仍然不够深入。Cornell[1]、Oka 和 Wu[2]、Chowdhury 和 Xu[3] 和 Huang 等[4] 指出应当合理地考虑多个潜在失效模式进行边坡系统可靠度分析。如张兴和廖国华[5] 采用 MCS 方法研究了土体参数相关性对边坡系统失效概率的影响。谭晓慧[6] 将多滑动面边坡看成一个串联系统,采用上下限法进行边坡系统可靠度分析。Chowdhury 和 Xu[3] 基于一阶 Taylor 级数展开探讨了 Ditlevsen 上下限法[7] 在土坡系统可靠度问题中的应用。Ching 等[8] 基于大量潜在滑动面采用重要抽样方法进行边坡系统可靠度分析。Low 等[9] 采用 FORM 方法结合 Ditlevsen 上下限法计算边坡系统失效概率。Zhang 等[10] 将所有潜在滑动面和代表性滑动面安全系数拟合为土体抗剪强度参数的二阶函数,据此采用 MCS 方法进行边坡系统可靠度分析。Ji 和 Low[11] 通过 Hassan 和 Wolff 方法[12] 识别边坡代表性滑动面,采用 2 阶多项式展开建立每条代表性滑动面安全系数响应面,并结合 FORM 方法进行边坡系统可靠度分析。Zhang 等[13]提出从大量潜在滑动面中筛选出代表性滑动面,然后采用克里金模型建立代表性滑动面安全系数代理模型,最后采用直接 MCS 方法计算边坡系统失效概率。Cho[14]通过设障碍方法(barrier)确定边坡代表性失效模式,然后采用多点 FORM 计算边坡系统失效概率。上述研究都将忽略了土体参数空间变异性,属于基于随机变量模型范畴的边坡系统可靠度问题。然而天然岩土体由于受到沉积、后沉积、化学风化和搬运过程等作用和不同荷载及应力历史条件的影响,土体参数呈现一定的空间变异性和层状分布特征[15],相应地边坡潜在滑动面也存在一定的空间变异性[16,17]。对于含多个潜在失效模式的边坡可靠度问题,如果仍然基于单一临界滑动面进行边坡可靠度分析显然会低估边坡失效概率,高估边坡可靠度水平,造成偏危险的边坡设计方案。因此,十分必要研究考虑土体参数空间变异性的边坡系统可靠度问题。目前祁小辉等[16]采用非侵入式随机分析方法研究了抗剪强度参数空间变异性对边坡最危险滑动面空间分布的影响。Cho[18]采用局部平均法结合 MCS 方法研究了考虑土体参数各向异性空间变异性的两层土坡可靠度问题。Huang 等[4]采用 RFEM 方法研究了考虑抗剪强度参数空间变异性的两层土坡系统可靠度。Wang 等[17]采用子集模拟方法研究了考虑边坡潜在滑动面空间变异性的边坡可靠度问题。Li 等[19,20]采用 MCS 方法进行基于代表性滑动面的边坡系统可靠度分析,并通过风险解聚法(risk de-aggregation)计算了每条代表性滑动面对系统失效概率的贡献权重。

　　尽管国内外在土坡系统可靠度分析方面取得了可喜的研究进展,但是目前研究中还存在以下不足:首先,通常忽略土体参数空间变异性单层均质土坡系统失效概率等于临界滑动面失效概率[3],然而考虑土体参数空间变异性的边坡系统失效概率与临界滑动面失效概率间的关系还不明确。其次,尽管目前对忽略土体参数空间变异性的多层土坡可靠度问题开展了大量的研究,但是对考虑土体参数空间变异性的多层土坡可靠度问题研究的远远不够。第三,尽管直接 MCS 方法理论上可以分析考虑土体参数空间变异性的边坡系统可靠度问题,但是对于实际工程边坡失效概率水平一般较低,在 $10^{-6} \sim 10^{-3}$ 量级左右,如果仍然采用直接 MCS 方法进行基于大量潜在滑动面的边坡系统可靠度分析,计算量非常庞大,亟须发展基于代表性滑动面的边坡系统可靠度分析高效方法。最后,边坡代表性滑动面识别方法大多需要计算潜在滑动面之间的相关性[10,14,19,20],滑动面安全系数间相关性计算难度一般较大,尤其当边坡安全系数为输入参数的隐式函数时,需要发展考虑参数空间变异性的边坡代表性滑动面识别的高效方法。

　　本章提出了考虑土体参数空间变异性边坡系统可靠度分析的多重随机响应面法,建立了一种新的考虑参数空间变异性的代表性滑动面识别方法。研究了考虑参数空间变异性的多层土坡系统可靠度问题,阐明了边坡系统失效概率与临界滑动面失效概率之间的关系,同时探讨了基于边坡稳定有限元分析单重响应面法分析考虑参数空间变异性边坡可靠度问题的计算能力。研究成果可为判定边坡可能失效模式,制定有效的边坡加固措施以预防边坡失稳提供重要的参考依据。

5.2　多重随机响应面法

5.2.1　边坡系统可靠度分析蒙特卡罗模拟

对于边坡稳定性问题来说,通常只要任何一条潜在滑动面安全系数小于 1.0,边坡就会失稳,因此边坡稳定性可定义为一个串联系统可靠度问题[10,19,21,22]。根据串联系统失效概率的定义,边坡系统失效概率 $p_{f,s}$ 的计算表达式为

$$p_{f,s} = P[E(S_1) \bigcup E(S_2) \bigcup \cdots \bigcup E(S_{N_r})] \tag{5.1}$$

式中:$E[S_j]$ 为边坡沿第 j 个滑动面 S_j 失稳的事件,$j=1,2,\cdots,N_r$,N_r 为潜在滑动面数目;$P(\cdot)$ 为某一事件或系统的失效概率。

式(5.1)进一步表示为[21]

$$p_{f,s} = \int \cdots \iint_{g(\boldsymbol{X}) \leqslant 0} f(\boldsymbol{X}) \mathrm{d}\boldsymbol{X} \tag{5.2}$$

式中:$f(\boldsymbol{X})$ 为输入随机向量 $\boldsymbol{X}$ 的联合概率密度函数;$g(\boldsymbol{X})$ 为边坡稳定性分析功能函数。

岩土工程中现场实测数据十分有限,通常难以获得完整的土体参数概率分布等信息,同时式(5.2)中积分区域是一个复杂的函数,因此对式(5.2)直接积分计算的难度较大。为提高计算效率,采用直接 MCS 方法对式(5.2)进行简化计算[10,19,21]:

$$p_{f,s} = \frac{1}{N_t} \sum_{k=1}^{N_t} I(FS_{\min}^{(k)} < 1.0) \tag{5.3}$$

式中:N_t 为 MCS 抽样次数;$I(\cdot)$ 为边坡失效区域的指示性函数,计算公式[19]如下:

$$I(FS_{\min}^{(k)} < 1.0) = \begin{cases} 1, & FS_{\min}^{(k)} < 1.0 \\ 0, & FS_{\min}^{(k)} \geqslant 1.0 \end{cases} \tag{5.4}$$

式中:$FS_{\min}^{(k)}$ 表示基于任意的第 k 组 MCS 随机样本进行边坡稳定分析所获得的临界安全系数。

5.2.2　多重随机响应面构建

边坡稳定性分析通常采用有限元方法或者极限平衡方法,所获得的边坡安全

系数一般是土体输入参数(如黏聚力和内摩擦角)的非线性隐式函数,理论上可以采用式(5.3)直接 MCS 方法计算边坡失效概率,但是获取临界安全系数 FS_{min} 的计算量非常大,一般需要进行成千上万次边坡稳定性分析,尤其对于低失效概率水平需要进行有限元分析的复杂边坡可靠度问题。为了提高临界安全系数 FS_{min} 的计算效率,通常采用随机多项式展开、人工神经网络、克里金和支持向量机等建立边坡安全系数代理模型即安全系数与输入参数间的近似显式函数关系。如最近发展起来的随机响应面法采用 Hermite 随机多项式展开建立边坡安全系数代理模型,为分析功能函数为非线性隐式的边坡可靠度问题提供了一条有效的途径,目前已在岩土工程可靠度分析中得到了广泛的应用[23~26]。对于含多失效模式的边坡系统可靠度问题,相关的代理模型研究较少,本章通过 Hermite 随机多项式展开建立边坡多失效模式安全系数多重随机响应面,在此基础上采用直接MCS 方法计算边坡系统失效概率。其中采用 Hermite 随机多项式展开建立第 j 重随机响应面即第 j 条潜在滑动面安全系数与独立标准正态随机向量 $\boldsymbol{\xi}$ 间的显式函数关系如下:

$$
\begin{aligned}
FS_j(\boldsymbol{\xi}) = {} & a_0 \Gamma_0 + \sum_{i_1=1}^{N} a_{i_1} \Gamma_1(\xi_{i_1}) + \sum_{i_1=1}^{N} \sum_{i_2=1}^{i_1} a_{i_1,i_2} \Gamma_2(\xi_{i_1}, \xi_{i_2}) \\
& + \sum_{i_1=1}^{N} \sum_{i_2=1}^{i_1} \sum_{i_3=1}^{i_2} a_{i_1,i_2,i_3} \Gamma_3(\xi_{i_1}, \xi_{i_2}, \xi_{i_3}) \\
& + \sum_{i_1=1}^{N} \sum_{i_2=1}^{i_1} \sum_{i_3=1}^{i_2} \sum_{i_4=1}^{i_3} a_{i_1,i_2,i_3,i_4} \Gamma_4(\xi_{i_1}, \xi_{i_2}, \xi_{i_3}, \xi_{i_4}) + \cdots
\end{aligned} \tag{5.5}
$$

式中:$\boldsymbol{a} = (a_0, a_{i_1}, a_{i_1,i_2}, a_{i_1,i_2,i_3}, \cdots)$ 为待定系数,其中 N 为随机变量数目;$\boldsymbol{\xi} = (\xi_1, \xi_2, \cdots, \xi_N)^{\mathrm{T}}$ 为独立标准正态随机向量,考虑土体参数空间变异性时每个参数随机场需分别离散为多个随机变量,进而考虑参数空间变异性的边坡可靠度分析转化为含多个随机变量的边坡可靠度分析,且式(5.5)中 $\boldsymbol{\xi}$ 与式(2.16)中随机场离散的独立标准正态随机变量 $\xi_{X_{i,j}}$ 恰好对应。

根据式(2.16)土体参数随机场 $\boldsymbol{H}_{X_i}$ 与独立标准正态随机变量的关系,便可得到每条潜在滑动面安全系数与参数随机场 $\boldsymbol{H}_{X_i}$ 间的函数关系。同样,建立每重随机响应面的关键一步也是计算 Hermite 随机多项式展开系数 $\boldsymbol{a}$。为保证计算精度,本章基于拉丁超立方抽样配点法计算 $\boldsymbol{a}$,详细计算步骤请参考本书第 2 章。类似地,如对于 N_r 条潜在滑动面,只需对式(5.5)重复计算 N_r 次,便可获得安全系数的多(N_r)重随机响应面。然后基于多重随机响应面通过式(5.6)间接计算每组MCS 样本点对应的 FS_{min}:

$$
FS_{min}^{(k)} = \min_{j=1,2,\cdots,N_r} FS_j(\boldsymbol{\xi}^{(k)}) \tag{5.6}
$$

式中：$\min\limits_{j=1,2,\cdots,N_r} FS_j(\boldsymbol{\xi}^{(k)})$ 表示对于给定的第 k 组 MCS 样本点 $\boldsymbol{\xi}^{(k)}$，N_r 条潜在滑动面安全系数随机响应面函数值的最小值，可借助 MATLAB 的 min(·) 函数方便计算。

最后将 $FS_{\min}$ 代入式(5.3)计算边坡系统失效概率，从而极大地提高了边坡系统可靠度的计算效率。

5.2.3　代表性滑动面识别方法

5.2.2 节通过式(5.5)建立边坡每条潜在滑动面安全系数的随机响应面，如果潜在滑动面数目 N_r 越少，则相应的计算量也就越小，当然这 N_r 条潜在滑动面必须具有一定的代表性。为了有效地识别边坡代表性滑动面，本章建立了一种新的代表性滑动面识别方法，计算思路主要如下：首先基于 LHS 样本点采用 K-L 级数展开方法产生 N_p 次参数随机场实现；然后对每次参数随机场实现进行边坡稳定性分析，自动搜索一个临界安全系数及其对应的滑动面，理论上，对 N_p 次参数随机场实现进行边坡稳定性分析可以得到 N_p 个临界安全系数 $FS_{\min}$ 及其 N_p 条临界安全系数滑动面，但是由于对某两次或多次参数随机场实现进行边坡稳定性分析所获得的临界安全系数滑动面可能相同，因此不同的临界安全系数滑动面只有 N_r 条，有 $N_r \leqslant N_p$，本书将这 N_r 条不同的临界安全系数滑动面视作代表性滑动面进行边坡系统可靠度分析。下面将详细验证这种代表性滑动面识别方法的有效性。

为了便于读者理解，首先定义几个专业名词：

（1）临界确定性滑动面（critical deterministic slip surface，CDSS）：取输入参数均值进行确定性边坡稳定性分析，自动搜索得到的临界安全系数 $FS_{\min}$ 对应的滑动面。

（2）临界概率滑动面（critical probabilistic slip surface，CPSS）：先采用可靠度分析方法（如 FORM、随机响应面法等）计算每条潜在滑动面失效概率，通过比较获得最大失效概率所对应的潜在滑动面。

（3）临界安全系数滑动面（critical slip surface，CSS）：对每次参数随机场实现进行确定性边坡稳定性分析，自动搜索得到的临界安全系数 $FS_{\min}$ 对应的滑动面。

（4）代表性滑动面（representative slip surface，RSS）：分别对 N_p 次参数随机场实现进行边坡稳定性分析，自动搜索得到的所有不同临界安全系数滑动面的总称，共有 N_r 条。

综上可知，除了获取边坡临界概率滑动面需要进行可靠度分析之外，其他滑动面的确定只需要通过确定性边坡稳定性分析。此外，对于任意给定的一组土体参数，边坡临界概率滑动面和临界确定性滑动面只有一条，而 CSS 和 RSS 滑动面通常有多条。

5.2.4　计算流程

考虑参数空间变异性边坡系统可靠度分析的多重随机响应面法的计算步骤主要如下:

(1) 输入土体参数统计特征(均值、变异系数、边缘概率分布、互相关系数、波动范围和自相关函数)。以土体参数均值建立边坡稳定性分析模型,剖分参数随机场单元网格,提取每个随机场单元的中心点坐标。

(2) 采用 SLOPE/W 模块剪入剪出方法随机生成可覆盖整个边坡可能失稳区域的任意多条圆弧形潜在滑动面,并通过参数敏感性分析确定所需的潜在滑动面总数 N_s,使得边坡临界确定性安全系数基本不随 N_s 的增加而发生变化。

(3) 将确定性边坡稳定性分析模型另存为名为"FS. xml"的计算源文件,对其进行稳定性分析搜索得到 CDSS。

(4) 采用 LHS 配点法产生一组维度为 N 的独立标准正态随机样本向量 ξ,并根据参数随机场统计特征和单元中心点坐标采用 K-L 级数展开方法产生各向异性相关非高斯参数随机场的一次实现。

(5) 采用参数随机场特性值分别代替源文件"FS. xml"中每个随机场单元中心点处对应的参数均值,生成一个新的"FS. xml"计算文件。

(6) 借助批处理软件对新生成的"FS. xml"计算文件进行边坡稳定性分析,本章采用简化毕肖普法计算 FS_{min}[27],并获得相应的"FS. fac"结果文件。

(7) 步骤(4)~(6)重复计算 N_p 次,从中可确定 N_r 条代表性滑动面,并可分别从 N_p 个计算结果文件提取每条代表性滑动面对应的 N_p 个安全系数,再根据式(5.5)建立每条代表性滑动面安全系数 $FS_j (j=1,2,\cdots,N_r)$ 与独立标准正态随机向量 ξ 间的近似显式函数关系,进而获得安全系数多(N_r)重随机响应面。

(8) 在独立标准正态空间中进行 N_t 次直接 MCS 抽样,利用式(5.6)计算边坡 FS_{min},最后由式(5.3)计算边坡系统失效概率。

根据以上步骤,图 5.1 给出了多重响应面法的计算流程图。可见本章考虑参数空间变异性边坡系统可靠度分析的多重随机响应面法,不仅巧妙地实现了确定性边坡稳定性分析与概率分析的有机结合,而且可以充分利用现有商业软件。尽管以 GEOSTUDIO 软件 SLOPE/W 模块为例予以实现边坡系统可靠度分析,但是该方法同样可以拓展到其他边坡稳定性分析软件。该方法只需要采用随机多项式展开建立 N_r 条代表性滑动面的安全系数多重随机响应面,再采用直接 MCS 方法进行边坡系统可靠度分析。其中直接 MCS 计算部分只需要对一些简单的数学表达式进行分析,有效地避免了进行大量确定性边坡稳定性分析,极大地提高了系统可靠度计算效率。此外,本章建立的代表性滑动面识别方法可以有效地考虑潜在滑动面之间的相关性,不需要另外单独计算潜在滑动面之间的相关性,有效地降低了边坡系统可靠度分析的难度,进一步提高了计算效率。

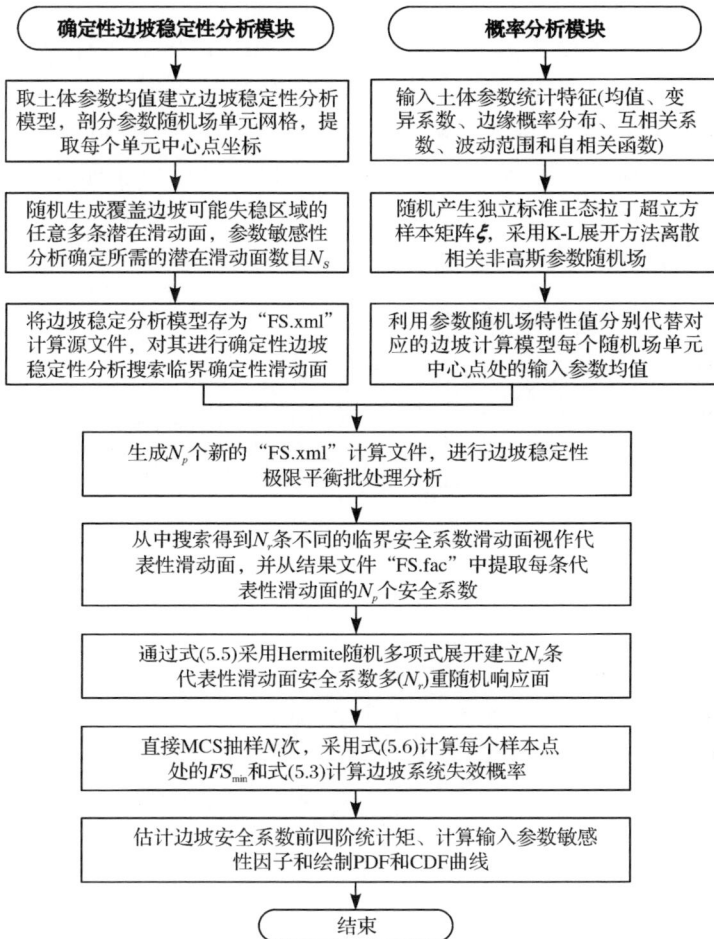

确定性边坡稳定性分析模块	概率分析模块

| 取土体参数均值建立边坡稳定性分析模型,剖分参数随机场单元网格,提取每个单元中心点坐标 | 输入土体参数统计特征(均值、变异系数、边缘概率分布、互相关系数、波动范围和自相关函数) |

| 随机生成覆盖边坡可能失稳区域的任意多条潜在滑动面,参数敏感性分析确定所需的潜在滑动面数目N_s | 随机产生独立标准正态拉丁超立方样本矩阵ξ,采用K-L展开方法离散相关非高斯参数随机场 |

| 将边坡稳定分析模型存为"FS.xml"计算源文件,对其进行确定性边坡稳定性分析搜索临界确定性滑动面 | 利用参数随机场特性值分别代替对应的边坡计算模型每个随机场单元中心点处的输入参数均值 |

生成N_p个新的"FS.xml"计算文件,进行边坡稳定性极限平衡批处理分析

从中搜索得到N_r条不同的临界安全系数滑动面视作代表性滑动面,并从结果文件"FS.fac"中提取每条代表性滑动面的N_p个安全系数

通过式(5.5)采用Hermite随机多项式展开建立N_r条代表性滑动面安全系数多(N_r)重随机响应面

直接MCS抽样N_s次,采用式(5.6)计算每个样本点处的$FS_{\min}$和式(5.3)计算边坡系统失效概率

估计边坡安全系数前四阶统计矩、计算输入参数敏感性因子和绘制PDF和CDF曲线

结束

图 5.1　多重随机响应面法计算流程图

5.3　算　例　分　析

5.3.1　不排水饱和黏土边坡

首先以文献 Cho[28] 单层不排水饱和黏土边坡为例,验证所提方法在考虑参数空间变异性边坡系统可靠度分析中的有效性。边坡计算模型和随机场单元网格剖分如图 5.2 所示,坡高 H 为 5m,坡度为 1:2,共剖分了 910 个边长为 0.5m 的四边形和三角形混合单元。根据第 2 章随机场单元尺寸讨论可知,本例随机场单元

尺寸取为 0.5m 可以满足计算精度要求。根据文献 Cho[28]，不排水抗剪强度 s_u 的均值和变异系数分别取为 23kPa 和 0.3，采用对数正态随机场表征 s_u 空间变异性，水平和垂直自相关距离 θ_h 和 θ_v 分别取为 20m 和 2m。土体单位容重 γ_{sat} 为 20kN/m³。采用 SLOPE/W 剪入剪出方法随机生成了可覆盖整个边坡可能失稳区域的 N_s 条潜在滑动面，如图 5.3 所示。通过参数敏感性分析可知当 $N_s=4851$ 时，边坡安全系数基本不随 N_s 的增加而发生变化。取 s_u 均值采用简化毕肖普法计算的边坡安全系数为 1.356，自动搜索的 CDSS 位置如图 5.2 虚线所示，与 Cho[28] 采用简化毕肖普法的计算结果保持一致。

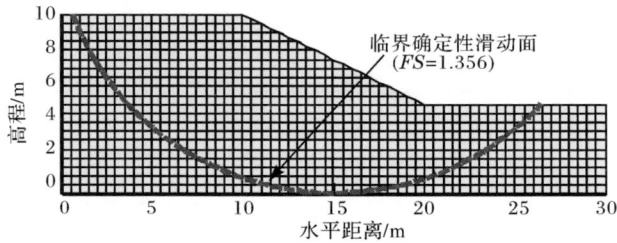

图 5.2　随机场单元模型及边坡稳定性结果

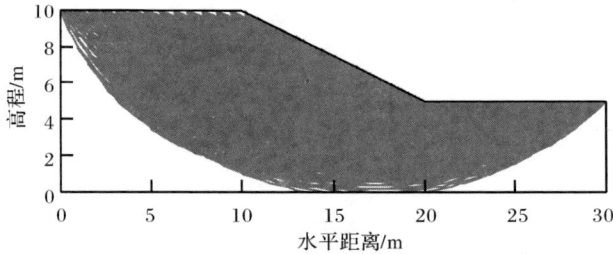

图 5.3　随机产生的 4851 条潜在滑动面

1. 边坡可靠度分析结果

采用高斯型自相关函数表征不排水抗剪强度 s_u 空间自相关性和 K-L 级数展开方法离散 s_u 二维各向异性对数正态随机场。当 $\theta_{ln,h}=20m$ 和 $\theta_{ln,v}=2m$ 时，s_u 随机场需要离散为 15 个随机变量（即 $N=n=15$），可以满足期望能比率因子 $\varepsilon \geqslant 95\%$，对应 2 阶和 3 阶 Hermite 多项式展开待定系数的数目分别为 136 和 816。以 1000 组独立标准正态 LHS 样本点（维度为 1000×15）为基，可得到 s_u 对数正态随机场的 1000 次实现。其中 s_u 随机场的 2 次典型实现如图 5.4 所示，图 5.4 中颜色较深部分表示 s_u 值较大区域，颜色较浅部分表示 s_u 值较小区域。对这 2 次 s_u 随机场实现分别进行边坡稳定性分析得到 FS_{min} 为 1.245 和 1.191，从中获得 2 条不同的 CSSs,如图 5.4(a)和(b)所示。理论上,对每次 s_u 随机场实现进行边坡稳定性分析均会得到 1 条 CSS,1000 次 s_u 随机场实现可得到 1000 条 CSSs。然而,对其中某 2 次或多次参数随机场实现进行边坡稳定性分析所获得的 CSSs 可能相同。本例对 1000 次 s_u 随机场实现进行边坡稳定性分析只获得 71 条不同的临界安全系数滑动面,其中包含了 CDSS 和 CPSS,如图 5.5 所示,将其视作代表性滑动面进行边坡系统可靠度分析。由图 5.5 可知,考虑 s_u 空间变异性边坡潜在失效模式较为分散,深层失效模式居多,主要是因为没有考虑土体内摩擦角的作用,边坡潜在滑动体体积越大则安全系数越小[16]。由于受土体参数空间变异性的影响,潜在滑动面分布也存在一定的空间变异性[16,17],同时代表性滑动面之间的相关性相对较小[28]。

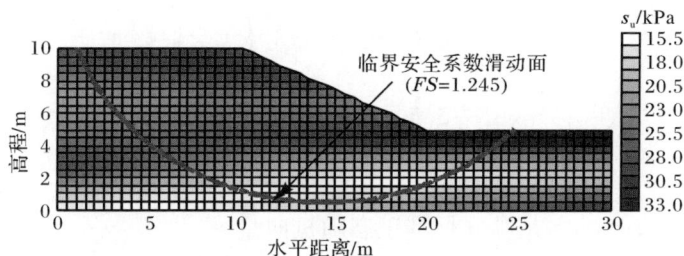

(a) s_u 随机场实现一

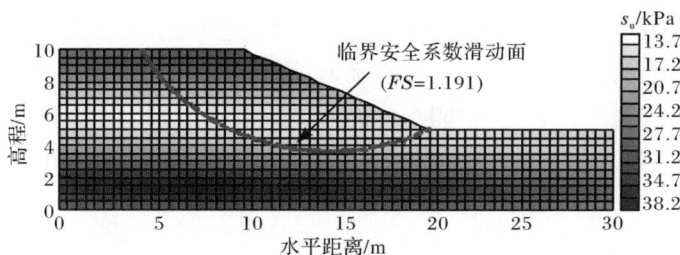

(b) s_u 随机场实现二

图 5.4 不排水抗剪强度 s_u 随机场 2 次典型实现

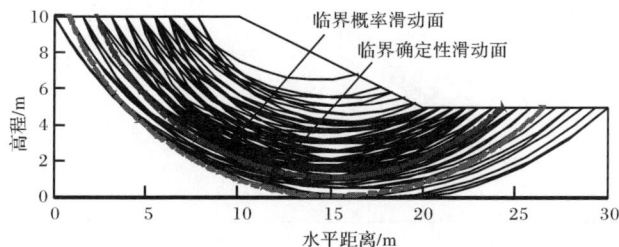

图 5.5 71 条 RSSs

接着根据式(5.5)基于 1000 组 LHS 样本点采用 2 阶 Hermite 随机多项式展开分别建立每条代表性滑动面安全系数随机响应面,其中对于图 5.2 中 CDSS,其安全系数随机响应面表达式为

$$FS_{CDSS}(\boldsymbol{\xi}) = a_0 \Gamma_0 + \sum_{i_1=1}^{15} a_{i_1} \Gamma_1(\xi_{i_1}) + \sum_{i_1=1}^{15} \sum_{i_2=1}^{i_1} a_{i_1,i_2} \Gamma_2(\xi_{i_1},\xi_{i_2}) \qquad (5.7)$$

式中:待定系数 $\boldsymbol{a} = \{a_0, a_{i_1}, a_{i_1,i_2}\}$ 的量值如表 5.1 所示;2 阶 Hermite 多项式展开项计算表达式如下:

$$\begin{cases} \Gamma_0 = 1 \\ \Gamma_1(\xi_{i_1}) = (-1)^1 \exp\left(\frac{1}{2}\boldsymbol{\xi}^{\mathrm{T}}\boldsymbol{\xi}\right) \dfrac{\partial}{\partial \xi_{i_1}} \exp\left(-\frac{1}{2}\boldsymbol{\xi}^{\mathrm{T}}\boldsymbol{\xi}\right) = \xi_{i_1} \\ \Gamma_2(\xi_{i_1},\xi_{i_2}) = (-1)^2 \exp\left(\frac{1}{2}\boldsymbol{\xi}^{\mathrm{T}}\boldsymbol{\xi}\right) \dfrac{\partial^2}{\partial \xi_{i_1} \partial \xi_{i_2}} \exp\left(-\frac{1}{2}\boldsymbol{\xi}^{\mathrm{T}}\boldsymbol{\xi}\right) = \xi_{i_1}^2 - 1, \quad i_2 = i_1 \\ \Gamma_2(\xi_{i_1},\xi_{i_2}) = (-1)^2 \exp\left(\frac{1}{2}\boldsymbol{\xi}^{\mathrm{T}}\boldsymbol{\xi}\right) \dfrac{\partial^2}{\partial \xi_{i_1} \partial \xi_{i_2}} \exp\left(-\frac{1}{2}\boldsymbol{\xi}^{\mathrm{T}}\boldsymbol{\xi}\right) = \xi_{i_1}\xi_{i_2}, \quad i_2 < i_1 \end{cases}$$

$$\text{(5.8)}$$

式中:$\boldsymbol{\xi} = (\xi_1, \xi_2, \cdots, \xi_{15})$ 是独立标准正态随机向量。

同理,可得到图 5.5 中每条代表性滑动面安全系数随机响应面,由于篇幅所限,本书没有详细给出。

获得多(71)重随机响应面之后,重要的一步是验证 71 个代表性滑动面安全系数随机响应面的计算精度,代表性滑动面能否有效地代替边坡稳定性分析模型计算边坡临界安全系数 FS_{min}。图 5.6 比较了随机产生的 100 组 LHS 样本点处由多(71)重随机响应面计算的 FS_{min} 与由确定性边坡稳定性分析简化毕肖普法计算

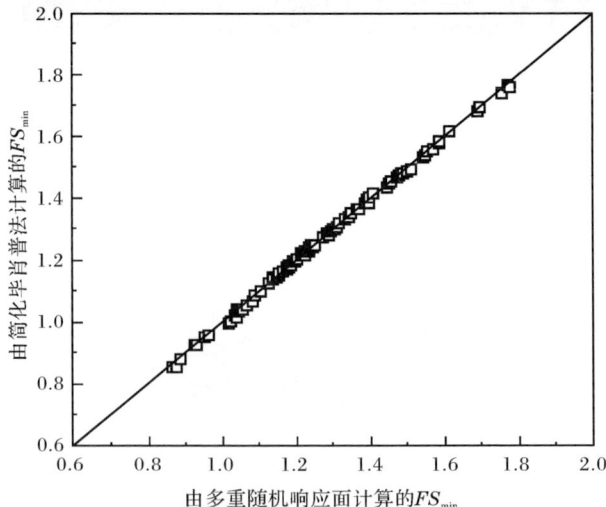

图 5.6 多重随机响应面的有效性验证

的 $FS_{\min}$。由图 5.6 可知，两种方法计算的 $FS_{\min}$ 非常吻合，也就是说多(71)重随机响应面能够有效地代替整个边坡稳定性分析模型精确地计算边坡临界安全系数 $FS_{\min}$。

表 5.1　CDSS 随机响应面待定系数

序号	a	量值	序号	a	量值	序号	a	量值	序号	a	量值
0	a_0	1.3762	34	$a_{6,4}$	−0.0002	68	$a_{10,8}$	0.0004	102	$a_{13,9}$	−0.0004
1	a_1	−0.1840	35	$a_{6,5}$	0.0019	69	$a_{10,9}$	0	103	$a_{13,10}$	0.0008
2	a_2	−0.1254	36	$a_{6,6}$	0.0028	70	$a_{10,10}$	0.0009	104	$a_{13,11}$	0
3	a_3	0.0812	37	$a_{7,1}$	0	71	$a_{11,1}$	0.0003	105	$a_{13,12}$	0.0002
4	a_4	−0.0267	38	$a_{7,2}$	−0.0003	72	$a_{11,2}$	0.0001	106	$a_{13,13}$	0.0005
5	a_5	0.0225	39	$a_{7,3}$	0.0015	73	$a_{11,3}$	0.0003	107	$a_{14,1}$	−0.0023
6	a_6	−0.0300	40	$a_{7,4}$	−0.0035	74	$a_{11,4}$	−0.0006	108	$a_{14,2}$	−0.0018
7	a_7	0.0117	41	$a_{7,5}$	0.0001	75	$a_{11,5}$	0.0002	109	$a_{14,3}$	0.0033
8	a_8	−0.0014	42	$a_{7,6}$	0.0002	76	$a_{11,6}$	0.0005	110	$a_{14,4}$	−0.0019
9	a_9	0.0004	43	$a_{7,7}$	0.0027	77	$a_{11,7}$	−0.0001	111	$a_{14,5}$	0.0008
10	a_{10}	0.0010	44	$a_{8,1}$	−0.0005	78	$a_{11,8}$	−0.0005	112	$a_{14,6}$	−0.0009
11	a_{11}	−0.0008	45	$a_{8,2}$	−0.0017	79	$a_{11,9}$	0.0005	113	$a_{14,7}$	0.0006
12	a_{12}	−0.0010	46	$a_{8,3}$	−0.0011	80	$a_{11,10}$	−0.0003	114	$a_{14,8}$	0
13	a_{13}	0.0063	47	$a_{8,4}$	−0.0019	81	$a_{11,11}$	0.0004	115	$a_{14,9}$	−0.0002
14	a_{14}	0.0227	48	$a_{8,5}$	0.0007	82	$a_{12,1}$	0.0009	116	$a_{14,10}$	0.0004
15	a_{15}	−0.0022	49	$a_{8,6}$	0.0003	83	$a_{12,2}$	−0.0022	117	$a_{14,11}$	0
16	$a_{1,1}$	0.0135	50	$a_{8,7}$	0.0003	84	$a_{12,3}$	0.0018	118	$a_{14,12}$	0.0002
17	$a_{2,1}$	0.0173	51	$a_{8,8}$	0.0019	85	$a_{12,4}$	−0.0008	119	$a_{14,13}$	0.0002
18	$a_{2,2}$	0.0137	52	$a_{9,1}$	0.0001	86	$a_{12,5}$	−0.0004	120	$a_{14,14}$	0.0004
19	$a_{3,1}$	−0.0068	53	$a_{9,2}$	0.0010	87	$a_{12,6}$	0.0009	121	$a_{15,1}$	−0.0001
20	$a_{3,2}$	−0.0138	54	$a_{9,3}$	−0.0018	88	$a_{12,7}$	0.0002	122	$a_{15,2}$	−0.0003
21	$a_{3,3}$	0.0100	55	$a_{9,4}$	−0.0009	89	$a_{12,8}$	0.0005	123	$a_{15,3}$	0
22	$a_{4,1}$	0.0012	56	$a_{9,5}$	−0.0011	90	$a_{12,9}$	−0.0001	124	$a_{15,4}$	0.0002
23	$a_{4,2}$	0.0049	57	$a_{9,6}$	−0.0006	91	$a_{12,10}$	−0.0001	125	$a_{15,5}$	0
24	$a_{4,3}$	−0.0087	58	$a_{9,7}$	−0.0004	92	$a_{12,11}$	0.0001	126	$a_{15,6}$	−0.0004
25	$a_{4,4}$	0.0055	59	$a_{9,8}$	0	93	$a_{12,12}$	0.0002	127	$a_{15,7}$	−0.0003
26	$a_{5,1}$	−0.0034	60	$a_{9,9}$	0.0010	94	$a_{13,1}$	−0.0010	128	$a_{15,8}$	0.0009
27	$a_{5,2}$	0.0029	61	$a_{10,1}$	−0.0004	95	$a_{13,2}$	−0.0014	129	$a_{15,9}$	−0.0001
28	$a_{5,3}$	−0.0005	62	$a_{10,2}$	−0.0014	96	$a_{13,3}$	0.0015	130	$a_{15,10}$	−0.0001
29	$a_{5,4}$	−0.0009	63	$a_{10,3}$	0.0010	97	$a_{13,4}$	−0.0011	131	$a_{15,11}$	−0.0003
30	$a_{5,5}$	0.0042	64	$a_{10,4}$	−0.0003	98	$a_{13,5}$	0	132	$a_{15,12}$	0.0001
31	$a_{6,1}$	0.0038	65	$a_{10,5}$	0.0001	99	$a_{13,6}$	−0.0001	133	$a_{15,13}$	0.0003
32	$a_{6,2}$	−0.0020	66	$a_{10,6}$	−0.0002	100	$a_{13,7}$	0.0002	134	$a_{15,14}$	0.0001
33	$a_{6,3}$	−0.0011	67	$a_{10,7}$	−0.0012	101	$a_{13,8}$	−0.0002	135	$a_{15,15}$	0

　　本章所提方法对每次随机场实现进行边坡稳定性分析从中只选取 1 条 CSS 来构成图 5.5 中的 RSS,再对其安全系数分别建立随机响应面,最后采用 50 万次直接 MCS 方法计算边坡系统失效概率 $p_{\mathrm{f,s}}$,下面首先验证本章代表性滑动面识别方法的有效性。图 5.7(a)和(b)分别给出了边坡系统失效概率($p_{\mathrm{f,s}}$)随 s_{u} 水平和垂直自相关距离的变化关系曲线。对于不同的自相关距离,对每次随机场实现进行边坡稳定性分析从中选取 1 条 CSS 构成 RSS 计算 $p_{\mathrm{f,s}}$,记为 RSSs+2 阶 PCE+MCS 方法;对每次随机场实现进行边坡稳定性分析从中选取所有 4851 条潜在滑动面(potential slip surfaces,PSSs)构成 4851 条 RSSs 计算 $p_{\mathrm{f,s}}$,记为 PSSs+2 阶 PCE+MCS 方法。由图 5.7 可知,两种方法计算的 $p_{\mathrm{f,s}}$ 几乎完全一致,并且均落在 Ditlevsen 系统失效概率的上下限内。如当 $\theta_{\mathrm{ln,h}}=20\mathrm{m}$ 和 $\theta_{\mathrm{ln,v}}=2\mathrm{m}$ 时,基于 4851 条 PSSs 采用 2 阶 PCE+MCS 方法计算的边坡 $p_{\mathrm{f,s}}$ 为 7.89×10^{-2},与本章所提方法基于 71 条 RSSs 计算的 $p_{\mathrm{f,s}}$ 完全一致,并且均落在 Ditlevsen 系统失效概率的上下限$[4.85\times10^{-2},9.54\times10^{-2}]$内,从而验证了本章所建立的代表性滑动面识别方法的有效性。值得指出的是,本章代表性滑动面识别方法确定代表性滑动面不需要计算潜在滑动面之间的相关性,并且基于 RSSs 边坡失效概率的计算效率远远高于基于 PSSs。较宽的 Ditlevsen 系统失效概率上下限也表明考虑参数空间变异性边坡失效模式之间的相关性较小。

　　其次为了验证本章多重随机响应面法的有效性,表 5.2 比较了 $\theta_{\mathrm{ln,h}}=20\mathrm{m}$ 和 $\theta_{\mathrm{ln,v}}=2\mathrm{m}$ 处不同方法的边坡可靠度计算结果。本章 2 阶 PCE+MCS 方法计算的 $p_{\mathrm{f,s}}$ 为 7.89×10^{-2},与基于 3 阶 PCE 建立多重随机响应面计算的 8.1×10^{-2} 和第 4 章 MSORSM 方法计算的 7.99×10^{-2} 保持一致。Cho[28] 采用 10 万次直接 MCS

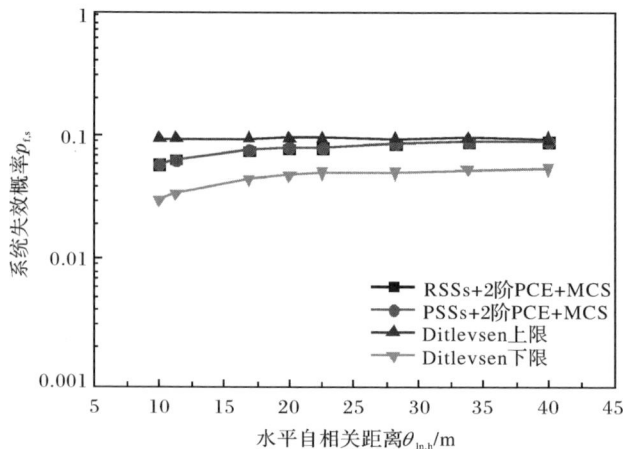

(a) $\theta_{\mathrm{ln,h}}(\theta_{\mathrm{ln,v}}=2\mathrm{m})$

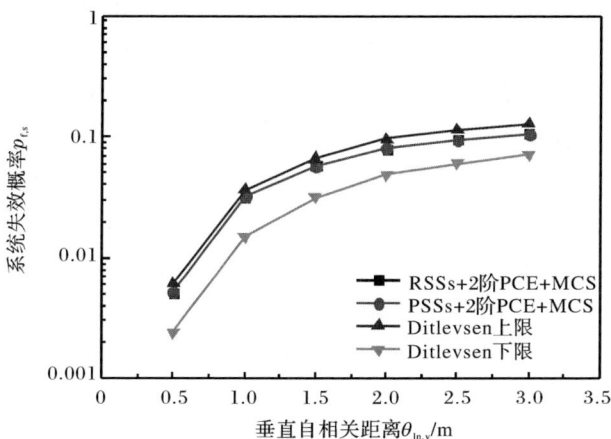

（b）$\theta_{\mathrm{ln,v}}(\theta_{\mathrm{ln,h}}=20\mathrm{m})$

图 5.7   边坡失效概率随自相关距离的变化关系曲线

方法计算的该边坡失效概率为 7.6×10^{-2}，与本章所提方法计算结果（7.89×10^{-2}）非常吻合。由于边坡失效概率水平在 10^{-2} 量级，故直接采用用于构建多重响应面的 1000 组 LHS 样本点计算边坡失效概率。基于 1000 组 LHS 样本点直接计算的边坡失效概率及其变异系数 $COV_{p_{\mathrm{f}}}$ 分别为 8.3×10^{-2} 和 10.5%，与本章所提方法计算结果（7.89×10^{-2}）基本保持一致。

表 5.2   自相关距离 $\theta_{\mathrm{ln,h}}=20\mathrm{m}$ 和 $\theta_{\mathrm{ln,v}}=2\mathrm{m}$ 时不排水边坡可靠度结果（$COV_{s_{\mathrm{u}}}=0.3$）

计算方法	N_p	μ_{FS}	σ_{FS}	δ_{FS}	κ_{FS}	p_{f}	来源
RSSs+2 阶 PCE+MCS	1 000	1.287	0.219	0.546	3.375	7.89×10^{-2}	本章
RSSs+3 阶 PCE+MCS	1 000	1.288	0.220	0.478	3.433	8.1×10^{-2}	本章
MSORSM	1 821	1.288	0.220	0.523	3.498	7.99×10^{-2}	第 4 章
SSRSM	1 000	1.286	0.218	0.437	3.371	8.04×10^{-2}	本章
Bishop+LHS	1 000	1.283	0.216	0.628	4.054	8.3×10^{-2}	本章
Bishop+MCS	100 000	1.2669	0.1991	—	—	7.6×10^{-2}	Cho[28]
CDSS+2 阶 PCE+MCS	1 000	1.376	0.246	0.600	3.505	4.03×10^{-2}	本章
CDSS+MCS	100 000	1.351	0.214	—	—	3.16×10^{-2}	Cho[28]
CPSS+2 阶 PCE+MCS	1 000	1.384	0.256	0.621	3.537	4.19×10^{-2}	本章

可见本例采用 1000 次直接 Bishop+LHS 方法的计算结果可以满足计算精度要求，似乎没有必要首先构建多重随机响应面，再采用直接 MCS 方法计算边坡系统失效概率。对于上述边坡失效概率水平较高该方法确实可行，但是对于低失效

概率水平边坡可靠度问题则不然,并且实际工程边坡失效概率水平一般较低。下面将不排水抗剪强度变异系数 COV_{s_u} 减少到 0.15,表 5.3 给出了不同方法的计算结果。可见边坡系统失效概率水平显著降低,如果仍然采用 1000 组 LHS 样本直接计算 $p_{f,s}$,失效样本数目为 0,可见该方法对于此低失效概率水平边坡可靠度问题 (2.84×10^{-4}) 的计算精度显然不够。本章基于 1000 组 LHS 样本点的 RSSs+2 阶 PCE+MCS 方法计算的 $p_{f,s}$ 为 2.84×10^{-4},仍与 RSSs+3 阶 PCE+MCS 方法计算的 4.38×10^{-4} 基本一致。此时为了进一步验证本章所提方法的有效性,至少需要采用 4 万次直接 LHS 方法计算 $p_{f,s}$,其中在每组样本点处采用简化毕肖普法计算边坡 FS_{min},得到 $p_{f,s}$ 为 3.75×10^{-4},与本章所提方法计算结果 (2.84×10^{-4}) 吻合的较好。证明了本章所提方法分析考虑参数空间变异性低失效概率水平的边坡可靠度问题的有效性。相比之下,第 4 章 MSORSM 计算的 $p_{f,s}$ 为 6.0×10^{-4},计算精度略差。另外不同方法计算的安全系数前四阶统计矩也基本一致,进一步表明本章基于代表性滑动面所组成的串联系统能够较好地代替边坡稳定性分析模型计算 FS_{min}。安全系数均值 μ_{FS} 都小于临界确定性安全系数 1.356,说明考虑土体参数空间变异性边坡会自动地沿着土体抗剪强度最弱的路径失稳。需要说明的是本章所提方法的计算量主要包括构建多重随机响应面和基于多重随机响应面进行直接 MCS 计算的时间。在配置内存为 4GB、CPU 为 Intel Core i3 和主频为 3.3GHz 的台式计算机上,每生成一次 s_u 随机场实现并采用简化毕肖普法对其进行边坡稳定性分析获得 FS_{min} 大约需要 38s。基于多重随机响应面进行 50 万次直接 MCS 计算大概需要 70s,约等价于 2 次 s_u 随机场实现及相应的 FS_{min} 计算时间。因此,本章所提方法的总计算量相当于产生 1002 次 s_u 随机场实现及相应的 FS_{min} 计算的时间。显然,这远远要小于采用直接 Bishop+LHS 方法产生 4 万次 s_u 随机场实现及相应的 FS_{min} 计算时间,进一步表明本章所提方法能够有效地分析考虑参数空间变异性的低失效概率水平边坡系统可靠度问题。

表 5.3　$\theta_{ln,h} = 20m$ 和 $\theta_{ln,v} = 2m$ 时边坡可靠度结果 $(COV_{s_u} = 0.15)$

计算方法	N_p	μ_{FS}	σ_{FS}	δ_{FS}	κ_{FS}	p_f	来源
RSSs+2 阶 PCE+MCS	1 000	1.350	0.119	0.263	3.077	2.84×10^{-4}	本章
RSSs+3 阶 PCE+MCS	1 000	1.351	0.119	0.247	3.107	4.38×10^{-4}	本章
MSORSM	1 821	1.351	0.119	0.281	3.143	6.0×10^{-4}	第 4 章
SSRSM	1 000	1.350	0.118	0.224	3.114	5.68×10^{-4}	本章
Bishop+LHS	1 000	1.349	0.115	0.335	3.381	0	本章
Bishop+LHS	40 000	1.351	0.119	0.256	3.118	3.75×10^{-4}	本章
CDSS+2 阶 PCE+MCS	1 000	1.377	0.124	0.307	3.132	1.32×10^{-4}	本章
CPSS+2 阶 PCE+MCS	1 000	1.385	0.129	0.316	3.136	1.46×10^{-4}	本章

此外,基于式(5.7)的 CDSS 随机响应面,采用直接 MCS 方法计算的临界确定性滑动面失效概率为 4.03×10^{-2},与 Cho[28] 计算的 3.16×10^{-2} 基本保持一致。同理可得临界概率滑动面失效概率为 4.19×10^{-2},可见临界滑动面失效概率明显小于系统失效概率 7.89×10^{-2},如果仍然基于临界滑动面进行考虑土体参数空间变异性的边坡可靠度分析将明显高估边坡可靠度水平,造成偏危险的设计方案。值得指出的是,本章所提方法与 Cho[28] 计算结果之间的微小差别主要是由于选用不同自相关函数表征参数空间自相关性所导致,Cho[28] 选用指数型自相关函数,而本章选用高斯型自相关函数。由第 4 章可知,由指数型自相关函数得到的边坡失效概率普遍偏小。本章之所以选择高斯型自相关函数,是因为在保证计算精度要求的前提下,由第 2 章可知基于高斯型自相关函数所需的 K-L 级数展开截断项数 n 最少,从而极大地提高了参数随机场模拟和多重随机响应面构建的计算效率。

由于所提方法计算效率较高,借此通过参数敏感性分析探讨土体参数空间自相关程度对边坡系统失效概率的影响。图 5.8(a)和(b)分别给出了边坡失效概率随水平和垂直自相关距离的变化关系曲线。根据表 4.1 土体抗剪强度参数自相关距离统计结果,水平和垂直自相关距离 $\theta_{\mathrm{ln,h}}$ 和 $\theta_{\mathrm{ln,v}}$ 变化范围分别取为[10m,40m]和[0.5m,3.0m]。由图 5.8 可知,土体参数垂直自相关距离对边坡可靠度的影响大于水平自相关距离,这与文献[18,29,30]的结论相一致。对于给定的 $\theta_{\mathrm{ln,v}}=2\mathrm{m}$,随着水平自相关距离的增加(参数水平方向空间变异性减弱),边坡 $p_{\mathrm{f,s}}$ 由 5.9%($\theta_{\mathrm{ln,h}}=10\mathrm{m}$)增大至 8.9%($\theta_{\mathrm{ln,h}}=40\mathrm{m}$),说明低概率水平下高估参数水平自相关性将略微高估边坡失效概率。相比之下,对于给定的 $\theta_{\mathrm{ln,h}}=20\mathrm{m}$,随着垂直自相关距离的增加(参数垂直方向空间变异性减弱),边坡系统失效概率由 0.5%($\theta_{\mathrm{ln,v}}=0.5\mathrm{m}$)增大至 10.5%($\theta_{\mathrm{ln,v}}=3\mathrm{m}$),相差近 21 倍,说明低概率水平下高估参数垂直自相关性将明显高估边坡失效概率。其主要原因从物理角度解释如下:高估土体参数垂直自相关性,将导致沿土体水平或深度方向参数模拟值变化的相对较为缓慢,如图 5.9(a)所示。也就是说,如果参数随机场模拟中出现一个土体抗剪强度较弱的点,则在该点附近出现抗剪强度较弱点的几率更高。相比之下,低估参数自相关性将导致沿土体水平或深度方向参数模拟值变化剧烈,土体高强带和软弱带较频繁地交替出现[见图 5.9(b)],要想形成连续软弱带必须要切割高强带,导致形成连续软弱带的难度较大,边坡安全系数相对较高。换句话说,高估参数自相关性,在低概率水平下参数随机场模拟中出现连续软弱带的几率将会增加,进而导致边坡系统失效概率增大。

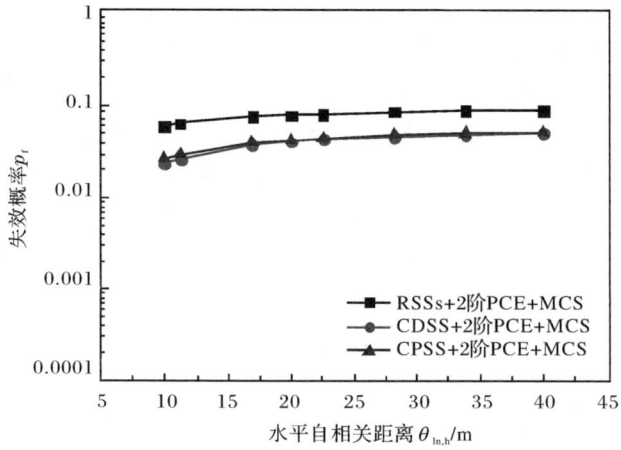

(a) $\theta_{\text{ln,h}}(\theta_{\text{ln,v}}=2\text{m})$

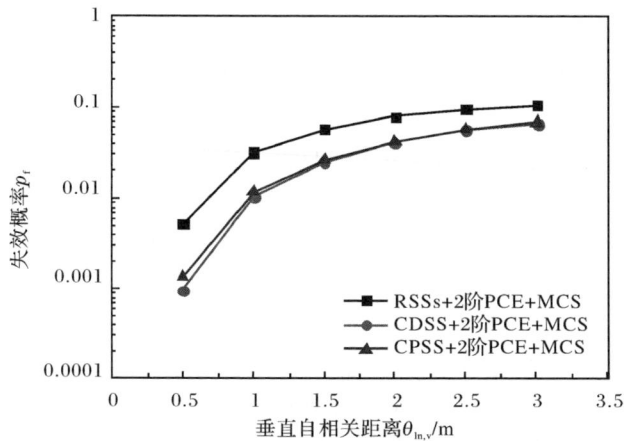

(b) $\theta_{\text{ln,v}}(\theta_{\text{ln,h}}=20\text{m})$

图 5.8　边坡失效概率随 $\theta_{\text{ln,h}}$ 和 $\theta_{\text{ln,v}}$ 的变化关系曲线

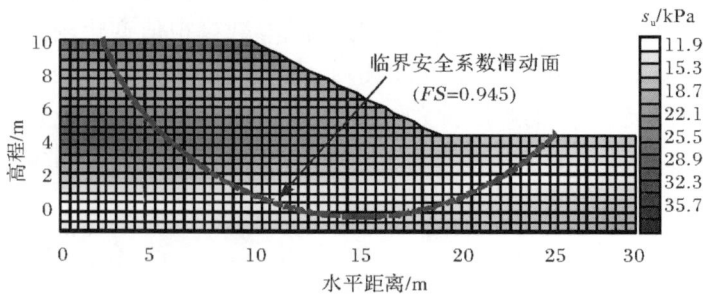

(a) $\theta_{\text{ln,h}}=20\text{m}$ 和 $\theta_{\text{ln,v}}=3\text{m}$

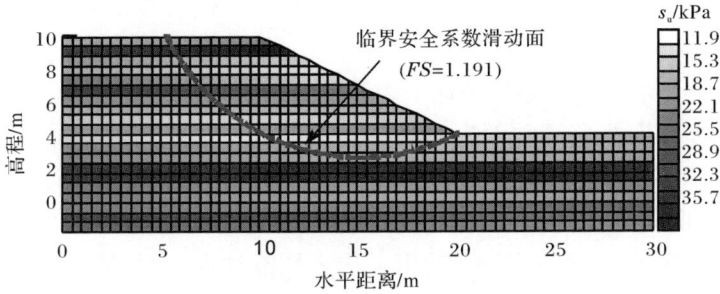

(b) $\theta_{\mathrm{ln,h}}=20\mathrm{m}$ 和 $\theta_{\mathrm{ln,v}}=0.5\mathrm{m}$

图 5.9　不排水抗剪强度 s_{u} 随机场 2 次典型实现

由图 5.8 还可知,临界确定性滑动面失效概率与临界概率滑动面失效概率相差较小。在自相关距离较小处边坡系统失效概率与 CDSS 和 CPSS 的失效概率相差较大,但是随着 s_{u} 自相关距离的增加,边坡系统失效概率越来越接近于 CDSS 和 CPSS 的失效概率,相当于不同代表性滑动面之间的相关性随着 s_{u} 自相关距离的增加而增强。当 s_{u} 水平和垂直自相关距离进一步均增加至 1000m 时,边坡系统失效概率与临界滑动面失效概率恰好相等,计算结果如表 5.4 所示。由第 3 章可知,$\theta_{\mathrm{ln,h}}=1000\mathrm{m}$ 和 $\theta_{\mathrm{ln,v}}=1000\mathrm{m}$ 基本上相当于忽略土体参数空间变异性[29],采用 2 阶 PCE+MCS 方法计算的 $p_{\mathrm{f,s}}$ 与 CDSS 和 CPSS 的失效概率均为 0.182,且与 Cho[28] 采用 FORM 方法计算的 0.186 非常吻合。正如 Chowdhury 和 Xu[3] 和 Li 等[19] 指出:"对于忽略土体参数空间变异性的单层均质边坡,边坡系统失效概率上限接近于或者等于 CDSS 或 CPSS 的失效概率,边坡稳定性由单一失效模式决定。"与表 5.2 相比,忽略土体参数空间变异性(假定土体参数完全相关)明显高估了边坡系统失效概率。

表 5.4　自相关距离 $\theta_{\mathrm{ln,h}}=1000\mathrm{m}$ 和 $\theta_{\mathrm{ln,v}}=1000\mathrm{m}$ 时不排水边坡可靠度结果($COV_{s_{\mathrm{u}}}=0.3$)

计算方法	N_p	μ_{FS}	σ_{FS}	δ_{FS}	κ_{FS}	p_{f}	来源
RRSs+2 阶 PCE+MCS	1000	1.378	0.412	0.854	3.975	0.182	本章
RRSs+3 阶 PCE+MCS	1000	1.377	0.413	0.914	4.477	0.172	本章
Bishop+LHS	1000	1.377	0.413	0.916	4.429	0.174	本章
CDSS+2 阶 PCE+MCS	1000	1.378	0.413	0.854	3.975	0.182	本章
CPSS+2 阶 PCE+MCS	1000	1.378	0.413	0.854	3.975	0.182	本章
FORM	—	—	—	—	—	0.186	Cho[28]

为深入揭示边坡失稳机理和制定有效的边坡加固措施以预防边坡失稳提供重要的参考依据,下面从系统角度探讨土体参数空间变异性对边坡系统可靠度的

影响。边坡系统失效概率 $p_{f,s}$ 主要取决于两个因素:代表性滑动面即关键失效模式数目(N_r)和每条代表性滑动面失效概率。一般来说,$p_{f,s}$ 将随代表性滑动面数目和单一代表性滑动面失效概率任一因素的增加而增大。由图 5.8 可知,临界确定性滑动面和临界概率滑动面失效概率均随着自相关距离的增加而增大。这是因为在低概率水平下随着抗剪强度参数自相关距离的增加,沿着某一潜在滑动面平均土体阻滑力均值不变,方差增大,进而导致该潜在滑动面失效概率增大[17,30,31]。图 5.10(a)和(b)分别给出了代表性滑动面数目 N_r 随 s_u 水平和垂直自相关距离的变化关系曲线。随着水平自相关距离的增加,N_r 由 115($\theta_{ln,h}=10m$)

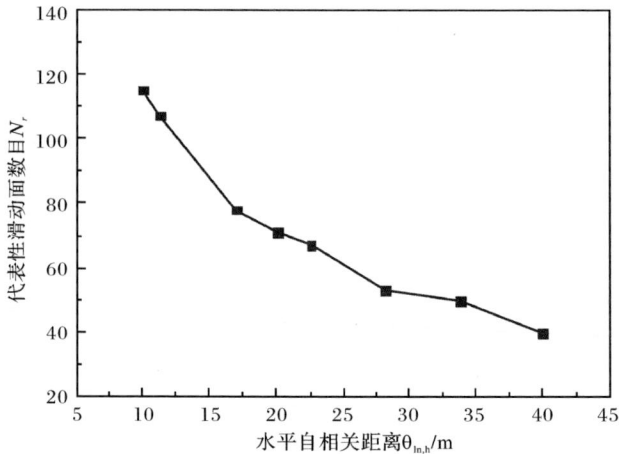

(a) $\theta_{ln,h}(\theta_{ln,v}=2m)$

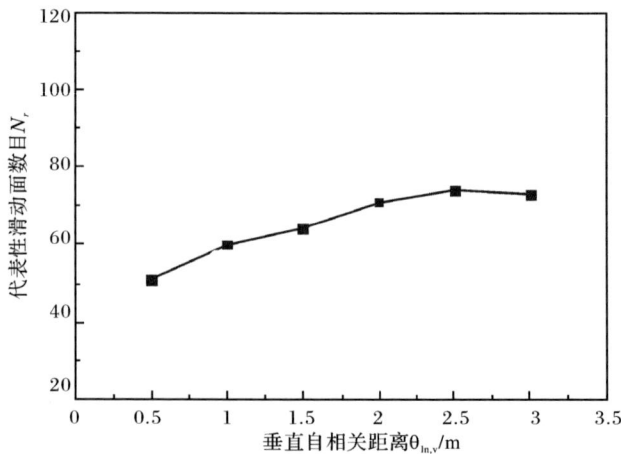

(b) $\theta_{ln,v}(\theta_{ln,h}=20m)$

图 5.10　自相关距离对代表性滑动面数目的影响

减少到 $40(\theta_{\ln,h}=40\mathrm{m})$。然而由图 5.8(a)可知,$p_{\mathrm{f,s}}$ 随着水平自相关距离的增加而增大。表明每条代表性滑动面失效概率增加对 $p_{\mathrm{f,s}}$ 的影响权重大于代表性滑动面数目减小对 $p_{\mathrm{f,s}}$ 的影响权重。相比之下,当垂直自相关距离 $\theta_{\ln,v}$ 由 0.5m 增加到 3m,N_r 变化相对较小,围绕 $N_r=65$ 左右变化。这也说明低概率水平下图 5.8(b)边坡 $p_{\mathrm{f,s}}$ 的增加主要归功于每条代表性滑动面失效概率的增加。可见土体参数空间变异性对单一潜在滑动面失效概率与边坡系统失效概率的影响规律基本一致,对单一滑动面失效概率的影响主导于对代表性滑动面数目的影响,后两者结合到一起反映在边坡系统失效概率中。

图 5.11 给出了边坡失效概率随 COV_{s_u} 的变化关系曲线。由图 5.11 可知,COV_{s_u} 对边坡系统失效概率有明显的影响,随着 COV_{s_u} 的增加,边坡 $p_{\mathrm{f,s}}$ 由 $2.0\times10^{-6}(COV_{s_u}=0.1)$ 急剧增大到 $3.21\times10^{-1}(COV_{s_u}=0.5)$,增大了 5 个多数量级。进一步表明本章所提方法只需进行 1000 次边坡稳定性分析便可有效地分析低失效概率水平($10^{-6}\sim10^{-3}$ 量级)边坡系统可靠度问题,这对实际工程边坡可靠度分析具有重要的参考价值。值得指出的是,传统可靠度分析方法仅通过千余次边坡稳定性分析几乎不可能计算得到 $10^{-6}\sim10^{-3}$ 量级的边坡失效概率。图 5.12 给出了边坡代表性滑动面数目 N_r 随 COV_{s_u} 的变化关系曲线。当 COV_{s_u} 从 0.1 增大到 0.5 时,N_r 由 23 急剧增加到 109,增加了近 5 倍。表明参数变异性对边坡代表性滑动面数目和单一滑动面(如 CDSS 和 CPSS)失效概率的影响规律一致,后两者结合到一起反映在边坡系统失效概率中。

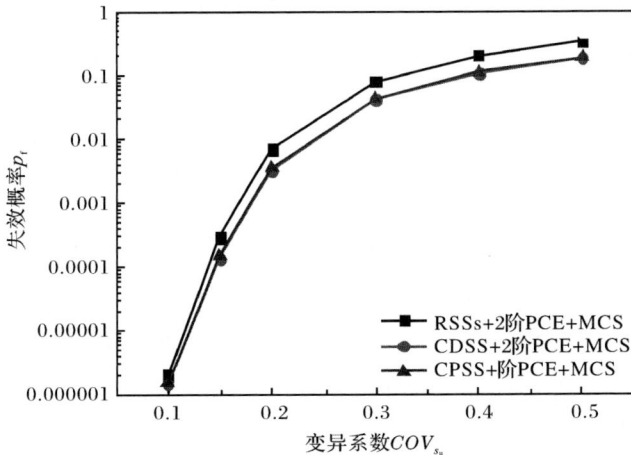

图 5.11　对边坡失效概率随 COV_{s_u} 的变化关系曲线

2. 讨论

综上可知,参数随机场实现次数、随机场单元尺寸和确定性边坡稳定性分析

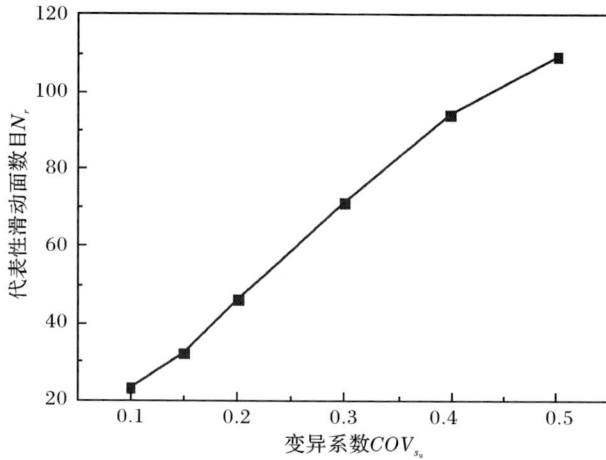

图 5.12　对代表性滑动面数目随 COV_{s_u} 的变化关系曲线

方法均会影响边坡代表性滑动面的数目与位置以及多重随机响应面的构建,进而对本章所提方法计算精度有一定的影响。下面首先讨论参数随机场实现次数 N_p 对所提方法计算结果影响。关于 N_p 的选择,Kang 等[32]建议构建响应面需要的 LHS 样本数目即参数随机场实现次数 N_p 应为随机变量数目的 $10\sim15$ 倍。本章 N_p 的选取首先要保证构建的随机响应面具有足够的计算精度,即 N_p 至少大于随机多项式展开待定系数的数目 $N_c=(N+p)! \ /(N! \ p!)$,本例 $N=15$ 和 $p=2$,待定系数数目为 136,故 N_p 至少大于 136;另外要保证边坡系统失效概率随着 N_p 的增加基本上保持不变。如图 5.13(a)所示,本例当 N_p 增加至 400 以后 $p_{f,s}$ 基本保持不变。鉴于此本例选取 $N_p=1000$ 可以满足计算精度要求。另一方面,随着 N_p 的增加,边坡可能沿着更多的潜在滑动面失效,导致代表性滑动面数目(N_r)随之增加,如图 5.13(b)所示,当 N_p 由 200 增加到 1000 时,N_r 由 44 增加到 71。由于需对每条代表性滑动面构建一重随机响应面,导致所需构建的随机响应面数目随着 N_p 的增加而增大,进而降低了所提方法的计算效率。因此,参数随机场实现次数 N_p 的选取需要综合兼顾计算精度和效率。

　　其次讨论随机场单元尺寸对本章所提方法计算结果的影响。参数随机场是在随机场单元层次上模拟生成,即首先产生单元中心点处参数随机场特性值,然后将其相应地赋值到边坡稳定性分析模型进行边坡稳定性分析。因此,随机场单元尺寸越小(即单元网格越密),土体参数随机场模拟的越精确,即不同位置处土体参数变化也越接近工程实际。进而对每次参数随机场实现进行边坡稳定性分析获得的临界安全系数滑动面位置及相应的 FS_{min} 也更准确,更准确地预测代表性滑动面的位置及其安全系数,最终提高了边坡系统失效概率计算精度。但是,当随机场单元尺寸越小,本章建立的代表性滑动面识别方法所确定的代表性滑动面数目就越多,大大地增加了计算量。如当本例随机场单元尺寸 l 由 0.5m(单元数目为 910)减小到 0.4m(单元数目为 1469)时,N_r 由 71 增加到 106;进一步减小到0.25m(单元数目为 3620)时,N_r 增加到 130,如图 5.14 所示。

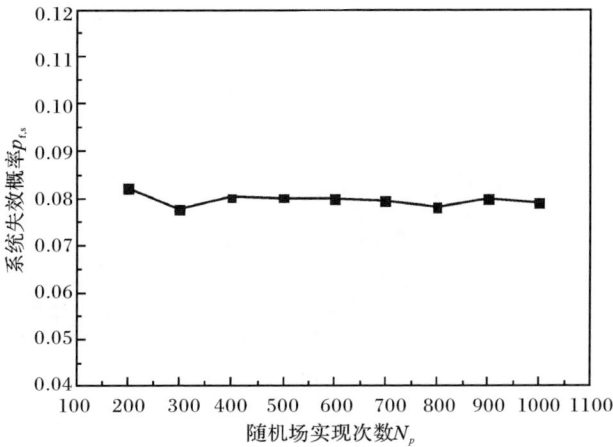

(a) 边坡系统失效概率

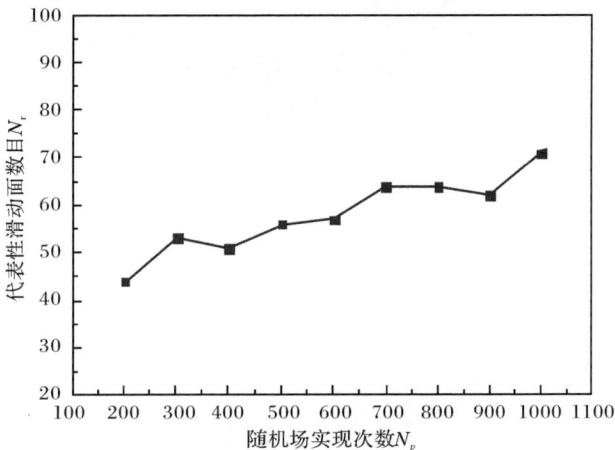

(b) 代表性滑动面数目

图 5.13　边坡系统失效概率和代表性滑动面数目随随机场实现次数的变化关系曲线

　　最后讨论确定性边坡稳定性分析方法对本章所提方法计算结果的影响。本章基于圆弧形滑动面的简化毕肖普法进行边坡稳定性分析计算 $FS_{\min}$,进而确定代表性滑动面并对其构建多重随机响应面。可见确定性边坡稳定性分析方法将直接影响代表性滑动面及其安全系数。即使对于同一条代表性滑动面,采用不同边坡稳定性分析方法得到的边坡安全系数也有所差别,导致所构建的随机响应面也不相同。如采用简化毕肖普法进行边坡稳定性分析计算的临界确定性滑动面安全系数为 1.356，识别的代表性滑动面数目 N_r 为 71，如图 5.5 所示。相比之下，采用简布(Janbu)法计算的临界确定性滑动面安全系数为 1.299，识别的代表性滑动面数目 N_r 为 65，如图 5.15 所示。需要指出的是，对旋转失效模式占优的边坡采用圆弧形滑动面进行稳定性分析是合理的[10]。本章所提方法同样适用识别复合型代表性滑动面进行边坡系统可靠度分析。

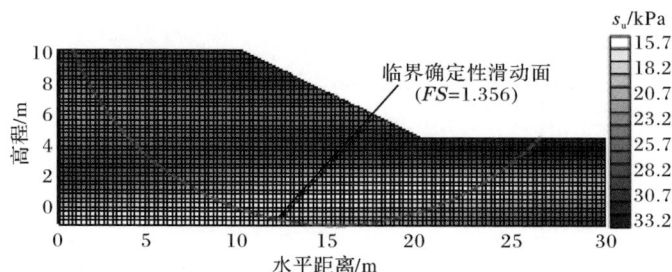

(a) 随机场单元网格模型

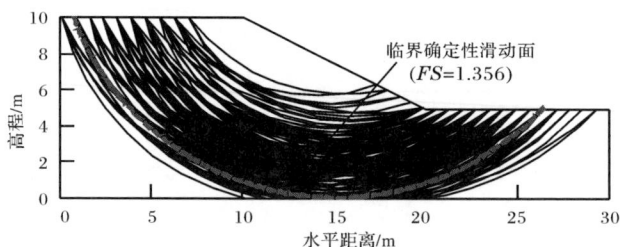

(b) 130 条 RSSs

图 5.14　随机场单元网格模型($l=0.25$m)及代表性滑动面

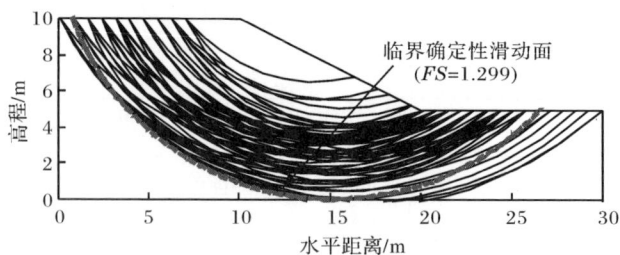

图 5.15　65 条 RSSs

目前基于有限元方法进行考虑参数空间变异性的边坡可靠度分析[33,34]，只能获得边坡临界安全系数 FS_{min} 而不能得到每条潜在滑动面安全系数，这种情况下，边坡可靠度分析只能对 FS_{min} 构建单重响应面。为验证这种单重响应面法分析边坡可靠度问题的有效性，图 5.16(a)和(b)分别比较了不同垂直自相关距离 $\theta_{ln,v}$ 和

变异系数 COV_{s_u} 处单随机响应面法（single stochastic response surface method, SSRSM）和本章所提方法计算的边坡失效概率 $p_{f,s}$。由图 5.16 可知，SSRSM 在失效概率较大处具有较好的计算精度（见表 5.2 和表 5.5～表 5.7），但是在失效概率较小或参数 $\theta_{ln,v}$ 和 COV_{s_u} 较小处，计算精度较差（见表 5.3 和表 5.8）。这主要是因为受土体参数空间变异性的影响，边坡临界滑动面也存在一定的空间变异性[16,17]，对不同参数随机场实现进行边坡稳定性分析从中获得的 FS_{min} 不对应于同一临界滑动面。如图 5.17 所示，当 $\theta_{ln,h} = 20m$，$\theta_{ln,v} = 0.5m$ 时，从 100 次 s_u 随机场实现中获得的 FS_{min} 所对应的临界安全系数滑动面编号具有很大的变异性。表明需要谨慎采用单重响应面法分析低失效概率水平边坡可靠度问题。

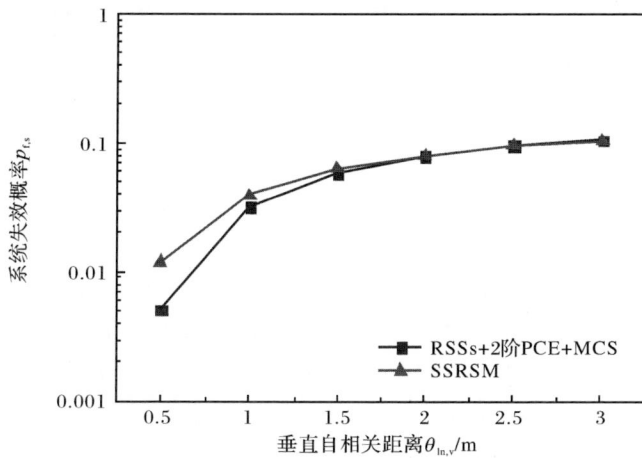

(a) $\theta_{ln,v}$

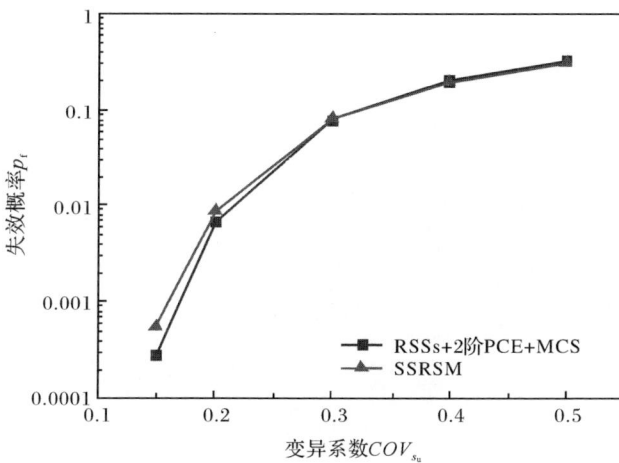

(b) COV_{s_u}

图 5.16　单重随机响应面法计算能力验证

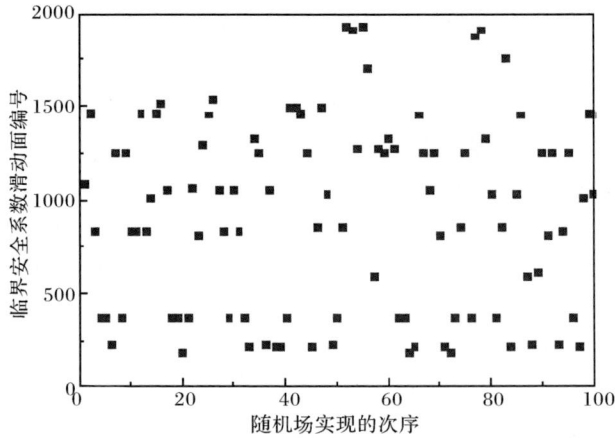

图 5.17　基于 100 次 s_u 随机场实现的 FS_{min} 所对应的滑动面编号

5.3.2　摩擦/黏性土坡

以 Cho[28] 摩擦/黏性土坡为例进一步验证所提方法的有效性。边坡计算模型和随机场单元网格剖分如图 4.5 所示,坡高为 10m,坡度为 1:1,共剖分了 1190 个边长为 0.5m 的四边形单元和 20 个坡面附近过渡区退化的三角形单元,及 1281 个节点。按照 Cho[28],考虑土体黏聚力 c 和内摩擦角 φ 间的互相关性,采用相关对数正态随机场模拟 c 和 φ 的空间变异性,c 和 φ 的均值分别为 10kPa 和 30°,变异系数分别为 0.3 和 0.2。同样,采用高斯型自相关函数模拟 c 和 φ 的二维空间自相关性,水平和垂直自相关距离 $\theta_{ln,h}$ 和 $\theta_{ln,v}$ 分别取为 20m 和 2m。土体单位容重 γ 为 20kN/m³。采用 SLOPE/W 模块剪入剪出方法随机生成可覆盖整个边坡可能失稳区域的 $N_s=5313$ 条潜在滑动面,如图 5.18 所示。

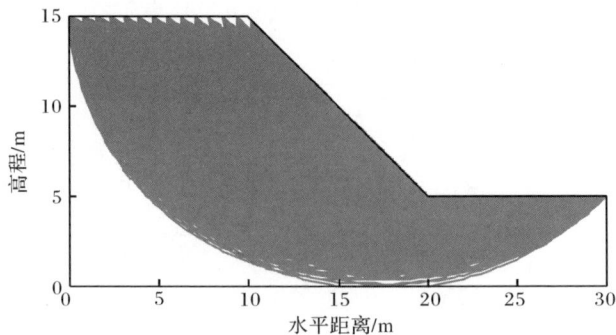

图 5.18　随机产生的 5313 条潜在滑动面

采用 K-L 级数展开方法模拟抗剪强度参数 c 和 φ 二维各向异性相关对数正态随机场,当 $\theta_{\mathrm{ln,h}}=20\mathrm{m}$ 和 $\theta_{\mathrm{ln,v}}=2\mathrm{m}$,$c$ 与 φ 间互相关系数 $\rho_{c,\varphi}$ 为 -0.5 时,为满足期望能比率因子 ε 大于 95%,c 和 φ 随机场各离散为 20 个随机变量。基于 1000 组 LHS 独立标准正态随机样本(维度 1000×40),分别生成 c 与 φ 对数正态随机场的 1000 次实现。其中 c 与 φ 随机场的 2 次典型实现如图 5.19 所示,图 5.19 中颜色较深部分表示抗剪强度参数值较大区域,颜色较浅部分表示抗剪强度参数值较小区域,可见 c 与 φ 随机场分布呈现明显的负相关性,即 c 值较大区域对应的 φ 值较小,反之亦然。分别对它们进行确定性边坡稳定性分析得到 FS_{min} 为 1.048 和 1.268,获得 2 个对应的不同 CSSs,如图 5.19 所示。

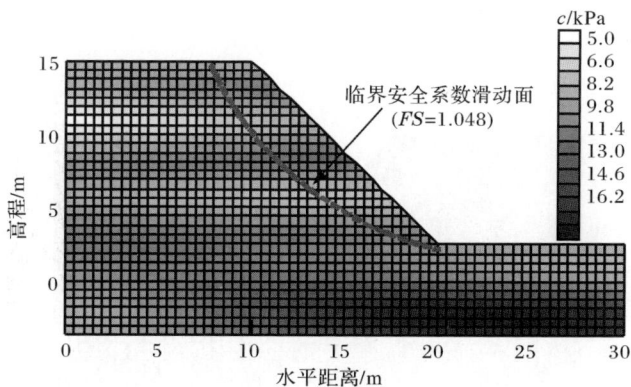

(a) c 随机场

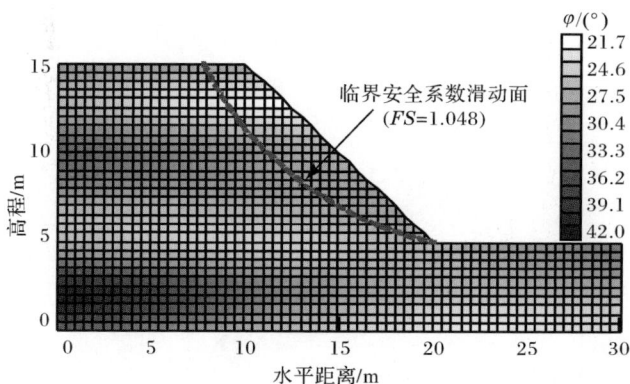

(b) φ 随机场

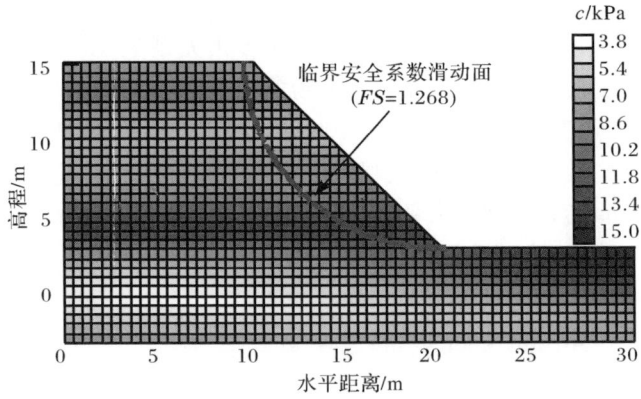

(c) c 随机场

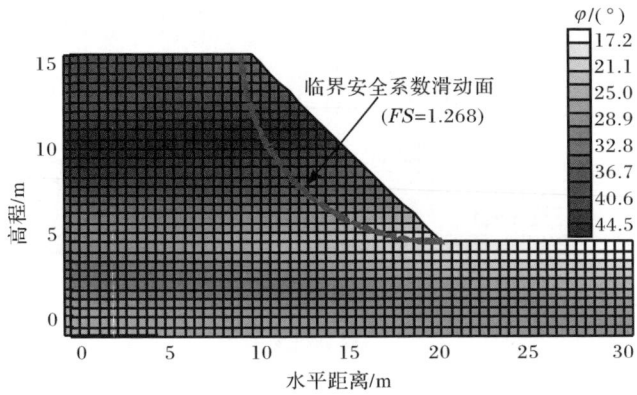

(d) φ 随机场

图 5.19 c 和 φ 随机场的 2 次典型实现

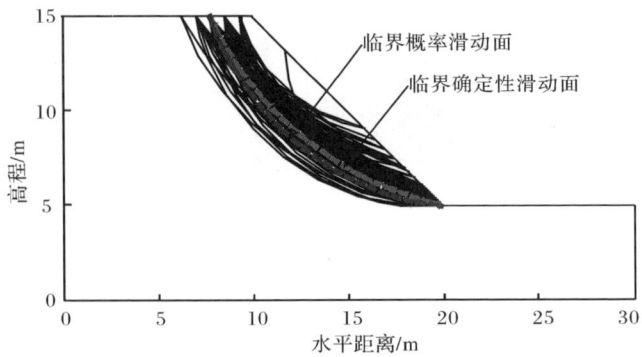

图 5.20 92 条 RSSs

同理,分别对 1000 次 c 与 φ 随机场实现进行边坡稳定性分析,从中获得 92 条不同的 CSSs 视作 RSSs,如图 5.20 所示,其中也包含了临界确定性滑动面和临界概率滑动面,本章将这 92 条不同的 CSSs 视作代表性滑动面进行边坡系统可靠度分析。与图 5.5 相比,摩擦/黏性土坡潜在失效模式分布显然与不排水饱和黏土边坡不同,这是由于内摩擦角对摩擦/黏性土坡稳定性的贡献,边坡基本均在坡趾附近发生浅层失稳破坏,潜在滑动体体积相对较小。此外,边坡主要失效模式分布较为集中,数目相对较少,可见潜在滑动面之间的相关性较大,下面较窄的系统失效概率 Ditlevsen 上下限也可以证明这一点。

采用 2 阶 Hermite 随机多项式展开分别对这 92 条 RSSs 分别构造随机响应面,得到多(92)重随机响应面,再采用 50 万次直接 MCS 方法计算边坡系统失效概率。表 5.5 比较了不同方法计算的系统失效概率、临界滑动面失效概率和安全系数的前四阶统计矩。由表 5.5 可知,本章 RSSs+2 阶 PCE+MCS 方法计算的 $p_{\mathrm{f,s}}$ 为 2.28×10^{-2},位于 Ditlevsen 上下限 $[1.92\times10^{-2},2.57\times10^{-2}]$ 内。Cho[28] 采用 5 万次直接 MCS 结合 K-L 级数展开方法计算的边坡失效概率为 1.71×10^{-2},与本章所提方法计算结果(2.28×10^{-2})较为接近。同样,此时该边坡失效概率水平较高,在 10^{-2} 量级,直接采用用于构建多重响应面的 1000 组 LHS 样本也可较精确地计算该边坡失效概率。基于 1000 组 LHS 样本计算的边坡失效概率及其变异系数 $COV_{p_{\mathrm{f}}}$ 分别为 1.7×10^{-2} 和 24%,与本章所提方法基本一致。表明由 92 条代表性滑动面组成的串联系统可代替该摩擦/黏性土坡稳定性分析模型计算 $FS_{\min}$。此外,本章所提方法计算的临界概率滑动面失效概率为 1.76×10^{-2} 和临界确定性滑动面失效概率为 1.64×10^{-2},后者与 Cho[28] 的 1.38×10^{-2} 也基本一致,并均与 $p_{\mathrm{f,s}}$ 相差较小,进一步说明了边坡不同潜在失效模式之间的相关性较大。

表 5.5　摩擦/黏性土坡可靠度结果($\rho_{c,\varphi}=-0.5$)

计算方法	N_p	μ_{FS}	σ_{FS}	δ_{FS}	κ_{FS}	p_{f}	来源
RSSs+2 阶 PCE+MCS	1 000	1.197	0.111	0.443	3.325	2.28×10^{-2}	本章
MSORSM	1 000	1.192	0.109	0.258	3.086	2.99×10^{-2}	第 4 章
SSRSM	1 000	1.198	0.109	0.407	3.305	2.14×10^{-2}	本章
Bishop+LHS	1 000	1.199	0.108	0.513	3.834	1.7×10^{-2}	本章
Bishop+LHS	10 000	1.198	0.110	0.471	3.619	2.08×10^{-2}	本章
Bishop+MCS	50 000	1.1991	0.1057	—	—	1.71×10^{-2}	Cho[28]
CDSS+2 阶 PCE+MCS	1 000	1.212	0.115	0.522	3.544	1.64×10^{-2}	本章
CDSS+Bishop+MCS	50 000	1.2072	0.1077	—	—	1.38×10^{-2}	Cho[28]
CPSS+2 阶 PCE+MCS	1 000	1.218	0.123	0.607	3.688	1.76×10^{-2}	本章

　　同样,为了验证本章所提方法分析低失效概率水平($10^{-6} \sim 10^{-3}$量级)边坡可靠度问题的有效性,将互相关系数$\rho_{c,\varphi}$由-0.5减小到-0.7,计算结果如表 5.6 所示。可见此时边坡失效概率水平明显降低,采用 1000 组 LHS 样本直接的计算精度显然也不够,只含 3 组失效样本,失效样本数目太少。本章 2 阶 PCE+MCS 方法计算的$p_{f,s}$为4.9×10^{-3},仍然与 Cho[28]采用 5 万次直接 MCS 方法计算的边坡失效概率为3.9×10^{-3}非常吻合。为了验证本章所提方法的有效性,将 LHS 样本数目增加至 1 万组,计算的边坡失效概率及其变异系数COV_{p_f}分别为4.4×10^{-3}和 15%,与本章方法计算结果(4.9×10^{-3})非常接近。相比之下,表 5.5 和表 5.6 中第 4 章 MSORSM 方法计算的$p_{f,s}$均偏大。本章所提方法计算的临界概率滑动面失效概率为3.81×10^{-3}和临界确定性滑动面失效概率为3.19×10^{-3},后者与 Cho[28]的2.9×10^{-3}也非常吻合。本章所提方法所需的计算时间仍然相当于产生 1002 次参数随机场实现及其边坡稳定性分析的总时间,而 Cho[28]方法和直接 LHS 方法所需的计算时间等于产生 5 万次和 1 万次c和φ随机场实现及其边坡稳定性分析的总时间。从而进一步证明了本章所提方法能够有效地分析考虑多参数空间变异性的低概率概率水平边坡系统可靠度问题。

表 5.6　摩擦/黏性土坡可靠度结果($\rho_{c,\varphi} = -0.7$)

计算方法	N_p	μ_{FS}	σ_{FS}	δ_{FS}	κ_{FS}	p_f	来源
RSSs+2 阶 PCE+MCS	1 000	1.200	0.093	0.522	3.484	4.9×10^{-3}	本章
MSORSM	1 000	1.194	0.090	0.293	3.154	8.8×10^{-3}	第 4 章
SSRSM	1 000	1.201	0.092	0.440	3.417	5.8×10^{-3}	本章
Bishop+LHS	1 000	1.202	0.091	0.628	4.136	3.0×10^{-3}	本章
Bishop+LHS	10 000	1.201	0.092	0.571	3.968	4.4×10^{-3}	本章
Bishop+MCS	50 000	—	—	—	—	3.9×10^{-3}	Cho[28]
CDSS+2 阶 PCE+MCS	1 000	1.213	0.098	0.654	3.885	3.19×10^{-3}	本章
CDSS+Bishop+MCS	50 000	—	—	—	—	2.9×10^{-3}	Cho[28]
CPSS+2 阶 PCE+MCS	1 000	0.219	0.106	0.746	4.042	3.81×10^{-3}	本章

　　为了探讨c与φ间互相关性对边坡系统失效概率的影响,图 5.21 给出了边坡失效概率随c与φ间互相关系数$\rho_{c,\varphi}$的变化关系曲线,其中$\rho_{c,\varphi}$的变化范围也取为$[-0.7, 0.5]$。由图 5.21 可知,土体抗剪强度参数间互相关性对边坡系统失效概率具有重要的影响,如当$\rho_{c,\varphi}$由-0.7增大到 0.5 时,边坡$p_{f,s}$由4.9×10^{-3}增加到 14.1%,后者约为前者的 30 倍。同时临界确定性失效概率和临界概率滑动面失效概率均随着c与φ间负相关性的增强而减小,这是因为考虑c与φ间负相关性时,黏聚力c的增大对应于内摩擦角φ的减小,导致土体总的抗剪强度方差减小。

c 与 φ 间负相关性越强,土体总的抗剪强度方差就越小,相应地安全系数方差越小,而其均值基本保持不变,从而导致边坡失效概率越小。此外,本章所提方法计算的 $p_{f,s}$ 均落在 Ditlevsen 系统失效概率的上下限内,且与临界滑动面(CDSS 和 CPSS)失效概率非常接近。这是因为临界滑动面与其余代表性滑动面之间的相关性非常高,临界滑动面为该摩擦/黏性土坡的关键失效模式。

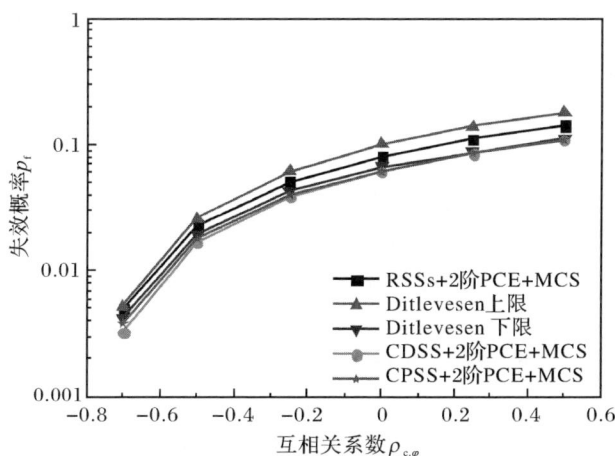

图 5.21 边坡失效概率随 $\rho_{c,\varphi}$ 的变化关系曲线

同样,下面从系统角度探讨互相关性对边坡系统失效概率的影响,边坡系统失效概率 $p_{f,s}$ 取决于两个部分:代表性滑动面数目(N_r)和每条代表性滑动面失效概率。图 5.22 给出了边坡代表性滑动面数目 N_r 随 $\rho_{c,\varphi}$ 的变化关系曲线。与图 5.12类似,N_r 整体上随着 $\rho_{c,\varphi}$ 的增大而增加,N_r 由 79($\rho_{c,\varphi}=-0.7$)增加到 133($\rho_{c,\varphi}=0.5$)。与参数变异性的影响一样,c 与 φ 互相关性对边坡代表性滑动面数目和单一滑动面失效概率的影响规律基本一致,两者结合到一起反映在边坡系统失效概率中。

图 5.23 比较了以两组自相关距离计算的不同互相关系数 $\rho_{c,\varphi}$ 处的边坡失效概率,其中自相关距离 $\theta_{\ln,h}=1000\mathrm{m}$ 和 $\theta_{\ln,v}=1000\mathrm{m}$ 近似表示忽略土体参数空间变异性[30]。与考虑土体参数空间变异性($\theta_{\ln,h}=20\mathrm{m}$ 和 $\theta_{\ln,v}=2\mathrm{m}$)相比,忽略土体参数空间变异性明显高估了边坡失效概率,导致不经济的边坡设计方案。如当 $\rho_{c,\varphi}=-0.5$ 时,本章所提方法计算的忽略土体参数空间变异性的 $p_{f,s}$ 为 9.95%,大约是考虑土体参数空间变异性的 $p_{f,s}$(2.28×10^{-2})的 4 倍。同样可见本章所提方法与 Cho[28] 计算结果基本吻合,进一步验证了本章所提方法的有效性。两种方法间的微小差别主要是由于选用不同自相关函数表征土体参数空间自相关性所导致。

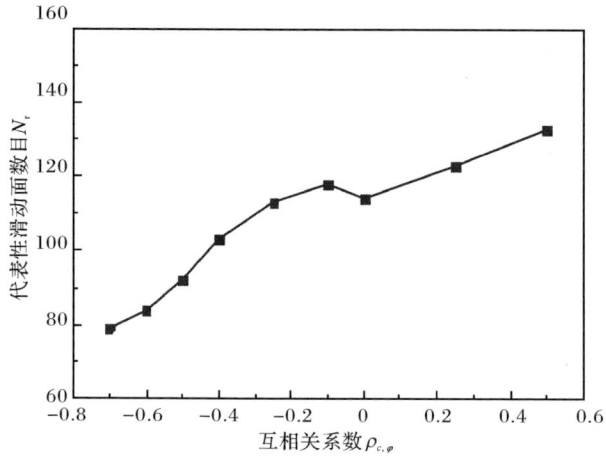

图 5.22　代表性滑动面数目随 $\rho_{c,\varphi}$ 的变化关系曲线

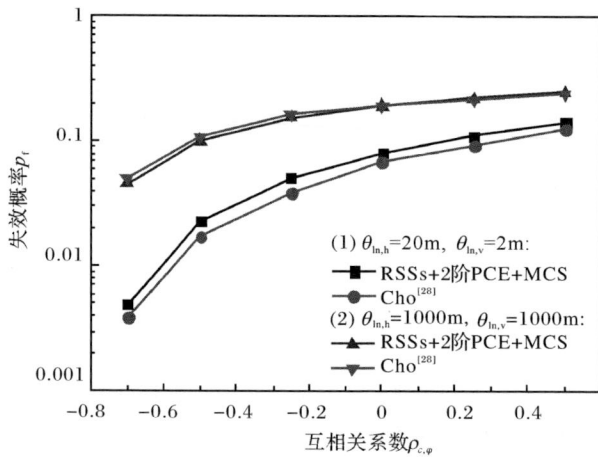

图 5.23　边坡系统失效概率随 $\rho_{c,\varphi}$ 的变化关系曲线

5.3.3　三层不排水饱和黏土边坡

　　上面主要研究的是单层边坡可靠度问题,然而天然土体由于受到沉积、后沉积、化学风化和搬运等作用以及不同荷载历史的影响,还呈现一定的层状分布特征,在岩土工程实际中多层土坡十分常见。下面以 Zhang 等[22]、Kang 等[32] 和 Feng 和 Fredlund[35] 中三层不排水饱和黏土边坡为例,验证本章所提方法分析考虑参数空间变异性多层土坡系统可靠度问题的有效性。三层土坡计算模型和随机场单元网格剖分如图 5.24 所示,坡高为 6m,坡度为 1∶3。采用对数正态随

场模拟 3 个黏土层不排水抗剪强度 s_{u_1}、s_{u_2} 和 s_{u_3} 的空间变异性,均值分别为 18kPa、20kPa 和 25kPa,变异系数分别为 0.3、0.2 和 0.3。3 个黏土层的土体单位容重 γ_{sat} 均为 18kN/m³。同样首先随机生成可覆盖整个边坡可能失稳区域的 $N_s=$ 2816 条潜在滑动面,如图 5.25 所示。所有参数取均值采用简化毕肖普法计算的临界确定性安全系数为 1.27,与 Kang 等[32]计算的 1.282 基本吻合,自动搜索的临界确定性滑动面如图 5.24 虚线所示。

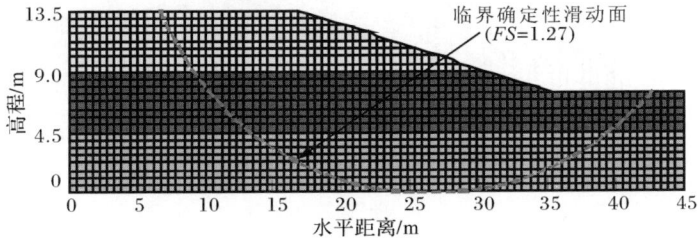

图 5.24　随机场单元模型及边坡稳定性分析结果

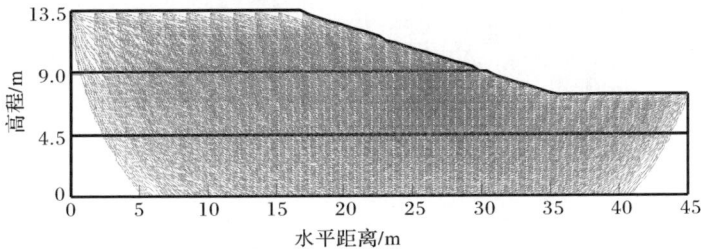

图 5.25　随机产生的 2816 条潜在滑动面

同样采用高斯型自相关函数模拟 s_{u_1}、s_{u_2} 和 s_{u_3} 的二维各向异性空间自相关性,水平和垂直自相关距离 $\theta_{ln,h}$ 和 $\theta_{ln,v}$ 分别取为 20m 和 2m。如图 5.24 所示,三参数随机场共剖分了 1568 个边长为 0.5625m 的四边形和三角形混合单元,及 1662 个节点,上中下 3 个土层分别剖分了 348、580 和 640 个随机场单元。根据 Lu 和 Zhang[36] 和 Cho[37] 建议的方法模拟三参数的空间变异性,将三参数随机场考虑为全局非平稳随机场,同一土层内参数随机场遵循平稳假定或者准平稳假定,不同土层内任意两点处土体参数间的空间自相关性为零。当 $\theta_{ln,h}=20$m 和 $\theta_{ln,v}=2$m 时,为满足计算精度要求,采用 K-L 级数展开方法需要将三参数随机场共离散为 30 个标准正态随机变量,s_{u_1}、s_{u_2} 和 s_{u_3} 随机场离散的随机变量数目均为 10。然后基于 1000 组 LHS 样本点采用 K-L 级数展开方法生成 s_{u_1}、s_{u_2} 和 s_{u_3} 随机场的 1000 次实现,其中三参数随机场的 2 次典型实现如图 5.26 所示,图中颜色较深部分表示不排水抗剪强度参数值较大区域。对这 2 次参数随机场实现分别进行确定性边坡稳定性分析得到 2 个不同的 CSSs,如图 5.26(a)和(b)所示。对 1000 次三参数随机场实现分别进行边坡稳定性分析,从中共可获得 78 条不同的 CSSs 视作 RSSs 进行边坡系统可靠度分析,如图 5.27 所示,其中也包含了临界确定性滑动面和临界概率滑动面。

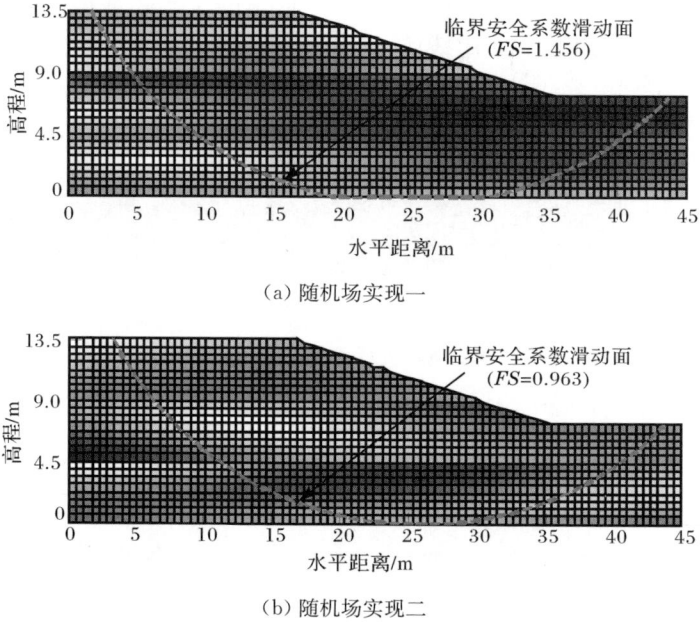

（a）随机场实现一

（b）随机场实现二

图 5.26　不排水抗剪强度随机场 2 次典型实现

采用 2 阶 Hermite 随机多项式分别对图 5.27 中 78 条 RSSs 构建随机响应面,可得到 78 重随机响应面,再采用 50 万次直接 MCS 方法计算的边坡系统失效概率 $p_{f,s}$ 为 0.13,如表 5.7 所示。第 4 章 MSORSM 方法、SSRSM 方法和 1000 次直接 LHS 方法的计算结果均与本章所提方法的计算结果包括安全系数统计特征和失效概率均非常吻合。

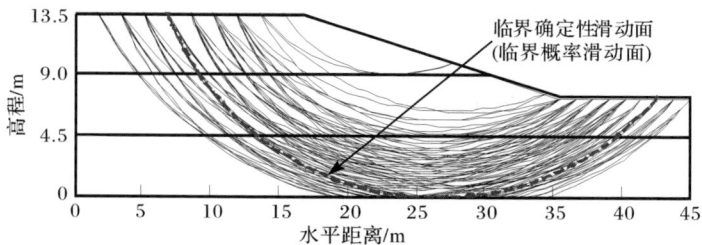

图 5.27　78 条 RSSs

表 5.7　三层不排水边坡可靠度结果($COV_{s_{u_1}} = 0.3, COV_{s_{u_2}} = 0.2, COV_{s_{u_3}} = 0.3$)

计算方法	N_p	μ_{FS}	σ_{FS}	δ_{FS}	κ_{FS}	p_f	来源
RSSs+2 阶 PCE+MCS	1 000	1.144	0.130	0.344	3.101	0.13	本章
MSORSM	3 137	1.143	0.131	0.290	3.142	0.136	第 4 章
SSRSM	1 000	1.145	0.130	0.083	3.260	0.126	本章
Bishop+LHS	1 000	1.145	0.134	0.197	2.957	0.138	本章
Bishop+LHS	10 000	1.145	0.130	0.256	3.153	0.132	本章
CDSS+2 阶 PCE+MCS	1 000	1.270	0.191	0.608	3.534	0.057	本章
CPSS+2 阶 PCE+MCS	1 000	1.270	0.191	0.608	3.534	0.057	本章

同样因为表 5.7 边坡失效概率水平较高,为了验证本章所提方法分析低失效概率水平多层土坡可靠度问题的有效性,将 s_{u_1}、s_{u_2} 和 s_{u_3} 的变异系数分别取为 0.3、0.1 和 0.1,重新计算 $p_{f,s}$。不同方法的计算结果如表 5.8 所示,可见失效概率水平显著降低,此时 1000 次 LHS 方法计算精度显然不够。本章所提方法计算的 $p_{f,s}$ 为 5.28×10^{-4},与第 4 章 MSORSM 方法计算的 $p_{f,s}$ 为 9.9×10^{-4} 和 3 万次直接 LHS 方法计算的 7.33×10^{-4} 非常接近。并且本章所提方法只需要进行 1000 次边坡稳定性分析,其计算效率显然高于第 4 章 MSORSM 方法的 3137 次和 LHS 方法的 3 万次边坡稳定性分析,证明了本章所提方法分析考虑参数空间变异性低失效概率水平边坡系统可靠度问题的有效性。相比之下,单重随机响应面法 (SSRSM) 计算的 $p_{f,s}$ 为 1.6×10^{-3},计算精度显然不够,这主要是因为 SSRSM 方法采用 2 阶 Hermite 多项式展开建立边坡临界安全系数 $FS_{\min}$ 与独立标准正态随机变量间的近似显式函数关系,但是 $FS_{\min}$ 不对应于同一条临界滑动面,仅构建单重响应面难以满足精度要求。

表 5.8　三层不排水边坡可靠度结果($COV_{s_{u_1}} = 0.3, COV_{s_{u_2}} = 0.1, COV_{s_{u_3}} = 0.1$)

计算方法	N_p	μ_{FS}	σ_{FS}	δ_{FS}	κ_{FS}	p_f	来源
RSSs+2 阶 PCE+MCS	1 000	1.226	0.069	0.053	3.085	5.28×10^{-4}	本章
MSORSM	3 137	1.225	0.070	0.043	3.183	9.9×10^{-4}	第 4 章
SSRSM	1 000	1.226	0.069	-0.070	3.294	1.6×10^{-3}	本章
Bishop+LHS	1 000	1.226	0.070	-0.052	3.047	0	本章
Bishop+LHS	30 000	1.226	0.069	0.040	3.156	7.33×10^{-4}	本章
CDSS+2 阶 PCE+MCS	1 000	1.270	0.070	0.203	3.062	2.0×10^{-6}	本章
CPSS+2 阶 PCE+MCS	1 000	1.275	0.094	0.245	3.090	4.42×10^{-4}	本章

为了进一步比较不同响应面法分析考虑参数空间变异性多层土坡可靠度问

题的有效性,图 5.28 比较了不同垂直自相关距离处的边坡失效概率,其中 $COV_{s_{u_1}}=0.3$,$COV_{s_{u_2}}=0.2$,$COV_{s_{u_3}}=0.3$,垂直自相关距离变化范围取为 0.6~3m。由图 5.28 可知,随着 $\theta_{\ln,v}$ 的增加,本章所提方法计算的 $p_{f,s}$ 由 3.52×10^{-2}($\theta_{\ln,v}=0.6m$)增大到 0.155($\theta_{\ln,v}=3m$),与第 4 章 MSORSM 方法和 1 万次直接 LHS 方法的计算结果均非常吻合。然而基于 2 阶 PCE 的 SSRSM 方法计算多层土坡可靠度的精度较差,尤其在垂直自相关距离较小即失效概率较小处。如当 $\theta_{\ln,v}=0.6m$ 时,本章所提方法、MSORSM 方法和 SSRSM 方法计算的边坡失效概率分别为 3.52×10^{-2}、4.05×10^{-2} 和 0.104,与 1 万次直接 LHS 方法计算的 3.81×10^{-2} 相比,相对误差分别为 7.6%、6.4% 和 173.7%。这表明单重响应面法不能有效地分析考虑参数空间变异性的低失效概率水平多层土坡可靠度问题。值得指出的是,单重响应面法是基于边坡稳定有限元分析边坡可靠度评估常用的计算模式[34]。单重响应面法计算精度较低的原因主要是对每次随机场实现所获得的 FS_{min} 构造单重响应面,然而不同参数随机场实现所获得的 FS_{min} 不对应于同一条临界滑动面。因此,建议边坡可靠度分析尽量在边坡失效模式层次上建立安全系数代理模型。

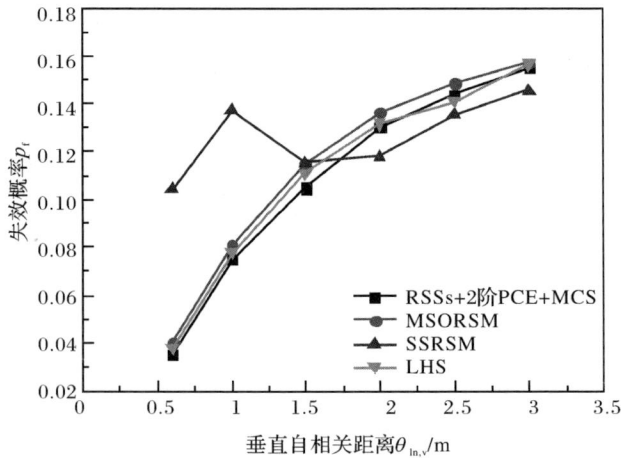

图 5.28　边坡失效概率随 $\theta_{\ln,v}$ 的变化关系曲线

需要强调的是第 4 章 MSORSM 方法具有较高的参数敏感性分析计算效率,在图 5.28 参数敏感性分析整个过程中,MSORSM 方法共需进行 3137 次边坡稳定性分析。相比之下,本章所提方法和直接 LHS 方法则分别共需进行 7100(2100+1000×5)次和 6 万次边坡稳定性分析。需要指出的是本章所提方法对于自相关距离较小(即土体参数空间变异性较强)和几何尺寸较大的边坡可靠度问题计算量会急剧增加。如当 $\theta_{\ln,v}$ 减小到 0.6m,为满足计算精度要求,三参数随机场共需离散的随机变量数目由 30 增加到 61,进而需要进行 2100 次边坡稳定性分析构建

多重随机响应面。

5.4　本章小结

本章提出了考虑参数空间变异性边坡系统可靠度分析的多重随机响应面法,建立了一种新的考虑参数空间变异性的边坡代表性滑动面识别方法,探讨了基于有限元分析的单重响应面法分析考虑参数空间变异性边坡系统可靠度问题的有效性,最后系统地研究了考虑土体参数空间变异性的单层和多层土坡系统可靠度问题。主要结论如下:

(1) 本章建立的边坡代表性滑动面识别方法确定代表性滑动面无需计算不同滑动面之间的相关性,有效降低了识别边坡代表性滑动面的难度。提出的多重随机响应面法中代表性滑动面的确定、多重随机响应面的构建与确定性边坡稳定性分析过程同时进行,计算效率较高,较好地解决了考虑参数空间变异性低失效概率水平($10^{-6}\sim10^{-3}$量级)多层土坡系统可靠度分析的难题,为实际工程边坡系统可靠度分析提供一个有效的工具。

(2) 为深入揭示边坡系统失稳机理和制定有效的边坡加固措施以预防边坡失稳提供重要的参考依据。本章从系统角度阐明了参数空间变异性、变异性和参数间互相关性对边坡系统失效概率的影响规律。土体参数空间变异性对单一潜在滑动面失效概率的影响权重大于对代表性滑动面数目的影响权重,并且对单一滑动面失效概率和边坡系统失效概率的影响规律基本一致。相比之下,土体参数变异性和参数间互相关性对边坡代表性滑动面数目、单一滑动面失效概率和系统失效概率的影响规律均一致。

(3) 传统基于临界滑动面的边坡可靠度分析方法会明显低估考虑土体参数空间变异性的边坡失效概率,造成偏危险的边坡设计方案。考虑不排水抗剪强度参数空间变异性,不排水饱和黏性土坡潜在失效模式较为分散,深层破坏模式居多,边坡系统失效概率随着不排水抗剪强度参数自相关距离的增加,逐渐接近于临界滑动面失效概率,当参数自相关距离达到无穷大时两者恰好相等。相比之下,摩擦/黏性土坡代表性滑动面分布较为集中,基本都沿着坡趾附近发生浅层失稳破坏,边坡系统失效概率与临界滑动面失效概率较为接近,代表性滑动面之间的相关性较高,临界滑动面为边坡关键失效模式。

(4) 基于边坡有限元分析的单重响应面法不能有效地解决考虑参数空间变异性的低概率水平边坡系统可靠度问题,这主要是因为该方法直接针对临界安全系数建立代理模型,然而不同参数随机场实现所获得的临界安全系数不对应于同一条临界滑动面。因此为了提高边坡可靠度计算精度,建议尽量在边坡失效模式层次上建立安全系数代理模型。

（5）本章多重响应面法基于 Hermite 随机多项式展开建立边坡每条代表性滑动面安全系数与独立标准正态随机变量间的近似显式函数关系。如果土体参数自相关距离较小和边坡几何尺寸较大，参数随机场需要离散为大量的随机变量，此时该方法计算量将明显增加。因此目前该方法常与 K-L 级数展开方法和高斯型自相关函数结合，为了能够有效地分析参数空间变异性较强的大尺度边坡可靠度问题，需要进一步发展边坡安全系数高效代理模型，如稀疏多项式展开等等。另外本章采用基于圆弧形滑动面的极限平衡方法分析边坡系统可靠度问题，基于任意形状滑动面并考虑参数空间变异性的边坡系统可靠度问题将是下一步的研究课题。

参 考 文 献

[1] Cornell C A. Bounds on the reliability of structural systems[J]. Journal of the Structural Division(ASCE),1967,93(1):171—200.

[2] Oka Y,Wu T H. System reliability of slope stability[J]. Journal of Geotechnical Engineering (ASCE),1990,116(8):1185—1189.

[3] Chowdhury R N,Xu D W. Geotechnical system reliability of slopes[J]. Reliability Engineering & System Safety,1995,47(3):141—151.

[4] Huang J S,Griffiths D V,Fenton G A. System reliability of slopes by RFEM[J]. Soils and Foundations,2010,50(3):345—355.

[5] 张兴,廖国华. 多滑面边坡的破坏概率[J]. 岩土工程学报,1990,12(6):55—61.

[6] 谭晓慧. 多滑面边坡的可靠性分析[J]. 岩石力学与工程学报,2001,20(6):822—825.

[7] Ditlevsen O. Narrow reliability bounds for structural systems[J]. Journal of Structural Mechanics,1979；7(4):453—472.

[8] Ching J,Phoon K K,Hu Y G. Efficient evaluation of reliability for slopes with circular slip surfaces using importance sampling[J]. Journal of Geotechnical and Geoenvironmental Engineering(ASCE),2009,135(6):768—777.

[9] Low B K,Zhang J,Tang W H. Efficient system reliability analysis illustrated for a retaining wall and a soil slope[J]. Computers and Geotechnics,2011,38(2):196—204.

[10] Zhang J,Zhang L M,Tang W H. New methods for system reliability analysis of soil slopes [J]. Canadian Geotechnical Journal,2011,48(7):1138—1148.

[11] Ji J,Low B K. Stratified response surfaces for system probabilistic evaluation of slopes[J]. Journal of Geotechnical and Geoenvironmental Engineering (ASCE), 2012, 138 (11): 1398—1406.

[12] Hassan A M,Wolff T F. Search algorithm for minimum reliability index of earth slopes[J]. Journal of Geotechnical and Geoenvironmental Engineering (ASCE), 1999, 125 (4): 301—308.

[13] Zhang J,Huang H W,Phoon K K. Application of the kriging-based response surface method to the system reliability of soil slopes[J]. Journal of Geotechnical and Geoenvironmental Engineering(ASCE),2013,139(4):651—655.

[14] Cho S E. First-order reliability analysis of slope considering multiple failure modes[J]. Engineering Geology,2013,154:98—105.

[15] Mitchell J K, Soga K. Fundamentals of Soil Behavior[M]. New York:John Wiley & Sons,2005.

[16] 祁小辉,李典庆,周创兵,等. 考虑土体空间变异性的边坡最危险滑动面随机分析方法[J]. 岩土工程学报,2013,35(4):745—753.

[17] Wang Y,Cao Z,Au S K. Practical reliability analysis of slope stability by advanced Monte Carlo simulations in a spreadsheet[J]. Canadian Geotechnical Journal,2011,48(1):162—172.

[18] Cho S E. Effects of spatial variability of soil properties on slope stability[J]. Engineering Geology,2007,92(3-4):97—109.

[19] Li L,Wang Y,Cao Z J,et al. Risk de-aggregation and system reliability analysis of slope stability using representative slip surfaces[J]. Computers and Geotechnics, 2013, 53: 95—105.

[20] Li L,Wang Y,Cao Z. Probabilistic slope stability analysis by risk aggregation[J]. Engineering Geology,2014,176:57—65.

[21] Hong H P,Roh G. Reliability evaluation of earth slopes[J]. Journal of Geotechnical and Geoenvironmental Engineering(ASCE),2008,134(12):1700—1705.

[22] Zhang J,Huang H W,Juang C H,et al. Extension of Hassan and wolff method for system reliability analysis of soil slopes[J]. Engineering Gedogy,2013,160:81—88.

[23] Li D Q,Chen Y F,Lu W B,et al. Stochastic response surface method for reliability analysis of rock slopes involving correlated non-normal variables[J]. Computers and Geotechnics, 2011,38(1):58—68.

[24] Mollon G,Dias D,Soubra A H. Probabilistic analysis of pressurized tunnels against face stability using collocation-based stochastic response surface method[J]. Journal of Geotechnical and Geoenvironmental Engineering(ASCE),2011,137(4):385—397.

[25] Houmadi Y,Ahmed A,Soubra A H. Probabilistic analysis of a one-dimensional soil consolidation problem[J]. Georisk,2012,6(1):36—49.

[26] Bong T,Son Y,Noh S,et al. Probabilistic analysis of consolidation that considers spatial variability using the stochastic response surface method[J]. Soils and Foundations,2014, 54(5):917—926.

[27] Bishop A W. The use of slip circle in the stability analysis of slopes[J]. Géotechnique, 1955,5(1):7—17.

[28] Cho S E. Probabilistic assessment of slope stability that considers the spatial variability of soil properties[J]. Journal of Geotechnical and Geoenvironmental Engineering(ASCE), 2010,136(7):975—984.

［29］Ji J,Lian H J,Low B K. Modeling 2-D spatial variation in slope reliability analysis using interpolated autocorrelations［J］. Computers and Geotechnics,2012,40:135—146.

［30］舒苏荀,龚文惠,王佳,等. 各向异性随机场下的边坡模糊随机可靠度分析［J］. 岩土工程学报,2015,37(7):1204—1210.

［31］Li K S,Lumb P. Probabilistic design of slopes［J］. Canadian Geotechnical Journal,1987,24(4):520—535.

［32］Kang F,Han S,Salgado R,et al. System probabilistic stability analysis of soil slopes using Gaussian process regression with Latin hypercube sampling［J］. Computers and Geotechnics,2015,63:13—25.

［33］Griffiths D V,Fenton G A. Probabilistic slope stability analysis by finite elements［J］. Journal of Geotechnical and Geoenvironmental Engineering(ASCE),2004,130(5):507—518.

［34］肖特,李典庆,周创兵,等. 基于有限元强度折减法的多层边坡非侵入式可靠度分析［J］. 应用基础与工程科学学报,2014,22(4):718—732.

［35］Feng T,Fredlund M. SVSLOPE:Verification Manual［M］. Saskatoon:SoilVision Systems Ltd.,2011.

［36］Lu Z,Zhang D. Stochastic simulations for flow in nonstationary randomly heterogeneous porous media using a KL-based moment-equation approach［J］. Multiscale Modeling & Simulation,2007,6(1):228—245.

［37］Cho S E. Probabilistic analysis of seepage that considers the spatial variability of permeability for an embankment on soil foundation［J］. Engineering Geology,2012,133-134:30—39.

第6章　锚杆腐蚀条件下锚固边坡时变可靠度分析

预应力锚杆(索)等边坡锚固体系通常是为提高边坡稳定性采取的主要加固措施,但是由于在边坡服役过程中锚固体系长期处于恶劣的运行环境中,导致其性能逐渐退化,严重时会引起高边坡失稳。其中预应力锚杆(索)腐蚀破坏是锚固体系性能退化的一个重要体现,然而目前对锚杆(索)腐蚀率模型和腐蚀机理却研究的远远不够,另外关于预应力锚杆(索)腐蚀作用对锚固边坡时变可靠度的影响更是少见报道。本章鉴于锚杆钢筋腐蚀与预应力钢筋混凝土结构钢筋腐蚀间的相似性,建立了锚杆腐蚀率模型,并基于已有锚杆腐蚀试验数据验证了该腐蚀率模型的适用性,进而建立了锚杆腐蚀条件下锚杆自由段屈服抗力和锚固段锚杆与注浆体界面黏结抗力时变模型,揭示了锚杆腐蚀条件下锚固边坡串联系统可靠度的变化规律;建议了一种有效的边坡最大允许变形量取值方法,初步揭示了边坡变形可靠度的演化规律。研究成果为研究考虑时效特性的锚固边坡可靠度的演化规律奠定了一定的基础。

6.1　引　　言

水电工程高边坡在服役过程中,无论是工程设计原因,还是施工质量问题,或是运行控制不当,在高边坡服役过程中锚固体系性能逐渐退化,结构逐渐老化,进而会引起边坡变形加剧、稳定性条件恶化,甚至发生失稳破坏,危及大坝及其他枢纽建筑物安全,延误工期、丧失枢纽功能。严重时会诱发大坝溃决,库水漫顶、下游淹没、河道堵塞,造成环境灾害和人员伤亡等重大工程事故。预应力锚杆(索)是边坡锚固体系的重要组成部分。虽然锚杆(索)在施工过程中采用了居中支架,注浆液中也掺入防腐剂等防腐技术措施,但是由于边坡运行环境恶劣,如地下水丰富且常含有大量对金属具有较强腐蚀性的侵蚀性物质(氯离子、硫酸根离子等),造成锚杆(索)长期处于含杂散电流与双金属作用的特定岩土体介质环境中,钢筋和钢绞线等材料在高应力作用下容易遭受应力腐蚀作用和氢脆破坏,严重时甚至会导致钢筋和钢绞线断裂[1~4]。目前国内外因锚杆(索)腐蚀作用而导致锚固体系性能退化和失效的工程事故时有发生,如1986年,国际后张预应力协会地锚工作小组对35例锚杆(索)腐蚀破坏工程实例进行统计分析[5],其中永久锚杆(索)占69%,临时锚杆占31%,发现服役期在2年以内和2年以上发生腐蚀破坏的锚杆各占一半;法国米克斯坝有几根承载力为13 000kN的锚杆仅仅服役了几个月就断裂;河南焦作市冯营矿锚杆、焦东矿锚杆、鹤壁矿务局四矿楔缝式锚杆以及安徽梅山水电站无黏结监测锚索等,服役几年后均出现了不同程度的腐蚀破坏,使用寿命大大降低[6]。2010 年 4 月 25 日发生的因锚固体系失效等因素造成的台湾基隆滑坡就为大型水电工程高边坡锚固体系性能退化和边坡安全控制问题敲响了警钟[7,8]。上述工程事故表明,钢筋和钢绞线的腐蚀作用对锚杆和锚索的耐久性和使用寿命具有重要的影响。此外,锚杆(索)在长期应力腐蚀作用下预应力会降低,进而导致边坡变形增加,当变形量达到一定程度时会造成边坡失稳破坏。因此,十分必要研究锚杆(索)腐蚀机理及其对边坡变形与稳定性的影响。

虽然地下结构注浆体内锚杆(索)腐蚀作用与预应力钢筋混凝土结构普通钢筋腐蚀作用具有一定的相似性,但是鉴于锚固类结构腐蚀环境的复杂性,故锚杆(索)腐蚀机理与预应力钢筋腐蚀机理还存在一定的差异。尽管国内外学者在钢筋腐蚀和锚固体系性能退化方面已经开展了一定的研究工作,但是还存在以下不足:首先,目前对预应力锚杆(索)腐蚀率模型研究的较少,大多借鉴预应力钢筋混凝土结构钢筋腐蚀率模型,由于锚固类结构腐蚀环境的复杂性,使得其腐蚀机理与耐久性研究又有别于预应力钢筋,然而现有的钢筋腐蚀率模型以及钢筋与混凝土界面的黏结强度衰减模型是否适用于锚杆(索)还有待进一步验证;其次,高陡边坡、大型地下洞室和深基坑支护等岩土工程结构物的变形与稳定性与锚杆(索)的耐久性密切相关,然而目前关于锚杆(索)腐蚀作用对岩土结构变形与稳定性的影响却少见报道;其三,现有研究大多数集中于岩质边坡单失效模式可靠度问题[8~11],然而有关锚固体系性能退化条件下含多失效模式边坡串联系统可靠度问题的研究还远远不够。上述高边坡锚固体系性能退化方面研究的这些不足严重地影响了对锚固体系耐久性与服役寿命的正确预测,妨碍了对边坡变形与稳定性的准确评估,因此十分必要对上述这些问题开展更为深入的理论研究。

另一方面,尽管目前对锚杆(索)腐蚀条件下岩土结构变形与稳定性分析取得了一定的研究进展。如彭衡和和邱贤辉[12]基于锚杆长期腐蚀作用下边坡变形监测数据评价了边坡稳定性。Chau 等[13]通过数值模拟研究了锚杆钢筋腐蚀作用对锚固挡土墙长期变形特征的影响。但是与边坡稳定可靠度分析相比,国内外对边坡变形可靠度研究的相对较少。主要原因在于:首先,边坡稳定性分析方法如极限平衡方法和强度折减方法等发展的较为成熟,结合传统可靠度分析方法容易实现边坡稳定可靠度分析。然而要获得边坡变形、应力应变信息则通常需要进行较为复杂的有限元分析,而传统可靠度分析方法还很难与有限元分析相结合;其次,长期以来边坡单一安全系数概念容易为工程师们所接受,基于安全系数的边坡临界失稳极限状态也较容易判定。相比之下,边坡最大允许变形量则需视具体情况而论,难以有个统一的判定标准,这无疑增加了边坡变形可靠度分析的难度。幸运的是,目前岩土工程变形可靠度分析方法已在其他岩土结构如地基基础、隧道和地下洞室等得到了一定的应用。如 Shinoda 等[14]采用改进 MCS 方法研究了地震条件下土坡变形可靠度问题。Zhang 和 Ng[15]概率分析了正常使用极限状态地基基础允许变形量。Youssef Abdel Massih 和 Soubra[16]利用响应面法研究了表面荷载作用下的条形基础变形可靠度问题。Mollon 等[17,18]也分别采用响应面法研究了浅层圆形隧道变形可靠度和隧道开挖条件下地表变形可靠度问题。Haldar 和 Sivakumar Babu[19]研究了考虑土体参数空间变异性的桩基承载能力和正常使用极限状态可靠度问题。Luo 等[20]研究了考虑参数空间变异性的基坑开挖变形可靠度问题。在考虑岩体参数空间变异性基础上,程勇刚等[21]随机模拟分析了隧洞围岩概率变形特征。李典庆等[22]研究了地下洞室变形可靠度问题。上述这些研究工作为边坡变形可靠度分析奠定了一定的基础。

　　本章主要研究了锚杆腐蚀条件下锚固岩质边坡时变稳定可靠度与变形可靠度问题。提出了一个能较好地描述均匀腐蚀作用的锚杆腐蚀率模型,基于现有锚杆腐蚀试验数据验证了该模型的有效性和适用性,并探讨了锚杆与注浆体界面黏结强度衰减模型。在此基础上,分别研究了锚杆自由段屈服破坏时变抗力和锚固段锚杆与注浆体界面黏结破坏时变抗力,讨论了锚杆握裹层厚度和注浆体水灰比对边坡稳定系统失效概率的影响规律。通过参数敏感性分析建议了一种有效的边坡最大允许变形量取值方法。最后以一单滑动面锚固岩质边坡为例验证了所提方法与模型在锚杆腐蚀条件下边坡串联系统可靠度与变形可靠度分析中的有效性。

6.2　锚杆腐蚀率模型

　　目前国内外直接对预应力锚杆(索)腐蚀率模型研究的较少,鉴于锚杆钢筋腐蚀与预应力钢筋混凝土结构钢筋腐蚀具有一定的相似性,本章借鉴 Vu 和 Stewart[23]提出的预应力钢筋混凝土结构钢筋的均匀腐蚀率模型作为锚杆腐蚀率模型。该模型不仅能够考虑钢筋握裹层厚度和注浆体水灰比对腐蚀作用的影响,而且计算简便。Vu 和 Stewart[23]认为:当周围环境的相对湿度为 75% 左右,平均温度为 $20℃$,自遭受腐蚀作用开始后的第 t 年锚杆钢筋的腐蚀率 $i_{cor}(m/a)$ 为

$$i_{cor}(t) = \frac{37.8 \times 10^{-3} \left(1 - \dfrac{w}{c}\right)^{-1.64}}{d_c} 0.85t^{-0.29} \times 11.6 \times 10^{-6}$$

$$= 3.727 \times 10^{-7} \frac{\left(1 - \dfrac{w}{c}\right)^{-1.64} t^{-0.29}}{d_c} \tag{6.1}$$

式中:d_c 为锚杆钢筋握裹层的厚度,m;w/c 为注浆体水灰比。

　　对式(6.1)进行积分便可得到锚杆钢筋服役 t 年期间的腐蚀量 $\Delta d(m)$ 为

$$\Delta d(t) = \int_0^t i_{cor}(\tau)\mathrm{d}\tau = 5.249 \times 10^{-7} \frac{\left(1 - \dfrac{w}{c}\right)^{-1.64} t^{0.71}}{d_c} \tag{6.2}$$

此外,关于钢筋腐蚀率模型研究,Liu[24]和 Liu 和 Weyers[25]对混凝土结构钢筋的动态腐蚀过程进行了为期 5a 的室外试验,并推导了可考虑氯离子等侵蚀物质入侵与温度、湿度等环境条件影响的钢筋腐蚀率模型,该模型及相关试验数据对锚杆腐蚀率研究具有重要的参考价值。曾宪明等[26]也给出了 5 种不同环境条件下为期 180d 的锚杆腐蚀试验数据(见图 6.1)。本章根据 Liu 和 Weyers[25]和曾宪明等[26]提供的试验数据来验证 Vu 和 Stewart[23]钢筋腐蚀率模型对锚杆腐蚀作用的适用性。图 6.1 给出了锚杆握裹层厚度 d_c 为 46mm、直径 d_b 为 28mm 的锚杆腐蚀率随服役时间的变化关系曲线。同时图 6.1 给出了考虑注浆体水灰比 w/c 分别为 0.3、0.4 和 0.5 时的 Vu 和 Stewart[23]模型计算结果。通过比较 Vu 和 Stewart[23]模型计算结果与曾宪明等[26]的试验数据,可以看出,Vu 和 Stewart[23]模型适合分析处于密闭潮湿和干湿交替环境条件之间的锚杆腐蚀作用。此外,当注浆体水灰比为 0.4 时,Vu 和 Stewart[23]模型与注浆体表面氯离子浓度 $C_{cl,sf}$ 为 6.0kg/m³ 的 Liu 和 Weyers[25]模型吻合得较好。

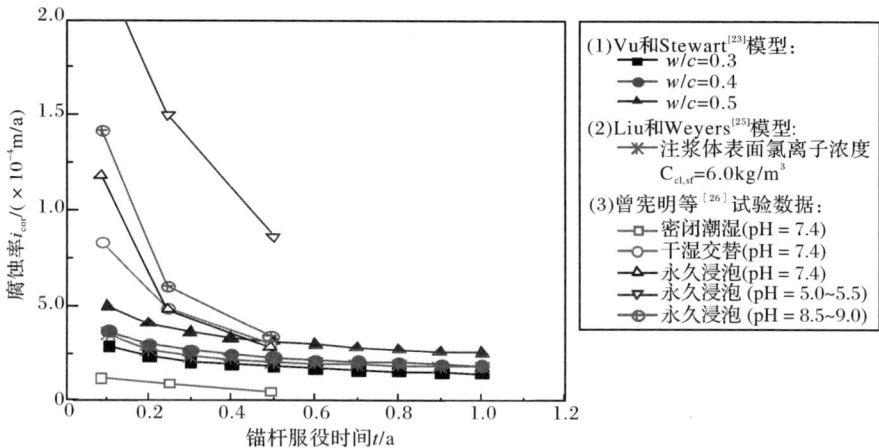

图 6.1　锚杆腐蚀率随锚杆服役时间的变化关系曲线

通过式(6.2)对锚杆腐蚀率进行积分便可得到锚杆腐蚀量,图 6.2 给出了锚杆服役 100a 期间锚杆腐蚀量随时间的变化关系曲线。为了更清楚地反映不同模型腐蚀量之间的差别,图 6.2 采用了对数坐标。除了 Vu 和 Stewart[23]模型和 Liu 和 Weyers[25]模型外,图 6.2 中还给出了陈昌富和成晓炜[27]通过对曾宪明等[26]5 种不同环境条件下的 180d 锚杆腐蚀试验数据进行指数函数拟合得出的锚杆腐蚀率模型计算结果。可以看出,陈昌富和成晓炜[27]所得出的锚杆腐蚀率模型仅在前

10a 内与其他模型吻合得较好,一旦锚杆服役时间超过 10a,由该模型计算的锚杆腐蚀量基本保持不变,显然低估了锚杆腐蚀量,同时也说明基于短期锚杆腐蚀试验数据拟合的腐蚀率模型难以有效地反映锚杆的长期腐蚀作用。相比之下,Vu 和 Stewart[23] 模型与 Liu 和 Weyers[25] 模型相互间吻合的较好。鉴于前者简单直观,本章借鉴 Vu 和 Stewart[23] 模型描述锚杆腐蚀作用及进行锚固边坡时变系统可靠度与变形可靠度分析。需要指出的是,将钢筋腐蚀率模型借用于岩石锚杆可能存在以下局限性[6]:①该模型可能难以反映一定条件下锚杆钢筋的应力腐蚀作用;②难以反映锚固类结构现场施工缺陷问题(如施工中水泥砂浆水灰比可能较大,锚杆(索)与孔壁只有部分接触,握裹层厚度为零等);③难以反映锚固类结构所处的密闭潮湿、永久浸泡和干湿交替等多种复杂的地下环境条件。

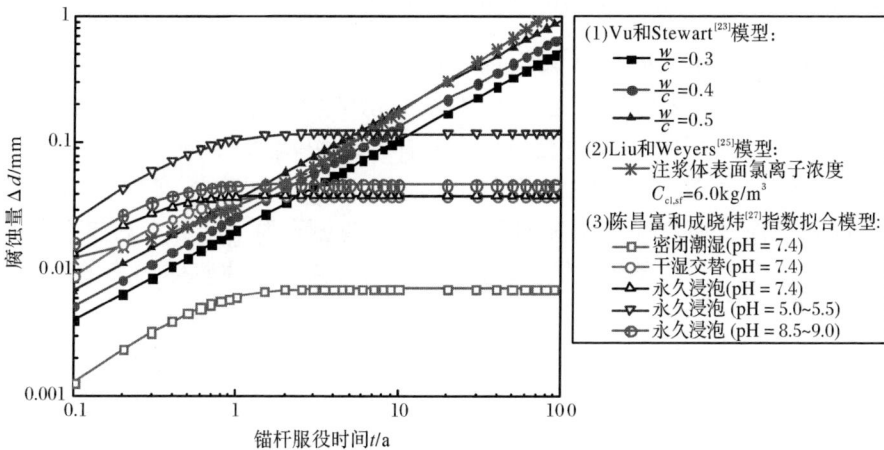

图 6.2 锚杆腐蚀量随锚杆服役时间的变化关系曲线

6.3 考虑腐蚀效应的锚杆失效模式

锚杆服役过程中主要存在两种与腐蚀作用相关的失效模式[28~30]:锚杆自由段的屈服失效模式和锚固段锚杆与注浆体界面的黏结失效模式。锚杆的这两种失效模式将直接决定锚杆为边坡加固所提供的锚固力大小。

6.3.1 锚杆自由段屈服失效模式

锚杆腐蚀作用会导致钢筋截面积减小。参考惠云玲等[31] 的腐蚀钢筋性能试验研究成果可知,当钢筋截面腐蚀率超过 5% 时,由于受钢筋截面外边缘微坑蚀引起应力集中作用的影响,锚杆钢筋屈服强度会降低。当锚杆腐蚀作用达到一定程度时,锚杆自由段在应力作用下将会发生屈服破坏。锚杆自由段屈服破坏的抗力

时变函数为[27]

$$T_{i_1}(t) = \frac{\pi}{4} d_b^2 (1 - \eta_s(t)) f_{y0} \alpha_{st}(t) \tag{6.3}$$

式中：d_b 为锚杆直径，m；f_{y0} 为锚杆钢筋腐蚀前的初始屈服强度，kPa；$\eta_s(t)$ 为 t 时刻锚杆钢筋的截面腐蚀率；$\alpha_{st}(t)$ 为 t 时刻腐蚀作用下锚杆钢筋屈服强度时变折减系数[31]。

$$\eta_s(t) = \frac{d_b^2 - (d_b - 2\Delta d(t))^2}{d_b^2} \tag{6.4}$$

$$\alpha_{st}(t) = \frac{0.985 - 1.028\eta_s(t)}{1 - \eta_s(t)} \tag{6.5}$$

6.3.2　锚固段锚杆与注浆体界面黏结失效模式

锚杆钢筋腐蚀作用同样会影响锚固段锚杆与注浆体界面的黏结强度[32,33]。注浆体内锚杆钢筋在腐蚀初期会产生大量的锈蚀物，使得界面黏结强度反而增加，但是当锈蚀物达到一定量时会导致注浆体被胀裂，增加了周围环境中水分、氧气、氯离子和硫酸根离子等侵蚀物质的进入量，从而进一步加速了锚杆腐蚀作用，使得界面黏结强度随着锚杆服役时间的延长而急剧下降。本章将注浆体刚开始被胀裂的时刻作为分析界面黏结强度的起始时刻，锚杆与注浆体界面的黏结抗力时变函数为[33]

$$T_{i_2}(t) = \pi d_b L_{a_i} \tau_{b0} R(t) \tag{6.6}$$

式中：L_{a_i} 为第 i 排锚杆的锚固长度，m；τ_{b0} 为锚杆与注浆体界面的初始黏结强度，kPa；$R(t)$ 为腐蚀条件下锚杆与注浆体界面黏结强度的时变衰减系数。

Bhargava 等[34]提出了腐蚀条件下钢筋与混凝土界面黏结强度衰减的经验模型，并且基于大量的钢筋拉拔试验数据验证了该模型的有效性。本章拟采用该模型来建立锚杆与注浆体界面黏结强度的衰减关系，界面黏结强度时变衰减系数 $R(t)$ 为

$$R(t) = \begin{cases} 1, & X_p(t) \leqslant 1.5\% \\ 1.192\exp(-0.117X_p(t)), & X_p(t) > 1.5\% \end{cases} \tag{6.7}$$

式中：$X_p(t)$ 为锚杆服役第 t 年时的质量腐蚀比率，即锚杆钢筋被腐蚀掉的质量与初始质量的比值。假设锚杆钢筋在均匀腐蚀作用下其密度保持不变，$X_p(t)$ 的计算公式为

$$X_p(t) = \frac{d_b^2 - (d_b - 2\Delta d(t))^2}{d_b^2} \tag{6.8}$$

关于锚杆与注浆体界面的黏结强度，Xia 等[33]研究了界面黏结强度和钢筋肋缘与注浆体之间内锁作用以及锚杆腐蚀量之间的衰减关系；Val 等[35]也分析了因钢筋腐蚀导致混凝土覆盖层胀裂、剥落等对界面黏结强度的影响。以上模型均可

用来验证 Bhargava 等[34]模型对描述锚杆与注浆体界面黏结强度衰减过程的适用性。图 6.3 给出了 3 种模型的界面黏结强度衰减系数 R 随锚杆腐蚀量 Δd 的变化关系曲线。由图 6.3 可知，Bhargava 等[34]模型计算结果与 Xia 等[33]建立的锚杆与注浆体界面黏结强度衰减模型计算结果总体吻合的较好。另外，相比之下，Val 等[35]模型的计算结果当且仅当锚杆腐蚀量小于 1.25mm 时与 Bhargava 等[34]模型计算结果吻合的较好。总体来说，Bhargava 等[34]模型对描述腐蚀条件下锚杆与注浆体界面黏结强度的衰减具有较好的适用性，能够较好地反映界面黏结强度衰减过程。

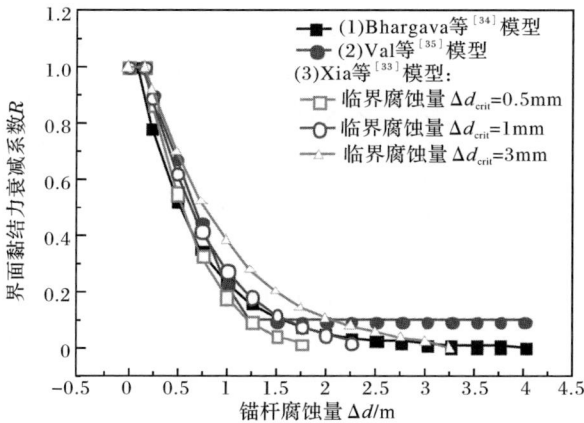

图 6.3　锚杆与注浆体界面黏结强度衰减系数随锚杆腐蚀量的变化关系曲线[33~35]

6.4　锚固边坡串联系统可靠度分析

以一典型的单滑动面锚固岩质边坡[36~39]为例，研究锚杆腐蚀作用对边坡串联系统可靠度的影响。边坡计算模型如图 6.4 所示，坡高 $H=12\mathrm{m}$，坡面倾角 $\psi_\mathrm{f}=60°$，边坡沿一固定软弱滑动面滑动，该滑动面的倾角 $\psi_\mathrm{p}=35°$，拉裂缝在坡顶面出露处距边坡眉线的距离 $B=4\mathrm{m}$。边坡后缘拉裂缝深度 $Z=4.35\mathrm{m}$，充水深度为 Z_w。根据文献 Low[9]，定义边坡拉裂缝的充水系数 $r_\mathrm{w}=Z_\mathrm{w}/Z$。岩体和水的单位容重分别为 $\gamma=26\mathrm{kN/m^3}$ 和 $\gamma_\mathrm{w}=9.81\mathrm{kN/m^3}$。为了确保该岩质边坡稳定性，拟采用 4 排直径 $d_\mathrm{b}=28\mathrm{mm}$ 的预应力锚杆对边坡进行加固，假设锚杆的设计使用寿命均为 100a，每排锚杆的锚固方向角均相同，与滑动面的法向夹角 α 均为 35°，锚杆锚固长度 L_a 均为 4m，横向间距和纵向间距均为 2.5m。锚杆材料选用型号为 HRB400 的热轧带肋钢筋，其弹性模量 $E_\mathrm{b}=2.0\times10^8\mathrm{kPa}$，惯性矩 $I_\mathrm{b}=1.0\times10^{-8}\mathrm{m^4}$。锚杆与岩体之间所灌注的注浆体水灰比 w/c 取为 0.4，在岩土工程实际中该值常常被采用[40],注浆体直径 $d_g = 120\text{mm}$,相应的锚杆握裹层厚度 $d_c = 46\text{mm}$。图 6.5 给出了一个典型的锚固岩质边坡锚杆的组成示意图,图 6.5 中显示了锚杆各个构件(锚头、自由段和锚固段)之间的相互作用关系。

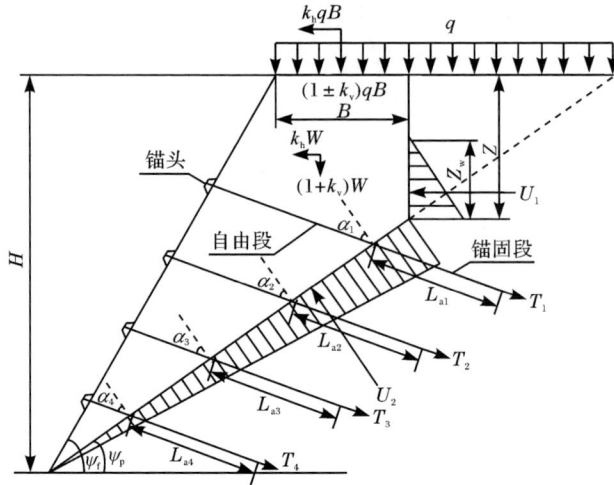

图 6.4　单滑动面锚固岩质边坡示意图

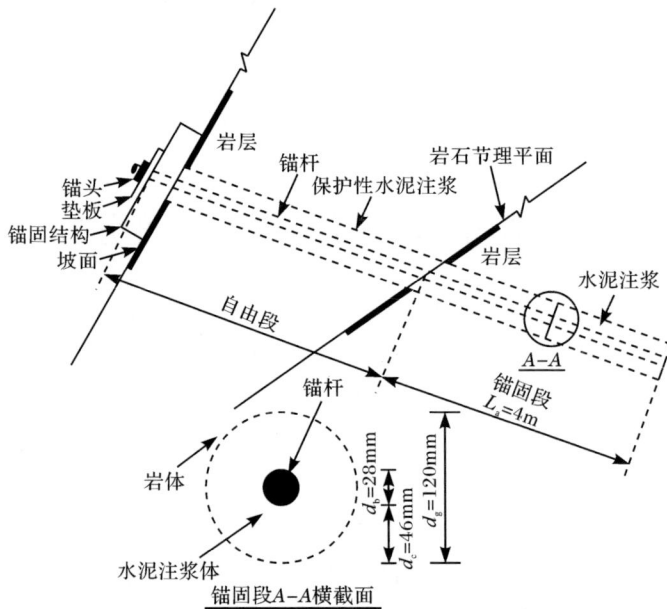

图 6.5　典型锚杆各个构件组成示意图

　　为了与岩土工程实际保持一致,同时考虑地下水和地震作用对边坡稳定性的影响,假设后缘拉裂缝的充水深度系数 r_w 服从截尾指数分布,均值为 0.5,上下限

区间为$[0.0, 1.0]$。相应 r_w 的概率密度函数和累积分布函数分别为

$$f(r_w) = \frac{2}{1-e^{-2}} e^{-2r_w}, \quad 0 \leqslant r_w \leqslant 1.0 \tag{6.9}$$

$$F(r_w) = \frac{1-e^{-2r_w}}{1-e^{-2}}, \quad 0 \leqslant r_w \leqslant 1.0 \tag{6.10}$$

根据式(6.9)和式(6.10)可得，r_w 截尾后均值由 0.5 减小到 0.343。假设水平地震系数 k_h 也服从截尾指数分布，均值为 0.08，上下限区间为 $[0.0, 0.16]$，同理可得 k_h 截尾后均值由 0.08 减小到 0.055。竖直地震系数 k_v 取为 0。此外，锚杆钢筋的初始屈服强度 f_{y0}、锚杆与注浆体界面的初始黏结强度 τ_{b0}、软弱滑动面的黏聚力 c 与内摩擦角 φ 因其变异性较大也均被视为相互独立的随机变量，其统计特征如表 6.1 所示。

表 6.1　随机变量的统计特征[9,27]

随机变量	物理意义	均值	变异系数	分布类型	参考文献
c	软弱滑动面黏聚力	20kPa	0.3	正态	Low[9]
φ	软弱滑动面内摩擦角	32°	0.2	正态	Low[9]
f_{y0}	锚杆钢筋屈服强度	400 000kPa	0.05	对数正态	陈昌富和成晓炜[27]
τ_{b0}	锚杆与注浆体黏结强度	1000kPa	0.15	对数正态	陈昌富和成晓炜[27]
r_w	张缝中充水深度系数	0.5 [0,1]	—	截尾指数	Low[9]
k_h	水平地震加速度系数	0.08 [0,0.16]	—	截尾指数	Low[9]

注：中括号内数据为 4 参数截尾指数分布随机变量的上、下限值。

6.4.1　边坡安全系数计算

Shukla 和 Hossain[38]通过极限平衡分析推导了单滑动面锚固岩质边坡在地下水压力、地震和表面荷载共同作用下的单宽边坡安全系数计算公式。然而，当采用多排锚杆对边坡进行加固并且锚杆布置的横向间距不等于单位宽度时，如果仍然采用单宽模型计算边坡安全系数就不够合理。为此，按照成晓炜[36]的做法，选取边坡计算模型的宽度等于锚杆横向间距 s，通过极限平衡分析重新推导了图 6.4 所示单滑面锚固岩质边坡安全系数 FS 计算公式[39,41]：

$$FS = \frac{2c^* Ps + \left[(Q+2q^* R) \dfrac{\cos(\theta+\psi_p)}{\cos\theta} s - \dfrac{z_w^{*2}}{\gamma^*} \sin\psi_p s - \dfrac{z_w^*}{\gamma^*} Ps + 2\sum\limits_{i=1}^{n} T_i^* \cos\alpha_i \right] \tan\varphi}{(Q+2q^* R) \dfrac{\sin(\theta+\psi_p)}{\cos\theta} s + \dfrac{z_w^{*2}}{\gamma^*} \cos\psi_p s - 2\sum\limits_{i=1}^{n} T_i^* \sin\alpha_i}$$

$$\tag{6.11}$$

其中，

$$\theta = \tan^{-1}\left(\frac{k_h}{1 \pm k_v}\right) \tag{6.12}$$

$$P = (1 - z^*)\csc\psi_p \tag{6.13}$$

$$Q = (1 - z^{*2})\cot\psi_p - \cot\psi_f \tag{6.14}$$

$$R = (1 - z^*)\cot\psi_p - \cot\psi_f \tag{6.15}$$

式中：ψ_f 为坡面倾角；ψ_p 为滑动面倾角；q 为坡顶表面荷载，为简化计算，本例暂不考虑坡顶表面荷载的作用，即 $q = 0$；n 为锚杆排数，即 $n = 4$；T_i 为第 i 排锚杆所能提供的锚固力，当 $T_i = T_{i_1}$，FS 与锚杆自由段屈服失效模式相对应，当 $T_i = T_{i_2}$，FS 与锚固段界面黏结失效模式相对应；α_i 为第 i 排锚杆与滑动面法向的夹角；Z 为后缘拉裂缝深度；Z_w 为后缘拉裂缝中的充水深度，即 $Z_w = r_w Z$。式(6.11)中无量纲参数分别为 $c^* = c/(\gamma H)$，$q^* = q/(\gamma H)$，$z^* = Z/H$，$z_w^* = Z_w/H$，$\gamma^* = \gamma/\gamma_w$ 和 $T_i^* = T_i/(\gamma H^2)$。

6.4.2　边坡串联系统可靠度分析

根据腐蚀条件下锚杆的两种失效模式，进而得出相应的锚固边坡失效模式。对于边坡来说，任何一个潜在失效模式发生边坡就会失稳，并且每个失效模式的安全裕度会随锚杆服役时间的延长而减小，因此需要研究锚固岩质边坡的时变串联系统可靠度问题。与锚杆两种失效模式相对应的边坡稳定功能函数分别为

$$\begin{cases} G_1(t) = FS_1\big[T_{i_1}(t, f_{y0}), c, \varphi, r_w, k_h\big] - 1.0 \\ G_2(t) = FS_2\big[T_{i_2}(t, \tau_{b0}), c, \varphi, r_w, k_h\big] - 1.0 \end{cases} \tag{6.16}$$

在此基础上，进而得到锚固边坡串联系统失效概率 $p_{f,s}$ 计算公式为

$$p_{f,s} = P\{\min[G_1(t), G_2(t)] < 0\} \tag{6.17}$$

众所周知，对于式(6.16)功能函数为显式表达式的边坡稳定可靠度问题，求解过程较为简便，为了保证计算精度，本章采用 100 万次抽样的直接 MCS 方法计算该边坡时变稳定串联系统失效概率，相应地，边坡串联系统失效概率大于 10^{-4} 时计算精度可满足要求。如果边坡串联系统失效概率小于 10^{-4}，则需要进一步增加样本数目。边坡时变稳定串联系统失效概率可直接采用相关的 MATLAB 函数：SYSpf = sum(min(G1(X(imod,:),tcor),G2(X(imod,:),tcor))<0)/Nsample 来计算，其中 tcor 为锚杆服役时间，X(imod,:) 表示第 i 组 MCS 样本，Nsample 为 MCS 样本数目。

如果图 6.4 所示的岩质边坡不采取任何加固措施，即 $T_i = 0$，将表 6.1 中 6 个随机变量均值代入式(6.11)计算的边坡安全系数为 0.947。显然此时边坡处于不稳定状态，亟须采取有效的加固措施提高边坡稳定性。为此，采取了 4 排与滑动面法向夹角均为 $35°$，横向间距和纵向间距均为 2.5m 的预应力锚杆对边坡进行加

固,此时边坡安全系数增大到 1.64。因锚杆腐蚀作用的影响,锚杆为边坡加固所提供的锚固力会随着锚杆服役时间的延长而减小,进而导致边坡安全系数降低。图 6.6 给出了锚杆锚固力随服役时间的变化关系曲线。由图 6.6 可见,锚杆服役前期(约前 40a),锚杆自由段屈服抗力小于锚固段锚杆与注浆体界面黏结抗力,此时锚杆锚固力等于自由段屈服抗力,自由段锚杆的腐蚀作用对边坡稳定性的影响更大;服役后期由于锚固段界面黏结抗力小于锚杆自由段屈服抗力,锚杆锚固力等于锚固段界面黏结抗力,故锚固段锚杆的腐蚀作用对边坡稳定性的影响开始变得更大。此外,服役前期锚杆锚固力变化较小,仅由 242.6kN 减小到 230kN,然而后期锚杆锚固力急剧减小,由 230kN 减小到 135.4kN。

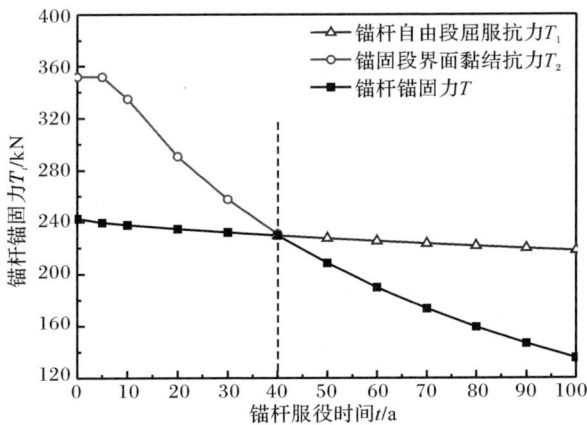

图 6.6 锚杆锚固力随锚杆服役时间变化关系曲线

图 6.7 给出了自由段屈服失效概率、锚固段黏结失效概率和边坡串联系统失效概率随时间的变化关系曲线。可见,锚杆自由段屈服失效概率随服役时间增大的较小,在服役 100a 期间,锚杆自由段屈服失效概率仅从 1.3% 增大到 2.1%;相反,锚固段锚杆与注浆界面黏结失效概率增大的较为明显,失效概率从 0.22% 增大到 8.9%,后者约为前者的 40 倍。边坡串联系统失效概率随服役时间的延长而增大,初始状态时边坡串联系统失效概率为 1.3%,$t = 100a$ 时边坡串联系统失效概率增大到 9.0%。总的来说,腐蚀作用引起锚杆自由段失效的可能性要小于锚固段失效的可能性,并且由于这两种失效模式相互之间的影响,使得边坡串联系统失效概率总体增大的也不明显。这些结果可以从图 6.6 中得到进一步解释。

锚杆握裹层厚度和注浆体水灰比大小会直接影响周围环境中的水分、氧气以及氯离子和硫酸根离子等侵蚀物质的进入量,进而影响锚杆的腐蚀速率,因此十分必要研究它们对边坡串联系统失效概率的影响。图 6.8 给出了注浆体水灰比

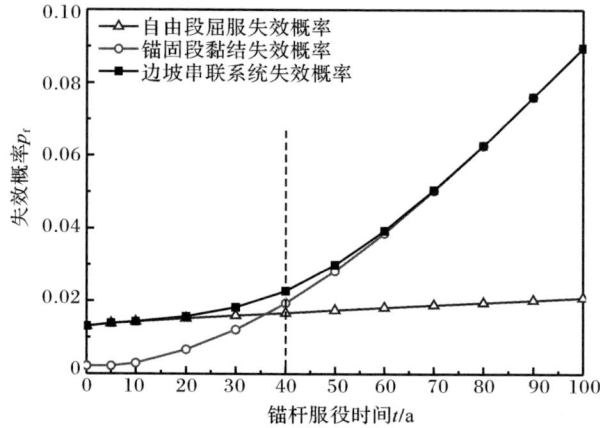

图 6.7　边坡失效概率随锚杆服役时间变化关系曲线

$w/c=0.4$ 时不同锚杆握裹层厚度的边坡串联系统失效概率随服役时间的变化关系曲线。可以看出,边坡串联系统失效概率随着锚杆握裹层厚度的增加而减小。因此,为了充分发挥锚杆对边坡的加固作用,在预应力锚杆设计与施工过程中,要尽可能地保证锚杆钢筋具有一定的握裹层厚度。同时需要确保钻机钻出的锚孔尽可能是理想的直孔,沿孔深方向不要发生较大程度的偏斜,锚孔轴线尽可能是一条平面直线。随着锚杆握裹层厚度的进一步增加,边坡串联系统失效概率随时间增大的程度并不明显,如当握裹层厚度等于 50mm 时,边坡串联系统失效概率仅由初始时刻的 1.3% 增大到 100a 时的 7.5%。同理,图 6.9 给出了锚杆握裹层厚度 $d_c=46$mm 时不同注浆体水灰比的边坡串联系统失效概率随服役时间的变化关系曲线。由图 6.9 可见,边坡串联系统失效概率随着注浆体水灰比的增加而

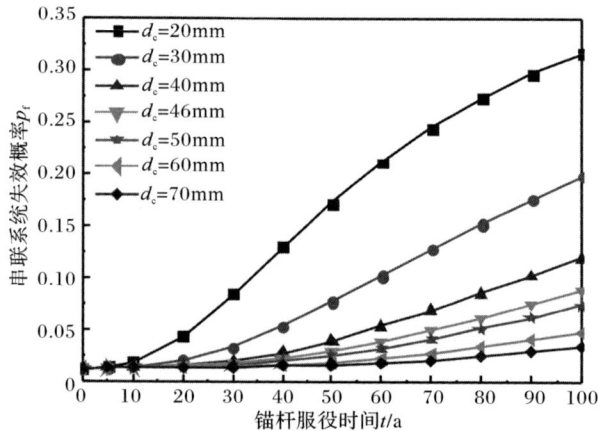

图 6.8　握裹层厚度对边坡串联系统失效概率的影响(水灰比 $w/c=0.4$)

增大,因此在现场施工中搅拌水泥灌注浆时,要严格控制注浆体的水灰比,并在灌浆施工时严格进行压水试验,防止因施工导致的锚固段灌浆不足等问题发生。此外,随着水灰比的进一步减少,边坡串联系统失效概率增大的程度也不明显。如当水灰比减小到 0.3 时,边坡串联系统失效概率随时间变化的较小,仅由初始时刻的 1.3% 增大到 100a 时的 5.0%。

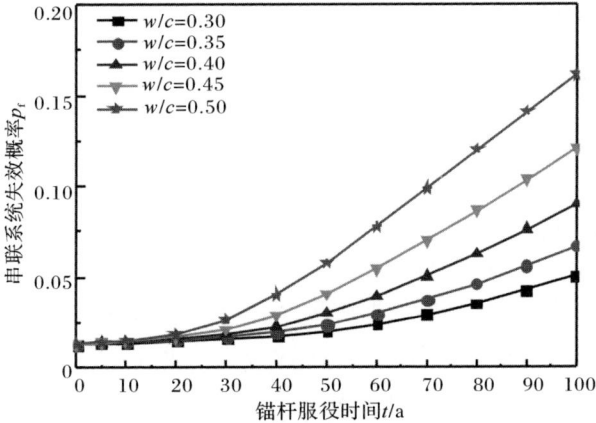

图 6.9　水灰比对边坡串联系统失效概率的影响(握裹层厚度 $d_c = 46mm$)

6.5　锚固边坡变形可靠度分析

以图 6.4 所示的单滑动面锚固岩质边坡为例,采用本书所提出的非侵入式随机有限元法进一步研究边坡时变变形可靠度问题[42]。为了简化计算,此时暂不考虑地下水和地震作用,即 $Z_w = 0$、水平和竖直地震系数 k_h 和 k_v 均取为 0。只考虑边坡在表面荷载 $q = 300kPa$ 作用下沿一固定软弱滑动面发生滑动破坏。由于边坡表面荷载可能包括一些不能控制或者难以控制的变异性较大的可变荷载,如人群荷载、车辆荷载、坡面堆货、风载和雪载等,因此需要将边坡表面荷载 q 视为随机变量。此外,边坡稳定性一般是由结构面抗剪强度决定,相比之下,边坡变形主要受岩体及其结构面刚度参数(弹性模量和泊松比)影响。与岩体相比,软弱滑动面的黏聚力 c、内摩擦角 φ、弹性模量 E 和泊松比 ν 的变异性较大,它们对边坡变形具有一定的影响,因此将它们也均视作相互独立的随机变量,其统计特征见表 6.2。这些参数因其变异性相对较小,均被视为常量。岩体黏聚力为 67kPa,内摩擦角为 40°,弹性模量为 5GPa,泊松比为 0.25。岩体、软弱滑动面和水的单位容重分别为 $\gamma = 26kN/m^3$、$\gamma_s = 20kN/m^3$ 和 $\gamma_w = 9.81kN/m^3$。

表 6.2　随机变量的统计特征[17,27,43,44]

随机变量	物理意义	均值	变异系数	分布类型	参考文献
q	坡顶表面荷载	300kPa	0.10	对数正态	Sudret[43]
c	软弱滑动面黏聚力	20kPa	0.30	对数正态	陈昌富和成晓炜[27]；Mollon 等[17]
φ	软弱滑动面内摩擦角	32° [22°,42°]	0.20	Beta	陈昌富和成晓炜[27]；Fenton 和 Griffiths[44]
E	软弱滑动面弹性模量	50MPa	0.20	对数正态	Sudret[43]
ν	软弱滑动面泊松比	0.3	0.15	均匀	Sudret[43]

注：中括号内数据为 4 参数 Beta 分布随机变量 φ 的上下限值。

同样为了控制该岩质边坡发生较大的变形，拟采取 4 排直径 $d_b=28$mm 的预应力锚杆对边坡进行加固，锚杆几何参数与 6.4 节中一样。锚杆材料选用型号为 HRB400 的热轧带肋钢筋，初始屈服强度 $f_{y0}=4.0\times10^5$kPa，弹性模量 $E_b=2.0\times10^8$kPa，惯性矩 $I_b=1.0\times10^{-8}$ m^4。锚杆与岩体间注浆体界面的黏结强度为 1000kPa，摩擦角为 40°。注浆体水灰比 $w/c=0.4$，直径 $d_g=120$mm，相应的锚杆握裹层厚度 $d_c=46$mm。为考虑边坡变形时效特性，同样假设锚杆设计使用寿命为 100a。腐蚀条件下锚杆锚固力随时间的变化关系如图 6.6 所示。锚杆服役前期（约前 40a）为边坡所提供的锚固力等于锚杆自由段屈服抗力，并随着服役时间的延长缓慢地降低，仅由 242.6kN 减小到 230kN；服役后期锚杆锚固力等于锚固段锚杆与注浆体界面的黏结抗力，并随服役时间的延长急剧降低，锚固力由 230kN 减小到 135.4kN。之后在边坡变形可靠度分析中模拟腐蚀条件下锚杆性能退化作用时，直接将锚杆为边坡加固所提供的时变锚固力作为确定性边坡有限元和稳定性分析的输入参数。

6.5.1　锚固边坡有限元模型

将表 6.2 中所有随机变量取其均值首先在 SIGMA/W 模块[45]中按平面应变分析建立边坡有限元分析模型，如图 6.10 所示，本构模型采用理想弹塑性模型和屈服准则采用摩尔-库仑强度准则。有限元分析模型边界条件为边坡底部边界全约束，右侧边界水平法向约束，左侧（坡面）为自由边界，上部（坡顶）施加均布表面荷载 q。单元类型选用三节点三角形和四节点四边形二维混合实体结构单元，有限元分析模型共剖分了 4322 个单元和 4227 个节点。采用集中力＋两节点结构杆单元方法[46~48]模拟自由段锚杆，同时采用两节点结构梁单元[47,48]和滑面模型[45]模拟锚固段锚杆以及注浆体与锚杆和岩体之间的黏结作用。然后按自重作用下的静力平衡进行原位计算得到初始应力场分布；接着将所有节点位移清零，输入某一服役时刻的锚杆锚固力(见图 6.6),通过荷载变形分析得到在表面荷载和锚杆加固共同作用下的边坡变形与应力应变计算结果,其中初始时刻的边坡变形云图如图 6.11 所示。最后将荷载变形分析结果导入 SLOPE/W 模块建立边坡稳定性分析模型。为执行方便,将已建立好的边坡有限元和稳定性分析模型文件另存为扩展名为"xml"的输入源文件,同时可通过文本编辑器查看"xml"文件所定义的有限元和稳定性分析模型的所有信息。在此基础上修改与时间相关的输入参数(如锚杆锚固力),这样便可得到时变可靠度分析中每个时刻对应的边坡有限元和稳定性分析模型的输入源文件。

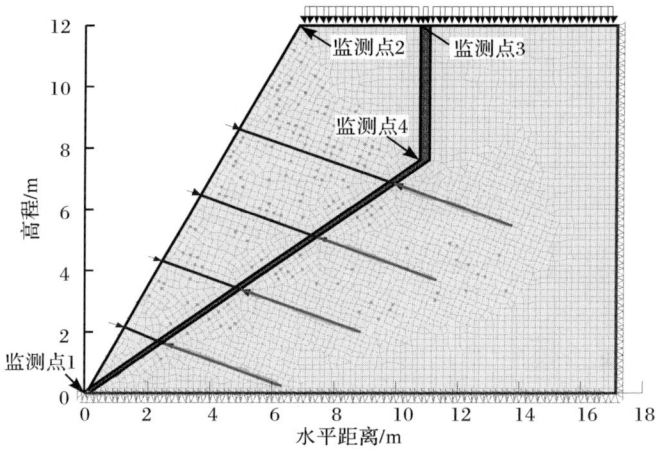

图 6.10　边坡有限元分析模型

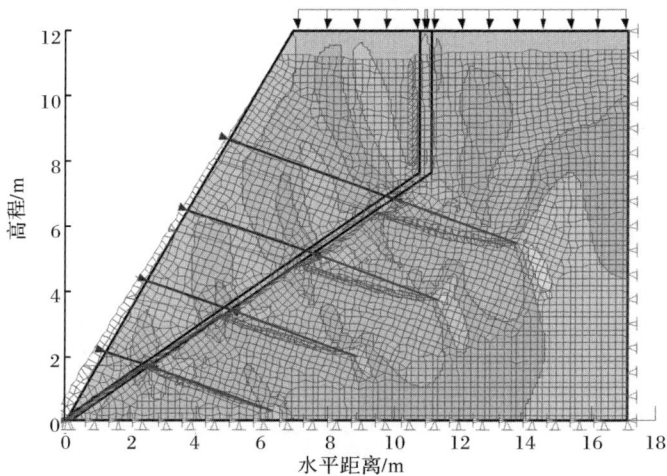

图 6.11　边坡变形云图

为了有效地反映锚杆腐蚀条件下锚固边坡的表面变形情况,分别在坡趾处设置位移监测点 1 和在坡顶处设置位移监测点 2 与 3。同时为了反映锚固边坡内部变形情况及其发展方向,在岩体深部靠近软弱滑动面处设置位移监测点 4,各个监测点的位置布置如图 6.10 所示。由图 6.11 可知,初始时刻边坡的最大水平和垂直位移分别出现在坡趾监测点 1 处和坡顶监测点 3 处,相应的量值分别为 8.2mm 和 8.4mm;将 SIGMA/W 模块荷载变形荷载步计算得到的应力应变结果导入到 SLOPE/W 模块中,采用有限元滑面应力法[49,50]进行边坡稳定性分析,得到初始时刻的边坡安全系数为 1.23,表明此时边坡处于稳定状态。

对边坡服役过程中的每个时刻分别采用有限元方法分析得到各个监测点的水平和垂直位移的变化过程,图 6.12(a)和(b)分别给出了锚杆腐蚀条件下边坡 4 个监测点处的水平和垂直位移随锚杆服役时间的变化关系曲线。可以看出,坡趾

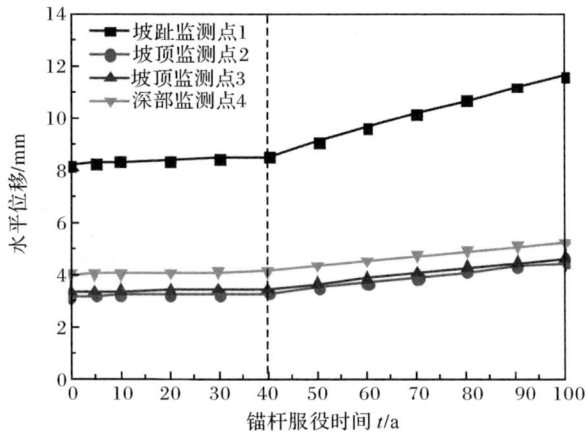

（a）水平位移

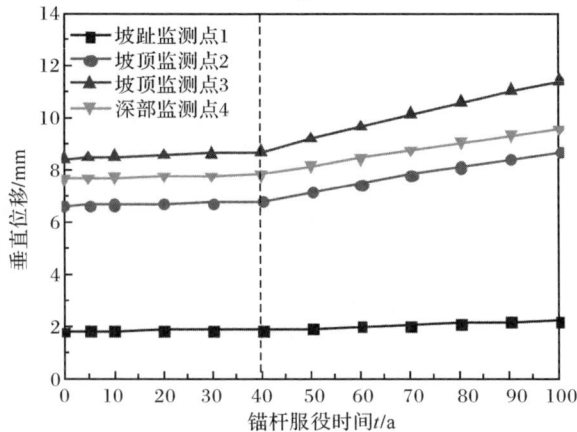

（b）垂直位移

图 6.12　边坡监测点水平和垂直位移随锚杆服役时间的变化关系曲线

处监测点 1 的水平位移最大,坡顶靠近张裂缝处监测点 3 的垂直位移最大,其余各监测点的位移相对较小。并且边坡服役 40a 后,监测点 1 的水平位移和监测点 3 的垂直位移均有明显的增加,当锚杆服役至 100a 时,边坡最大水平和垂直位移分别为 11.6mm 和 11.4mm。表明监测点 1 处边坡水平变形和监测点 3 处边坡垂直变形是控制该边坡安全性能的两个关键代表性指标。因此,边坡变形可靠度分析中可基于这两个关键点的位移建立边坡变形破坏的极限状态。

6.5.2 边坡变形可靠度分析

边坡变形可靠度分析的重要一步需要确定合适阶次的 Hermite 多项式展开来拟合边坡输出响应量(即最大水平和垂直位移)与输入参数之间的非线性隐式函数关系,从而得到显式表达的功能函数,其中拉丁超立方抽样配点法计算 Hermite 随机多项式展开待定系数。非侵入式随机有限元法具有良好的自身收敛性[22,51,52],同时选取的 Hermite 随机多项式展开阶次越高,则对输出响应量与输入参数间的非线性隐式函数关系拟合得越准确,即越能反映边坡的实际工作状态,但是所需的计算量也会相应地成指数倍地增加。首先采用 2~4 阶 PCE 拟合初始时刻边坡最大水平和垂直位移与输入参数间的非线性隐式函数关系,在此基础上采用 100 万次直接 MCS 方法计算最大水平和垂直位移的 CDF 曲线,如图 6.13(a)和(b)所示。由图 6.13 可知,随着随机多项式展开阶数的增加,连续阶次 PCE 计算的 CDF 曲线越来越接近,2 阶 PCE 方法计算的 CDF 精度明显不够,而 3 和 4 阶 PCE 方法计算的 CDF 曲线非常接近。表明 3 阶 PCE 方法可以满足计算精度要求,另外与 4 阶 PCE 方法需要进行 126 次有限元分析相比,3 阶 PCE 方法只需要进行 56 次有限元分析,后者计算效率具有明显的优势。因此,下面采用 3 阶 PCE 拟合边坡输出响应量与输入参数间的非线性隐式函数关系,在此基础上采用直接 MCS 方法计算边坡变形失效概率。

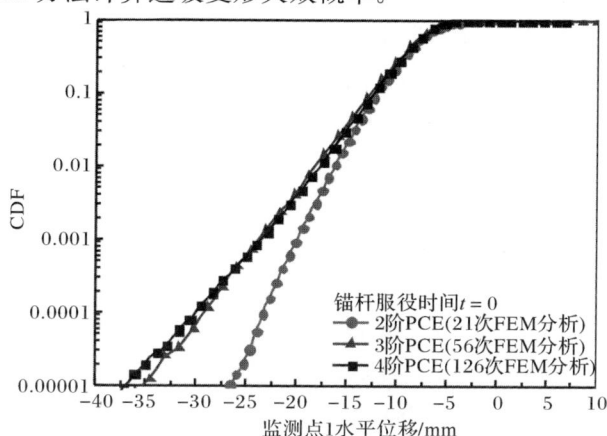

(a) 监测点 1 水平位移

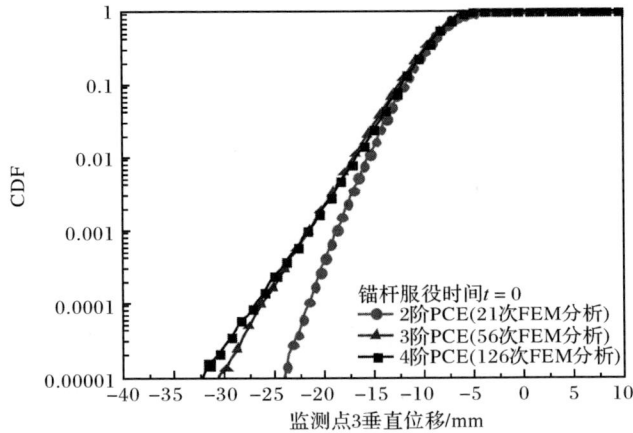

（b）监测点 3 垂直位移

图 6.13　初始时刻边坡最大水平和垂直位移的 CDF

　　基于正常使用极限状态进行边坡工程设计一般采用边坡最大允许变形量作为边坡安全性的判定依据，即以边坡最大水平或垂直位移超过最大允许变形量作为安全性控制标准[15,53]。对边坡进行监测预警时，如果大多监测点的位移达到或超过边坡最大允许变形量，就预示边坡可能失稳，相应的边坡变形可靠度分析的功能函数为[16,17,18,53]

$$G[T_i(t),q,c,\varphi,E,\nu] = u_{\max} - u[T_i(t),q,c,\varphi,E,\nu] \tag{6.18}$$

式中：$u_{\max}$ 为边坡最大允许变形量；$u[T_i(t),q,c,\varphi,E,\nu]$ 为在表面荷载作用下锚固边坡的最大水平或者垂直位移量，其中时变锚固力 $T_i(t) = \min[T_{i_1}(t),T_{i_2}(t)]$。

　　当以边坡最大水平位移（监测点 1 处）建立式（6.18）所示功能函数时，称之为水平方向正常使用极限状态；当以边坡最大垂直位移（监测点 3 处）建立式（6.18）所示功能函数时，称之为垂直方向正常使用极限状态。

　　由式（6.18）可知，当采用 3 阶 PCE 建立边坡最大位移与输入参数间的显式函数表达式后，如果已知边坡最大允许变形量，便可快速地确定边坡的变形失效概率。然而，获得边坡最大允许变形量是一个极具挑战性的问题，目前国内外对此还没有一个统一的标准，同时对此也缺乏系统的研究。大概只有 Shinoda 等[14]假定在地震作用下边坡最大允许变形量为 500mm。张宁[53]初步研究了工程高边坡变形预警标准。王超[54]通过试验得出边坡位移最大允许量为 31mm。相比之下，其他岩土结构最大允许变形量研究的较多，但是最大允许变形量的取值也各不相同。如 Wahls[55]和 AASHTO[56]建议桥梁允许沉降量和允许扭转角分别取为 50mm 和 0.004～0.008。Youssef Abdel Massih 和 Soubra[16]将条形基础最大允许沉降量取为 100mm。Mollon 等[17]将圆形隧道顶部最大允许沉降量取为 5mm。Mollon 等[18]将地表最大水平和垂直允许变形量分别取为 15mm 和 30mm。

Haldar和 Sivakumar Babu[19]将桩基最大允许变形量取为 15～30mm。Luo 等[20]将基坑开挖水平和垂直最大允许变形量分别取为 108mm 和 72mm。李典庆等[22]将地下洞室最大允许变形量取为 15mm。因此,非常有必要深入研究边坡最大允许变形量及其确定方法。

　　下面首先对软弱滑动面的抗剪强度参数 c 和 φ 进行敏感性分析,即在 c 和 φ 均值 μ_c 和 μ_φ 附近分别取正负 1 倍、正负 2 倍和正负 3 倍的标准差,通过确定性边坡有限元和稳定性分析得到边坡最大水平位移和垂直位移与安全系数之间的对应关系,再取安全系数 1.0 处所对应的边坡最大位移作为边坡最大允许变形量。因为对于边坡稳定可靠度问题,通常将边坡安全系数小于 1.0 作为边坡失稳的判别依据。初始时刻和服役 100a 时的参数敏感性分析结果分别如图 6.14 和图 6.15 所示。

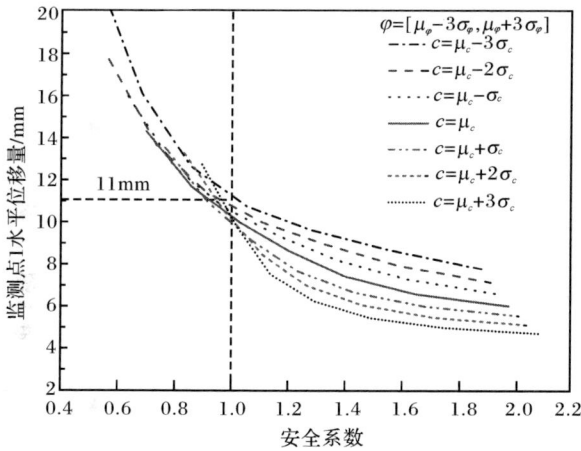

（a）水平方向极限状态

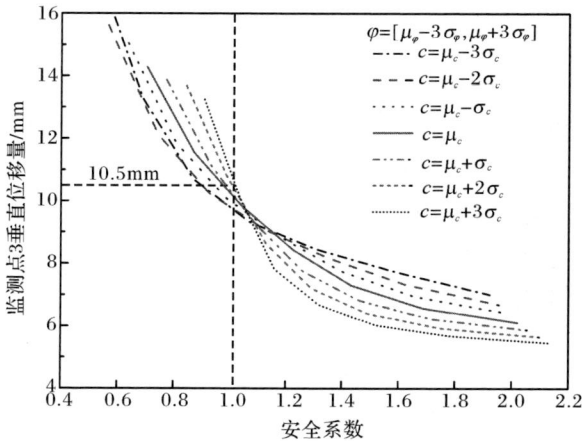

（b）垂直方向极限状态

图 6.14　初始时刻边坡最大位移与安全系数间的变化关系曲线

　　由图 6.14 可知,初始时刻安全系数为 1.0 处对应的边坡最大水平位移和垂直位移均存在一个变化范围,这与参数敏感性分析过程有关,最大水平位移和垂直位移的平均值大约分别为 11mm 和 10.5mm;同理,可得锚杆服役至 100a 时,安全系数 1.0 处对应的边坡最大水平位移和垂直位移的平均值大约分别为 15mm 和 14mm,如图 6.15 所示。

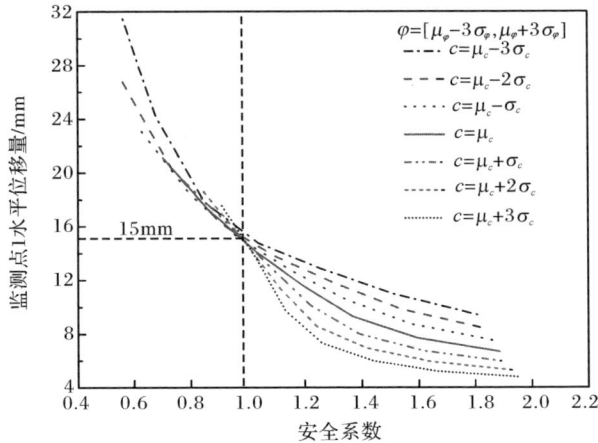

(a) 水平方向极限状态

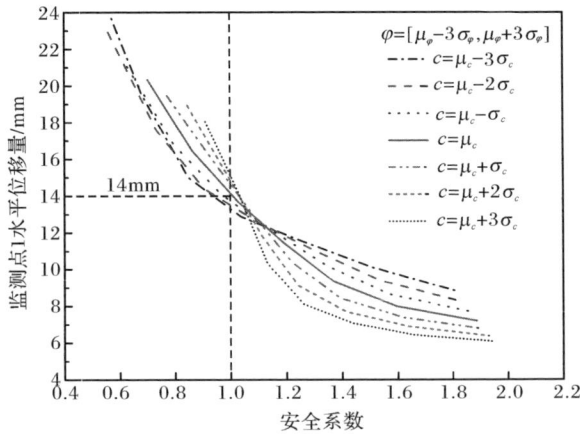

(b) 垂直方向极限状态

图 6.15　锚杆服役 100a 时边坡最大位移与安全系数间的变化关系曲线

　　此外,通过对比边坡稳定可靠度与变形可靠度分析所得的失效概率变化关系,也可以确定边坡最大允许变形量。首先根据边坡稳定性功能函数 $G=FS-1.0$,进行边坡稳定可靠度分析可得到锚杆腐蚀条件下边坡稳定失效概率的时变关系曲线。然后尝试性地选择某一边坡最大允许变形量计算边坡变形失效概率,使得其与边坡稳定可靠度分析得到的稳定失效概率基本一致,据此来确定边坡最大允许变形量。如图 6.16 所示,边坡稳定可靠度分析得到的稳定失效概率处于最大允许变形量为 11mm 和 16mm 的边坡变形失效概率之间,从而可初步确定本例锚固边坡在锚杆服役前期的最大允许变形量 u_{max} 约为 11.5mm,在锚杆服役后期 u_{max} 约为 15mm,这与上文参数敏感性分析得到的边坡最大允许变形量近似相等。由图 6.16 可见,锚杆腐蚀作用对边坡变形可靠度的影响远远大于对边坡稳定可靠度的影响。尽管边坡服役过程中安全系数在 1.2 左右变化,但是一旦考虑了荷载、岩体及其结构面参数不确定性的影响,该锚固边坡失效概率高达 14%,边坡失稳可能性非常大。进一步说明同时计算边坡安全系数与失效概率能够更为全面地评估边坡安全性。此外,为提高边坡可靠度计算精度,十分必要进行一定的现场原位和室内试验尽可能准确地确定荷载、岩体及其结构面力学参数的统计特征。

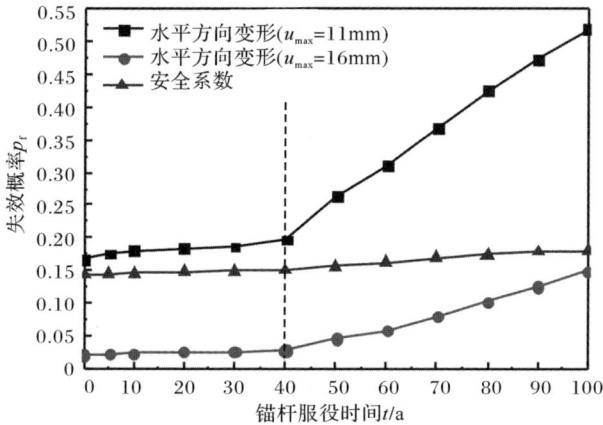

（a）水平方向极限状态

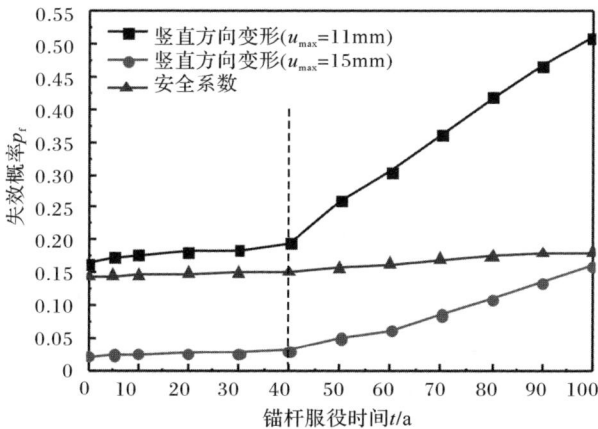

（b）垂直方向极限状态

图 6.16　不同极限状态下边坡失效概率的变化关系曲线

　　为了更直接地获得合理的边坡最大允许变形量,最后还对最大允许变形量进行参数敏感性分析进而确定边坡变形失效概率与最大允许变形量之间的变化关系。图 6.17 给出了锚杆腐蚀条件下边坡变形失效概率随最大允许变形量的变化关系曲线,图中纵坐标采用对数坐标。由图 6.17 可知,锚杆服役前期边坡变形失效概率变化较为缓慢,服役后期边坡变形失效概率明显增大。此外,边坡变形失效概率的常用对数 $\lg p_f$ 与最大允许变形量 u_{max} 之间存在近似的线性关系,并且随着边坡失效概率的减小,该线性关系表现得越明显,这对于基于可靠度理论进行边坡工程设计来说,具有十分重要的参考价值,据此可以直接根据边坡可靠度设计水平(即表 2.3 中的目标失效概率大小)确定相应的边坡最大允许变形量。

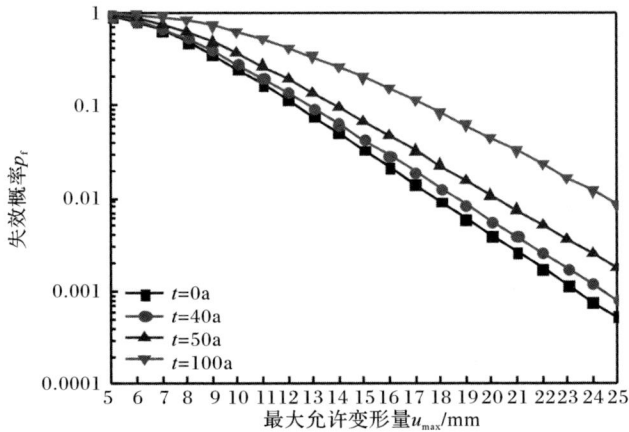

(a) 水平方向极限状态

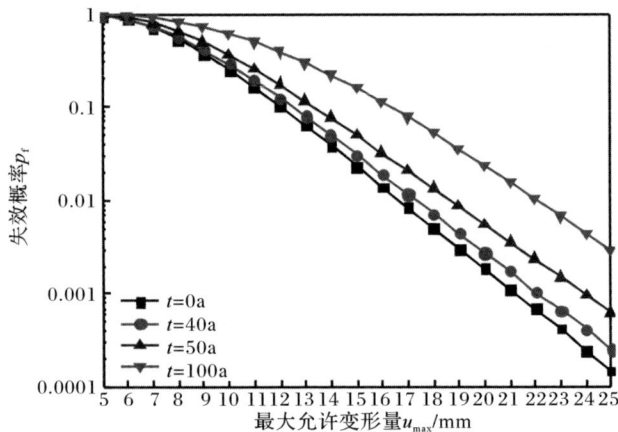

(b) 垂直方向极限状态

图 6.17　边坡失效概率与最大允许变形量之间的变化关系曲线

6.6　本章小结

本章根据锚杆钢筋腐蚀作用与预应力钢筋混凝土结构钢筋腐蚀作用间的相似性,初步建立了可考虑均匀腐蚀作用的锚杆腐蚀率模型,并基于已有锚杆腐蚀试验数据验证了该模型的有效性和适用性,进而建立了锚杆腐蚀条件下的锚杆自由段屈服抗力和锚固段锚杆与注浆体界面黏结抗力时变模型,确定了相应的锚固边坡失效模式。同时建议了一种有效的边坡最大允许变形量取值方法。最后以单滑动面锚固岩质边坡为例,分别研究了锚杆腐蚀条件下锚固边坡时变串联系统可靠度与变形可靠度问题。主要结论如下:

(1) 研究表明 Vu 和 Stewart[23] 提出的钢筋腐蚀率模型计算简便,能够考虑握裹层厚度和注浆体水灰比对锚杆腐蚀作用的影响,适用于分析处于密闭潮湿和干湿交替环境条件下的锚杆腐蚀作用。Bhargava 等[34] 提出的界面黏结强度衰减模型对描述锚杆与注浆体界面黏结强度衰减具有较好的适用性,能够较好地反映腐蚀条件下界面黏结强度的衰减过程。

(2) 非侵入式随机有限元法具有较高的计算精度和效率,为解决考虑时效特性的边坡变形可靠度问题提供了一条有效的途径。如对于本章边坡算例只需进行 56 次有限元分析建立的 3 阶 Hermite 多项式展开能够较好地拟合边坡最大水平和垂直位移与输入参数间的非线性隐式函数关系,便可获得满意的计算结果。

(3) 边坡服役前期自由段锚杆腐蚀作用对边坡变形与稳定性的影响更大,而服役后期锚固段锚杆腐蚀作用则开始对边坡变形与稳定性的影响变得更大。边坡服役前期锚杆锚固力和边坡失效概率都变化较小,相比之下,服役后期锚杆锚固力和边坡失效概率变化都较为明显。锚杆自由段屈服失效概率随服役时间增大较小,而锚固段黏结失效概率随服役时间增大较为明显。虽然边坡系统失效概率随着服役时间逐渐增大,但是由于 2 个失效模式之间的相互影响,导致边坡系统失效概率总体增大的较小。

(4) 边坡失效概率随着锚杆握裹层厚度的增加而减小,随着注浆体水灰比的增加而增大,然而当握裹层厚度和水灰比分别达到某一定值时,边坡失效概率随时间增大的程度并不明显。因此,在预应力锚杆设计和施工过程中,不仅钻孔要尽可能平直,而且还应确保锚杆具有一定的握裹层厚度和严格控制水泥灌注浆拌合的水灰比。

(5) 参数敏感性分析结果表明初始时刻本章锚固边坡最大允许变形量大约为 11.5mm,服役 100a 时边坡最大允许变形量大约为 15mm。考虑时效特性的边坡变形失效概率的常用对数 $\log p_f$ 与边坡最大允许变形值之间存在近似的线性关系,而且随着边坡失效概率的减小,该线性关系表现得越明显。研究成果为确定边坡最大允许变形量和基于可靠度理论进行边坡工程设计奠定了一定的理论基础。

（6）本章主要借鉴预应力钢筋混凝土结构钢筋腐蚀率模型作为锚杆腐蚀率模型，尽管基于已有锚杆腐蚀试验数据验证了该模型在某一特定条件下的适用性，但是对于其他环境条件的适用性还有待进一步验证。锚杆（索）腐蚀机理一般较为复杂，不仅与外部环境如当地的水文地质条件、地下水中侵蚀性物质等有关，而且与人为因素如施工钻孔、注浆和所选用的砂浆中水泥骨料类型等有较大的关系。本章为了简化计算，没有考虑锚杆应力腐蚀作用，因此需要进一步研究锚杆（索）应力腐蚀机理。

（7）与边坡稳定可靠度分析相比，目前对边坡变形可靠度研究的相对较少，主要原因在于坡体不同部位的变形不一致，边坡最大允许变形量也因所研究的问题而异，导致边坡变形失效极限状态难以确定。尽管本章尝试性地基于某些关键代表点最大位移建立边坡变形失效极限状态方程。从严格意义上来讲，相当于仅研究了边坡局部变形可靠度问题，因为边坡某些关键部位的变形不能充分反映边坡的整体安全性能。因此，需要从边坡系统和概率反分析的角度进一步研究边坡变形可靠度问题。

参 考 文 献

[1] Gamboa E, Atrens A. Environmental influences on the stress corrosion cracking of rock bolts [J]. Engineering Failure Analysis, 2003, 10(5):521—558.

[2] Gamboa E, Atrens A. Material influence on the stress corrosion cracking of rock bolts[J]. Engineering Failure Analysis, 2005, 12(2):201—235.

[3] Villalba E, Atrens A. Hydrogen embrittlement and rock bolt stress corrosion cracking[J]. Engineering Failure Analysis, 2009, 16(1):164—175.

[4] Li F, Liu Z, Zhao Y, et al. Experimental study on corrosion progress of interior bond section of anchor cables under chloride attack[J]. Construction and Building Materials, 2014, 71:344—353.

[5] Littlejohn G S. Ground anchorages:Corrosion performance[J]. Proceedings-Institute of Civil Engineers, 1987, 82(3):645—662.

[6] 曾宪明, 陈肇元, 王靖涛. 锚固类结构安全性与耐久性问题探讨[J]. 岩石力学与工程学报, 2004, 23(13):2235—2242.

[7] Wang L, Hwang J H, Luo Z, et al. Probabilistic back analysis of slope failure—A case study in Taiwan[J]. Computers and Geotechnics, 2013, 51:12—23.

[8] Lee W F, Liao H J, Chang M H, et al. Failure analysis of a highway dip slope slide[J]. Journal of Performance of Constructed Facilities, 2012, 27(1):116—131.

[9] Low B K. Reliability analysis of rock slopes involving correlated nonnormals[J]. International Journal of Rock Mechanics and Mining Sciences,2007,44(6):922－935.

[10] Li D Q,Zhou C B,Lu W B,et al. A system reliability approach for evaluating stability of rock wedges with correlated failure modes[J]. Computers and Geotechnics,2009,36(8):1298－1307.

[11] Li D Q,Jiang S H,Chen Y F,et al. System reliability analysis of rock slope stability involving correlated failure modes[J]. KSCE Journal of Civil Engineering,2011,15(8):1349－1359.

[12] 彭衡和,邱贤辉. GFRP 锚杆加固高速公路红砂岩边坡的工程实例分析[J]. 公路工程,2008,33(4):114－116.

[13] Chau T L,Bourgeois E,Corfdir A. Finite element analysis of the effect of corrosion on the behavior of reinforced earth walls[J]. International Journal for Numerical and Analytical Methods in Geomechanics,2012,36(15):1741－1756.

[14] Shinoda M,Horii K,Yonezawa T,et al. Reliability-based seismic deformation analysis of reinforced soil slopes[J]. Soils and Foundations,2006,46(4):477－490.

[15] Zhang L M,Ng A M Y. Probabilistic limiting tolerable displacements for serviceability limit state design of foundations[J]. Géotechnique,2005,55(2):151－161

[16] Youssef Abdel Massih D S,Soubra A H. Reliability-based analysis of strip footings using response surface methodology[J]. International Journal of Geomechanics,2008,8(2):134－143.

[17] Mollon G,Dias D,Soubra A H. Probabilistic analysis of circular tunnels in homogeneous soil using response surface methodology[J]. Journal of Geotechnical and Geoenvironmental Engineering (ASCE),2009,135(9):1314－1325.

[18] Mollon G,Dias D,Soubra A H. Probabilistic analyses of tunneling-induced ground movements[J]. Acta Geotechnica,2013,8(2):181－199.

[19] Haldar S,Sivakumar Babu G L. Reliability measures for pile foundations based on cone penetration test data[J]. Canadian Geotechnical Journal,2008,45(12):1699－1714.

[20] Luo Z,Atamturktur S,Juang C H,et al. Probability of serviceability failure in a braced excavation in a spatially random field:Fuzzy finite element approach[J]. Computers and Geotechnics,2011,38(8):1031－1040.

[21] 程勇刚,常晓林,李典庆. 考虑岩体空间变异性的隧洞围岩变形随机分析[J]. 岩石力学与工程学报,2012,31(增1):2767－2775.

[22] 李典庆,蒋水华,周创兵. 基于非侵入式随机有限元法的地下洞室可靠度分析[J]. 岩土工程学报,2012,34(1):123－129.

[23] Vu K A T,Stewart M G. Structural reliability of concrete bridges including improved chloride-induced corrosion models[J]. Structural Safety,2000,22(4):313－333.

[24] Liu Y. Modeling the Time to Corrosion Cracking of the Cover Concrete in Chloride Contaminated Reinforced Concrete Structures[D]. Blacksburg,Virginia:Virginia Polytechnic Insti-

tute,1996.

[25] Liu T,Weyers R W. Modeling the dynamic corrosion process in chloride contaminated concrete structures[J]. Cement and Concrete Research,1998,28(3):365－379.

[26] 曾宪明,雷志梁,张文巾,等. 关于锚杆"定时炸弹"问题的讨论—答郭映忠教授[J]. 岩石力学与工程学报,2002,21(1):143－147.

[27] 陈昌富,成晓炜. 双滑块边坡锚固系统时变可靠性分析[J]. 岩土力学,2012,33(1):197－203.

[28] Cao C,Nemcik J A,Aziz N,et al. Failure modes of rock bolting[C]//Proceedings of the 12th Underground Coal Operators' Conference. University of Wollongong & the Australasian Institute of Mining and Metallargy. Wollongong,2012:137－152.

[29] FHWA. Ground Anchors and Anchored Systems[R],Geotechnical Engineering Circular No. 4,Report No. FHWA-IF-99-015,Federal Highway Administration,U. S. Department of Transportation,Washington D. C. 1999.

[30] 金伟良,赵羽习. 锈蚀钢筋混凝土梁抗弯强度的试验研究[J]. 工业建筑,2001,31(5):9－11.

[31] 惠云玲,林志伸,李荣. 锈蚀钢筋性能试验研究分析[J]. 工业建筑,1997,27(6):10－14.

[32] 李富民,刘贞国,陆荣,等. 硫酸盐腐蚀锚索结构锚固性能退化规律试验研究[J]. 岩石力学与工程学报,2015,34(8):1581－1593.

[33] Xia N,Liang R Y,Payer J,et al. Probabilistic modelling of the bond deterioration of fully-grouted rock bolts subject to spatiotemporally stochastic corrosion[J]. Structure and Infrastructure Engineering,2013,9(11):1161－1176.

[34] Bhargava K,Ghosh A K,Mori Y,et al. Corrosion-induced bond strength degradation in reinforced concrete-analytical and empirical models[J]. Nuclear Engineering and Design,2007,237(11):1140－1157.

[35] Val D V,Stewart M G,Melchers R E. Effect of reinforcement corrosion on reliability of highway bridges[J]. Engineering Structures,1998,20(11):1010－1019.

[36] 成晓炜. 岩质边坡锚固工程时变可靠性分析模型及可靠度计算方法[D]. 长沙:湖南大学,2010.

[37] Shukla S K,Khandelwal S,Verma V N,et al. Effect of surcharge on the stability of anchored rock slope with water filled tension crack under seismic loading condition[J]. Geotechnical and Geological Engineering,2009,27(4):529－538.

[38] Shukla S K,Hossain M M. Stability analysis of multi-directional anchored rock slope subjected to surcharge and seismic loads[J]. Soil Dynamics and Earthquake Engineering,2011,31(5-6):841－844.

[39] Jiang S H,Li D Q,Zhang L M,et al. Time-dependent system reliability of anchored rock slopes considering rock bolt corrosion effect[J]. Engineering Geology,2014,175:1－8.

[40] Hyett A J,Bawden W F,Coulson A L. Physical and mechanical properties of normal Portland cement pertaining to fully grouted cable bolts[C]//Kaiser P K,McCreath D R eds.

Rock Support in Mining and Underground Construction, Proceedings of the International Symposium on Rock Support, Sudbury, Rotterdam: Balkema, 1992: 341－348.

[41] 李典庆, 蒋水华, 张利民, 等. 考虑锚杆腐蚀作用的岩质边坡系统可靠度分析[J]. 岩石力学与工程学报, 2013, 32(6): 1137－1144.

[42] 蒋水华, 彭铭, 李典庆, 等. 考虑时效特性的锚固岩质边坡变形可靠度分析[J]. 岩石力学与工程学报, 2015, 32(6): 1270－1278.

[43] Sudret B. Global sensitivity analysis using polynomial chaos expansions[J]. Reliability Engineering & System Safety, 2008, 93(7): 964－979.

[44] Fenton G A, Griffiths D V. Bearing-capacity prediction of spatially random c-ϕ soils[J]. Canadian Geotechnical Journal, 2003, 40(1): 64－65.

[45] GEO-SLOPE International Ltd. Stress-Deformation Modeling with SIGMA/W 2007 Version: An engineering methodology[M]. Canada, Alberta, Calgary: GEO-SLOPE International Ltd., 2010.

[46] 徐前卫, 尤春安, 朱合华. 预应力锚索的三维数值模拟及其锚固机制分析[J]. 地下空间与工程学报, 2005, 1(2): 214－218.

[47] 李宁, 张鹏, 于冲, 等. 锦屏左岸拱肩槽边坡稳定性及预应力锚索加固措施研究[J]. 岩石力学与工程学报, 2007, 26(1): 36－43.

[48] 李宁, 张鹏, 于冲. 边坡预应力锚索加固的数值模拟方法研究[J]. 岩石力学与工程学报, 2007, 26(2): 254－261.

[49] Zou J Z, Willians D J, Xiong W L. Search for critical slip surfaces based on finite element method[J]. Canadian Geotechnical Journal, 1995, 32(2): 233－246.

[50] 蒋水华, 冯晓波, 李典庆, 等. 边坡可靠度分析的非侵入式随机有限元法[J]. 岩土力学, 2013, 34(8): 2347－2354.

[51] Berveiller M, Sudret B, Lemaire M. Stochastic finite elements: A non-intrusive approach by regression[J]. European Journal of Computational Mechanics, 2006, 15(1-3): 81－92.

[52] Li D Q, Jiang S H, Chen Y G, et al. Reliability analysis of serviceability performance for an underground cavern using a non-intrusive stochastic method[J]. Environmental Earth Sciences, 2014a, 71(3): 1169－1182.

[53] 张宁. 工程高边坡变形量预警标准研究[D]. 北京: 北京交通大学, 2009.

[54] 王超. 岩质边坡变形量预警标准分析[J]. 科技资讯, 2011, 93－93.

[55] Wahls H E. Tolerable deformations[C]//Geotechnical Special Publication. New York: ASCE, 1994: 1611－1628.

[56] AASHTO. LRFD Highway Bridge Design Specifications, SI Units[S]. Washington, DC: American Association of State Highway and Transportation Officials, 1997.

第7章　锦屏一级水电站左岸坝肩边坡可靠度分析

边坡稳定性分析的传统单一安全系数方法不能定量地考虑边坡工程各种不确定性因素对边坡稳定性的影响,如边坡岩体及其结构面力学参数不确定性、荷载不确定性以及计算模型不确定性等。采用可靠度分析方法进行边坡稳定性分析已是一个重要的发展趋势,遗憾的是目前复杂三维高边坡可靠度研究几乎是空白。此外,有限元和有限差分强度折减法通常能够较真实地评价边坡稳定性,但是该方法不仅计算量较大,而且所得到的边坡安全系数是输入参数的非线性隐式函数,此时传统的边坡可靠度分析方法几乎无能为力。为了有效地进行三维边坡可靠度分析,本章提出了复杂三维高边坡稳定可靠度分析的非侵入式随机有限差分法,以锦屏一级水电站左岸坝肩边坡为例,研究了边坡施工开挖、预应力锚索和深层混凝土抗剪洞加固措施对边坡变形、稳定及可靠度的影响规律。提出方法极大地提高了边坡可靠度计算效率,为解决复杂三维高边坡可靠度问题提供了一种有效的工具,使得大型水电工程边坡可靠度分析成为可能。

7.1　引　　言

我国西南地区山高谷深,水力资源丰富,高坝大库工程较多。由于工程规模巨大和特定的复杂地质和地形条件,高陡边坡稳定性问题十分突出,已成为制约水电资源开发和工程建设的关键技术问题之一[1,2]。国内外许多学者在水电工程高边坡稳定性分析方面开展了大量有益的研究工作,其中主要采用以下两种边坡稳定性分析方法:一是基于确定性分析的单一安全系数方法;二是基于不确定性分析的可靠度分析方法。确定性边坡稳定性分析的单一安全系数方法不能定量地考虑边坡稳定性分析中各种不确定性因素;如岩体及结构面力学参数不确定性、荷载不确定性、测量不确定性以及计算模型不确定性等的影响。相比之下,近年来可靠度分析方法在边坡稳定性分析中逐渐得到了广泛应用,如《水电水利工程边坡设计规范》(DLT 5353—2006)[3]推荐采用简易可靠度分析方法进行边坡工程设计。《水利水电工程边坡设计规范》(SL 386—2007)[4]建议对于Ⅰ级边坡有条件时应进行边坡可靠度分析,从而为边坡稳定性评价提供合理的参考依据。1995 年美国科学院下属的国家科学研究委员会主要发现:"可靠度方法,如果不是把它作为现有传统方法的替代物的话,确实可以为分析岩土工程中包含的不确定性提供系统的、定量的途径。在工程设计和决策中,采用这一方法来定量地分析不确定因素尤为有效"。可见采用可靠度分析方法进行边坡稳定性分析是一个重要的发展趋势。

目前工程边坡可靠度分析方面的研究大多基于二维边坡稳定性分析模型或者安全系数有显式函数表达式的边坡模型。众所周知,三维边坡稳定性分析模型能够更全面地表征边坡安全度,因此为了更真实地评价边坡安全性,非常有必要研究三维高边坡可靠度问题。遗憾的是目前有关复杂三维高边坡可靠度分析方面的研究几乎还是空白,这主要是因为三维边坡稳定性有限元分析的计算量较大,即使采用极限平衡方法,边坡安全系数也没有显式函数表达式,这无疑增加了三维边坡可靠度分析的难度。尽管从理论上讲可以采用直接 MCS 方法分析三维高边坡可靠度问题,但是一般都需要进行成千上万次边坡稳定性有限元分析,其计算量非常庞大。相比之下,本书所提出的非侵入式随机有限元法无需修改有限元源代码,采用随机多项式展开建立边坡安全系数与输入参数间的近似显式函数关系,从而有效地实现了可靠度分析与通用商业有限元软件的有机结合。此外,目前关于边坡锚固体系失效对边坡变形与稳定性的影响研究较少,并且对水电工程高边坡变形、安全系数与失效概率随开挖时间的变化关系研究的也不够充分。

边坡施工期稳定性对水电工程全生命周期建设具有重要的影响,《水电水利工程边坡设计规范》(DLT 5353−2006)[3]规定施工状况是边坡工程设计的三种设计状况之一。本章以锦屏一级水电站左岸坝肩边坡为例,研究了所提非侵入式随机有限差分法在复杂三维高边坡可靠度分析中的应用。首先采用有限差分强度折减法进行边坡施工期变形与稳定性分析,并与已有监测资料和边坡稳定性分析结果进行比较,从而验证三维数值计算模型的有效性。然后基于参数敏感性分析减少随机变量的数目,采用不含交叉项的 2 阶多项式展开建立边坡安全系数与输入参数间的近似显式函数关系。最后利用非侵入式随机有限差分法研究了高边坡施工期稳定可靠度随边坡开挖时间的变化规律。重点探讨了预应力锚索和混凝土抗剪洞两种加固措施对边坡横河向位移、安全系数及失效概率的影响规律,从而为高边坡失稳机理及锚固机理研究提供一定参考。

7.2　边坡施工期应力变形分析

高陡边坡变形与稳定性控制是岩石边坡工程的核心问题,对边坡变形拉裂岩体进行加固是其关键技术之一,直接为施工期和运行期工程安全提供保障。本章以锦屏一级水电站左岸坝肩边坡为例首先探讨施工期开挖过程中边坡横河向位移的变化规律,并与相应的监测资料进行比较,从而验证有限差分计算模型的有效性。下面在研究边坡施工开挖对左岸坝肩边坡变形、稳定及可靠度的影响规律时,重点关注的是左岸坝肩边坡 2110m 高程以下由断层 f_{42-9}、深部裂隙 SL_{44-1} 和煌斑岩脉 X 切割而成的楔形体滑动破坏模式。由于篇幅所限,2110m 高程以上的边坡倾倒破坏模式暂不作研究,通过在有限差分数值模拟中提高倾倒变形砂板岩抗剪强度以保证边坡不会发生倾倒变形破坏。

锦屏一级水电站[5~9]是雅砻江干流中、下游水电开发规划的控制性梯级水库,在雅砻江梯级滚动开发中具有“承上启下”的作用。坝址区为典型的深切 V 形峡谷,天然边坡相对高差为 1500~1700m。坝址左岸边坡为千米级以上高陡岩质边坡,1810m 高程以下天然坡度为 60°~70°,地质条件非常复杂,是目前世界上稳定性条件最差和开挖支护规模最大的工程边坡之一。为模拟坝肩内应力场在施工开挖扰动作用下的变化规律,要尽可能减小边界效应对重点研究区域的影响。选取的边坡计算模型范围为:顺河向取 495m(从 Ⅱ—Ⅱ 线上游 205m 到 Ⅰ—Ⅰ 线下游 10m),横河向取 1200m(从河床中心线向坡内取 1200m),垂直向取 1500m(从高程 1300m 到高程 2800m),计算模型从上游向下游依次包括 Ⅱ—Ⅱ 线、Ⅱ₁—Ⅱ₁线、V—V 线、Ⅰ—Ⅰ 线。采用有限差分软件 FLAC3D[10]建立边坡有限差分计算模型如图 7.1 所示,主要采用六面体等参单元、部分四面体和楔形体退化单元,其中断层 f_{42-9}、深部裂隙 SL_{44-1} 和煌斑岩脉 X 采用薄层实体 shell 单元模拟。边坡有限差分计算模型共剖分了 183 402 个单元和 75 647 个节点。重点模拟了地形地貌、地

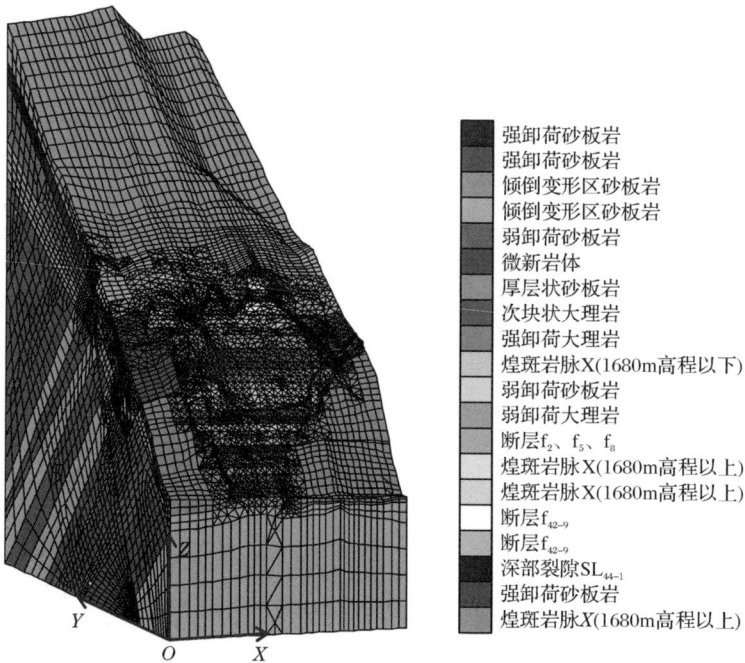

图例:
- 强卸荷砂板岩
- 强卸荷砂板岩
- 倾倒变形区砂板岩
- 倾倒变形区砂板岩
- 弱卸荷砂板岩
- 微新岩体
- 厚层状砂板岩
- 次块状大理岩
- 强卸荷大理岩
- 煌斑岩脉X(1680m高程以下)
- 弱卸荷砂板岩
- 弱卸荷大理岩
- 断层f₂、f₅、f₈
- 煌斑岩脉X(1680m高程以上)
- 煌斑岩脉X(1680m高程以上)
- 断层f₄₂₋₉
- 断层f₄₂₋₉
- 深部裂隙SL₄₄₋₁
- 强卸荷砂板岩
- 煌斑岩脉X(1680m高程以上)

图 7.1 锦屏一级左岸坝肩边坡有限差分计算模型

层界限、卸荷风化界限、开挖面、断层 f_{42-9}、f_5、f_8 和 f_2、深部裂隙 $SL_{44-1} \sim SL_{44-9}$、SL_{54-1}、$SL_{13} \sim SL_{15}$、$SL_{18} \sim SL_{23}$、$SL_{40} \sim SL_{42}$、$SL_{47} \sim SL_{49}$ 和煌斑岩脉 X 等控制性结构面以及深层混凝土抗剪洞等工程结构。模型 X 轴正方向(顺河向)指向 NE28°，Y 轴正方向(横河向)指向 NW62°，Z 轴正方向竖直向上。考虑模型所处地形地貌条件、河谷对称性及边坡荷载方向,选取的模型边界条件为:顺河向边界(X 向)和横河向边界(Y 向)分别取法向支座约束,底部边界(Z 向)为全约束。根据锦屏一级坝基岩体质量分级建议值[11],岩体及其结构面力学参数分别如表 7.1 和表 7.2所示。

表 7.1　岩体力学参数

序号	地质材料分类	$\gamma/(kN/m^3)$	E/GPa	ν	c/MPa	$\varphi/(°)$
1	倾倒变形区砂板岩	27	1.0	0.30	0.4	30.96
2	强卸荷砂板岩	27	2.0	0.28	0.6	34.99
3	弱卸荷砂板岩	27	3.0	0.35	0.9	45.57
4	厚层状砂板岩	27	9.0	0.30	1.5	46.94
5	强卸荷大理岩	27	2.0	0.30	0.6	34.99
6	弱卸荷大理岩	27	4.0	0.27	0.9	45.57
7	次块状大理岩	27	11.0	0.25	1.5	46.94
8	微新岩体	27	21.0	0.3	2.0	53.47
9	抗剪洞混凝土	27	21.0	0.167	1.0	45.0

表 7.2　结构面力学参数

序号	结构面	$\gamma/(kN/m^3)$	E/GPa	ν	c/MPa	$\varphi/(°)$
1	断层 f_{42-9}	27	0.375	0.35	0.02	16.71
2	煌斑岩脉 X (1680m 高程以上)	27	1.00	0.20	0.02	16.71
3	煌斑岩脉 X (1680m 高程以下)	27	3.00	0.30	0.45	27.02
4	深部裂缝 SL_{44-1}	27	1.25	0.35	0.10	24.23
5	断层 f_2、f_5、f_8	27	0.45	0.28	0.02	16.71

　　锦屏一级水电站左岸坝肩边坡于 2005 年 9 月开始开挖,2009 年 8 月底基本上全部开挖并支护完成,左岸坝肩边坡开挖支护完成后的轮廓图如图 7.2 所示。本章据此编写了基于 FLAC³ᴰ 软件的有限差分计算程序模拟左岸坝肩边坡施工期逐级开挖和支护过程,共模拟 25 个边坡开挖步,当下一个开挖步开挖完成后,立即采取相应的支护措施对上一个开挖步进行加固,锦屏一级左岸坝肩边坡主要采

用预应力锚索和深层混凝土抗剪洞联合加固措施。每个开挖步的开挖时间、开挖高程、预应力锚索支护高程以及支护所采用的锚索数量之间的对应关系如表 7.3 所示。

图 7.2　锦屏一级左岸坝肩边坡开挖完成轮廓图

表 7.3　锦屏一级水电站左岸坝肩边坡开挖支护过程

开挖步	开挖时间	开挖高程	支护高程	安装锚索数目
1	2005/9/2～2005/9/30	开挖至 E2020m	支护至 E2050m	140
2	2005/10/1～2006/4/30	开挖至 E1990m	支护至 E2020m	283
3	2006/5/1～2006/12/31	开挖至 E1960m	支护至 E1990m	469
4	2007/1/1～2007/6/10	开挖至 E1915m	支护至 E1945m	751
5	2007/6/11～2007/6/30	开挖至 E1885m	支护至 E1915m	579
6	2007/7/1～2007/7/21	开挖至 E1870m	支护至 E1900m	338
7	2007/7/22～2007/9/25	开挖至 E1855m	支护至 E1885m	255
8	2007/9/26～2007/12/8	开挖至 E1840m	支护至 E1870m	68
9	2007/12/9～2008/2/2	开挖至 E1825m	支护至 E1855m	66

开挖步	开挖时间	开挖高程	支护高程	安装锚索数目
10	2008/2/3～2008/3/3	开挖至 E1810m	支护至 E1840m	63
11	2008/3/4～2008/4/27	开挖至 E1795m	支护至 E1825m	61
12	2008/4/28～2008/5/15	开挖至 E1780m	支护至 E1810m	60
13	2008/5/16～2008/7/21	开挖至 E1765m	支护至 E1795m	59
14	2008/7/22～2008/8/28	开挖至 E1750m	支护至 E1780m	62
15	2008/8/29～2008/9/10	开挖至 E1735m	支护至 E1765m	74
16	2008/9/11～2008/9/22	开挖至 E1720m	支护至 E1750m	62
17	2008/9/23～2008/10/22	开挖至 E1705m	支护至 E1735m	61
18	2008/10/23～2008/11/22	开挖至 E1690m	支护至 E1720m	47
19	2008/11/23～2008/12/20	开挖至 E1675m	支护至 E1705m	44
20	2008/12/21～2009/1/25	开挖至 E1660m	支护至 E1690m	36
21	2009/1/26～2009/2/26	开挖至 E1645m	支护至 E1675m	34
22	2009/2/27～2009/4/15	开挖至 E1630m	支护至 E1660m	32
23	2009/4/16～2009/5/31	开挖至 E1615m	支护至 E1645m	27
24	2009/6/1～2009/7/15	开挖至 E1600m	支护至 E1630m	22
25	2009/7/16～2009/8/20	开挖至 E1580m	支护至 E1580m	52

为了适应边坡持续变形以及坡内岩体破碎等地质特点,边坡加固大规模采用了自由式单孔多锚头防腐型预应力锚索。在边坡 1885m 高程以上及 1885m 高程以下分别模拟了 2815 束和 930 束锚索,锚索长度为 40～80m,拉拔荷载为 2000～3000kN,排距按照 4m×4m 和 6m×6m 布置。主要以高预应力吨位(拉拔荷载达 3000kN)和超长超深(钻孔深度达 80m)预应力锚索加固为主,其中 3000kN 级预应力锚索加固剖面示意图如图 7.3 所示,预应力锚索的基本力学与几何参数[12,13]如表 7.4 所示,其中 12ϕ15.24mm 和 19ϕ15.24mm 分别表示锚索由 12 根和 19 根直径为 15.24mm 的钢绞线构成。在 FLAC^{3D} 数值计算中采用 cable 单元模拟预应力锚索加固作用[14,15],其中采用 cable 单元模拟 2000kN 级预应力锚索加固的 FISH 语言程序代码为(sel cable id＝1 property emod 180e9 yt 4.071e6 xcarea 6.3585e－3 gr_coh 1.0e6 gr_fric 45.0 gr_k 15e9 gr_per 0.4396)。其中:emod 表示钢绞线弹性模量(Pa);yt 表示锚索屈服强度(N);xcarea 表示锚索有效横截面面积(m^2);gr_coh、gr_fric、gr_k 和 gr_per 分别表示注浆体黏聚力(N/m)、内摩擦角(°)、刚度(Pa)和周长(m)。此外,为提高变形拉裂体滑裂面的抗剪等综合作用,工程施工中分别在断层 f_{42-9} 压剪破坏区 1883m、1860m 和 1834m 高程处深入断层 f_{42-9} 下盘开挖抗剪洞,并回填混凝土对变形拉裂体底滑面进行置换。

3层混凝土抗剪洞尺寸均为9m×10m,长度分别为110m、90m和78m,并配置钢筋以增加结构抗剪能力。变形拉裂体滑裂面及其与3层混凝土抗剪洞的位置关系如图7.4所示。在FLAC^{3D}数值模拟中,通过实体单元组件改变材料强度参数值来模拟深层混凝土抗剪洞的加固作用,采用理想弹塑性模型模拟岩体及其结构面的应力应变关系。锦屏一级水电站左岸坝肩边坡开挖及支护区域如图7.5(a)所示,数值模拟中预应力锚索和3层混凝土抗剪洞的位置关系如图7.5(b)所示。

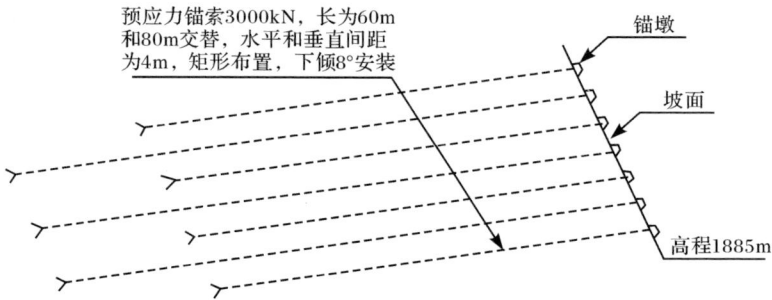

图7.3　3000kN级预应力锚索加固剖面示意图

表7.4　自由式单孔多锚头防腐型预应力锚索基本参数

锚索型号	设计荷载/kN	钢绞线数量	钢绞线公称截面积/mm²	钢绞线弹性模量/GPa	钢绞线屈服强度/MPa	锚索孔径/mm	锚固段长度/m
DKDF-2000	2000	12φ15.24mm	2188.92	180	1860	140	12
DKDF-3000	3000	19φ15.24mm	3465.79	180	1860	165	12

　　为探讨锚固体系失效对边坡变形、稳定及可靠度的影响,本章模拟了边坡施工期开挖过程中的4种可能计算工况:①采用预应力锚索和3层抗剪洞及时联合加固;②预应力锚索均失效或未发挥作用(只有3层抗剪洞生效);③3层混凝土抗剪洞失效或未发挥作用(只有预应力锚索生效);④预应力锚索和3层抗剪洞均失效或对开挖边坡没有及时采取任何加固措施。为跟踪和监测边坡施工期的变形情况,在边坡表面布置了大量的坡面监测点。本章以位于变形拉裂体区域内的2个代表性坡面监测点TPL10和TPL14为例,研究边坡施工开挖过程和锚固体系失效对边坡变形的影响,坡面监测点TPL10和TPL14的平面位置如图7.6所示,分别位于1990m和1945m高程处,首次施测时间分别为2007年12月29日和2008年3月6日。

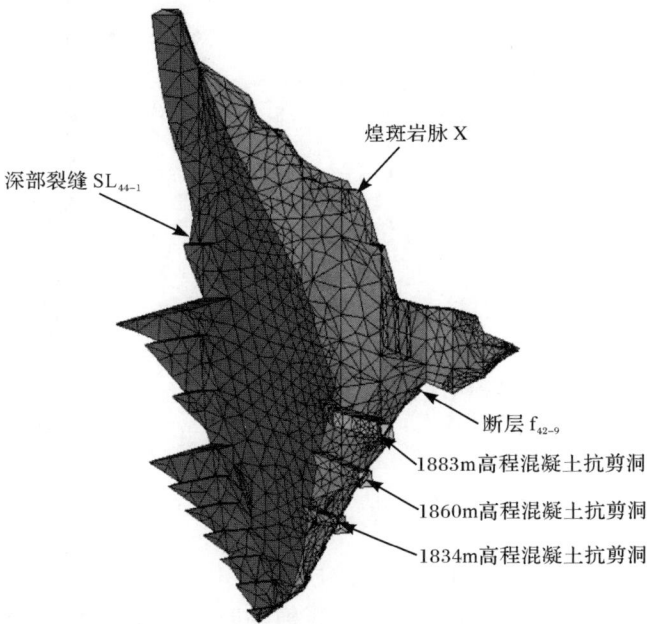

煌斑岩脉 X

深部裂缝 SL$_{44-1}$

断层 f$_{42-9}$

1883m高程混凝土抗剪洞

1860m高程混凝土抗剪洞

1834m高程混凝土抗剪洞

图 7.4　变形拉裂体滑裂面和 3 层抗剪洞示意图

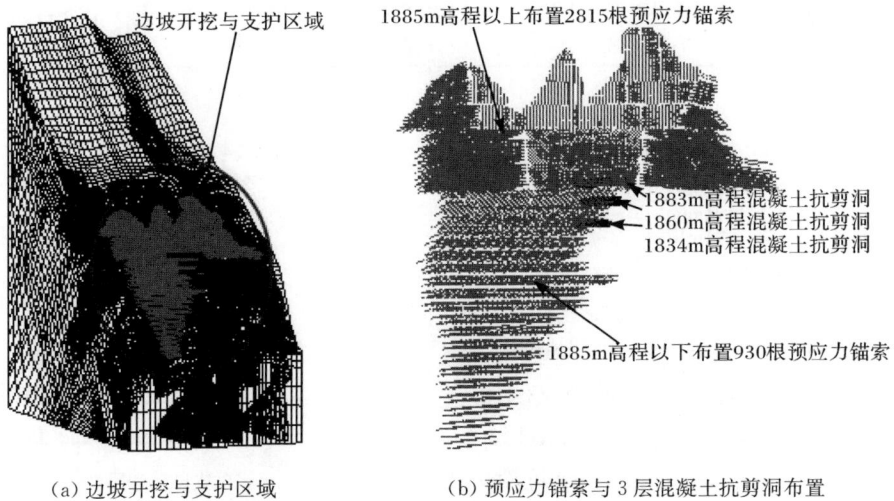

边坡开挖与支护区域

1885m高程以上布置2815根预应力锚索

1883m高程混凝土抗剪洞
1860m高程混凝土抗剪洞
1834m高程混凝土抗剪洞

1885m高程以下布置930根预应力锚索

（a）边坡开挖与支护区域　　　　（b）预应力锚索与 3 层混凝土抗剪洞布置

图 7.5　锦屏一级左岸坝肩边坡预应力锚索和 3 层抗剪洞布置图

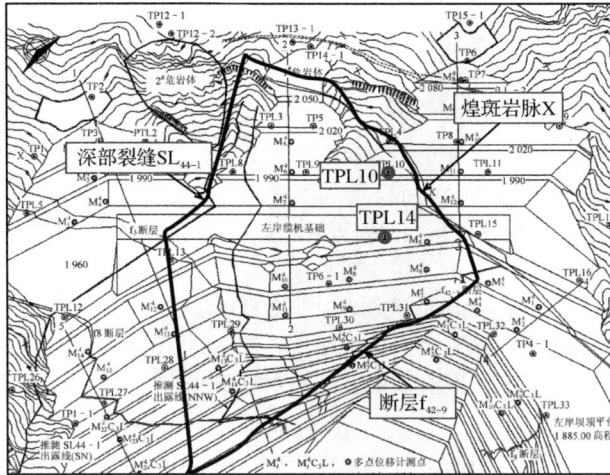

图 7.6　变形拉裂体范围与边界滑裂面和关键监测点的平面位置图

　　图 7.7(a)和(b)给出了边坡表面监测点 TPL10 和 TPL14 的横河向位移监测值[16,17]与 4 种工况下横河向位移数值计算值随时间的变化关系曲线。如对于坡面监测点 TPL14,边坡大约于 2007 年 2 月 4 日开挖到监测点 TPL14 附近,由于 2008 年以前边坡开挖几乎没有揭露深层变形拉裂体,可近似认为这一阶段边坡开挖对监测点 TPL14 附近边坡的变形影响较小。现场监测获得的坡面变形监测数据质量较好,能够较好地反映边坡施工期各个开挖阶段的变形情况。由图 7.7(b)

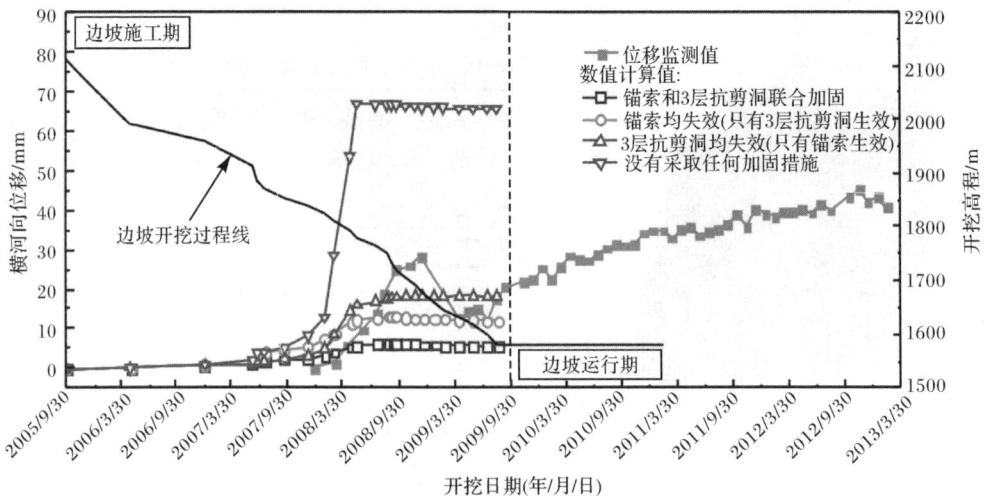

(a) 监测点 TPL10(位于 1990m 高程处)

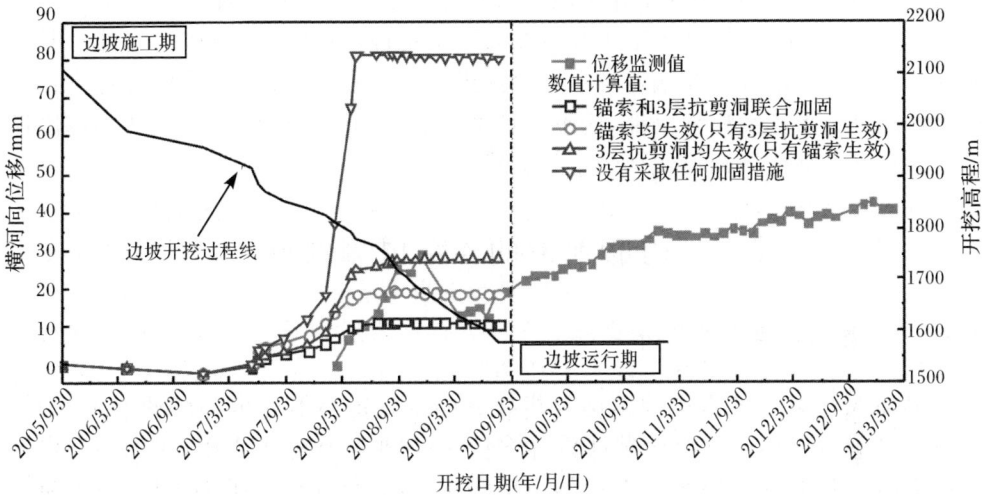

(b) 监测点 TPL14(位于 1945m 高程处)

图 7.7　边坡表面监测点横河向位移随时间的变化关系曲线

可知,坡面监测点位移计安装完成之后,TPL14 横河向位移随着边坡开挖迅速增加,并于 2008 年 12 月达到最大值 28.8mm。这主要是由于 2008 年 12 月边坡已开挖至 1780m 高程以下,变形拉裂体前沿剪出口阻滑岩体已被完全挖除所致。随后由于边坡多层次立体加固体系陆续生效,监测点 TPL14 横河向位移迅速回落,并于 2009 年 7 月 15 日减小到最小值 12.5mm。

与 TPL14 横河向位移监测值相比,尽管横河向位移有限差分数值计算值没有有效地反映 2008 年年底至 2009 年年初边坡变形的回落过程,但整体上还是能够体现预应力锚索和 3 层抗剪洞加固对边坡变形的控制作用。如 2009 年 8 月 20 日边坡接近开挖完成,采用预应力锚索和 3 层抗剪洞及时联合加固,边坡变形被有效控制,TPL14 横河向位移只有 10.5mm,表明锦屏一级左岸坝肩边坡所采用的加固方案可有效地控制边坡变形;如果预应力锚索均失效或由于某些原因没能及时发挥作用(即只有 3 层抗剪洞生效),TPL14 横河向位移增加至 18.3mm;如果 3 层抗剪洞均失效或由于某些原因没能及时发挥作用(即只有预应力锚索生效),TPL14 横河向位移快速增加至 27.7mm;假如预应力锚索和 3 层抗剪洞均失效或者对开挖边坡没有及时采取任何加固措施,TPL14 横河向位移急剧增加至 80.35mm,此工况下边坡稳定性条件非常差。以上计算结果表明 3 层混凝土抗剪洞对边坡变形的控制效果明显要优于预应力锚索。同时数值计算得到的边坡施工期位移增量与位移监测值增量相差较小,基本证明了有限差分数值计算模型的有效性。其中横河向位移数值计算值与位移监测值之间的微小差别可能是由于数值分析没有较完整地模拟复杂的边坡岩体裂隙结构,没有有效地考虑预应力锚索对岩体刚度的贡献,没有充分兼顾复杂的现场施工环境和岩体开挖扰动作用等因素的影响,没有考虑岩体物理力学参数不确定性,以及对工程边坡岩体及其结构面力学参数的估计存在偏差等。需要指出的是,2009年8月底边坡开挖支护完成以后边坡变形依然持续增加,这主要是由于运行期边坡岩体发生蠕变和锚固体系和渗透系统性能逐渐退化等因素所造成。

7.3　边坡施工期稳定可靠度分析

7.3.1　三维边坡稳定性分析

目前对基于二维边坡稳定性分析模型的工程边坡可靠度问题研究的较多。尽管二维边坡稳定性分析模型计算效率较高,但是存在以下不足:①无法考虑岩体侧滑面抗滑作用的贡献,与实际约束情况相差甚远,计算结果偏于保守;②难以有效地模拟边坡所处的复杂地质、地形和地势条件以及错综复杂的裂隙结构等;③所获得的边坡应力、应变和变形信息通常与实际情况相差较大,并且当地质和地形条件非常复杂时这种差异更为明显。相比之下,三维边坡稳定性分析模型更加符合工程实际,有效地克服了二维边坡稳定性分析模型的不足,将坡体应力和变形分布及发展趋势推广到整个边坡。目前工程边坡安全系数计算一般采用三维极限平衡方法,如周钟等[18]通过三维极限平衡方法计算了潜在失稳块体开挖前后的边坡安全系数。宋胜武等[5]采用三维刚体极限平衡方法研究了锦屏一级水电站进水口边坡稳定性问题。然而,三维极限平衡方法无法获得边坡逐级开挖过程中坡体的应力与变形信息,不能反映边坡滑裂面塑性区逐渐贯通直至边坡失稳的整个过程。相比之下,有限元和有限差分强度折减法较好地弥补了极限平衡方法的不足,为边坡开挖支护方案的制订提供了更充分的参考依据。这正如《水利水电工程边坡设计规范》(SL 386—2007)所指出:"对于Ⅰ级边坡,需同时采用强度指标折减有限元法验算其抗滑稳定性"。目前国内许多学者基于有限元和有限差分强度折减法进行三维工程边坡稳定性分析也开展了大量有益的研究工作。如刘耀儒等[19]采用非线性有限元方法分析了锦屏一级水电站三维高边坡稳定性。漆祖芳等[17]采用有限差分强度折减法研究了锦屏一级水电站左岸坝肩施工期开挖边坡稳定性问题。许强等[20]通过底摩擦试验研究了锦屏一级水电站左岸开挖工程边坡变形破坏模式,采用有限差分强度折减法分析了多种工况下的工程边坡稳定性。Huang等[8]和Sun等[21]采用块体理论分析了锦屏一级左岸坝肩施工期开挖边坡三维稳定性。

为了使工程边坡稳定性评价更为符合客观实际,本章采用有限差分强度折减法对锦屏一级水电站左岸坝肩施工期三维开挖边坡进行稳定性分析,其中采用理想弹塑性模型模拟岩体及其结构面的应力-应变关系,屈服准则采用摩尔-库仑强度准则[17]，该屈服准则不仅能够反映岩体抗压抗拉强度不对称性和对静水压力的敏感性，而且简单实用，所需材料参数较少，其参数可以通过各种常规试验测定，计算结果能够较好地反映岩体及其结构面的实际工作状态。强度折减过程中以有限元解的不收敛性作为边坡失稳即边坡达到极限破坏状态的判据，整个强度折减过程采用二分法予以实现。值得指出的是，当考虑深层混凝土抗剪洞加固时，除了需要对岩体及其结构面抗剪强度进行折减计算，同时还需要对抗剪洞置换后的回填混凝土的抗剪强度进行折减计算。

图 7.8 给出了左岸坝肩边坡开挖过程中 4 种不同工况下的安全系数随时间的变化关系曲线，图中每条曲线上的 7 个点分别表示天然边坡和边坡开挖至 1960m、1885m、1855m、1810m、1780m 和 1580m 高程时的安全系数。由图 7.8 可知，当左岸坝肩边坡在 1885m 高程以上开挖边坡安全系数变化较小。如当边坡开挖至 1960m 高程时安全系数有所提高为 1.498；当开挖至 1885m 高程时安全系数为 1.482，这主要是由于边坡开挖过程中断层 f_5 和 f_8 外的阻滑岩体仍然被保留，边坡开挖对潜在滑动体起到了削坡减载作用。当左岸坝肩边坡开挖至 1885～1810m 高程时，边坡安全系数较天然边坡明显降低，主要是因为变形拉裂体前沿剪出口阻滑岩体被逐步挖除，组成变形拉裂体边界的控制性滑裂面在开挖面上出露范围逐渐增大。当开挖至 1810m 高程时，按照边坡开挖支护程序采取预应力锚索和 3 层混凝土抗剪洞进行联合加固，边坡安全系数为 1.482，可以满足施工期边坡稳定性要求。但是如果由于某些原因预应力锚索和 3 层抗剪洞分别失效或未发挥作用，边坡安全系数将分别减小到 1.389 和 1.327。如果预应力锚索和 3 层抗剪洞均失效或开挖边坡没有及时采取任何加固措施，边坡安全系数进一步减小至 1.264。相比之下，当边坡开挖到 1780m 高程时，由于该梯段边坡岩体开挖会造成变形拉裂体剪出口阻滑岩体被挖除，断层 f_{42-9} 在开挖面上完全出露。边坡开挖完成后及时采取预应力锚索和 3 层抗剪洞联合加固，安全系数为 1.498，同样可以满足施工期边坡稳定性要求；但是如果预应力锚索和 3 层抗剪洞分别失效，安全系数将分别减小到 1.342 和 1.306。如果预应力锚索和 3 层抗剪洞均失效或对开挖边坡没有及时采取任何加固措施，安全系数急剧降至 1.186。此时加上开挖扰动、强卸荷、地震和降雨等因素的影响，边坡可能难以满足稳定性条件要求。由《水电水利工程边坡设计规范》（DLT 5353－2006）[3]可知Ⅰ级边坡持久工况设计安全系数为 1.25～1.3，说明对开挖边坡及时采取预应力锚索和深层混凝土抗剪洞进行联合加固可以满足边坡施工期稳定性控制标准。同样证明了 3 层混凝土抗剪洞对边坡稳定性的改善效果比预应力锚索更为明显。此外，为了进一步验证边坡稳定性分析结果的有效性，表 7.5 比较了三种工况下不同方法的边坡稳定性分析结果。由表 7.5 可知，本章计算的天然边坡、对开挖边坡未支护和对开挖边坡及时支护工况下的安全系数与许强等[20]、漆祖芳等[17]、周钟等[18]、刘耀儒等[19]、Huang 等[8]和 Sun 等[21]的计算结果基本吻合，从而进一步证明了有限差分

数值计算模型的有效性。

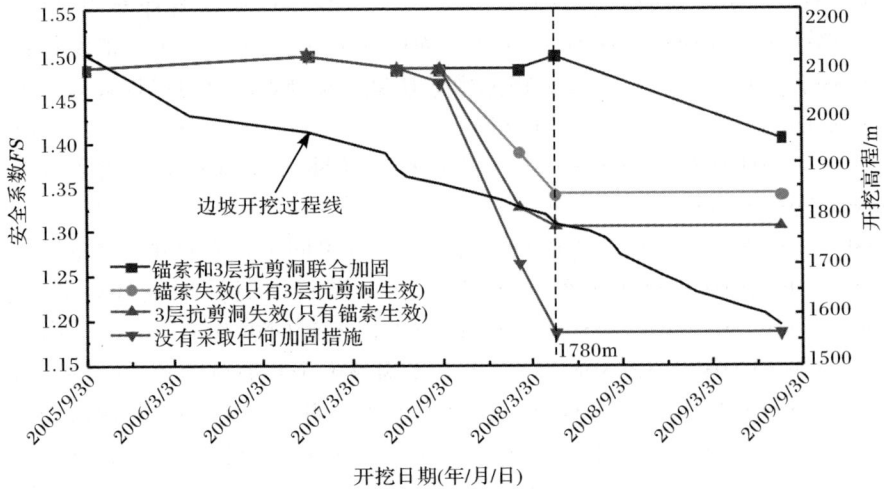

图 7.8　4 种工况下边坡安全系数随时间的变化关系曲线

表 7.5　不同方法得到的安全系数的比较[8,17~21]

计算方法	天然边坡	边坡完全开挖未支护	边坡完全开挖及时支护	来源
强度折减法	1.483	1.186	1.405	本章
强度折减法	1.277	1.152	1.385	许强等[20]
强度折减法	1.45	1.05	1.35	漆祖芳等[17]
极限平衡法	1.202	1.13	—	周钟等[18]
有限元法	1.35	—	1.36	刘耀儒等[19]
块体理论	1.413	—	—	Huang 等[8]
块体理论	1.56	1.104	1.43	Sun 等[21]

　　为了识别边坡潜在失效模式的形式与位置,图 7.9 给出了边坡开挖至 1780m 高程时,有限差分强度折减分析得到的 4 种不同工况下边坡达到极限破坏状态时的 II_1-II_1 剖面剪应变增量云图。根据剖面最大剪应变增量可以大致识别边坡的潜在失效模式,由图 7.9 可知,边坡主要沿着楔形变形体滑裂面发生滑动破坏。当采用预应力锚索和深层混凝土抗剪洞联合加固可以有效地控制边坡塑性区的发展[见图 7.9(b)],从而保证了边坡的稳定性。如果预应力锚索均失效,边坡主要发生浅层失稳破坏[见图 7.9(c)];如果 3 层混凝土抗剪洞均失效,边坡有发生深层失稳破坏的趋势,但是失稳路径被中断[见图 7.9(d)];如果预应力锚索和 3 层混凝土抗剪洞均失效或者开挖边坡没有及时采取任何加固措施,边坡也主要发生浅层失稳破坏[见图 7.9(e)]。综上可见,4 种不同工况下边坡基本上都是沿着

开挖边坡浅层单一失效模式发生滑动破坏。

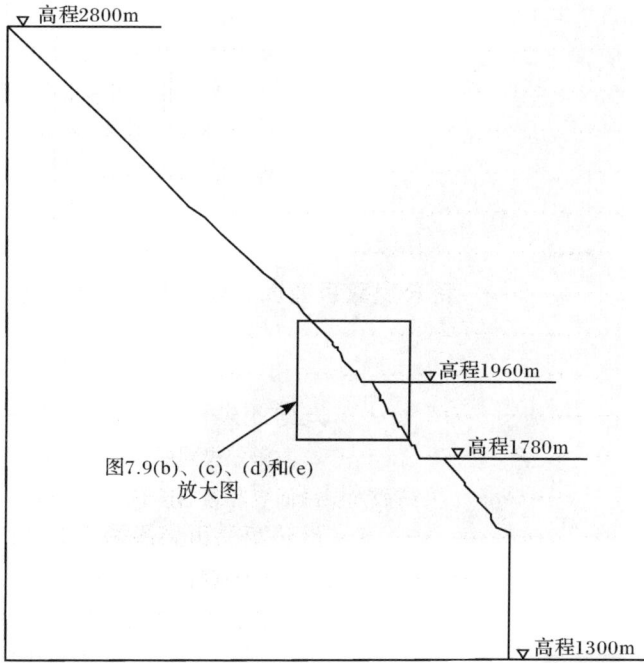

（a）Ⅱ₁—Ⅱ₁剖面示意图

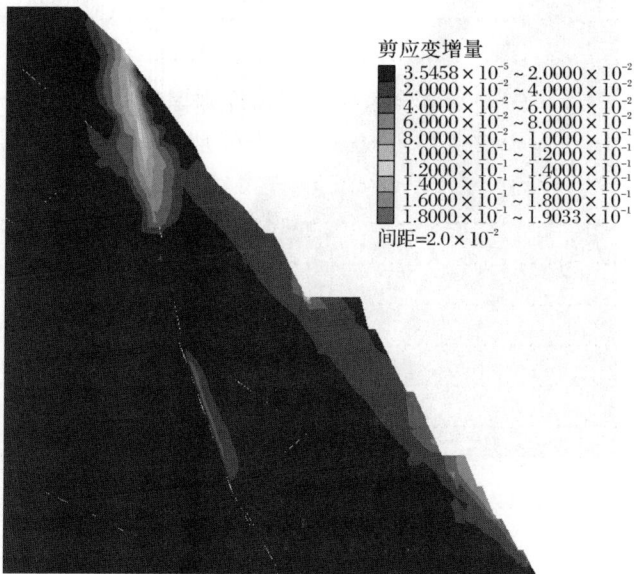

（b）锚索和 3 层抗剪洞联合加固

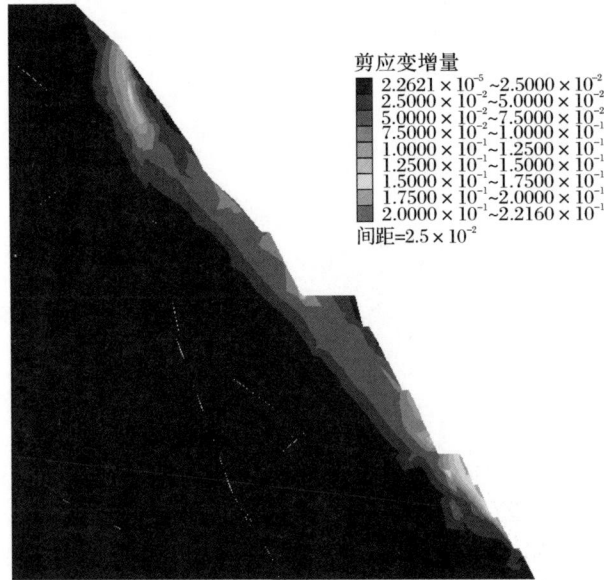

剪应变增量

■ $2.2621 \times 10^{-5} \sim 2.5000 \times 10^{-2}$
　$2.5000 \times 10^{-2} \sim 5.0000 \times 10^{-2}$
　$5.0000 \times 10^{-2} \sim 7.5000 \times 10^{-2}$
　$7.5000 \times 10^{-2} \sim 1.0000 \times 10^{-1}$
　$1.0000 \times 10^{-1} \sim 1.2500 \times 10^{-1}$
　$1.2500 \times 10^{-1} \sim 1.5000 \times 10^{-1}$
　$1.5000 \times 10^{-1} \sim 1.7500 \times 10^{-1}$
　$1.7500 \times 10^{-1} \sim 2.0000 \times 10^{-1}$
■ $2.0000 \times 10^{-1} \sim 2.2160 \times 10^{-1}$

间距$=2.5 \times 10^{-2}$

(c) 锚索失效(只有 3 层抗剪洞)

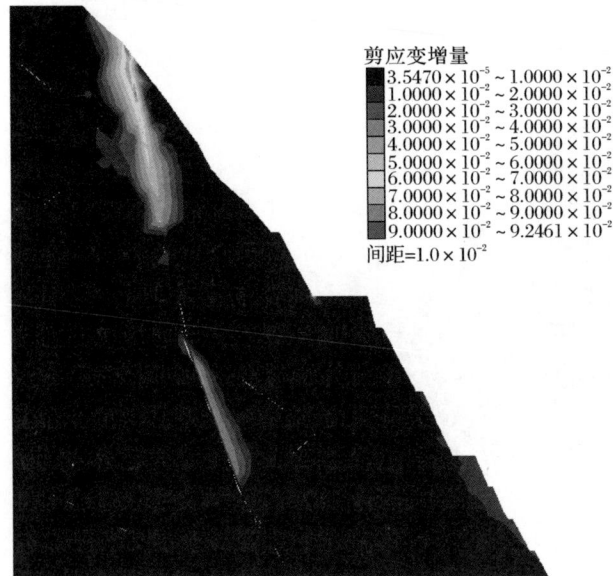

剪应变增量

■ $3.5470 \times 10^{-5} \sim 1.0000 \times 10^{-2}$
　$1.0000 \times 10^{-2} \sim 2.0000 \times 10^{-2}$
　$2.0000 \times 10^{-2} \sim 3.0000 \times 10^{-2}$
　$3.0000 \times 10^{-2} \sim 4.0000 \times 10^{-2}$
　$4.0000 \times 10^{-2} \sim 5.0000 \times 10^{-2}$
　$5.0000 \times 10^{-2} \sim 6.0000 \times 10^{-2}$
　$6.0000 \times 10^{-2} \sim 7.0000 \times 10^{-2}$
　$7.0000 \times 10^{-2} \sim 8.0000 \times 10^{-2}$
　$8.0000 \times 10^{-2} \sim 9.0000 \times 10^{-2}$
■ $9.0000 \times 10^{-2} \sim 9.2461 \times 10^{-2}$

间距$=1.0 \times 10^{-2}$

(d) 3 层抗剪洞失效(只有锚索)

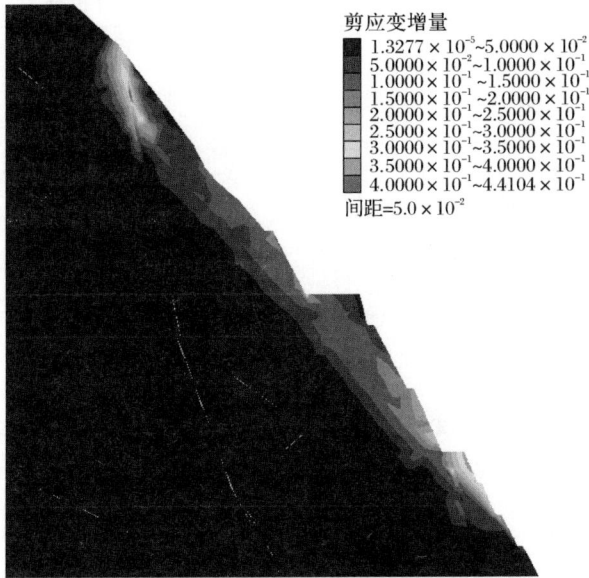

（e）锚索和3层抗剪洞均失效

图7.9　边坡开挖至1780高程时Ⅱ₁—Ⅱ₁剖面剪应变增量云图

7.3.2　参数敏感性分析

以锦屏一级水电站左岸坝肩边坡为例,重点探讨岩体及其结构面力学参数不确定性对复杂三维高边坡稳定可靠度的影响。再综合上述边坡变形与稳定性分析结果,以期更全面客观地评价边坡安全性。岩体及其结构面抗剪强度参数(黏聚力和内摩擦角)对边坡稳定性的影响程度通常大于刚度参数(弹性模量和泊松比)。根据变形拉裂体滑裂面的构成及其所处的位置关系,初步将表7.6中6种材料的黏聚力和内摩擦角视为随机变量[22],其统计特征如表7.6所示。由于缺少大量的岩体及其结构面抗剪强度参数现场试验数据[23,24],并且抗剪强度参数不能取为负值,本章同样假设所有随机变量均服从对数正态分布,随机变量变异系数根据已有参考文献[22,23,25]选取。通常情况下,为了获得岩体力学参数的真实概率分布模型及其统计特征(如均值和变异系数等),需首先通过现场或者室内试验等途径获得岩体及其结构面力学参数的试验数据样本。然后,对于较大样本及大样本(样本量大于30),采用经典理论分布直接拟合得到岩体及其结构面力学参数概率分布,再通过 K-S 检验法或 χ^2 检验法等进行优良性拟合检验;对于现场有限小样本(样本量小于30),通常采用经典曲线拟合法、有限比较法和贝叶斯估计法等推断岩体及其结构面力学参数的概率分布和统计特征。

表 7.6　岩体及结构面抗剪强度参数的统计特征

材料	参数	均值	变异系数	标准差	分布类型
断层 $f_{42\text{-}9}$	c_1/MPa	0.02	0.3	0.006	对数正态
	$\varphi_1/(°)$	16.7	0.2	3.34	对数正态
煌斑岩脉 X 1680m 高程以上	c_2/MPa	0.02	0.25	0.005	对数正态
	$\varphi_2/(°)$	16.7	0.15	2.505	对数正态
深部裂隙 $SL_{44\text{-}1}$	c_3/MPa	0.1	0.22	0.022	对数正态
	$\varphi_3/(°)$	24.228	0.14	3.392	对数正态
倾倒变形区砂板岩	c_4/MPa	0.4	0.2	0.08	对数正态
	$\varphi_4/(°)$	30.96	0.12	3.7152	对数正态
强卸荷砂板岩 强卸荷大理岩	c_5/MPa	0.6	0.18	0.108	对数正态
	$\varphi_5/(°)$	35	0.10	3.5	对数正态
弱卸荷砂板岩 弱卸荷大理岩	c_6/MPa	0.9	0.15	0.135	对数正态
	$\varphi_6/(°)$	45.57	0.08	3.6156	对数正态

　　众所周知,基于有限差分强度折减法的三维边坡稳定性分析计算量较大,如对于图 7.5 所示边坡模拟了 3745 根预应力锚索和 3 层混凝土抗剪洞加固,在配置内存为 4GB,CPU 为 Intel Core i3 和主频为 3.3GHz 的台式计算机上每进行一次边坡稳定性分析大约需要 30 多个小时。为了提高复杂三维高边坡稳定可靠度计算效率,首先通过参数敏感性分析有针对性地减少边坡可靠度分析中随机变量的数目,即边坡可靠度分析中只需将对边坡稳定性有较明显影响的输入参数,将敏感性程度较小的参数视为常量,从而有效地提高边坡可靠度计算效率。本章参数敏感性分析步骤主要如下:

　　(1) 在第 i 个输入参数均值附近分别选择其均值加减 2 倍标准差的参数值 $\mu_i + 2\sigma_i$ 和 $\mu_i - 2\sigma_i$,其余参数等于各自均值,这样 12 个随机变量可获得 24 组参数值。

　　(2) 将这 24 组参数值和均值分别作为三维边坡稳定性有限差分计算模型的输入参数,采用有限差分强度折减法计算边坡安全系数。

　　(3) 提取基于第 i 个输入参数均值 μ_i、$\mu_i + 2\sigma_i$ 和 $\mu_i - 2\sigma_i$ 计算的边坡安全系数,分别记为 $FS(\mu_i)$、$FS(\mu_i + 2\sigma_i)$ 和 $FS(\mu_i - 2\sigma_i)$。

　　(4) 计算第 i 个输入参数的相对敏感性指标 $\alpha(X_i)$ [26]:

$$\alpha(X_i) = \frac{\eta_{SR,i}}{\sum_{i=1}^{N} \eta_{SR,i}} \tag{7.1}$$

$$\eta_{SR,i} = \left| \frac{\dfrac{FS(\mu_i + 2\sigma_i) - FS(\mu_i - 2\sigma_i)}{FS(\mu_i)}}{\dfrac{(\mu_i + 2\sigma_i) - (\mu_i - 2\sigma_i)}{\mu_i}} \right| \tag{7.2}$$

式中：$\eta_{SR,i}$ 为第 i 个输入参数的敏感率，$i = 1, 2, \cdots, N$，N 为随机变量数目；$FS(\mu_i + 2\sigma_i)$ 和 $FS(\mu_i - 2\sigma_i)$ 分别为基于第 i 输入参数均值加减两倍标准差得到的安全系数。

　　综上可知，整个参数敏感性分析过程总共只需进行 $2N+1$ 次确定性边坡稳定性有限差分分析。某输入参数的相对敏感性指标 α 值越大，则表示该参数对边坡稳定性的影响程度越大。

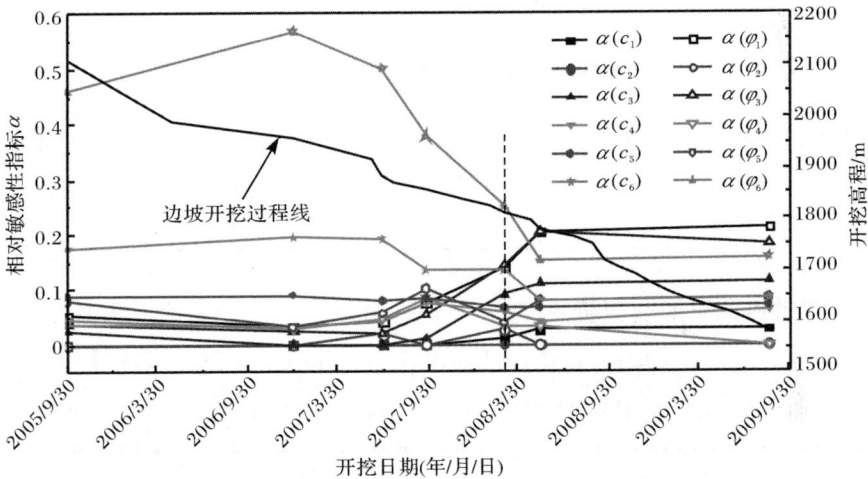

图 7.10　输入参数相对敏感指标随开挖过程的变化关系曲线

　　4 种不同工况下的参数敏感性分析结果基本相同，图 7.10 给出了预应力锚索和 3 层混凝土抗剪洞均失效工况下的参数敏感性分析结果。由图 7.10 可知，当边坡在 1855m 高程以上开挖，Ⅲ$_2$ 类岩体（包括弱卸荷砂板岩和弱卸荷大理岩）的黏聚力 c_6 和内摩擦角 φ_6 的相对敏感性指标最大，然后依次为Ⅳ$_1$ 类岩体（包括强卸荷砂板岩和强卸荷大理岩）的黏聚力 c_5 和内摩擦角 φ_5 和Ⅳ$_2$ 类岩体（即倾倒变形区砂板岩）的黏聚力 c_4 和内摩擦角 φ_4。深部裂隙 SL$_{44-1}$ 和断层 f$_{42-9}$ 抗剪强度参数的相对敏感性指标相对较小，1680m 高程以上煌斑岩脉 X 抗剪强度参数的相对敏感性指标很小，表明此时阻滑岩体材料抗剪强度对边坡稳定性起控制作用。相比之下，当边坡在 1810m 高程以下开挖，断层 f$_{42-9}$ 内摩擦角 φ_1 的相对敏感性指标最大，断层 f$_{42-9}$ 黏聚力 c_1、深部裂缝 SL$_{44-1}$ 黏聚力 c_3 和内摩擦角 φ_3 开始变得更为敏感，Ⅲ$_2$ 类岩体（包括弱卸荷砂板岩和弱卸荷大理岩）黏聚力 c_6 和内摩擦角 φ_6 的相对敏感性指标迅速减小，表明随着边坡逐级开挖，阻滑岩体逐步被挖除，断层 f$_{42-9}$ 在

1810m 高程附近边坡开挖面上完全出露,此时变形拉裂体滑裂面抗剪强度对边坡稳定性的影响更为明显。将输入参数相对敏感性指标 $\alpha=0$ 的输入参数作为常量,$\alpha>0$ 的输入参数视作随机变量进行边坡可靠度分析。表 7.7 给出了锚索和 3 层混凝土抗剪洞均失效工况下参数敏感性分析所识别的随机变量。由表 7.7 可知,随机变量的数目有一定程度的减少,如边坡开挖至 1960m 高程所需考虑的随机变量数目由 12 减少到 8,从而提高了下面边坡稳定可靠度分析的计算效率。

表 7.7 预应力锚索和 3 层抗剪洞均失效工况所考虑的随机变量

高程/m	N	c_1	φ_1	c_2	φ_2	c_3	φ_3	c_4	φ_4	c_5	φ_5	c_6	φ_6
天然	9		✓			✓	✓	✓	✓	✓	✓	✓	✓
1960	8		✓				✓	✓	✓	✓	✓	✓	✓
1885	9		✓		✓		✓	✓	✓	✓	✓	✓	✓
1855	9		✓			✓	✓	✓	✓	✓	✓	✓	✓
1810	11	✓	✓		✓	✓	✓	✓	✓	✓	✓	✓	✓
1780	10	✓	✓				✓	✓	✓	✓	✓	✓	✓
1580	9	✓	✓			✓	✓	✓		✓	✓	✓	✓

7.3.3 三维边坡可靠度分析

有限差分强度折减边坡稳定性分析不仅可以考虑边坡变形对稳定性的影响,使得应力分布更加接近真实情况,而且可以满足位移兼容性条件,因此基于有限差分强度折减的边坡稳定性备受国内外学者们的青睐。然而,通过有限差分强度折减法计算的边坡安全系数是输入参数间的非线性隐式函数。相应地,边坡可靠度分析属于功能函数为隐式的边坡可靠度问题范畴,目前对于功能函数的隐式复杂边坡可靠度问题,求解难度一般较大。本书提出的非侵入式随机有限元法无需修改有限元源代码,采用随机多项式展开建立边坡安全系数与输入参数间的近似显式函数关系,通过确定性有限元分析计算边坡输出响应量,有效地实现了确定性有限元分析与概率分析过程的不耦合,常用商业有限元软件与可靠度分析的有机结合,为解决复杂三维边坡可靠度问题提供了一条有效的途径。与非侵入式随机有限元法基本思路类似,本章将基于 FLAC3D 软件的边坡稳定性有限差分强度折减分析与概率分析有机结合,建立了非侵入式随机有限差分法。

由勘探资料可知,锦屏一级水电站左岸坝肩边坡施工期稳定性主要由断层 f_{42-9} 为底滑面、深部裂隙 SL_{44-1} 为上游拉裂面和煌斑岩脉 X 为后缘面所构成的楔形变形拉裂体所控制[8,21,27],该变形拉裂体如图 7.4 所示。此外由图 7.9 可知,开挖边坡基本上都是沿单一失效模式发生浅层滑动破坏。对于单一失效模式边坡可靠度问题,可直接采用普通 2 阶多项式展开建立安全系数与输入参数间的近似显式函数关系[28,29]，进而得到显式表达的功能函数，据此采用直接 MCS 方法计算边坡失效概率。为便于边坡可靠度分析，本章采用普通二阶不含交叉项多项式展开建立安全系数 FS 与输入随机变量 X 间的近似显式函数表达式为

$$FS(\boldsymbol{X}) = \sum_{i=1}^{N_c} \boldsymbol{a}_i \boldsymbol{\Psi}_i(\boldsymbol{X}) = a + \sum_{i=1}^{N} b_i X_i + \sum_{i=1}^{N} c_i X_i^2 \qquad (7.3)$$

式中：$\boldsymbol{X} = (X_1, \cdots, X_i, \cdots, X_N)^T$ 为原始空间随机变量；$\boldsymbol{a} = (a, b_1, \cdots, b_N, c_1, \cdots, c_N)^T$ 为 2 阶多项式展开待定系数；N_c 为待定系数数目，$N_c = 2N + 1$；$\boldsymbol{\Psi}_i(\bullet)$ 为多项式展开。

　　非侵入式随机有限差分法的关键一步也是选取合适的输入参数样本点计算多项式展开系数。与第 4 章一样，采用 $(2N+1)$ 组合样本设计方法[30]选取输入参数样本点 $\mu_i \pm k\sigma_i$，k 为抽样参数，本章抽样参数 k 取为 2.0[28]，此时参数敏感性分析中的边坡稳定性分析结果恰好可用于边坡可靠度计算，进一步提高了计算效率。然后建立线性代数方程组，求解线性代数方程组计算多项式展开系数，得到显式表达的功能函数为

$$G(\boldsymbol{X}) = \frac{FS(\boldsymbol{X})}{K} - 1.0 \qquad (7.4)$$

式中：K 为因边坡开挖扰动作用引起边坡整体降强的折减系数。

　　由于数值模拟中没有有效地模拟施工岩体开挖扰动作用对边坡整体稳定性的影响，然而边坡工程实际中岩体开挖扰动作用通常十分明显，如果边坡可靠度分析中忽略岩体开挖扰动作用，计算结果将偏于危险，使得边坡可靠度评价的实际意义将不是很大。宋胜武等[6]运用变形加固理论[31]指出锦屏一级水电站左岸边坡开挖扰动作用主要集中在拱肩槽及开挖边坡附近区域，式(7.4)中折减系数 K 取为 1.05 与天然边坡整体开挖扰动作用大体相当。对于式(7.4)所示功能函数为显式的边坡可靠度问题，本章采用 100 万次直接 MCS 方法计算边坡失效概率。特别需要说明的是，此时边坡安全系数只需采用式(7.3)所示的显式函数表达式计算，不需要再进行复杂的边坡稳定性有限差分强度折减分析。同样可以获得安全系数统计特征，如 PDF 和 CDF 曲线、前四阶统计矩和安全系数与输入参数间的相关系数。综上，图 7.11 给出了基于 FLAC³ᴰ 软件非侵入式随机有限差分法的计算流程图。需要说明的是，如果边坡存在多个潜在失效模式，本章所提方法同样适用，此时需要采用 2 阶多项式展开分别对边坡每个失效模式建立其安全系数与输入参数间的近似显式函数关系，再进行边坡系统可靠度分析[32]。

　　图 7.12 给出了 2 种工况下锦屏一级左岸坝肩边坡施工期开挖边坡失效概率随时间的变化关系曲线，图中每条曲线上 7 个点也分别表示天然边坡和边坡开挖至 1960m、1885m、1855m、1810m、1780m 和 1580m 高程处的失效概率。由图 7.12 可知，当边坡开挖扰动折减系数 $K = 1.05$ 时，当预应力锚索均失效即只有 3 层混

```
┌─────────────────────────┐        ┌─────────────────────────┐
│  确定性边坡稳定性分析模块  │        │      概率分析模块        │
└─────────────────────────┘        └─────────────────────────┘
```

确定性边坡稳定性分析模块	概率分析模块
在FLAC³D建立有限差分边坡稳定性分析模型，划分网格，设置边界条件和建立开挖体等组件	输入岩体及其结构面力学参数统计特征(均值、变异系数、边缘概率分布和互相关系数)
基于参数均值采用二分法进行折减计算，确定边坡失稳判据，编写有限差分强度折减计算程序	按参数均值加减两倍标准差进行参数敏感性分析，确定对边坡稳定影响最为敏感的输入参数
将每个开挖步和相应加固措施作用下有限差分强度折减程序分别存为名为*.dat的FISH计算源文件	采用(2N+1)组合样本设计方法生成输入参数样本点，样本数目为$N_c=2N+1$

将每组参数样本值分别代替计算源文件中的对应参数均值，生成新的输入*.dat计算文件

利用FLAC³D软件分别对新生成的计算文件进行边坡稳定性分析，确定边坡失效模式，并从计算结果文件中提取边坡安全系数

否 ◇ 计算次数 = N_c ?

是

采用二阶多项式展开建立边坡安全系数与岩体及其结构面参数**X**间的近似显式函数关系

建立边坡功能函数，采用直接MCS方法计算开挖边坡失效概率

估计边坡安全系数的统计特征：
(1)PDF和CDF曲线
(2)统计矩(均值、标准差和变异系数等)
(3)安全系数与输入随机变量间相关系数

结束

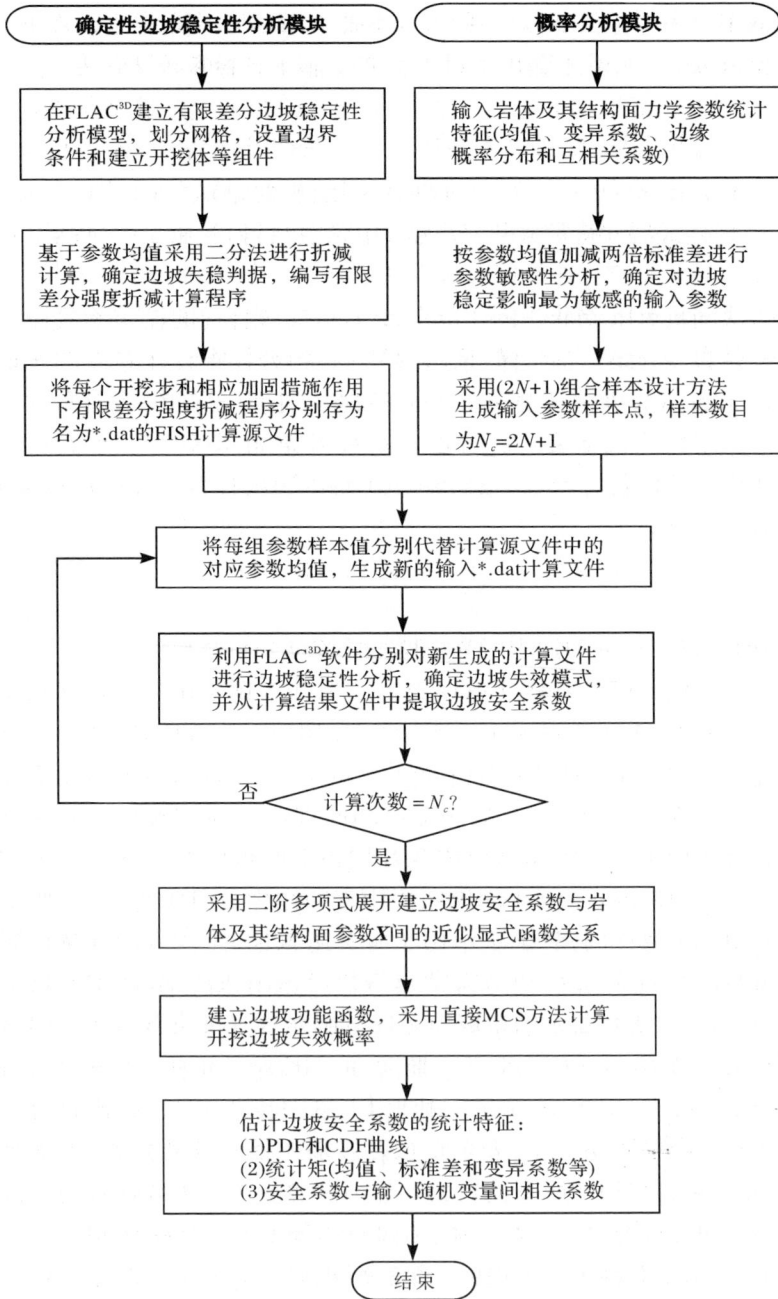

图 7.11 非侵入式随机有限差分法的计算流程图

凝土抗剪洞生效,天然边坡的失效概率为 $5.3×10^{-5}$。当边坡开挖至 1885m 高程时,由于该梯级边坡开挖主要对潜在滑动体起到削坡减载作用,故边坡失效概率减小到 $3.1×10^{-5}$。当边坡开挖至 1780m 高程时,由于 3 层混凝土抗剪洞加固作用充分发挥,边坡失效概率进一步减小到 $1.2×10^{-6}$。表明即使预应力锚索均失效,开挖边坡失效概率也均小于 $1.0×10^{-3}$,根据美国工程师团岩土工程概率分析结果[33]可知,该工况下边坡安全度均处于平均安全水平以上。相比之下,当预应力锚索和 3 层抗剪洞均失效或对开挖边坡没有及时采取任何加固措施,当左岸边坡由 1885m 高程开挖至 1780m 高程时,开挖边坡失效概率由 $3.1×10^{-5}$(1885m高程)急剧增加到 $1.27×10^{-2}$(1780m 高程),增幅高达了 400 倍,进一步说明采用三层深层混凝土抗剪洞加固可以极大地改善边坡稳定性。由图 7.12 还可知,当边坡岩体开挖扰动折减系数 K 由 1.05 增加至 1.1 时,开挖边坡失效概率增大了近一个数量级,表明岩体开挖扰动作用也对边坡稳定可靠度具有重要的影响。因此,在边坡施工开挖过程中需要足够重视岩体开挖扰动作用,需要采取切实有效的开挖、爆破等施工控制措施以保证边坡稳定性。

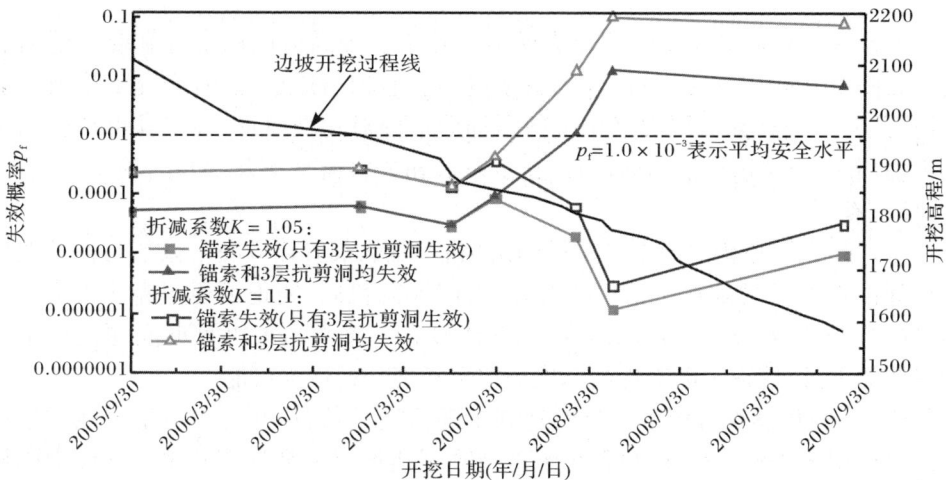

图 7.12　2 种工况下边坡失效概率随开挖过程的变化关系曲线

　　最后为了阐明 3 层混凝土抗剪洞失效引起边坡失效概率的急剧增加的主要原因所在,图 7.13 比较了当边坡开挖至 1780m 高程时 2 种工况下的边坡安全系数 PDF 曲线。由图 7.13 可知,边坡失效概率的急剧增加主要是由于边坡安全系数概率分布均值的减小,而不是由于安全系数变异性的增加。相比于只有预应力锚索失效的工况,在预应力锚索和 3 层抗剪洞均失效的工况下,边坡安全系数均值由 1.346 减小到 1.172,而安全系数变异系数基本不变。

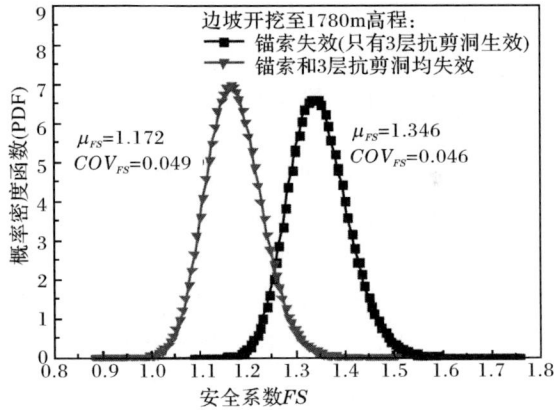

图 7.13　2 种工况下边坡安全系数 PDF 曲线

7.4　本 章 小 结

本章基于有限差分强度折减法提出了复杂三维高边坡稳定可靠度分析的非侵入式随机有限差分法,以锦屏一级水电站左岸坝肩边坡为例,研究了边坡施工开挖、预应力锚索和深层混凝土抗剪洞加固措施对边坡变形、稳定及可靠度的影响机理,并探讨了边坡横河向位移、安全系数和失效概率随开挖时间的变化关系。主要结论如下:

(1) 非侵入式随机有限差分法采用随机多项式展开建立安全系数与输入随机变量间的近似显式函数关系,无需修改有限元源代码,实现了通用商业岩土软件 FLAC^{3D} 与可靠度分析的有机结合,为解决复杂三维高边坡可靠度问题提供了一种有效的工具,使得水电工程高边坡稳定可靠度分析成为可能。

(2) 参数敏感性分析可以有效地减少随机变量数目,并且边坡稳定性结果恰好进一步用于边坡可靠度分析,极大地提高了边坡可靠度计算效率。参数敏感性分析结果表明当边坡在 1810m 高程以上开挖,Ⅲ$_2$ 类岩体(包括弱卸荷砂板岩和弱卸荷大理岩)抗剪强度参数的敏感性程度最大,阻滑岩体材料抗剪强度对边坡稳定性起控制作用。相比之下,当边坡在 1810m 高程以下开挖,断层 f$_{42-9}$ 内摩擦角的敏感性程度最大,断层 f$_{42-9}$ 黏聚力与深部裂缝 SL$_{44-1}$ 抗剪强度参数也开始变得更为敏感,变形拉裂体滑裂面抗剪强度对边坡稳定性起控制作用。

(3) 锦屏一级水电站左岸坝肩边坡中所采用的预应力锚索和深层混凝土抗剪洞联合加固措施可有效地控制边坡变形和保证边坡的稳定性。如果施工期预应力锚索和 3 层混凝土抗剪洞完全失效或者对开挖边坡没有及时采取加固措施,开挖至 1780m 高程时边坡变形和失效概率均急剧增加,边坡稳定性条件恶化。此外,混凝土抗剪洞在控制边坡变形和提高边坡稳定性方面明显优于预应力锚索。边坡施工岩体开挖扰动作用也对边坡稳定可靠度有着重要的影响,如本章为模拟施工扰动作用而引入的降强折减系数由 1.05 增加至 1.1,开挖边坡失效概率增大了近一个数量级。

(4) 缺少足够的岩体及其结构面物理力学参数的现场与室内试验数据是可靠度理论应用于高边坡稳定性分析所遇到的一个瓶颈问题。本章主要参考类似工程和已有文献确定岩体及其结构面抗剪强度参数的统计特征,为了进一步提高实际工程边坡可靠度分析的准确性与真实性,需要通过现场试验和统计推断、经验和工程判断等相结合的方法深入研究岩体及其结构面物理力学参数的统计特征,并通过加强原型观测进行参数反分析以验证所选用物理力学参数的合理性等。

参 考 文 献

[1] 宋胜武,冯学敏,向柏宇,等. 西南水电高陡岩石边坡工程关键技术研究[J]. 岩石力学与工程学报,2011,30(1):1—22.

[2] 周创兵. 水电工程高陡边坡全生命周期安全控制研究综述[J]. 岩石力学与工程学报,2013,32(6):1081—1093.

[3] 中华人民共和国行业标准编写组. 水电水利工程边坡设计规范(DLT 5353—2006)[S]. 北京:中国电力出版社,2007.

[4] 中华人民共和国行业标准编写组. 水利水电工程边坡设计规范(SL 386—2007)[S]. 北京:中国水利水电出版社,2007.

[5] 宋胜武,巩满福,雷承第. 峡谷地区水电工程高边坡的稳定性研究[J]. 岩石力学与工程学报,2006,25(2):226—234.

[6] 宋胜武,向柏宇,杨静熙,等. 锦屏一级水电站复杂地质条件下坝肩高陡边坡稳定性分析及其加固设计[J]. 岩石力学与工程学报,2010,29(3):442—458.

[7] 向柏宇,姜清辉,周钟,等. 深埋混凝土抗剪结构加固设计方法及其在大型边坡工程治理中的应用[J]. 岩石力学与工程学报,2012,31(2):289—302.

[8] Huang R Q,Lin F,Yan M. Deformation mechanism and stability evaluation for the left abutment slope of Jinping I hydropower station[J]. Bulletin of Engineering Geology and the Environment,2010,69(3):365—372.

[9] Li D Q,Jiang S H,Cao Z J,et al. Efficient 3-D reliability analysis of the 530m high abutment slope at Jinping I Hydropower Station during construction[J]. Engineering Geology,2015,195:269—281.

[10] ITASCA Consulting Group,Inc. FLAC³ᴰ — fast Lagrangian analysis of continua in 3 dimensions[R]. Minneapolis,MN:Itasca Consulting Group,Inc. ,2002.

[11] 国家电力公司成都勘测设计研究院. 雅砻江锦屏一级水电站可行性研究报告(3):工程地

质[R]. 成都:国家电力公司成都勘测设计研究院,2003.

[12] 李宁,张鹏,于冲,等. 锦屏左岸拱肩槽边坡稳定性及预应力锚索加固措施研究[J]. 岩石力学与工程学报,2007,26(1):36—43.

[13] 李宁,张鹏,于冲. 边坡预应力锚索加固的数值模拟方法研究[J]. 岩石力学与工程学报,2007,26(2):254—261.

[14] 徐前卫,尤春安,朱合华. 预应力锚索的三维数值模拟及其锚固机制分析[J]. 地下空间与工程学报,2005,1(2):214—218.

[15] Zheng W, Zhuang X, Cai Y. On the seismic stability analysis of reinforced rock slope and optimization of prestressed cables[J]. Frontiers of Structural and Civil Engineering,2012,6(2):132—146.

[16] 黄志鹏,董燕军,廖年春,等. 锦屏一级水电站左岸开挖高边坡变形监测分析[J]. 岩土力学,2012,33(增2):235—242.

[17] 漆祖芳,姜清辉,唐志丹,等. 锦屏一级水电站左岸坝肩边坡施工期稳定分析[J]. 岩土力学,2012,33(2):531—538.

[18] 周钟,巩满福,雷承第. 锦屏一级水电站左坝肩边坡稳定性研究[J]. 岩石力学与工程学报,2006,25(11):2298—2304.

[19] 刘耀儒,杨强,薛利军,等. 基于三维非线性有限元的边坡稳定分析方法[J]. 岩土力学,2007,28(9):1894—1898.

[20] 许强,张登项,郑光. 锦屏Ⅰ级水电站左岸坝肩边坡施工期破坏模式及稳定性分析[J]. 岩石力学与工程学报,2009,28(6):1183—1192.

[21] Sun G, Zheng H, Huang Y. Stability analysis of statically indeterminate blocks in key block theory and application to rock slope in Jinping-I Hydropower Station[J]. Engineering Geology,2015,186:57—67.

[22] Tang X S, Li D Q, Chen Y F, et al. Improved knowledge-based clustered partitioning approach and its application to slope reliability analysis[J]. Computers and Geotechnics,2012,45:34—43.

[23] Tang X S, Li D Q, Rong G, et al. Impact of copula selection on geotechnical reliability under incomplete probability information[J]. Computers and Geotechnics,2013,49:264—278.

[24] 汪小刚,董育坚. 岩基抗剪强度参数[M]. 北京:中国水利水电出版社,2010.

[25] 李典庆,唐小松,周创兵. 含相关非正态变量边坡可靠度分析的认知聚类分区方法[J]. 岩土工程学报,2011,33(6):875—882.

[26] Shen H, Abbas S M. Rock slope reliability analysis based on distinct element method and random set theory[J]. International Journal of Rock Mechanics and Mining Sciences,2013,61:15—22.

[27] Zhou C B, Chen Y F, Jiang Q H, et al. A generalized multi-field coupling approach and its application to stability and deformation control of a high slope[J]. Journal of Rock Mechanics and Geotechnical Engineering,2011,3(3):193—206.

[28] Xu B, Low B K. Probabilistic stability analyses of embankments based on finite-element

method[J]. Journal of Geotechnical and Geoenvironmental Engineering (ASCE),2006, 132(11):1444－1454.

[29] Zhang L L,Zhang J,Zhang L M,et al. Back analysis of slope failure with Markov chain Monte Carlo simulation[J]. Computers and Geotechnics,2010,37(7):905－912.

[30] Bucher C G,Bourgund U. A fast and efficient response surface approach for structural reliability problems [J]. Structural Safety,1990,7(1):57－66.

[31] 刘耀儒,王传奇,杨强. 基于变形加固理论的结构稳定和加固分析[J]. 岩石力学与工程学报,2008,27(S2):1121－1 136.

[32] Zhang J,Zhang L M,Tang W H. New methods for system reliability analysis of soil slopes [J]. Canadian Geotechnical Journal,2011,48(7):1138－1148.

[33] U S Army Corps of Engineers. Engineering and design:Introduction to probability and reliability methods for use in geotechnical engineering[R]. Department of the Army,Washington,D. C. Engineer Technical Letter,1110-2-547,1997.

第 8 章　结论与展望

8.1　主　要　结　论

本书以边坡为主要研究对象，以探讨岩土体参数空间变异性和锚固体系性能退化对边坡稳定性的影响为研究目标，以边坡变形与稳定可靠度分析为主线，紧密围绕考虑土体参数空间变异性的边坡可靠度、考虑时效特性的边坡时变可靠度以及复杂三维高边坡可靠度等科学问题开展研究，提出了边坡可靠度分析的非侵入式随机有限元法；发展了各向异性相关非高斯参数随机场模拟方法，提出了考虑自相关函数影响高效参数敏感性分析的多重二阶响应面法、考虑参数空间变异性边坡系统可靠度分析的多重随机响应面法，揭示了岩土工程中常用的 5 种表征土体参数空间自相关性的自相关函数对边坡可靠度的影响规律；建立了锚杆钢筋腐蚀率模型，揭示了腐蚀条件下锚固边坡系统可靠度与变形可靠度的演化规律；在此基础上研究了锦屏一级水电站左岸坝肩三维边坡可靠度问题。研究成果丰富了水利水电岩土工程可靠度理论。主要研究工作和结论如下：

（1）本书首先阐述了边坡可靠度非侵入式随机分析的研究背景及意义，重点综述了考虑岩土体参数空间变异性和锚固体系性能退化的边坡可靠度分析、边坡可靠度分析的响应面法、随机响应面法以及非侵入式随机分析方法的研究现状，指出了目前研究存在的问题与不足，凝练了本书需要解决的几个关键科学问题。

（2）提出了解决含相关非正态变量和非高斯随机场的边坡可靠度非侵入式随机分析方法，发展了各向异性相关非高斯随机场模拟的 K-L 级数展开方法和改进乔列斯基分解技术；提出了解决含相关非正态变量可靠度分析的随机响应面法，建立了 14 种经典概率分布变量与标准正态变量之间的映射关系式；建立了 4～6 阶高维 Hermite 随机多项式展开解析表达式，发展了基于线性无关原则概率配点法和拉丁超立方抽样配点法的随机多项式展开方法，推导了输出响应量统计矩和输入参数随机变量和随机场的 Sobol 指标计算表达式。实现了复杂边坡确定性有限元分析与可靠度分析一体化，丰富了边坡非侵入可靠度分析理论。

（3）提出了考虑参数空间变异性边坡可靠度分析的非侵入式随机有限元法，分别从前处理、概率分析、有限元分析和后处理 4 个分析模块和 8 个计算步骤详细介绍了非侵入式随机有限元法的计算流程。采用 MATLAB 语言编写了基于 ABAQUS 和 GEOSTUDIO 软件的边坡稳定性有限元批处理程序，研究了考虑多参数空间变异性的饱和、非饱和土坡可靠度问题。该方法无需修改有限元源代码,有机结合了 Hermite 随机多项式展开和 K-L 级数展开方法,实现了边坡有限元分析与可靠度分析一体化,计算效率远远高于直接蒙特卡罗模拟方法,有效地解决了考虑参数空间变异性的低失效概率水平($10^{-6} \sim 10^{-3}$ 量级)边坡可靠度问题。考虑不排水抗剪强度参数空间变异性边坡可靠度分析存在一个临界不排水抗剪强度变异系数。当不排水抗剪强度参数变异系数大于临界变异系数时,忽略土体参数空间变异性将会低估边坡失效概率,反之亦然。当边坡安全系数小于1.0时,边坡失效概率不总是随着变异系数的增加而增大。土体渗透系数空间变异性和坡面降雨强度对边坡地下水位和最危险滑动面位置均有明显的影响,抗剪强度参数空间变异性对非饱和土坡稳定可靠度的影响明显大于渗透系数空间变异性的影响。

(4)系统地统计了土体抗剪强度参数波动范围、自相关距离、变异系数和互相关系数的取值范围,为定量地表征土体参数空间变异性提供了一定的参考依据。提出了考虑自相关函数影响高效参数敏感性分析的多重二阶响应面法,研究了考虑参数空间变异性含软弱夹层的非均质边坡可靠度问题。该方法具有较高的参数敏感性分析计算效率,在参数敏感性分析过程中无需再通过边坡稳定性分析重新校正多重二阶响应面,为研究土体参数统计特征如自相关函数对边坡可靠度的影响提供了技术支持。阐明了常用的 5 种表征土体参数空间自相关性的自相关函数对边坡可靠度影响规律:由指数型自相关函数计算的边坡失效概率偏小,由高斯型、二阶自回归型、指数余弦型和三角型自相关函数得到的边坡失效概率差别较小。基于常用的指数型自相关函数可能会明显高估边坡可靠度水平,导致偏危险的设计方案。不同自相关函数计算的边坡失效概率差别与抗剪强度参数的波动范围、变异系数和互相关系数大小有关。总体来说,自相关函数对非均质多层土坡可靠度的影响程度大于均质边坡。

(5)提出了考虑参数空间变异性边坡系统可靠度分析的多重随机响应面法,建立了一种新的考虑参数空间变异性的边坡代表性滑动面识别方法,研究了考虑土体参数空间变异性的多层土坡系统可靠度问题,探讨了基于边坡有限元分析的单重响应面法分析考虑参数空间变异性边坡系统可靠度问题的有效性。多重随机响应面法中代表性滑动面的确定和多重随机响应面的构建与确定性边坡稳定性分析过程同时进行,极大地提高了计算效率,较好地解决了考虑参数空间变异性边坡系统可靠度分析的难题。建立的边坡代表性滑动面识别方法不需计算不同潜在滑动面之间的相关性,有效降低了识别代表性滑动面的难度。此外,从系统的角度阐明了参数空间变异性、变异性和参数间互相关性对边坡系统可靠度的影响规律。单一代表性滑动面失效概率对边坡系统失效概率的影响权重大于代表性滑动面数目,参数变异性和参数间互相关性对边坡代表性滑动面数目、单一滑动面失效概率和边坡系统失效概率的影响规律基本一致。基于边坡有限元分析的单重响应面法不能有效地解决考虑参数空间变异性的边坡系统可靠度问题，建议边坡可靠度分析尽量在边坡失效模式层次上建立安全系数代理模型。

（6）鉴于锚杆钢筋腐蚀作用与预应力钢筋混凝土结构钢筋腐蚀作用间的相似性，建立了考虑均匀腐蚀作用的锚杆腐蚀率模型，并基于锚杆腐蚀试验数据验证了该模型的有效性和适用性，进而建立了锚杆腐蚀条件下锚杆自由段屈服抗力和锚固段锚杆与注浆体界面黏结抗力时变模型，确定了相应的锚固边坡失效模式，揭示了锚杆腐蚀条件下锚固边坡系统可靠度的变化规律。建议了一种有效的边坡最大允许变形量取值方法，初步揭示了边坡变形可靠度的演化规律。边坡服役前期锚杆腐蚀作用对锚杆锚固力和边坡失效概率的影响较小，后期影响较为明显。考虑时效特性的边坡变形失效概率常用对数 $\log p_f$ 与边坡最大允许变形量间存在近似的线性关系，而且随着边坡失效概率的减小，该线性关系表现得越明显。研究成果为确定边坡最大允许变形量和基于可靠度理论进行边坡工程设计提供了理论依据。

（7）提出了复杂水电工程高边坡可靠度分析的非侵入式随机有限差分法。以锦屏一级水电站左岸坝肩边坡为例，研究了边坡施工开挖、预应力锚索和深层混凝土抗剪洞加固措施对边坡变形、稳定及可靠度的影响机理。该方法为解决复杂三维高边坡可靠度问题提供了一种有效的工具。参数敏感性分析中边坡稳定性分析结果可以直接用于边坡可靠度分析，进一步提高了边坡可靠度计算效率。参数敏感性分析结果表明边坡在 1810m 高程以上开挖时，阻滑岩体材料抗剪强度对边坡稳定性起控制作用。边坡在 1810m 高程以下开挖时，变形拉裂体滑裂面抗剪强度对边坡稳定性起控制作用。锦屏一级水电站左岸坝肩边坡采用预应力锚索和深层混凝土抗剪洞所组成的多层次立体加固体系可以有效地控制边坡变形和保证边坡稳定性，混凝土抗剪洞在控制边坡变形和提高边坡稳定性方面明显优于预应力锚索。此外，边坡施工岩体开挖扰动作用也对边坡可靠度有着重要的影响。

8.2　研 究 展 望

本书紧密围绕水电工程边坡失稳与滑坡防治，在考虑岩土体参数空间变异性和锚固体系性能退化对边坡变形与稳定可靠度的影响方面开展了研究工作。尽管取得了一定的初步研究成果，但是鉴于岩土体参数不确定性、边坡岩体及其结构面结构和锚固体系性能退化机理的复杂性，由于时间所限，本书尚有许多问题需要进一步深入研究。

（1）首先，有限元单元和随机场单元尺寸直接影响边坡可靠度分析的计算精度和效率。本书为简化计算,假定有限元单元与随机场单元尺寸相同,同时参数敏感性分析中没有根据波动范围变化重新确定随机场单元尺寸。因此,需要进一步深入研究有限元单元与随机场单元尺寸选取问题及其与波动范围的关系。此外,本书以单元中心点处随机场特性值表示整个单元随机场特性值所引起的局部平均效应也有待进一步探讨。

(2) 本书多重二阶响应面法基于改进乔列斯基分解技术模拟各向异性相关非高斯参数随机场,其中每个随机场单元对考虑参数空间变异性边坡可靠度分析均具有一定的影响。如果随机场单元网格离散较为密集或者很不规则,参数随机场需离散为大量的随机变量,这不仅会增大自相关矩阵维度,加大自相关矩阵分解的难度和增加边坡稳定性分析的计算量,而且还可能产生数值舍入误差等。此外,当考虑边坡地层特征、几何参数及边界条件不确定性时该方法计算量也会急剧增加,这些不足之处需要改进。

(3) 本书主要借鉴预应力钢筋混凝土结构钢筋腐蚀率模型作为锚杆腐蚀率模型,尽管基于已有锚杆腐蚀试验数据验证了该模型某一特定条件下的适用性,然而对于其他环境条件的适用性还有待进一步验证。锚杆(索)腐蚀机理一般较为复杂,不仅与外部环境如当地水文地质条件、地下水中侵蚀性物质等有关,而且与人为因素如施工钻孔、注浆和选用的砂浆中水泥骨料类型等有较大关系。本书为简化计算,没有考虑锚杆应力腐蚀作用,因此对锚杆(索)应力腐蚀机理也需要进一步研究。

(4) 与边坡稳定可靠度分析相比,目前对边坡变形可靠度研究的相对较少,主要原因在于坡体不同部位的变形不一致,边坡最大允许变形量也因所研究的问题而异,导致边坡变形失效极限状态难以确定。尽管本书尝试性地基于某些关键代表点最大位移建立边坡变形失效极限状态方程。从严格意义上来讲,相当于仅研究了边坡局部变形可靠度问题,因为边坡某些关键部位的变形不能充分反映边坡的整体安全性能。因此,需要从边坡系统和概率反分析的角度深入研究边坡变形可靠度问题。

(5) 缺少足够的岩体及其结构面物理力学参数的现场与室内试验数据是可靠度理论应用于高边坡稳定性分析所遇到的一个重要瓶颈问题。本书主要参考类似工程和已有文献确定岩土体抗剪强度参数统计特征,为了进一步提高实际工程边坡可靠度分析的准确性与真实性,需要通过现场试验和统计推断、经验和工程判断等相结合的方法深入研究岩体及其结构面物理力学参数统计特征,并加强原型观测进行参数反分析以验证所选的物理力学参数的合理性等。

附表 A　随机变量 X 和标准正态随机变量 Y 的映射关系

分布类型	概率密度函数 $f(X)$	转换关系式 $X=F_X^{-1}(\Phi(Y))$	参数 q 和 r 与 μ_X 和 σ_X 的转换关系
均匀分布	$f(X)=\dfrac{1}{q-r}$	$X=\Phi(Y)(q-r)+q$	$\begin{cases}q=\mu_X+\sqrt{3}\sigma_X\\ r=\mu_X-\sqrt{3}\sigma_X\end{cases}$
正态分布	$f(X)=\dfrac{1}{\sqrt{2\pi}r}\exp\left[-\dfrac{1}{2}\left(\dfrac{X-q}{r}\right)^2\right]$	$X=q+rY$	$\begin{cases}q=\mu_X\\ r=\sigma_X\end{cases}$
对数正态分布	$f(X)=\dfrac{1}{\sqrt{2\pi}Xr}\exp\left[-\dfrac{1}{2}\left(\dfrac{\ln X-q}{r}\right)^2\right]$	$X=\exp(q+rY)$	$\begin{cases}q=\ln\mu_X-\dfrac{r^2}{2}\\ r=\sqrt{\ln\left[1+\left(\dfrac{\sigma_X}{\mu_X}\right)^2\right]}\end{cases}$
χ^2分布	$f(X)=\dfrac{1}{2^{\frac{q}{2}}\Gamma\left(\frac{q}{2}\right)}X^{\frac{q}{2}-1}\exp\left(-\dfrac{X}{2}\right)$	$X=q\left(Y\sqrt{\dfrac{2}{9q}}+1-\dfrac{2}{9q}\right)^3$	$q=\mu_X$
指数分布	$f(X)=q\exp\left[-q(X-X_0)\right]$	$X=X_0-\dfrac{\ln(1-\Phi(Y))}{q}$	$\begin{cases}X_0=\mu_X-\sigma_X\\ q=\dfrac{1}{\mu_X-X_0}\end{cases}$
Gamma 分布	$f(X)=\dfrac{X^{q-1}}{r^q\Gamma(q)}\exp\left(-\dfrac{X}{r}\right)$	$X=qr\left(Y\sqrt{\dfrac{1}{9q}}+1-\dfrac{1}{9q}\right)^3$	$\begin{cases}q=\left(\dfrac{\mu_X}{\sigma_X}\right)^2\\ r=\dfrac{\sigma_X^2}{\mu_X}\end{cases}$

续表

分布类型	概率密度函数 $f(X)$	转换关系式 $X=F_X^{-1}(\Phi(Y))$	参数 q 和 r 与 μ_X 和 σ_X 的转换关系
Rayleigh 分布	$f(X)=\dfrac{X-X_0}{q^2}\exp\left[-\dfrac{1}{2}\left(\dfrac{X-X_0}{q}\right)^2\right]$	$X=X_0+q\sqrt{-2\ln(1-\Phi(Y))}$	$\begin{cases} X_0=\mu_X-q\sqrt{\dfrac{\pi}{2}} \\[2mm] q=\dfrac{\sigma_X}{\sqrt{\dfrac{4-\pi}{2}}} \end{cases}$
极值 I 型分布(极大值)	$f(X)=r\exp[-r(X-q)]$ $\cdot\exp\{-\exp[-r(X-q)]\}$	$X=q-\dfrac{\ln[-\ln(\Phi(Y))]}{r}$	$\begin{cases} q=\mu_X-\dfrac{0.5772}{r} \\[2mm] r=\dfrac{\pi}{\sqrt{6}\sigma_X} \end{cases}$
极值 I 型分布(极小值)	$f(X)=r\exp[r(X-q)]$ $\cdot\exp\{-\exp[r(X-q)]\}$	$X=u+\dfrac{\ln[-\ln(1-\Phi(Y))]}{a}$	$\begin{cases} q=\mu_X+\dfrac{0.5772}{r} \\[2mm] r=\dfrac{\pi}{\sqrt{6}\sigma_X} \end{cases}$
Frechet 分布	$f(X)=\dfrac{r(q-X_0)^r}{(X-X_0)^{r+1}}\exp\left[-\left(\dfrac{q-X_0}{X-X_0}\right)^r\right]$	$X=X_0+\dfrac{q-X_0}{[-\ln(\Phi(Y))]^{\frac{1}{r}}}$	$\begin{cases} \mu_X=X_0+(q-X_0)\Gamma\left(1-\dfrac{1}{r}\right) \\[2mm] \sigma_X=(q-X_0)\sqrt{\Gamma\left(1-\dfrac{2}{r}\right)-\Gamma^2\left(1-\dfrac{1}{r}\right)} \end{cases}$
威布尔分布	$f(X)=\dfrac{r(X-X_0)^{r-1}}{(q-X_0)^r}\exp\left[-\left(\dfrac{X-X_0}{q-X_0}\right)^r\right]$	$X=X_0+(q-X_0)[-\ln(1-\Phi(Y))]^{\frac{1}{r}}$	$\begin{cases} \mu_X=X_0+(q-X_0)\Gamma\left(1+\dfrac{1}{r}\right) \\[2mm] \sigma_X=(q-X_0)\sqrt{\Gamma\left(1+\dfrac{2}{r}\right)-\Gamma^2\left(1+\dfrac{1}{r}\right)} \end{cases}$
Beta 分布	$f(X)=\dfrac{1}{B(q,r)}(X-a)^{q-1}(b-X)^{r-1},\ a\le X\le b$ $B(q,r)=\dfrac{\Gamma(q)\Gamma(r)}{\Gamma(q+r)}=\int_0^1 X^{q-1}(1-X)^{r-1}\mathrm{d}X$	$\dfrac{1}{B(q,r)}\displaystyle\int_a^x(t-a)^{q-1}(b-t)^{r-1}\mathrm{d}t=\Phi(Y)$ 该非线性方程没有解析表达式,可采用 牛顿迭代法或二分法求解	$\begin{cases} q=\left[\dfrac{(\mu_X-a)(b-\mu_X)}{\sigma_X^2}-1\right]\dfrac{\mu_X-a}{b-a} \\[3mm] r=\left[\dfrac{(\mu_X-a)(b-\mu_X)}{\sigma_X^2}-1\right]\dfrac{b-\mu_X}{b-a} \end{cases}$
截尾正态 分布	$f(X)=\dfrac{\dfrac{1}{\sqrt{2\pi}r}\exp\left[-\dfrac{1}{2}\left(\dfrac{X-q}{r}\right)^2\right]}{\Phi\left(\dfrac{b-q}{r}\right)-\Phi\left(\dfrac{a-q}{r}\right)}$	$X=q+r\Phi^{-1}\left\{\begin{array}{l}\Phi\left(\dfrac{a-q}{r}\right) \\ +\left[\Phi\left(\dfrac{b-q}{r}\right)-\Phi\left(\dfrac{a-q}{r}\right)\right]\Phi(Y)\end{array}\right\}$	$\begin{cases} q=\mu_X \\ r=\sigma_X \end{cases}$
截尾指数 分布	$f(X)=\dfrac{q\exp(-qX)}{\exp(-qa)-\exp(-qb)}$	$X=-\dfrac{1}{q}\ln\left\{\begin{array}{l}\exp(-qa) \\ -[\exp(-qa)-\exp(-qb)]\Phi(Y)\end{array}\right\}$	$q=\dfrac{1}{\mu_X}$

附表 B　4 阶 Hermite 多项式推导

序号	4 阶 Hermite 多项式

1

$$
\Gamma_4\left(\xi_{i_1}, \xi_{i_1}, \xi_{i_1}, \xi_{i_1}\right) = (-1)^4 e^{\frac{1}{2}\boldsymbol{\xi}^{\mathrm{T}}\boldsymbol{\xi}} \frac{\partial^4}{\partial \xi_{i_1}^4} e^{-\frac{1}{2}\boldsymbol{\xi}^{\mathrm{T}}\boldsymbol{\xi}}
$$

$$
= (-1)^4 e^{\frac{1}{2}\left(\xi_1^2+\xi_2^2+\cdots+\xi_N^2\right)} \frac{\partial^4}{\partial \xi_{i_1}^4} e^{-\frac{1}{2}\left(\xi_1^2+\xi_2^2+\cdots+\xi_N^2\right)}
$$

$$
= e^{\frac{1}{2}\left(\xi_1^2+\xi_2^2+\cdots+\xi_N^2\right)} \frac{\partial^3}{\partial \xi_{i_1}^3}\left[\left(-\xi_{i_1}\right) e^{-\frac{1}{2}\left(\xi_1^2+\xi_2^2+\cdots+\xi_N^2\right)}\right]
$$

$$
= e^{\frac{1}{2}\left(\xi_1^2+\xi_2^2+\cdots+\xi_N^2\right)} \frac{\partial^2}{\partial \xi_{i_1}^2}\left\{\left[\left(-\xi_{i_1}\right)\left(-\xi_{i_1}\right)-1\right] e^{-\frac{1}{2}\left(\xi_1^2+\xi_2^2+\cdots+\xi_N^2\right)}\right\}
$$

$$
= e^{\frac{1}{2}\left(\xi_1^2+\xi_2^2+\cdots+\xi_N^2\right)} \frac{\partial}{\partial \xi_{i_1}}\left\{\left[\left(\xi_{i_1}^2-1\right)\left(-\xi_{i_1}\right)+2\xi_{i_1}\right] e^{-\frac{1}{2}\left(\xi_1^2+\xi_2^2+\cdots+\xi_N^2\right)}\right\}
$$

$$
= e^{\frac{1}{2}\left(\xi_1^2+\xi_2^2+\cdots+\xi_N^2\right)}\left[\left(-\xi_{i_1}^3+3\xi_{i_1}\right)\left(-\xi_{i_1}\right)-3\xi_{i_1}^2+3\right] e^{-\frac{1}{2}\left(\xi_1^2+\xi_2^2+\cdots+\xi_N^2\right)}
$$

$$
= \xi_{i_1}^4 - 6\xi_{i_1}^2 + 3
$$

2

$$
\Gamma_4\left(\xi_{i_1}, \xi_{i_1}, \xi_{i_1}, \xi_{i_2}\right) = (-1)^4 e^{\frac{1}{2}\boldsymbol{\xi}^{\mathrm{T}}\boldsymbol{\xi}} \frac{\partial^4}{\partial \xi_{i_1}^3 \partial \xi_{i_2}} e^{-\frac{1}{2}\boldsymbol{\xi}^{\mathrm{T}}\boldsymbol{\xi}}
$$

$$
= (-1)^4 e^{\frac{1}{2}\left(\xi_1^2+\xi_2^2+\cdots+\xi_N^2\right)} \frac{\partial^4}{\partial \xi_{i_1}^3 \partial \xi_{i_2}} e^{-\frac{1}{2}\left(\xi_1^2+\xi_2^2+\cdots+\xi_N^2\right)}
$$

$$
= e^{\frac{1}{2}\left(\xi_1^2+\xi_2^2+\cdots+\xi_N^2\right)} \frac{\partial^3}{\partial \xi_{i_1}^3}\left[\left(-\xi_{i_2}\right) e^{-\frac{1}{2}\left(\xi_1^2+\xi_2^2+\cdots+\xi_N^2\right)}\right]
$$

$$
= e^{\frac{1}{2}\left(\xi_1^2+\xi_2^2+\cdots+\xi_N^2\right)} \frac{\partial^2}{\partial \xi_{i_1}^2}\left[\left(-\xi_{i_1}\right)\left(-\xi_{i_2}\right) e^{-\frac{1}{2}\left(\xi_1^2+\xi_2^2+\cdots+\xi_N^2\right)}\right]
$$

$$
= e^{\frac{1}{2}\left(\xi_1^2+\xi_2^2+\cdots+\xi_N^2\right)} \frac{\partial}{\partial \xi_{i_1}}\left\{\left[\left(-\xi_{i_1}\right)\left(-\xi_{i_1}\right)\left(-\xi_{i_2}\right)+\xi_{i_2}\right] e^{-\frac{1}{2}\left(\xi_1^2+\xi_2^2+\cdots+\xi_N^2\right)}\right\}
$$

$$
= e^{\frac{1}{2}\left(\xi_1^2+\xi_2^2+\cdots+\xi_N^2\right)}\left[\left(-\xi_{i_1}^2\xi_{i_2}+\xi_{i_2}\right)\left(-\xi_{i_1}\right)+\left(-2\xi_{i_1}\xi_{i_2}\right)\right] e^{-\frac{1}{2}\left(\xi_1^2+\xi_2^2+\cdots+\xi_N^2\right)}
$$

$$
= \xi_{i_1}^3 \xi_{i_2} - 3\xi_{i_1}\xi_{i_2}
$$

序号	4 阶 Hermite 多项式

3

$$\Gamma_4(\xi_{i_1},\xi_{i_2},\xi_{i_2},\xi_{i_2}) = (-1)^4 \mathrm{e}^{\frac{1}{2}\xi^{\mathrm{T}}\xi} \frac{\partial^4}{\partial\xi_{i_1}\partial\xi_{i_2}^3} \mathrm{e}^{-\frac{1}{2}\xi^{\mathrm{T}}\xi}$$

$$= (-1)^4 \mathrm{e}^{\frac{1}{2}(\xi_1^2+\xi_2^2+\cdots+\xi_N^2)} \frac{\partial^4}{\partial\xi_{i_1}\partial\xi_{i_2}^3} \mathrm{e}^{-\frac{1}{2}(\xi_1^2+\xi_2^2+\cdots+\xi_N^2)}$$

$$= \mathrm{e}^{\frac{1}{2}(\xi_1^2+\xi_2^2+\cdots+\xi_N^2)} \frac{\partial^3}{\partial\xi_{i_2}^3} \Big[(-\xi_{i_1}) \mathrm{e}^{-\frac{1}{2}(\xi_1^2+\xi_2^2+\cdots+\xi_N^2)} \Big]$$

$$= \mathrm{e}^{\frac{1}{2}(\xi_1^2+\xi_2^2+\cdots+\xi_N^2)} \frac{\partial^2}{\partial\xi_{i_2}^2} \Big[(-\xi_{i_1})(-\xi_{i_2}) \mathrm{e}^{-\frac{1}{2}(\xi_1^2+\xi_2^2+\cdots+\xi_N^2)} \Big]$$

$$= \mathrm{e}^{\frac{1}{2}(\xi_1^2+\xi_2^2+\cdots+\xi_N^2)} \frac{\partial}{\partial\xi_{i_2}} \Big\{ \big[(-\xi_{i_1})(-\xi_{i_2})(-\xi_{i_2}) + \xi_{i_1} \big] \mathrm{e}^{-\frac{1}{2}(\xi_1^2+\xi_2^2+\cdots+\xi_N^2)} \Big\}$$

$$= \mathrm{e}^{\frac{1}{2}(\xi_1^2+\xi_2^2+\cdots+\xi_N^2)} \Big[(-\xi_{i_1}\xi_{i_2}^2+\xi_{i_1})(-\xi_{i_2}) + (-2\xi_{i_1}\xi_{i_2}) \Big] \mathrm{e}^{-\frac{1}{2}(\xi_1^2+\xi_2^2+\cdots+\xi_N^2)}$$

$$= \xi_{i_1}\xi_{i_2}^3 - 3\xi_{i_1}\xi_{i_2}$$

4

$$\Gamma_4(\xi_{i_1},\xi_{i_1},\xi_{i_2},\xi_{i_2}) = (-1)^4 \mathrm{e}^{\frac{1}{2}\xi^{\mathrm{T}}\xi} \frac{\partial^4}{\partial\xi_{i_1}^2\partial\xi_{i_2}^2} \mathrm{e}^{-\frac{1}{2}\xi^{\mathrm{T}}\xi}$$

$$= (-1)^4 \mathrm{e}^{\frac{1}{2}(\xi_1^2+\xi_2^2+\cdots+\xi_N^2)} \frac{\partial^4}{\partial\xi_{i_1}^2\partial\xi_{i_2}^2} \mathrm{e}^{-\frac{1}{2}(\xi_1^2+\xi_2^2+\cdots+\xi_N^2)}$$

$$= \mathrm{e}^{\frac{1}{2}(\xi_1^2+\xi_2^2+\cdots+\xi_N^2)} \frac{\partial^3}{\partial\xi_{i_1}\partial\xi_{i_2}^2} \Big[(-\xi_{i_1}) \mathrm{e}^{-\frac{1}{2}(\xi_1^2+\xi_2^2+\cdots+\xi_N^2)} \Big]$$

$$= \mathrm{e}^{\frac{1}{2}(\xi_1^2+\xi_2^2+\cdots+\xi_N^2)} \frac{\partial^2}{\partial\xi_{i_2}^2} \Big\{ \big[(-\xi_{i_1})(-\xi_{i_1}) - 1 \big] \mathrm{e}^{-\frac{1}{2}(\xi_1^2+\xi_2^2+\cdots+\xi_N^2)} \Big\}$$

$$= \mathrm{e}^{\frac{1}{2}(\xi_1^2+\xi_2^2+\cdots+\xi_N^2)} \frac{\partial}{\partial\xi_{i_2}} \Big\{ \big[(\xi_{i_1}^2-1)(-\xi_{i_2}) \big] \mathrm{e}^{-\frac{1}{2}(\xi_1^2+\xi_2^2+\cdots+\xi_N^2)} \Big\}$$

$$= \mathrm{e}^{\frac{1}{2}(\xi_1^2+\xi_2^2+\cdots+\xi_N^2)} \Big[(\xi_{i_1}^2-1)(-\xi_{i_2})(-\xi_{i_2}) - (\xi_{i_1}^2-1) \Big] \mathrm{e}^{-\frac{1}{2}(\xi_1^2+\xi_2^2+\cdots+\xi_N^2)}$$

$$= \xi_{i_1}^2\xi_{i_2}^2 - \xi_{i_1}^2 - \xi_{i_2}^2 + 1$$

序号	4 阶 Hermite 多项式

$$\Gamma_4(\xi_{i_1},\xi_{i_1},\xi_{i_2},\xi_{i_3})=(-1)^4 e^{\frac{1}{2}\boldsymbol{\xi}^{\mathrm{T}}\boldsymbol{\xi}}\frac{\partial^4}{\partial\xi_{i_1}^2\partial\xi_{i_2}\partial\xi_{i_3}}e^{-\frac{1}{2}\boldsymbol{\xi}^{\mathrm{T}}\boldsymbol{\xi}}$$

$$=(-1)^4 e^{\frac{1}{2}(\xi_1^2+\xi_2^2+\cdots+\xi_N^2)}\frac{\partial^4}{\partial\xi_{i_1}^2\partial\xi_{i_2}\partial\xi_{i_3}}e^{-\frac{1}{2}(\xi_1^2+\xi_2^2+\cdots+\xi_N^2)}$$

$$=e^{\frac{1}{2}(\xi_1^2+\xi_2^2+\cdots+\xi_N^2)}\frac{\partial^3}{\partial\xi_{i_1}\partial\xi_{i_2}\partial\xi_{i_3}}\left[(-\xi_{i_1})e^{-\frac{1}{2}(\xi_1^2+\xi_2^2+\cdots+\xi_N^2)}\right]$$

5

$$=e^{\frac{1}{2}(\xi_1^2+\xi_2^2+\cdots+\xi_N^2)}\frac{\partial^2}{\partial\xi_{i_2}\partial\xi_{i_3}}\left\{\left[(-\xi_{i_1})(-\xi_{i_1})-1\right]e^{-\frac{1}{2}(\xi_1^2+\xi_2^2+\cdots+\xi_N^2)}\right\}$$

$$=e^{\frac{1}{2}(\xi_1^2+\xi_2^2+\cdots+\xi_N^2)}\frac{\partial}{\partial\xi_{i_3}}\left\{\left[(\xi_{i_1}^2-1)(-\xi_{i_2})\right]e^{-\frac{1}{2}(\xi_1^2+\xi_2^2+\cdots+\xi_N^2)}\right\}$$

$$=e^{\frac{1}{2}(\xi_1^2+\xi_2^2+\cdots+\xi_N^2)}\left[(\xi_{i_1}^2-1)(-\xi_{i_2})(-\xi_{i_3})\right]e^{-\frac{1}{2}(\xi_1^2+\xi_2^2+\cdots+\xi_N^2)}$$

$$=\xi_{i_1}^2\xi_{i_2}\xi_{i_3}-\xi_{i_2}\xi_{i_3}$$

$$\Gamma_4(\xi_{i_1},\xi_{i_1},\xi_{i_2},\xi_{i_4})=(-1)^4 e^{\frac{1}{2}\boldsymbol{\xi}^{\mathrm{T}}\boldsymbol{\xi}}\frac{\partial^4}{\partial\xi_{i_1}^2\partial\xi_{i_2}\partial\xi_{i_4}}e^{-\frac{1}{2}\boldsymbol{\xi}^{\mathrm{T}}\boldsymbol{\xi}}$$

$$=(-1)^4 e^{\frac{1}{2}(\xi_1^2+\xi_2^2+\cdots+\xi_N^2)}\frac{\partial^4}{\partial\xi_{i_1}^2\partial\xi_{i_2}\partial\xi_{i_4}}e^{-\frac{1}{2}(\xi_1^2+\xi_2^2+\cdots+\xi_N^2)}$$

$$=e^{\frac{1}{2}(\xi_1^2+\xi_2^2+\cdots+\xi_N^2)}\frac{\partial^3}{\partial\xi_{i_1}\partial\xi_{i_2}\partial\xi_{i_4}}\left[(-\xi_{i_1})e^{-\frac{1}{2}(\xi_1^2+\xi_2^2+\cdots+\xi_N^2)}\right]$$

6

$$=e^{\frac{1}{2}(\xi_1^2+\xi_2^2+\cdots+\xi_N^2)}\frac{\partial^2}{\partial\xi_{i_2}\partial\xi_{i_4}}\left\{\left[(-\xi_{i_1})(-\xi_{i_1})-1\right]e^{-\frac{1}{2}(\xi_1^2+\xi_2^2+\cdots+\xi_N^2)}\right\}$$

$$=e^{\frac{1}{2}(\xi_1^2+\xi_2^2+\cdots+\xi_N^2)}\frac{\partial}{\partial\xi_{i_4}}\left\{\left[(\xi_{i_1}^2-1)(-\xi_{i_2})\right]e^{-\frac{1}{2}(\xi_1^2+\xi_2^2+\cdots+\xi_N^2)}\right\}$$

$$=e^{\frac{1}{2}(\xi_1^2+\xi_2^2+\cdots+\xi_N^2)}\left[(\xi_{i_1}^2-1)(-\xi_{i_2})(-\xi_{i_4})\right]e^{-\frac{1}{2}(\xi_1^2+\xi_2^2+\cdots+\xi_N^2)}$$

$$=\xi_{i_1}^2\xi_{i_2}\xi_{i_4}-\xi_{i_2}\xi_{i_4}$$

序号	4 阶 Hermite 多项式

7

$$\Gamma_4(\xi_{i_1},\xi_{i_1},\xi_{i_3},\xi_{i_4})=(-1)^4\mathrm{e}^{\frac{1}{2}\boldsymbol{\xi}^\mathrm{T}\boldsymbol{\xi}}\frac{\partial^4}{\partial\xi_{i_1}^2\partial\xi_{i_3}\partial\xi_{i_4}}\mathrm{e}^{-\frac{1}{2}\boldsymbol{\xi}^\mathrm{T}\boldsymbol{\xi}}$$

$$=(-1)^4\mathrm{e}^{\frac{1}{2}(\xi_1^2+\xi_2^2+\cdots+\xi_N^2)}\frac{\partial^4}{\partial\xi_{i_1}^2\partial\xi_{i_3}\partial\xi_{i_4}}\mathrm{e}^{-\frac{1}{2}(\xi_1^2+\xi_2^2+\cdots+\xi_N^2)}$$

$$=\mathrm{e}^{\frac{1}{2}(\xi_1^2+\xi_2^2+\cdots+\xi_N^2)}\frac{\partial^3}{\partial\xi_{i_1}\partial\xi_{i_3}\partial\xi_{i_4}}\Big[(-\xi_{i_1})\mathrm{e}^{-\frac{1}{2}(\xi_1^2+\xi_2^2+\cdots+\xi_N^2)}\Big]$$

$$=\mathrm{e}^{\frac{1}{2}(\xi_1^2+\xi_2^2+\cdots+\xi_N^2)}\frac{\partial^2}{\partial\xi_{i_3}\partial\xi_{i_4}}\Big\{\Big[(-\xi_{i_1})(-\xi_{i_1})-1\Big]\mathrm{e}^{-\frac{1}{2}(\xi_1^2+\xi_2^2+\cdots+\xi_N^2)}\Big\}$$

$$=\mathrm{e}^{\frac{1}{2}(\xi_1^2+\xi_2^2+\cdots+\xi_N^2)}\frac{\partial}{\partial\xi_{i_4}}\Big\{\Big[(\xi_{i_1}^2-1)(-\xi_{i_3})\Big]\mathrm{e}^{-\frac{1}{2}(\xi_1^2+\xi_2^2+\cdots+\xi_N^2)}\Big\}$$

$$=\mathrm{e}^{\frac{1}{2}(\xi_1^2+\xi_2^2+\cdots+\xi_N^2)}\Big[(\xi_{i_1}^2-1)(-\xi_{i_3})(-\xi_{i_4})\Big]\mathrm{e}^{-\frac{1}{2}(\xi_1^2+\xi_2^2+\cdots+\xi_N^2)}$$

$$=\xi_{i_1}^2\xi_{i_3}\xi_{i_4}-\xi_{i_3}\xi_{i_4}$$

8

$$\Gamma_4(\xi_{i_1},\xi_{i_2},\xi_{i_3},\xi_{i_4})=(-1)^4\mathrm{e}^{\frac{1}{2}\boldsymbol{\xi}^\mathrm{T}\boldsymbol{\xi}}\frac{\partial^4}{\partial\xi_{i_1}\partial\xi_{i_2}\partial\xi_{i_3}\partial\xi_{i_4}}\mathrm{e}^{-\frac{1}{2}\boldsymbol{\xi}^\mathrm{T}\boldsymbol{\xi}}$$

$$=(-1)^4\mathrm{e}^{\frac{1}{2}(\xi_1^2+\xi_2^2+\cdots+\xi_N^2)}\frac{\partial^4}{\partial\xi_{i_1}\partial\xi_{i_2}\partial\xi_{i_3}\partial\xi_{i_4}}\mathrm{e}^{-\frac{1}{2}(\xi_1^2+\xi_2^2+\cdots+\xi_N^2)}$$

$$=\mathrm{e}^{\frac{1}{2}(\xi_1^2+\xi_2^2+\cdots+\xi_N^2)}\frac{\partial^3}{\partial\xi_{i_2}\partial\xi_{i_3}\partial\xi_{i_4}}\Big[(-\xi_{i_1})\mathrm{e}^{-\frac{1}{2}(\xi_1^2+\xi_2^2+\cdots+\xi_N^2)}\Big]$$

$$=\mathrm{e}^{\frac{1}{2}(\xi_1^2+\xi_2^2+\cdots+\xi_N^2)}\frac{\partial^2}{\partial\xi_{i_3}\partial\xi_{i_4}}\Big[(-\xi_{i_1})(-\xi_{i_2})\mathrm{e}^{-\frac{1}{2}(\xi_1^2+\xi_2^2+\cdots+\xi_N^2)}\Big]$$

$$=\mathrm{e}^{\frac{1}{2}(\xi_1^2+\xi_2^2+\cdots+\xi_N^2)}\frac{\partial}{\partial\xi_{i_4}}\Big[(-\xi_{i_1})(-\xi_{i_2})(-\xi_{i_3})\mathrm{e}^{-\frac{1}{2}(\xi_1^2+\xi_2^2+\cdots+\xi_N^2)}\Big]$$

$$=\mathrm{e}^{\frac{1}{2}(\xi_1^2+\xi_2^2+\cdots+\xi_N^2)}(-\xi_{i_1})(-\xi_{i_2})(-\xi_{i_3})(-\xi_{i_4})\mathrm{e}^{-\frac{1}{2}(\xi_1^2+\xi_2^2+\cdots+\xi_N^2)}$$

$$=\xi_{i_1}\xi_{i_2}\xi_{i_3}\xi_{i_4}$$

注：$1\leqslant i_4\leqslant i_3\leqslant i_2\leqslant i_1\leqslant N$。

　　由上可知,含 N 个变量的 4 阶多项式展开比含 N 个变量的 3 阶多项式展开增加的项数为 ΔN_c(4 阶 PCE)$=C_N^1+3C_N^2+3C_N^3+C_N^4$。将上面第 2 式和 3 式归并在一起,第 5～7 式归并在一起,再将下标 i_1、i_2、i_3 和 i_4 用 i、j、k 和 l 表示,便实现了由式(2.53)得到式(2.68)。类似地,可以推导出 5 阶和 6 阶 Hermite 多项式。